Frank Thomas Gatter /
Mechthild Müser (Hrsg.)

Bremen zu Fuß

20 Streifzüge durch Geschichte und Gegenwart

Mit Beiträgen von
Arbeitskreis Geschichte der Kultur- und Freizeit AG Hemelingen, Ingomar Benoit, Helmut Dachale, Cecilie Eckler-von Gleich, Frank Thomas Gatter, Rainer Habel, Manfred Haneberg, Sunke Herlyn, Volker Homburg, Willy Hundertmark, Doris Kachulle, Volkmar Leohold, Carsten Loerke, Carsten H. Meyer, Margot Müller, Mechthild Müser, Achim Saur, Susanne Schunter-Kleemann, Jens Werner, Harry Winkel und Harm Wulfers

VSA-Verlag, Hamburg 1987

Frank Thomas Gatter, Historiker, Stadtarchivar in Nienburg a. d. Weser, Mitarbeiter des Bremer Afrika-Archivs

Mechthild Müser, Soziologin, Freie Journalistin (hauptsächlich für Radio Bremen), seit 1979 mit Bremer Geschichte beschäftigt

Ingomar Benoit, Geschäftsführer der Arbeiterkammer Bremen

Helmut Dachale, Mitarbeiter der Arbeitsgemeinschaft Bremer Geschichtsgruppen

Cecilie Eckler-von Gleich, Mitarbeiterin der Kulturinitiative Brodelpott

Rainer Habel, Eisenbahnhistoriker, Persönlicher Referent des Senators für Gesundheit und Sport

Manfred Haneberg, seit 1957 Hauptschullehrer, weil »die Kinder der schweigenden Mehrheit lernen sollen, ihre Welt zu durchschauen«

Sunke Herlyn, Referent für kulturelle Breitenarbeit beim Senator für Bildung, Wissenschaft und Kunst

Volker Homburg, Landessekretär der VVN-Bund der Antifaschisten, Bremen, und Mitarbeiter der Arbeitsgemeinschaft Bremer Geschichtsgruppen

Willy Hundertmark, Landesvorsitzender der VVN-Bund der Antifaschisten, Bremen, macht seit vielen Jahren antifaschistische Stadtrundgänge und -fahrten

Doris Kachulle, Mitarbeiterin im Kulturzentrum Schlachthof

Volkmar Leohold, Mitarbeiter der Arbeitsgemeinschaft Bremer Geschichtsgruppen

Carsten Loerke, Mitarbeiter der Arbeitsgemeinschaft Bremer Geschichtsgruppen

Carsten H. Meyer, Pädagoge, umfangreiche Forschungen zur Architektur in Bremen

Margot Müller, Mitarbeiterin der Kultur- und Freizeitarbeitsgemeinschaft Hemelingen

Achim Saur, Mitarbeiter im Kulturladen Pusdorf

Susanne Schunter-Kleemann, Hochschullehrerin und Mitarbeiterin der Arbeitsgemeinschaft Bremer Geschichtsgruppen

Jens Werner, Mitarbeiter der Arbeitsgemeinschaft Bremer Geschichtsgruppen

Harry Winkel, Mitarbeiter des Bürgerhauses Oslebshausen

Harm Wulfers, Mitarbeiter beim Stadtplanungsamt Bremen

Verlag und Herausgeber danken allen, die am Zustandekommen und an der Realisierung des Buches mitgewirkt haben; neben den Autorinnen und Autoren insbesondere der Arbeitsgemeinschaft Bremer Geschichtsgruppen (für Anregungen und Kritik bei der inhaltlichen Ausgestaltung der Rundgänge), Ulrich Brandes, dem Bremer Blatt, Gine Elsner, Christoph Hatlapa, Heinrich Hannover, Willy Hundertmark (der mit seinen antifaschistischen Stadtrundfahrten vielen Anstöße gab), Hans Jürgen Kröger, der Landesbildstelle Bremen, Bernd Neumann-Rumpf, Hermi Precht, Herrn Rendigs (und den anderen Kollegen der Kataster- und Vermessungsverwaltung der Freien Hansestadt Bremen), Achim Rogoss, dem Staatsarchiv Bremen, Herrn J. Steuer von der Bremer Straßenbahn AG, der taz Bremen, Gerhard Stuby, Doris Wegener, Heiko Wegener.

Kartengrundlage: Stadtplan Bremen 1:20.000, herausgegeben von der Kataster- und Vermessungsverwaltung Bremen. Vervielfältigung mit Genehmigung des Herausgebers 20/87.

Titelfoto: Peter Meyer, Bremen
Foto der Rückseite: Lothar Bienkowski, Bremen

Gesamtverzeichnis anfordern!

Satz: satz + repro Kollektiv GmbH, Hamburg
Druck und Buchbindearbeiten: Plambeck & Co., Neuss
ISBN 3-87975-421-7

Inhalt

Themenkästen

Vorwort

»Weißt du was«, sprach der Esel, »ich gehe nach Bremen...«. Anders als der Esel, der die Stadt niemals erreichte, sind viele nach Bremen gekommen, und es hat sie nicht mehr losgelassen. Was macht Bremen so anziehend? Ist es die Atmosphäre von Weltoffenheit und Toleranz, gewachsen in Jahrhunderten hafenstädtischer Geschichte? Ist es die politische Tradition einer auf Unabhängigkeit bedachten Kommune? Ist es das Provinzielle, das eine Großstadt liebenswert macht, in der man bei jedem Gang auf den Markt Bekannte treffen kann? Oder sind es die Menschen, die sich hier weniger als anderswo mit den gesellschaftlichen Gegebenheiten abfinden und statt dessen Lust und Mut zeigen, Neues auszuprobieren?

Dazu gehören Bremer Arbeiterinnen und Arbeiter, die in zahlreichen Kämpfen der Arbeiterbewegung nicht nur für höhere Löhne stritten und streiten, sondern auch für eine Veränderung der Verhältnisse. Dazu gehört eine sozialdemokratische Regierung, die sich trotz schlechter wirtschaftlicher Lage immer wieder sozialen Belangen stellt. Dazu gehören ein Sender, der sich von den neuen Medien nicht das Maul stopfen läßt, und ein Museum, das Unabhängigkeitsbestrebungen unterdrückter Völker unterstützt. Dazu gehören auch die Bremer Geschichtsgruppen, Menschen, die sich in ihrem Stadtteil umschauen und nachfragen, welche Geschichten sich hinter den Fassaden verbergen.

In Bremen ist vieles anders. Bremen ist nicht nur eine Stadt, sondern ein Land, mit einer richtigen Landesregierung. Das Parlament heißt Bürgerschaft, das Kabinett Senat, Ausschüsse sind Deputationen, der Ministerpräsident ist Bürgermeister. Das Rathaus hat keine Bannmeile und daß es keine kriegt, darauf paßt der Roland auf. Grund zu demonstrieren gibt's genug: Die Arbeitslosenquote ist hoch, die Stadtkasse leer. Statt moderner U-Bahnen fahren noch die alten Straßenbahnen. Bremen ist eine Stadt für Fußgänger und Radfahrer. Was bei Streifzügen zu Fuß und mit dem Fahrrad zu sehen oder auch nicht mehr zu sehen ist, erzählt dieses Buch.

»Ei was, du Rotkopf«, sagte der Esel, »zieh lieber mit uns fort, wir gehen nach Bremen, etwas Besseres als den Tod findest du überall...«

Gebrauchsanweisung:

Die in den einzelnen Rundgängen eingeschlagenen Routen — vorgegeben durch die Reihenfolge der Stationen und Orientierungspunkte — sind Vorschläge, deren Verlauf in den dazugehörigen Karten nicht im einzelnen aufgeführt ist. Genaue Straßen- und (gelegentlich) Hausnummernbezeichnungen in den Randspalten erleichtern die Orientierung. Darüber hinaus sind wichtige Orientierungspunkte durch Ziffern am Rand notiert, die in den Karten wiederauffindbar sind. Jeder/jedem bleibt es indes freigestellt, die Touren anders zusammenzustellen, Stationen auszulassen, andere Ausgangs- oder Endpunkte zu wählen. Die von uns vorgeschlagenen Ausgangs- und Endpunkte, die in der Regel mit öffentlichen Verkehrsmitteln gut zu erreichen sind, haben wir am Beginn der Rundgänge angegeben, ebenso wie die voraussichtliche Dauer. Einzelne Touren erstrecken sich über größere Distanzen. Sie sind daher besser mit dem Fahrrad zu bewältigen.

Kritik, Verbesserungsvorschläge, Hinweise auf Fehler sowie weitergehende Tips und Anregungen sind von den Herausgebern und Autoren ausdrücklich erwünscht.

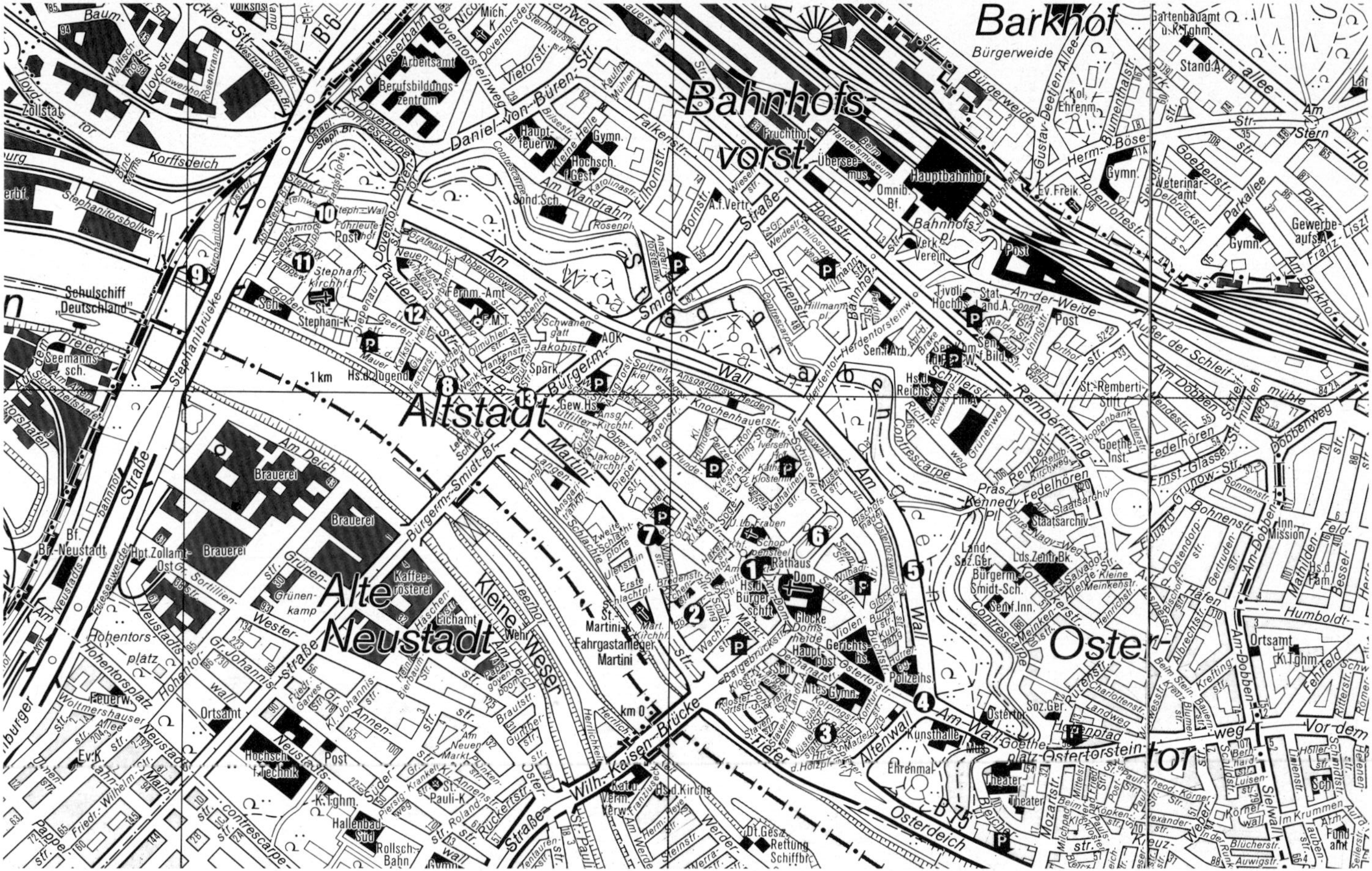

Barkhof
Bürgerweide
Bahnhofs-vorst.
Hauptbahnhof
Altstadt
Alte Neustadt
Oster-tor
Kleine Weser
Am Wall
Rembertiring
Osterdeich
Stephanibrücke
Schulschiff "Deutschland"
Brauerei
Contrescarpe
Rathaus
Dom
Kunsthalle
Theater
Arbeitsamt
Berufsbildungszentrum

Von Stadtmusikanten und anderen Käuzen

Die Altstadt

von Mechthild Müser und Frank Thomas Gatter

Ausgangspunkt: Marktplatz (Straßenbahnlinie 2/3/6)
Endpunkt: Brill
Dauer: 3 Stunden

Den Roland kennt jeder. Aber wissen Sie auch, warum er auf den Dom blickt? Daß die Bremer sich diese mächtige Figur hier hinstellten, war nichts als Provokation. Treffen wollten sie damit den Erzbischof, der ihnen ihre Bürgerfreiheit vorenthalten wollte. Wann immer er aus dem Dom trat, mußte er dem Roland ins Gesicht sehen.

Der Schlüssel zur Welt: Goldgulden von 1546

Der alte Marktplatz sieht kaum anders aus als in vergangenen Zeiten, wenn auch der Pranger längst abgerissen ist und die Mode, die zur Schau getragen wird, nichts mehr gemein hat mit den Manteaus, Reifröcken und Fräcken, den Schürzen und Kitteln, die früher das Bild colorierten. »Bremun« ist ein alter Flurname, er bedeutet »Am Rande«.

Gefälschten Urkunden zufolge ließ Karl der Große auf einem Dünenzug am Rande einer Fischersiedlung gegen Ende des 8. Jahrhunderts einen Bischofssitz einrichten und an seiner höchsten Stelle einen Dom bauen. Einen hölzernen zunächst, der jedoch bald durch einen steinernen ersetzt wurde. Trotz des Namens blieb Bremen nicht lange »am Rande«. Das prunkvolle Rathaus, der stattliche Schütting und der imposante Dom zeugen von Bremens einstigem Reichtum. Etwa um 1200 wurde zum Schutz der Stadt an der Weser ein erster Mauerring gezogen, ein Jahrhundert später schloß er auch die Steffensstadt ein. Obwohl die Befestigungsanlagen mit aufkommender Artillerie überflüssig wurden, bestimmt ihr Verlauf noch heute die Grenze der Innenstadt. Anders als in anderen Städten überbauten die Bremer den alten Wall nicht; sie verwandelten ihn in ein Parkgelände. Damit blieb die Innenstadt eng, was noch durch den gewaltigen Komplex der Polizei-, Gerichts- und Gefängnisgebäude mitten im Zentrum verstärkt wird. Hochhäuser, die üblicherweise die Silhouette von Großstädten ausmachen, siedelten sich weiter draußen in Richtung Bahnhof an.

Am Markt
1

Die geschichtsträchtige Konzentration in der Innenstadt verhinderte die Anonymisierung des Stadtlebens: Wie eh und je trifft man sich auf dem Marktplatz. Das bedeutet nicht, daß in der Bremer Altstadt etwa Großkaufhäuser fehlen — nein, es ist alles vorhanden und zwar dicht an dicht. Fußgängermassen quetschen sich zu Samstagseinkäufen durch die Sögestraße und können, wenn sie Spaß an Musik haben, in wenigen Metern Abstand den unterschiedlichsten »Stadtmusikanten« lauschen. Sehr zum Ärger der anliegenden Geschäftsleute, die um die Attraktivität ihrer Waren fürchten. In Bremen hat sich sogar in nächster Nachbarschaft zur City ein Wohnviertel gehalten, das Stephaniquartier.

Wer heute auf den Bremer Marktplatz kommt, wird eines vermissen: ein buntes Marktgeschehen. Längst gehört der Vergangenheit an, was *Martin Zeiller* im Jahre 1653 beschrieb:

»... sonderlich zu sehen, der schöne Marcktplatz/darauf nicht allein täglich die Kauffleuthe sich bereden/sondern Fisch, Fleisch und allerhand Kraut und Gemüß zu feilem Kauf öffentlich gebracht wird ...«

Ebenso wenig gilt heute, was Marxens Mitstreiter *Friedrich Engels*, der in Bremen drei Jahre lang Kaufmann lernte, im August 1838 beobachtete:

»Du solltest einmal sehen, wenn des Morgens der Markt voll ist, was für merkwürdige Trachten die Bäuerinnen haben. Die Mädchen tragen ein ganz kleines rotes Käppchen über das Nest, und alte Frauen haben große Flügelhauben, die ihnen flach anliegen und bis ins Gesicht hängen, oder auch große Samtkappen, die vorne mit schwarzen Spitzen kraus eingefaßt sind.«

Heute tummeln sich auf dem Marktplatz vor allem Touristen, geschart um eine dunkelblau gekleidete Hostess; Schulklassen lagern zu Füßen des steinernen Roland. Daneben aber kreuzen sich seit Jahrhunderten die Wege der Kirchenoberen, der Regierungsmitglieder und der Geschäfts- und Gerichtsleute. Im Sommer lädt der Marktplatz ein, sich nach einem anstrengenden Marsch durch die Kaufhäuser bei Eis oder Kaffee und Kuchen für die vorangegangenen Mühen zu entschädigen. Kein Markt, aber dennoch ein Forum ist er geblieben: Mehrmals im Jahr versammeln sich Hunderte, ja Tausende von Frauen, Männern und Kindern, um mit Transparenten, Reden, Sprechchören, Musik und Theater ihre Belange zu vertreten und ihre Meinung kund zu tun, sei es im Rahmen der Ostermärsche, am Ersten Mai oder spontan, weil etwa Kindergartenplätze gestrichen werden sollen. Adressat der Kundgebungen ist der Senat, der im Bremer Parlament am Marktplatz tagt. Darin nämlich unterscheidet sich Bremen von anderen Regierungsstädten: Es gibt keine Bannmeile.

Haus der Bürgerschaft

Das gläserne *Parlament*, gestaltet von *Wassili Luckhardt*, wurde im Jahre 1966 eingeweiht. Die Bronzereliefs an der Frontseite tragen dazu bei, daß das moderne Gebäude nicht völlig aus dem ansonsten fast mittelalterlichen Rahmen fällt. Es steht am Platz der ehemaligen Börse, eines monumentalen Baus, den die Handelskammer 1864 im vollen Bewußtsein ihrer Stärke an diesen zentralen Ort plaziert hatte. Da sich das alte Rathaus für die Regierungsgeschäfte inzwischen als zu klein erwiesen hatte, tagten die Bremer Parlamentarier bereits im 19. Jahrhundert im Sitz der Handelskammer. Wer da wohl wen regiert hat? Der Börsenbau fiel jedoch im Dezember 1943 mit Ausnahme des hinteren Teils den Bomben zum Opfer und machte Platz für das jetzige »Haus der Bürgerschaft«.

Die Erzbischöfe hatten in Bremen einen schweren Stand. Die im Welthandel erstarkende Kaufmannschaft wollte sich nur dem Kai-

Joachim Ringelnatz: BREMEN

Hier gelt ich nix, und würde gern was gelten,
Denn diese Stadt ist echt, und echt ist selten.
Reich ist die Stadt. Und schön ist ihre Haut.
Sag einer mir:
Welch Geist hat hier
Die Sankt Ansgarikirche aufgebaut?
Groß schien mir alles, was ich hier entdeckte.
Ein Riesenhummer lag in einem Laden.
Wie der die Arme eisern von sich reckte,
Als wollte er durchs Glas in Frauenwaden,
In Bremer Brüste plötzlich fassen
Und — wie wir's von den Skorpionen lesen —
Restweg im Koitus sein Leben lassen, —
Wär er nicht längst schon rot und tot gewesen.
Als ich herauskam aus dem Keller, wo
Schon Heine saß, da sagte ich: »Oho!«
Denn auf mich sah Paul Wegener aus Stein,
Und er war groß und ich natürlich klein.
Brustwarzen hatte er an beiden Knien,
Vielleicht wars auch der Roland von Berlin.
Und als ich, wie um eine spanische Wand
Mich schlängelnd, eine seltsam leere
Doch wohlgepflegte Villengasse fand
Und darin viel verlorene Ehre,
Stand dort ein Dacharbeiter.
Den fragt ich so ganz nebenbei:
Ob er wohl ein Senator sei?
Da ging er lächelnd weiter.

Friedrich Engels illustriert Joachim Ringelnatz

Dom

ser, nicht aber den Bischöfen beugen, die Zünfte entledigten sich nach und nach ihrer Abgabepflichten und der Rat nahm schon früh die Rechtsprechung in die eigenen Hände. Da nützte auch ein repräsentativer *Dom* nicht viel.

Das heutige Gebäude geht auf Pläne aus dem 11. Jahrhundert zurück, die eine romanische Pfeilerbasilika mit darunterliegenden Krypten vorsahen. Zweihundert Jahre später begann der Bau der wuchtigen Türme, und der Dom erhielt ein neues Dach. So bekam er sein frühgotisches Gepräge. Obwohl ihm ein erzbischöfliches Palais, eine Schreibstube und ein Stiftsgebäude zugehörten, weilten die Kirchenfürsten seit der Mitte des 14. Jahrhunderts meist außerhalb der Stadt. 1522 kam der Augustinermönch Heinrich von Zütphen *nach Bremen, um in der Stadt die Lehren Luthers zu verbreiten. Er traf auf offene Ohren. Der Rat gewährte Zütphen Schutz gegen kirchliche Verfolgungen, dennoch wurde er zwei Jahre später in der Heide als Ketzer verbrannt. Bremen wurde trotzdem protestantisch. Der letzte Bremer Erzbischof Friedrich verlor das Bistum im Westfälischen Frieden 1648 und wurde stattdessen König von Dänemark. Danach schlossen sich die evangelischen Kirchengemeinden in einem lockeren Bund zusammen, ohne sich einem gemeinsamen Oberhaupt zu unterstellen.*

Bautätigkeit in der Altstadt ging nicht ohne Kritik ab. Karikatur in der Bremer Volkszeitung, 1933

Eine weitere Besonderheit ist bis heute die sogenannte Personalgemeinde. Das bedeutet, daß die Zugehörigkeit zu einer Kirchengemeinde sich nicht automatisch aus dem Wohnort ergibt. Die Gläubigen können sich dem Pastor zuordnen, der ihnen am besten

NS-Mummenschanz am Tag der Arbeit, 1. Mai 1933

gefällt. Noch 1675 beschloß der Rat, keine Katholiken als Bürger zuzulassen, eine Haltung, die er später allerdings revidierte. Erst der Nationalsozialismus sollte den Bremern wieder einen Bischof bescheren. Domprediger Heinz Weidemann, dem Leiter der Bremer Deutschen Christen, gelang es, sich dieses Amt zu erschleichen und Hitlers Siege im Dom zu feiern. Am 1. Mai 1933 wurde vor dem Dom der »Altar der Arbeit« errichtet, geschmückt mit Hakenkreuzen. Wegen Veruntreuung von Kirchengeldern verfügte die Reichskirchenleitung 1941 Weidemanns vorläufige Dienstenthebung. Daraufhin verschaffte er sich mehrmals gewaltsam Zugang zur Kanzel. Ein Gutachter bestätigte 1944, daß der Bremer Landesbischof eine »paranoide, schwer psychopathische Persönlichkeit« sei. Dennoch hatte er es geschafft, die demokratischen Rechte der Bremer Gemeinden zu beseitigen, ohne daß es zu breiteren Protesten kam.

1987 feiert die Bremer Evangelische Kirche das Jubiläum »1200 Jahre christliche Kirche in Bremen«. Das neu eröffnete Dom-Museum präsentiert Grabungsfunde sowie Kunstwerke, Textilien, Bücher und Dokumente aus der Geschichte des Doms.

Die Domtreppen soll er fegen, sich nicht auf die bequeme Haut hinlegen, drum Jungfrauen und Mädels eilt herbei und küßt den **Egon** frei!
Am Dienstag, 9. 6., 18.45 Uhr, „Glocke".

Familie Büsing und Deine Freunde von den Arster Blasmusikanten

Nach der Hochzeit fegt er dann wohl nicht mehr

Wer am Dom gelegentlich einen jungen Mann die Treppe fegen sieht, soll sich nicht wundern. Nach Bremer Brauch wird nämlich genau das von denen erwartet, die an ihrem 30sten Geburtstag noch ledig sind. Erst durch einen Kuß können sie vom Kehren erlöst werden. Ob diese Sitte uralten oder erst neueren Ursprungs ist, weiß niemand so genau. Klar ist aber, daß früher, als hinterm Dom noch Schweine gekauft wurden und der Dreck allgegenwärtig war, die Treppe vor jeder Hochzeit gefegt werden mußte. Sonst wäre nämlich der ganze Schmutz an der Schleppe des Brautkleids hängengeblieben.

»Wird dieser Platz nicht einem Bismarck eingeräumt, so werden Jahrhunderte vergehen, ehe sich zum zweiten Mal ein Mann findet, der seiner würdig wäre«, urteilte eine Sachverständigenkommission über die Frage, ob direkt neben dem Dom ein *Bismarckdenkmal* aufgestellt werden solle. Bismarck war bereits 1871 zum Bremer Ehrenbürger gekürt worden, und wenig später benannte der Bremer Senat eine Straße nach ihm, was einem Lebenden ja wahrlich recht selten widerfährt. Ein Denkmal setzten die Bremer dem Reichskanzler jedoch erst nach seinem Tode,dafür um so pompöser: Der Bremer »Bismarck« ist das einzige Reiterstandbild, das von ihm existiert, noch dazu auf einem hohen Sockel. Die sozialdemokratische Bremer Bürger-Zeitung ließ zur Einweihung 1910 eine wütende Attacke los; aufgestellt wurde er trotzdem. Den Zweiten Weltkrieg überdauerte der bronzene Bismarck eingemauert in die Außenseite des Doms. Erst 1953 wurde er nach langen Kontroversen wieder auf seinen Sockel gehoben.

Bismarck auf hohem Roß, von Linken geschmäht, von Bürgerlichen erfolgreich verteidigt

Rathaus

Sie wollten es den Erzbischöfen gleich tun, die Bremer Bürger, und so bauten sie sich ein *Rathaus*, das in Ausmaß und Pracht dem damaligen erzbischöflichen Palast entsprach. Das eindrucksvolle Beispiel für gewachsenes Selbstbewußtsein und Bürgerstolz aus den Anfängen des 15. Jahrhunderts ist bis heute in seiner Pracht erhalten. Zweihundert Jahre später gestaltete *Lüder von Bentheim* die Vorderseite des gotischen Kernbaus in eine schmuckvolle Renaissancefassade um. Das Rathaus bestand in seinem Innern zunächst nur aus zwei großen übereinanderliegenden Hallen. Die untere, schlicht und dämmerig, von dunklen Eichenholzpfeilern aufgeteilt, diente lange als Markt. Hier wie auch unter den Arkadenbögen hielt der Rat Gericht, bis ein gesondertes Gerichtsgebäude gebaut wurde. Heute wird die düstere Halle vornehmlich für Ausstellungen genutzt. Ganz anders die obere Halle. Sie ist über und über mit Fresken geschmückt. Von der Decke hängen nicht nur wuchtige Kronleuchter, sondern auch Modelle von Kriegsschiffen, die die Handelsschiffe auf ihren Fahrten einst schützend flankierten. Prunk im höchsten Ausmaß begegnen wir in der Güldenkammer. Sie wurde 1905 vom Worpsweder Künstler *Heinrich Vogeler* im Jugendstil umgestaltet. Vogeler begeisterte sich später für die Ziele der Räterepublik. Er verwandelte seinen Worpsweder Barkenhoff in eine Kommune und öffnete sein Haus für proletarische Kinder, deren Eltern gestorben oder aus politischen Gründen inhaftiert waren. Seine Künste und sein Vermögen stellte Vogeler später in den Dienst der russischen Revolution. Er starb in Moskau.

Heinrich Vogeler, Selbstkarikatur 1909 Vogeler war Mitglied des Arbeiter- und Soldatenrates

In der oberen Rathaushalle empfängt die Bremer Regierung ihre Gäste. Hier findet auch die alljährliche Schaffermahlzeit statt, zu der seit 1545 Reeder, Kapitäne und Kaufleute Ehrengäste aus Politik und Wirtschaft einladen. Frauen sind zu diesem Festessen bis heute nicht zugelassen.

Wer aber das Rathaus genießen will, steigt in den Keller. Schon Mitte des 17. Jahrhunderts lobte Merians Stadtführer das

*Friedrich Engels,
Bremer auf Zeit*

*Wir Friedrich Engels
oberster Poet im Bremer
Ratskeller und privilegierter*
ZECHER
*tun kund und zu
wissen allen Vergangenen,
Gegenwärtigen, Abwesen-
den
und Zukünftigen,
daß
ihr sämtlich Esel seid,
faule Kreaturen, die an
dem Überdruß der eignen
Existenz dahinsiechen,
mir nichtschreibende
Canaillen und so weiter
Gegeben auf unsrem
Comptoirbock, zur Zeit,
da wir nicht den
Katzenjammer hatten.
Friedrich Engels*

»Rathhauß,... welches ein köstliches und angenehmes Fundament / nämlich den öffentlichen Weinkeller hat / in welchem der Rath / unter einer dazu bestellten Aufsicht / den Wein um ein leidlich Geld hergibt...«

Damals waren die Ratsherren als einzige berechtigt, Wein auszuschenken, was ein recht einträgliches Geschäft gewesen sein dürfte. Manche Geschäfte wurden für die einen erst dann so richtig einträglich, wenn die anderen schon fast unter dem Tisch lagen. *Heinrich Heine* dagegen fühlte sich im Ratskeller sichtlich geborgen: *»Glücklich der Mann, der den Hafen erreicht hat / und hinter sich ließ das Meer und die Stürme / und jetzo warm und ruhig sitzt / im guten Ratskeller zu Bremen.«* Wenige Jahre später saß *Friedrich Engels* am gleichen warmen Platz: »Vorgestern abend hatte ich große Knüllität im Weinkeller von zwei Flaschen Bier und zweieinhalb Flaschen Rüdesheimer 1794er ...«

Daß Engels mit seinen Schriften einmal dazu beitragen sollte, daß auf eben diesem Rathaus die rote Fahne gehißt wurde, konnte damals niemand voraussehen. »Die rote Fahne — blutrot — ist das Symbol der Menschenliebe, sie soll nicht bedeuten neues Blutvergießen, sondern sie soll uns den kommenden Frieden künden«, kommentierte *Alfred Henke*, der Sprecher des Arbeiter- und Soldatenrates in der Novemberrevolution von 1918. Der Frieden währte nur zwanzig Jahre, die Bremer Räterepublik, im Januar 1919 ausgerufen, konnte sich nicht länger als drei Wochen halten.

Roland

»Freiheit verkündige ich Euch, die Karl und mancher andere Fürst fürwahr dieser Stadt gegeben hat«, steht auf *Rolands* Schild geschrieben als Zeichen für die Privilegien, die Karl der Große den Bremern angeblich verliehen hatte. Wenn auch die Urkunden, auf die die Bremer sich damals beriefen, Fälschungen waren, hält doch Roland, der Riese, seinen Blick fest auf den Dom gerichtet, in dem die kirchlichen Machthaber saßen. Die erste, hölzerne Rolandstatue war dann auch in Kämpfen um die Stadtfreiheit von den Mannen des Erzbischofs verbrannt worden. Sie wurde 1404 durch die Kalksteinfigur ersetzt. Sie ist die älteste von insgesamt über 50 Rolandstatuen, die in anderen mittelalterlichen Städten vielleicht ähnliche Rechte hochhalten sollten.

Bremen wird nicht untergehen, solange der Roland steht, besagt eine alte Überlieferung, und daß die Bremer notfalls einen Ersatzroland besäßen, sollte diesem tatsächlich einmal etwas zustoßen. Nachdem der Roland die Bomben des Zweiten Weltkrieges eingemauert überstand, wird der »Ersatz« nun langsam eingebaut: Rolands Originalkopf lagert inzwischen im Focke-Museum, wo er vor dem zerstörerischen Einfluß des sauren Regens geschützt wird. Und wenn alles schiefgehen sollte, gibt es ja noch den »kleinen Roland« in der Neustadt.

Eingemauert überstand der Roland die Bombennächte des 2. Weltkrieges

An der Westseite des Rathauses, gleich neben dem Eingang zum Weinkeller, trägt seltsamerweise ein Esel einen Hund auf dem Rükken, der eine Katze auf sich duldet, auf deren Buckel ein Hahn balanciert: die *Bremer Stadtmusikanten.* Sie haben Bremen in aller Welt bekannt gemacht. Stadtluft macht frei: In der ersten überlieferten Fassung des Märchens aus dem 12. Jahrhundert hatten die Tiere nämlich nicht Räuber, sondern Raubtiere vertrieben: Löwe, Wolf und Bär wurden in die Flucht geschlagen, sämtlich Wappentiere Adeliger. Ein Aufstand der Bauern gegen den Adel also? In der modernen Version stürmen sie ein Räuberhaus: Hausbesetzer also. Eigentlich erstaunlich, daß die Stadt Bremen solch dubiosem Gesindel ein Denkmal setzt, und das gleich neben dem Rathaus.

Hausbesetzer im Zentrum der Macht? Die Grünen haben sie auf ihren Briefkopf gesetzt

Dem Rathaus direkt gegenüber ein etwas kleinerer, dennoch aufwendiger Bau: der *Schütting*, das Haus der Kaufmannschaft, in dem heute die Handelskammer residiert. »Schütting« kommt von Schossen, was soviel bedeutet wie »Steuer aufbringen«. Ein Stich

Schütting

von Merian zeigt den Marktplatz, auf dem der Schütting um einiges größer erscheint als das Rathaus. Es wird erzählt, daß der Syndikus der Kaufmannschaft, der sehr darauf bedacht war, das Ansehen der Elterleute zu stärken, dem Künstler einen Extralohn versprochen habe, falls dieser die eigentlichen Größenverhältnisse vertausche. Die Elterleute waren ursprünglich nur Sprecher des Schütting, vertraten aber später, besonders ab 1848, auch politische Forderungen der Bürger gegenüber dem Rat.

Im Schütting tagte in der Weimarer Zeit der Nordwestdeutsche Wirtschaftsbund. »Zur Mitarbeit stets bereit« erklärte er sich, als die Nationalsozialisten auch in Bremen die Macht übernahmen. Große Teile der bremischen Kaufmannschaft schlossen sich an: Die Unterstützung der Nationalsozialisten durch die Kaufleute konnte jedoch den »Schütting« nicht davor bewahren, im Krieg ein Opfer der Flammen zu werden. Später wurde er im alten Stil wieder aufgebaut.

Böttcherstraße
❷

Kaffee-König Roselius drängte 1919 den Sozialdemokraten Gustav Noske, auf Bremer Arbeiter schießen zu lassen

Von einem goldenen Erzengel beschirmt ist die enge, kurze Straße, die als Bremens berühmteste gilt: die *Böttcherstraße.* Der Besitzer der Kaffee HAG AG, *Ludwig Roselius,* hatte 1936 den »Lichtbringer« von *Bernhard Hoetger* am Eingang der Böttcherstraße befestigen lassen, um die Kunstpäpste des Nationalsozialismus auch mit dem Rest der Straße zu versöhnen. Es sollte ihm aber nicht gelingen. Ursprünglich mündete die Böttcherstraße in die Hafenstraße Schlachte ein. Als der Hafen wegen der Versandung der Weser weiter nordwärts verlegt wurde, zogen auch die Böttcher fort, die hier einst Fässer und Kisten für den Handel gebaut hatten. Die Gasse verfiel, einige Häuser blieben weiter als Packhäuser in Gebrauch. Zu Anfang dieses Jahrhunderts kaufte Ludwig Roselius, bekannt als Erfinder des koffeinfreien Kaffees, die Häuser der Böttcherstraße auf und ließ die ganze Straße neu gestalten. Dabei brachte ihm seine Kunstliebhaberei auch noch einen Werbeeffekt für die Firma.

Eingang zur Böttcherstraße von der Weserseite

Nach Entwürfen der Bremer Architekten *Alfred Runge* und *Eduard Scotland* entstand die Westseite der Straße in rotem Backstein. Die östliche Seite dagegen gestaltete der Worpsweder Bildhauer *Bernhard Hoetger* in kunstvoller Verbindung von verschachtelten roten Backsteinbauten mit Jugendstilelementen. Als erstes entwarf Hoetger das Paula Modersohn-Becker-Haus, in dem neben anderen Kunstausstellungen noch heute die bekannteste private Bildsammlung der Worpsweder Malerin ausgestellt ist. Roselius ließ dort die Inschrift anbringen:

»Aus alter Häuser Fall und Umbau
errichtet von Bernhard Hoetgers Hand
Zum Zeichen edler Frauen zeugend Werk,
das siegend steht,
wenn tapferer Männer
Heldentum verweht.«

Roselius' Lieblingskind Böttcherstraße fiel trotz Veränderungen 1936 in Ungnade

Als die Nationalsozialisten Anstoß an dem Gedanken nahmen, daß der Ruhm der Malerin länger dauern werde als der Heldenruhm der Soldaten, ließ Roselius das »wenn« zum »bis« ummeißeln. Durch eine skulpturengeschmückte »Grotte« gelangt man in den Handwerkerhof, wo Kunsthandwerker töpfern oder Glas blasen; weiter zum Roselius-Haus, in dem eine Waffensammlung zu bewundern ist. Aber was hat der Silberschatz aus Riga dort zu suchen?

Anläßlich der Eröffnung des Museums im Roselius-Haus 1933 veranstaltete der Kaffee-Unternehmer das »Erste Nordische Thing« in Bremen, auf dem geschichtliche Vorträge gehalten wurden. Beim »Zweiten Nordischen Thing« — abwechslungshalber zum Thema: »Das Heldische im Nordischen Menschen« — wurde 1934 am Nachbarhaus ein Glockenspiel eingeweiht. Zum Klang von Meißner Porzellanglöckchen dreht sich ein geschnitzter Reigen nordischer Ozeanbezwinger — heute dreimal täglich.

Trotz aller Roseliusschen Anpassungsversuche äußerte Hitler auf dem Nürnberger Parteitag von 1936: »Der Nationalsozialismus lehnt diese Art der Böttcherstraßenkultur schärfstens ab«. Damit entfachte er eine heftige Auseinandersetzung um die von Hoetger gestaltete Straßenseite. Selbst Roselius' Hinweis, die Böttcherstraßenkünstler seien rein arisch, reichte nicht aus, den künstlerischen Wert der Straße in nationalsozialistischen Augen zu heben. Nachdem Roselius schließlich beschlossen hatte, die Häuser umzubauen, entschied jedoch Hitler: »Die Straße bleibt als warnendes Schandmal stehen!« Und so steht sie noch.

1979 verkaufte Ludwig Roselius jun. die Kaffee HAG AG mitsamt der Böttcherstraße an die General Food Company, besser bekannt unter dem Namen »Mc Donalds«. Wenig später erwarb er die kunstvolle Straße jedoch zurück — möglicherweise, um sie jetzt stückchenweise zu verhökern: Den Anfang machte kürzlich ein schwedischer Mäzen, der in einem der geschichtsträchtigen Häuser ein Hotel einrichten will.

Noch aber gibt es Schönes aus der Böttcherstraße zu berichten. Das Haus Atlantis mit seinem faszinierenden Treppenhaus aus Glas beherbergt die Bremer Kammerspiele. Hier ist Shakespeare Trumpf. Die Bremer Shakespeare Company ist ein Kollektiv aus Schauspielerinnen und Schauspielern, die den Staatstheatern den Rücken gekehrt haben. Sie machen Theater, »wie es euch gefällt«.

Probsteikirche St. Johann

Soll man einen Schauspieler in einer Kirche beerdigen? Das pietistische Denken vieler Bremer stand dem Treiben des »losen Völkchens« doch eher entgegen. Deshalb erstaunt es nicht wenig, daß 1783 *Carl Friedrich Abbt* von der »Vereinigten Gesellschaft Deutscher Schauspieler« in St. Johann feierlich beigesetzt wurde.

Eines
HochEdlen und Hochweisen Raths
der
Stadt Bremen
Verordnung
welchergestalt es künftig
mit
Reinhaltung der Balge
erhalten werden soll.

Heute erinnert nur noch die Balgebrückstraße an den Wassergraben in der Altstadt

Als Kirche für einen Bettelorden, den der Franziskaner, wurde die Johanniskirche im 14. Jahrhundert gebaut: schlicht, schmucklos, ohne Turm. Die Bettelmönche bestritten ihren Lebensunterhalt von Tür-zu-Tür-Sammlungen und gelegentlichen größeren Spenden wohlhabender Bremer Bürger, für die sie dann als Gegenleistung eine Messe lasen. Die Reformation bescherte den Bettelmönchen harte Zeiten, so daß sie schließlich vom Verkauf ihres geringen Eigentums leben mußten. Nach Aufhebung der Ordensniederlassung ließ der Rat 1531 im Johanniskloster ein Armen- und Krankenhaus einrichten. Vor allem belegte man es mit »Unsinnigen und Tollen«, wofür sich die ehemaligen Wohnzellen der Mönche mit einer Klappe in der Tür zum Hereinreichen der Speisen hervorragend eigneten. 1834 wurde das Kloster abgebrochen.

Die Kirche selbst war nach der Reformation keine eigene Pfarrkirche mehr. Für die Armen und Kranken im Kloster wurde weiterhin Gottesdienst abgehalten. Wer lieber in einer Kirche als auf einem Friedhof beerdigt sein wollte, konnte sich eine Grabstätte in der Johanniskirche kaufen. Nachdem 1806 wieder katholische Gottesdienste genehmigt wurden, ging die Kirche ins Eigentum der katholischen Gemeinde über.

Schnoor
❸

Haus im Schnoor

»Es kamen Wohnräume vor, deren Höhe nur 1,60 m betrug. Etwa die Hälfte der Häuser war mit Leitungswasser und Spülwasserablauf versehen, die übrigen waren auf Brunnen angewiesen«, ermittelte eine Untersuchung der Wohnverhältnisse im *Schnoor* aus dem Jahre 1905. Fließendes Wasser haben sie inzwischen alle, an der Größe der Räume hat sich allerdings nicht viel geändert. Die Häuser drängeln sich in Bremens ältestem erhalten gebliebenen Stadtteil. Schon das allein ist sehenswert, denn ansonsten mußten wie in anderen Großstädten auch in der Hansestadt altstädtische Wohngebiete dem City-Leben mit seinen Kaufhäusern, Banken und Büros weichen. Abseits der eigentlichen Stadtmitte gelegen und im Krieg wenig zerstört, bot sich der Schnoor als historisches Handwerker- und Fischerviertel an, denkmalpflegerisch konserviert zu werden. Die alteingesessenen Bewohner wichen in den 50er Jahren mehr oder weniger freiwillig Künstlern und Kunsthandwerkern. Wer heute dort wohnt, muß damit rechnen, daß völlig unangemeldet plötzlich eine Gruppe von Touristen im Wohnzimmer steht, die den gesamten Stadtteil mit seinen winzigen Schaufenstern als eine Art Freilicht-Museum betrachten.

Die Packhäuser an der »Wüste Stätte« sind die beiden letzten großen Speicherhäuser Alt-Bremens aus dem 19. Jahrhundert. Sie entstanden, weil der Handel sich so stark entwickelt hatte, daß die Kaufleute die Waren auf ihrem eigenen Dachboden nicht mehr lagern konnten.

Kolpingstraße 4–6

Nur eine Gedenktafel erinnert in der Kolpingstraße heute an die Synagoge, die 62 Jahre lang geistiger Mittelpunkt der Israelitischen Gemeinde Bremens war. SA-Männer steckten sie in der Reichspo-

1. Mai in der Buchtstraße

Am Platz der Synagoge steht jetzt das Kolpinghaus

gromnacht ebenso wie das angrenzende Gemeindehaus in Brand. Die Feuerwehr tat ihre »Pflicht«: Sie schützte die dicht stehenden Altstadthäuschen davor, daß das Feuer auf sie überging. Die Bremer Nachrichten bezeichneten am nächsten Tag diese Schreckensnacht »als einen Beweis dafür, daß die Juden es sich selbst zuzuschreiben haben, wenn ihnen der Prozeß gemacht wird; und zwar so gründlich, wie es deutschem Wesen und dem SA-Geist unserer Zeit entspricht.«

Ostertorstraße/ Am Wall
❹

Äußerst schlechte Erinnerungen verbinden viele ältere Bremer mit dem Polizeihaus am Wall. Das 1909 fertiggestellte Gebäude war nach 1933 Hauptsitz der Gestapo, die ihre Häftlinge bei Verhören quälte und einkerkerte: das hieß damals »Schutzhaft«. Eine Bremerin erzählte, sie könne noch heute das Haus nicht betreten, in dem sie damals Päckchen für ihren eingesperrten Vater ablieferte.

Buchtstraße

Ein Übergang über die Buchtstraße, die sogenannte Seufzerbrücke, verbindet das Polizeihaus mit dem Gerichtsgebäude und dem Untersuchungsgefängnis. Über die Buchtstraße gäbe es viel zu erzählen: vom Naturfreundehaus, einem typischen Schauplatz radikaler Kultur, vom Dritte-Welt-Haus, das sich zum Eine-Welt-Haus mauserte, von der Vereinigung der Verfolgten des Naziregimes, die sich kurz nach Kriegsende zusammenschloß, um die antifaschistische Tradition weiterzuführen, von Polizeiüberfällen auf Jugendliche.

Der älteste Ort bremischer Rechtsprechung war die Gerichtslaube des ersten Rathauses, auf dem heutigen Liebfrauenkirchhof ge-

Domsheide 16

legen. Später wurde unter einer der Arkaden des neuen Rathauses oder auch im Rathaus selbst Gericht gehalten. Im 19. Jahrhundert zog das Bremer Landgericht an die Domsheide. Ab März 1940 fällten dort die drei Berufsrichter eines Sondergerichtes ihre Urteile.

Walerjan Wrobel hungerte für den Krieg der Deutschen

Der polnische Junge Walerjan Wrobel *hatte aus Heimweh eine Scheune angezündet, in der Hoffnung, der Bauer, bei dem er arbeiten mußte, werde ihn wegen dieser Tat nach Hause schicken. Walerjan wurde als »Volksschädling« hingerichtet. Seine Verwandten erfuhren erst durch die Nachforschungen eines Bremer Juristen von seinem Schicksal. Die Schwester kam im Frühjahr 1987 zu einer Gedenkfeier ins Landgericht. Auch nach Kriegsende wurde im Landgericht nicht nur Recht gesprochen. So verurteilten 1953 Bremer Richter den ehemaligen Bürgerschaftsabgeordneten* Meyer-Buer, *weil er Kommunist war; wegen des gleichen »Verbrechens« war er schon zweimal von der Nazi-Justiz verurteilt worden.*

Ostertorstraße 10

Das Gefängnis am Ostertor war 1826 entstanden. Giftmörderin *Gesche Gottfried* war wohl die prominenteste Gefangene der ersten Zeit. Überfüllt war die Haftanstalt vor allem bei politischen Auseinandersetzungen. Arbeiter und Matrosen, die für die Räterepublik gekämpft hatten, saßen hier einige Wochen. Nach einem Generalstreik kamen sie frei. Der Reichstagsbrand diente als Vorwand für die »Verordnung zum Schutze von Volk und Staat«: Im Februar 1933 verhafteten die Nationalsozialisten hunderte von Bremer Kommunisten sowie die Führer der Sozialdemokratie. Das Gefängnis am Ostertor reichte nicht aus. Die Nazis brachten die Gefangenen in das erste Bremer Konzentrationslager, eingerichtet in den ehemaligen Auswandererhallen von Mißler. Überfüllt war das Gefängnis noch einmal, als die SA in der Reichspogromnacht alle jüdischen Männer festnahm, der sie habhaft werden konnte: Im Ostertorgefängnis wurden in dieser Nacht nach Augenzeugenberichten bis zu dreißig Juden in Zwei-Mann-Zellen hineingepfercht.

Kunst für alle? in der Kunsthalle

Wallanlagen/ Altenwall

Daß hier einst Stadtmauern, Befestigungstürme und Kanonen das Bild bestimmten, daran denkt heute niemand mehr, der entlang des Wassergrabens unter schattigen Bäumen spazierengeht oder im Winter auf dem Eis Schlittschuh läuft. Es ist lange her, daß die Bastionen, der sternförmig gezackte Wallgraben und dicke Mauern die Bewohner der Altstadt schützten. Angesichts moderner Artillerie erwiesen sich die alten Anlagen als unzureichend, so ließ der Bremer Rat in der Zeit der napoleonischen Besetzung Norddeutschlands die Befestigungsanlage abreißen. Gartengestalter *J.H. Altmann* verwandelte das militärische Gelände in eine einladende Parklandschaft, die um so wertvoller wird, je mehr Beton und Asphalt sich in der Innenstadt breitmachen.

»Es ist in Rücksicht auf den Ernst der Zeitverhältnisse nicht für passend erachtet worden, die Eröffnungsfeier der Kunsthalle durch rauschende Feierlichkeiten auszuzeichnen«, hieß es auf der Rückseite der Einladungen zur Eröffnung der Bremer Kunsthalle im Jahre 1849, bezogen auf die bewegten Zeiten der deutschen Märzrevolution.

Am Wall 207

Gustav Pauli, Bildnis von Anita Ree (Kunsthalle Bremen)

Noch bevor es in Berlin, Hamburg oder München Kunstvereine gab, hatte sich 1823 in Bremen eine kleine Gruppe von Senatoren und betuchten Kaufleuten zu einem Verein zusammengefunden, der sich bemühen wollte, »allmählich Kunstsachen zu sammeln« und diese auch auszustellen. Da in Bremen bis zu dem Zeitpunkt weder Kunstsammlungen noch landesherrliche Gemäldegalerien existierten, waren die Kunstfreunde auf private Schenkungen und Spenden angewiesen. 25 Jahre später wurde auf den abgetragenen Wallanlagen das erste Museumsgebäude eingerichtet, in dem auch der Kunsthandel kräftig florierte. Erst gegen Ende des 19. Jahrhunderts war es für jedermann und jedefrau geöffnet, vor allem, nachdem der Kunsthistoriker *Gustav Pauli* die Leitung übernommen hatte. Pauli ordnete die Sammlungen erstmals systematisch. Er förderte die bis dahin noch weitgehend unbekannten Worpsweder Künstler und erwarb damals noch unerhörte Produkte französischer Malerei. Als Pauli das Van Gogh'sche Bild »Blühendes Mohnfeld« kaufte, schlugen die Protestwellen hoch. Worpsweder Maler um *Carl Vinnen* und *Fritz Mackensen* verfaßten einen »Protest deutscher Künstler«, in dem gegen eine »Überfremdung durch französischen Kunstimport« im Namen des gesunden Volksempfindens polemisiert wurde. Pauli konnte den Angriff abwehren, das »Mohnfeld« blieb Bremen erhalten.

1937 blies dann Hitler zum Sturm gegen »entartete Kunst«, eine Aktion, der in ganz Deutschland über 1.000 Gemälde und fast 4.000 graphische Blätter und Zeichnungen mißliebiger Maler zum Opfer fielen. Auch die Bremer Kunsthalle wurde von den faschistischen Kunstzensoren geplündert. Noch größer waren die Verluste während des Zweiten Weltkrieges. Um sie vor den Bomben zu retten, wurde ein Teil der Kunstschätze in die Mark Brandenburg ausgelagert, sie tauchten nie wieder auf, darunter 40 Zeichnungen und Aquarelle Albrecht Dürers.

Heute präsentiert die Kunsthalle, die seit 1904 regelmäßig subventioniert wird, Werke der klassischen Moderne, vor allem der französischen Malerei, aber auch des Barock, der Romantik und des deutschen Rokoko. Sie nennt eine umfangreiche Grafik- und Handzeichnungen-Sammlung ihr eigen sowie eine Bibliothek illustrierter Bücher, die weit über 1.000 Bände zählt. Ein Erweiterungsbau von 1982 brachte neuen Raum für die über 50 Paula Modersohn-Becker-Werke und für Plastiken und Wechselausstellungen.

Altmannshöhe

Das größte Denkmal, das die Nationalsozialisten in Bremen anlegten, ist das bis heute kaum veränderte Kriegermal auf der Altmannshöhe. Es galt den Bremer Gefallenen des Ersten Weltkriegs, den Toten der Division Gerstenberg und des Freicorps Caspari, die die Bremer Räterepublik niederschlugen. Es galt auch umgekommenen NSDAP-Mitgliedern. Etwa 10.000 Namen wurden in das ringförmige Monument eingemeißelt. Schon damals teilten nicht alle Bremer die Meinung, ihre Angehörigen seien »auf dem Feld der Ehre« gefallen. Seit Ende der Nazi-Herrschaft war die Stätte zunehmend Stein des Anstoßes: Zuerst wurden die Namen der getöteten Nationalsozialisten entfernt. Streit entstand um die aufgeführten Gerstenberger- und Casparisoldaten, denn die gefallenen Arbeiter, die für die Räterepublik gekämpft hatten, waren natürlich nicht erwähnt, es gab Konflikte darüber, ob das Denkmal überhaupt weiter existieren sollte. Zahlreiche Umgestaltungspläne wurden in den letzten Jahren vorgelegt, umgesetzt worden ist noch keiner.

Symbol des Bremer Antifaschismus und Erinnerung an die Opfer

Das Stadttor mußte schon im letzten Jahrhundert dem Verkehr weichen, erhalten blieben jedoch die beiden klassizistischen Torhäuser, die sich am Rande der Wallanlagen gegenüberstehen. Heute kostet es nichts mehr, sie zu passieren, auch wird man keiner Kontrolle unterzogen. Stattdessen beherbergt das eine die *Gerhard-Marcks-Stiftung*, die das Lebenswerk des bekannten Bremer Bildhauers und Graphikers bewahrt. Darunter sind mehr als 22 Skulpturen und über 4.000 Zeichnungen, Holzschnitte und illustrierte Bücher. Weit über Bremen hinaus bekannt geworden ist Gerhard Marcks durch seine Bremer Stadtmusikanten am Rathaus.

Im Ostertorwachhaus auf der anderen Seite residiert heute die Polizei. Noch immer werden im ehemaligen Detentionshaus, das zwischenzeitlich auch der Gestapo als Quartier diente, mißliebige Personen in Polizeigewahrsam gehalten, um sie am nächsten Tag der Kriminalpolizei vorzuführen.

Neben der Ostertorwache die Figur eines schmalen Mannes, die Hände vor dem Körper gekreuzt, als seien sie gefesselt, geballte Fäuste. Etwas versteckt steht er da unterm Baum, der »Freiheitskämpfer«, den der Berliner Bildhauer *Fritz Cremer* 1947 entwarf. Cremer widmete die 1984 in Bremen aufgestellte Plastik seinen hingerichteten Freunden, die zur Widerstandsgruppe Schulze-Boysen-Harnack gehört hatten. Leider ist inzwischen weder die Inschrift auf dem Sockel noch die auf der davorliegenden Steinplatte lesbar. Ein junger Mann steht neben der Ostertorwache, sollte nicht erkennbar gemacht werden, warum?

Kunst in den Wallanlagen, im Vorbeigehen genossen

Auf dem weiten Rasenstück gegenüber dem Polizeihaus am Wall stellt der Bremer Künstlerbund alljährlich Skulpturen aus: Kunst auf der grünen Wiese, Kunst zum Anfassen. Beim Spaziergang durch die Wallanlagen begegnet man weiteren Figuren, wobei die Nachbildung des berühmten Bremer Arztes und Astronomen *Johann Olbers* und der Rosselenker, beide Mitte des 19. Jahrhunderts von *Carl Steinhäuser* geschaffen, einst das Bremer Stadttheater schmückten. Von dem 1843 auf dem »Theaterberg« errichteten Gebäude ist heute allerdings keine Spur mehr zu sehen. 1944 wurde es wie viele andere Bremer Häuser von Bomben zerstört.

Am Wall 179/180 ❺

Das Haus Am Wall 179/180, zu Hitlers Zeiten Reinhold-Muchow-Haus genannt, war Sitz der Deutschen Arbeitsfront. Gleich nach Kriegsende wurde es von der Kampfgemeinschaft gegen den Faschismus (KGF) übernommen.

DER AUFBAU

ORGAN DER KAMPFGEMEINSCHAFT GEGEN DEN FASCHISMUS

Nr. 1 - Bremen, 6 Mai 1945

Nach 12 Jahren Diktatur konnten die Bremer erstmals wieder eine — von den Amerikanern geduldete — demokratische Zeitung lesen. »Der Aufbau« hieß das Blatt, das die KGF elfmal herausbrachte. Die KGF verstand sich als organisatorische Zusammenfassung aller im Lande Bremen lebenden Antifaschisten. Zur KGF gehörten gegen Ende 1945 kurz vor ihrer Auflösung ca. 10.000 Mitglieder. Bremen zu entnazifizieren sah sie als eine ihrer Aufgaben an, Wohnungen und das Allernötigste zum Leben zu beschaffen war eine andere. Sie forderte die Wahl freier Gewerkschaften, die Umstellung der Pro-

duktion auf Friedensbedürfnisse und die uneingeschränkte Gleichstellung der ausländischen Arbeiter und Arbeiterinnen. Groteskerweise druckte sie ihre Artikel mangels anderem Papier auf Briefbogen, die sie im Haus der Deutschen Arbeitsfront beschlagnahmt hatte. Sie drehte die Blätter herum, so daß der ursprüngliche Briefkopf mit dem Hakenkreuz auf die Rückseite kam.

Die Herdentorsmühle, letzte der alten Wallmühlen

Ein Blick auf die alte Windmühle jenseits des Herdentors, bevor wir wieder ins Stadtgetümmel eintauchen: Sie ist die letzte einer Reihe von Mühlen, die einst die Befestigungsanlagen krönten. Auch sie mahlt längst kein Mehl mehr sondern wird bewohnt. Damit ihre Flügel nicht einrosten, sind die Mieter verpflichtet, sie gelegentlich drehen zu lassen.

Durch einen Tunnel führt der Weg zurück in die Innenstadt. »Bischofsnadel« heißt das Sträßchen, der exklusive Durchlaß an dieser Stelle der Stadtmauer war ausschließlich den Bischöfen vorbehalten. Alle übrigen mußten — zusammen mit den Kuhherden — das Herdentor benutzen.

Ischa Freimaak auf dem Domshof, das letzte Mal 1913

»Eine an die Wüste Gobi und Sahara erinnernde öde Ebene«, als Platz »langweiliger Charakterlosigkeit«, so wird der *Domshof* um die Mitte des 19. Jahrhunderts geschildert, und irgendwie gestaltet ist er bis heute nicht. Das soll aber in Kürze geändert werden, versprechen die Stadtplaner — also abwarten.

Domshof
❻

Die Geschichte des Domshofes beginnt als Schweinemarkt, auch Torf- und Holzhandel blühten. In den Gebäuden rings um den Platz wohnte die Geistlichkeit ebenso wie Soldaten und arme Leute. Als vor allem erstere ihren zunehmenden Unmut über den Dreck laut werden ließen, wurde der Schweinemarkt auf die andere Seite der Weser verlegt, und der Domshof verwandelte sich in Bremens Fremdenverkehrszentrum. In der ersten Hälfte des

19. Jahrhunderts öffneten Gasthöfe und Hotels ihre Pforten; Überlandpferdekutschen fuhren nach Hamburg und Hannover ab, selbst nach Amsterdam. Mit dem Ausbau der Eisenbahn schlug jedoch ihre letzte Stunde.

Städtisches Leben, wie es sich etwa auf dem Marktplatz abspielte, brachten auch die Wachtparaden des bremischen Stadtmilitärs. »Da exerziert dann die große hanseatische Armee, die aus ungefähr 40 Soldaten und 25 Musikanten, auch 6 bis 8 Offizieren besteht. Gestern ist solch ein Hanseate eingebracht, der desertiert war. Jetzt wird er wohl 60 Hiebe kriegen — denn hier kriegen die Soldaten immer Hiebe«, schrieb Friedrich Engels *im Jahre 1838. Auf dem Domshof gab es jedoch nicht nur Hiebe, sondern auch öffentliche Hinrichtungen. Die letzte war die der Giftmörderin* Gesche Gottfried *1831. 35.000 Zuschauer sollen sich zu diesem wohl spektakulärsten Ereignis in der Geschichte des Domshof versammelt haben.*

Damit die Bremer ihren Abscheu kund tun konnten, wurde an die Stelle, bis zu der Gesche Gottfrieds Kopf rollte, ein größerer, mit einem weißen Kreuz markierter Pflasterstein eingelassen. Er soll kräftig bespuckt worden sein, einer Erzählung zufolge auch noch in der Nazi-Zeit, als ein Unbekannter das Kreuz in ein Hakenkreuz verwandelt hatte. Der Stein ist noch da, wird heute aber oft von Autos zugeparkt.

Aufs (Haken-)Kreuz gespuckt? Der Spuckstein auf dem Domshof

Auf das einstige Museumshaus am Domshof wird man nur noch durch den Namen der abzweigenden Museumstraße gestoßen. Wo jetzt die Deutsche Bank residiert, hatte die Gesellschaft Museum 1805 zur Förderung und Verbreiterung der Naturwissenschaften ein klassizistisches Gebäude erworben.

Schüsselkorb/ Domshof

Die Gesellschaft »Museum« war ein typisches Kind der Aufklärungszeit vor der französischen Revolution. Das gebildete Bürgertum Bremens wollte nicht zurückstehen, als überall in Europa Debattier- und Lesegesellschaften entstanden. Voltaires und Rousseaus Schriften gingen von Hand zu Hand. »In den oberen Räumen des Museums waren bekanntlich die naturwissenschaftlichen Sammlungen aufgestellt; unter den Spirituspräparaten, welche gleichfalls dort einen breiten Platz gefunden hatten, soll auch das Haupt der vielfachen Giftmischerin Gesche Margarethe Gottfried gezeigt worden sein«, beschreibt ein Chronist. Außerdem waren im Museum alle wichtigen in- und ausländischen Zeitungen ausgelegt, so daß es vor allem den Kaufleuten als Treffpunkt diente. Auf dem Dach erhielt der bekannte Arzt und Astronom Wilhelm Olbers ein Observatorium eingerichtet. Kurz vor dem Ersten Weltkrieg kaufte die Deutsche Bank das Gebäude; nach 1912 war das »Museum« Veranstaltungslokal für unterschiedliche Aktivitäten auch politischer Art. In den zwanziger Jahren hatte der Bremer Künstlerverein seinen Sitz im »Museum«. 1931 gründeten hier ehemalige SAJler, unter ihnen Karl Grobe, damaliger Vorsitzender der SAJ, die Bremer Sozialistische Arbeiterpartei (SAP). 1942, beim 94. Luftangriff auf Bremen, brannte das Gebäude aus. In den 20er und 30er Jahren war der Domshof verstärkt Schauplatz politischer Aufmärsche, Demonstrationen und Massenkundgebungen. So demonstrierten dort im November 1918 die Bremer Linksradikalen unter Johann Knief gegen die Einberufung der Nationalversammlung und für eine proletarische Diktatur.

Zirkus auf der Domsheide

1941 wurde unter dem Platz ein Bunker für 2.500 Menschen gebaut. Dem Bunkerbau ist es zu verdanken, daß der gesamte Platz um einiges tiefer liegt als seine Umgebung. Er wird heute als Wochenmarkt genutzt. Ansonsten haben sich die Bremer Banken des Domshofes bemächtigt, kaum ein Gebäude, in dem nicht eine Bank

Katharinenstraße/Unser-Lieben-Frauen-Kirchhof

Dulon, der »Bremer Jakobiner«, im Hoyaer Gefängnis

untergebracht ist. Eines historischen Ortes bemächtigt hat sich auch das Parkhochhaus hinter der Deutschen Bank: Es erhebt sich auf dem Fundament des mittelalterlichen Dominikanerklosters. »Ich war einst reich und jetzt bin ich so arm geworden. Ich stand mitten im Strom des rüstigen Lebens — jetzt bin ich ein Ausgestoßener auf einer Felsenklippe«, schrieb vor 130 Jahren ein Pastor der Liebfrauenkirche, der in der ärmeren Bremer Bevölkerung mehr Hoffnungen geweckt hatte, als je ein Pastor zuvor: *Rudolf Dulon.* Obwohl von den Liberalen gegen die Stimmen der Konservativen nach Bremen berufen, konnte sich Dulon nicht lange halten; schon vier Jahre nach seinem Einzug in die älteste Pfarrkirche Bremens sah er sich gezwungen, nach Helgoland zu fliehen. Denn was er laut zu äußern wagte, war denen, die das Sagen hatten, doch zuviel.

In ihren Anfängen hieß sie Veitskirche, die Kirche Unser Lieben Frauen. St. Veit galt als Schutzpatron des Klosters Corvey, das die ersten bremischen Erzbischöfe hervorbrachte. Im 11. Jahrhundert entstand durch Umbau der alten Kirche die heutige Liebfrauenkirche. An den Kirchhof schloß sich ein Platz an, auf dem Markt gehalten wurde. Nach urkundlichen Überlieferungen beschränkten sich die Händler jedoch nicht auf den Rand des Friedhofs. Sie verkauften ihre Waren zwischen den Gräbern und in der Kirche selbst, weshalb sie eine Zeitlang Marktkirche genannt wurde. Ein wütender Jesus, der die Verkäufer aus dem Tempel hätte vertreiben können, blieb aus. Mit dem Bau des Rathauses verlagerte sich der Schwerpunkt des gesellschaftlichen Lebens auf den jetzigen Marktplatz. Als dann noch in der Franzosenzeit 1813 verboten wurde, weiterhin in der Altstadt Tote zu begraben, veränderte sich der Liebfrauenkirchhof in eine etwas verträumte Grünanlage, in der aufgrund ziemlicher Platznot in der Innenstadt schließlich der Freimarkt

Anna und Lena aus Syke sind alte Häsinnen auf dem Blumenmarkt

Fuß faßte. 1845 löste eine Seiltänzergruppe mit ihren Kunststücken auf dem stillgelegten Friedhof heftige Diskussionen aus. Noch heftiger sollten die Auseinandersetzungen jedoch in den folgenden Jahren werden; Pastor Dulon, ein überzeugter Demokrat, widmete sich neben seinem kirchlichen Amt nämlich auch politischen Fragen.

Ein Jahr später wurde er in die Bürgerschaft gewählt; ihn, der sich gegen soziale Mißstände und für eine Reform des Schulwesens einsetzte, machten die »kleinen Leute« Bremens zu ihrem Helden. Ihm zu Ehren veranstalteten sie Fackelzüge, brachten ihm Ständchen dar und schmückten Pfeifenköpfe mit Dulon-Portraits.

Statt Auseinandersetzungen liegt heute ein Duft in der Luft: Blumenhändler breiten ihre blühende Pracht an der Kirche aus.

Hinter dem Schütting

Versteckt hinter dem Schütting liegt der Stubu-Musikkeller, Bremes ältester Studenten- und Szene-Club. Mit seinem bunten Liveprogramm von Ina Deter bis Champion Jack Dupree und dem »Funkbrettl« von Radio Bremen ist er ein Highlight der leichten Muse. »Die beste Seite Bremens ist die Musik. Es wird in wenig Städten so viel und so gut musiziert wie hier. Eine verhältnismäßig große Anzahl von Gesangsvereinen hat sich gebildet, und die häufigen Konzerte sind immer stark besucht«, schrieb *Friedrich Engels* schon 1841.

Martinistraße 43–45

❼

Wer keine Lust hat auf Einkaufsorgien in der Obernstraße spaziert die Langenstraße entlang, vorbei an der Stadtwaage. Wo sie auf die Martinistraße stößt, kann man Zeitung lesen. Hier ist Bremens Pressehaus.

Streik bei den Bremer Zeitungen, 1977

»Meine Gesetze heißen Meyer« und »Zeitungen sind Anzeigen mit angehängter Redaktion«. Mit Sprüchen wie diesem und seiner harten Linie in Tarifverhandlungen 1977 hatte sich der Verlagschef des Bremer Pressemonopols bei den Belegschaften des Weser-Kuriers und der Bremer Nachrichten nicht gerade beliebt gemacht. Sie streikten — er sperrte aus. Drei Wochen lang erschien keines der beiden Bremer Lokalblätter, nirgendwo sonst hatten westdeutsche Journalisten und Drucker so lange durchgehalten.

Die Zeiten ändern sich: 1945 unter antifaschistischem Vorzeichen, in den Siebzigern »Anzeigenblätter mit redaktionellem Anhängsel«. Quo vadis, Bremer Presse?

Freie Meinungsäußerung

Lt. Col. Welker, Gouverneur der Enklave Bremen, begrüßt den „Weser Kurier"

Freie Meinungsäußerung ist das erste Sinnbild der Demokratie, und eine freie Zeitung ist eine der größten Hilfen bei der Unterstützung der deutschen Bevölkerung, ihr Leben auf demokratischer Grundlage neu aufzubauen.

Nach Jahren nationalsozialistischer Unterdrückung und Verzerrung der Nachrichten werden die Bewohner der Bremer Enklave jetzt in der Lage sein, die Wahrheit zu lesen.

Es liegt in der Macht der deutschen Bevölkerung, endlich ein gesundes demokratisches Leben in Deutschland aufzubauen und wieder in die Völkerfamilie einzutreten.

Gerechtigkeit und Bildung, gegründet auf wahrhaft freisinniger Grundlage, werden durch diese Zeitung kräftig gefördert werden und bei der Wiederherstellung demokratischer Lebensart in der Bremer Enklave mitwirken.

BION C. WELKER,
Lt Col, Cav,
Military Governor"

Glück auf den Weg!

Geleitwort des Präsidenten des Bremer Senats

Bereits im September 1945 hatte die amerikanische Militärregierung die Lizenz zur Herausgabe des Weser-Kuriers erteilt. Sie ging an *Hans Hackmack*, in Bremen seit der Räterepublik bekannt als sozialistischer Journalist. In der neuen Zeitung schrieben zunächst Kommunisten wie *Franz Cavier* und *Irmgard Rasch-Enderle* ebenso Artikel wie ihre sozialdemokratischen Kollegen. 1957 konnte der Verlag das neue Pressehaus in der Martinistraße beziehen.

Die Bremer Nachrichten, hanseatisches Traditionsblatt, das sich seit über 200 Jahren im Besitz des alteingesessenen Schünemann-Verlages befand und die nationalsozialistische Wende mitgemacht hatte, wurden erst 1949 wieder zugelassen. Mit Dumping-Preisen brachte in den 70er Jahren der neue Chef des Weser-Kuriers *Rudolf Meyer* die Bremer Nachrichten in die roten Zahlen und kaufte sie 1974 auf — mitsamt der Belegschaft. Selbstherrlich bestimmte Meyer von nun an, was die Bremer als Lesekost genießen durften: Die Nachrichten der Deutschen Presseagentur, dpa, hatten jedenfalls jahrelang nicht dazugehört. Seine Beschäftigten verurteilte Meyer zu mehr Bewegung: Er ordnete an, daß sie in dem fünfstökkigen Pressehaus den Fahrstuhl lediglich für Aufwärtsfahrten benutzen durften. Aber auch Chef Meyer starb eines Tages. Seitdem weht wieder ein demokratischerer Wind im Haus.

Langenstraße 28

Die Langenstraße kreuzt hier die Martinistraße. Gegenüber, Langenstraße 112, posiert die prächtige Renaissance-Fassade der Firma Suding & Soeken, alter Bremer Kaufmannsadel, mit dem stolzen Hinweis, das Gebäude bereits 1902 restauriert zu haben. In der Langenstraße hat auch, umrahmt von Gebäuden aus der Kolonialzeit, das Konsulat der Volksrepublik Benin sein Zuhause. Nebenan, Langenstraße 52—54, residiert die Sloman-Neptun-Schiffahrts-AG, eine der ersten Reedereien am Platz. Weiter unten gebietet die breite Bürgermeister-Smidt-Straße mit unermüdlich über die Weserbrücke hin und her rauschendem Verkehrsstrom Einhalt. Ihre Überquerung an dieser Stelle ist ein kleines Abenteuer.

Langenstraße 52

In der Langenstraße 132 war eine Zeitlang die Zentralstelle des im November 1918 ins Leben gerufenen Demobilmachungsausschusses untergebracht. Als Teil der Selbstverwaltung der Arbeiter und Soldaten in der Räterepublik hatte er den Übergang zur Friedenswirtschaft zu organisieren, die Verteilung von Wohnung, Kleidung und Verpflegung an heimkehrende Kriegsteilnehmer zu überwachen und Arbeitsplätze zu vermitteln. Mit letzterer Aufgabe war er der Vorläufer des Arbeitsamtes, das 1920 eingerichtet wurde.

Arbeitslos an der Weser

Jenseits der Bürgermeister-Smidt-Straße beginnt die westliche Altstadt. Zwei Durchlässe gab es hier durch die entlang der Jakobistraße, Hankenstraße und Wenkenstraße verlaufende Stadtmauer: den Brill und die Natel, das eigentliche Tor zur Steffensstadt, die hier beginnt. Den Abschluß der Wallanlage an der Weserseite bildete der Fangturm. An die Stelle des Fangturms trat Ende des 16. Jahrhunderts das Kornhaus Bremens, dessen Baumeister *Lüder von Bentheim* war. Das Kornhaus fiel wie nahezu das gesamte Steffensquartier 1944 den Bomben zum Opfer.

Fangturm

8

»Rund um den Fangturm« nannte um 1930 der Chefredakteur der Bremer Volkszeitung seinen wöchentlichen scharfzüngigen Beitrag zu Ereignissen der Innenstadt, den er unter dem Pseudonym »Mephisto« schrieb.

Auch am Anleger Hinter der Mauer wehte 1935 die Nazifahne

Schlachte 40

Unten, an der Ecke zur Schlachte, ist das Domizil der Kolonialfirma C. Melchers & Co., die früher im China-Import aktiv war und deren Teilhaber *Karl Lindemann* 1933 Präsident des Norddeutschen Lloyd wurde. Er galt als einer der NS-freundlichsten Wirtschaftsprominenten der Hansestadt. Den für die Bremer Entwicklung so entscheidenden Kolonialismus haben die Steffensstädter kräftig mitgetragen, sowohl als Kirchengemeinde, die dem Bremischen Missionsverein Heimat bot, als auch als Stütze des Übersee-handels der Stadt, in dem so prominente Gemeindemitglieder wie die Vietors maßgeblich mitmischten.

Hinter der Mauer

Bis ins 19. Jahrhundert schlug das Herz des Bremer Seehandels. Übersee-Handelshäuser wie die Firmen Lahusen, Schröder, Achelis oder Lange landeten hier ihre Waren an. Noch Mitte des Jahrhunderts wurden an der Weserfront große Packhausbauten errichtet, deren Fassaden für die aufragenden Masten und Takelagen der dort ankernden Segelschiffe einen stattlichen Hintergrund abgaben. Mit der Weserversandung wurde es stiller an den Anlegern zwischen Schlachte und Wichelnburg. Für eine Übergangszeit hielt sich noch der Leichter- und Kleinschiffverkehr, bis 1885—88 der Freihafen auf der ehemaligen Schweineweide der Stephanikirche entstand. Dann nahm die Betriebsamkeit der Packhäuser eine andere Richtung an. Ladeaktivitäten fanden nun nicht mehr übers Wasser, sondern auf der Landseite der Speichergebäude statt, wo Fuhrwerke über die Großenstraße die Verbindung mit dem Hafen herstellten.

In der Großenstraße 77 stand das Amtsfischerhaus, der Versammlungsort der im Mittelalter vom Rat der Stadt bevollmächtigten Fischer. Die Entstehung des Freihafens war noch nicht das letzte Kapitel der Anleger entlang hinter der Mauer und Schlachte. Während der Seeschiffsverkehr ins flußabwärts gelegene Hafengebiet und nach Bremerhaven verlagert wurde, machten jetzt Binnenschiffe am Stephani-Ufer fest, die zwischen der Hansestadt und Weserorten wie Nienburg und Minden verkehrten. Die Nationalsozialisten trieben den Ausbau des nordwestdeutschen Kanalsystems voran, da die Binnenschiffahrt eine erhebliche Rolle in den Kriegsvorbereitungen spielte.

Große Fischerstraße

Von all dem ist heute an der Uferterrasse nichts mehr geblieben, ein angenehmer Spaziergang ist es bei gutem Wetter. In der Großen Fischerstraße, der ersten Querstraße hinter »Am Fangturm«, unterhielt 1939 die Nationalsozialistische Volkswohlfahrt ein Packhaus als Lager für Versorgungs- und Propagandamaterial.

Hinter der Mauer/ Kalkstraße

Vorbei am »Haus der Jugend«, einer geräumigen Jugendherberge, führt die Uferpromenade in Richtung Stephanibrücke. An der Ecke Hinter der Mauer und Kalkstraße hatte bis zur Zerstörung ein weiteres bedeutendes Kolonialunternehmen, die Mercator Oloff Bremer Übersee-Handels KG, ihren Sitz. In den zwanziger Jahren traten starke Gruppierungen selbst innerhalb der Linken für die Rückgewinnung des Kolonialreiches ein.

Volksrecht auf Kolonien? Anzeige in der Bremer Bürgerzeitung, 1919

Verschwunden sind die Wasserstraße und die Huckspforte, Durchgänge von der Großenstraße zu den Anlegern. Die Huckspforte trug ihren Namen, weil sie in früheren Jahren zur Nacht vom sogenannten Poortensluter verschlossen werden konnte. An der Stelle der Wichelnburg, einer mittelalterlichen Befestigungsanlage, war im 19. Jahrhundert eine der Hafenbehörden untergebracht. Die Skipper ein- und auslaufender Schiffe hatten hier zu Formalitäten vorzusprechen. Eine Zeitlang befand sich in der

Wichelnburg die Bremer Seefahrtsschule. Heute lernen dort nicht mehr Matrosen, sondern Schulkinder.

Jenseits der Wichelnburg spannen sich die Stephani- und die Eisenbahnbrücke über die Weser. Vorläuferin der Stephanibrücke war die Adolf-Hitler-Brücke, ein Prachtexemplar nationalsozialistischen Städtebaus. Planung und Bau standen im Kontext von Kriegsvorbereitungen und Arbeitsbeschaffung. Bei der Anlage wurden durch die großräumigen Auffahrten und Zuwege, ganz im Geiste der in der NS-Architektur üblichen Megalomanie, Teile der westlichen Steffensstadt und des Krummen Viertels beseitigt. Auch einzelne historische Gebäude, wie das Amtsfischerhaus, fielen dem zum Opfer. Was der Brückenbau vom Steffensviertel übrigließ, zerbombten die Alliierten bei Angriffen auf Weserbrücken und Hafenanlagen neun Jahre später.

Museumsgarten

9

Wer neugierig ist und unter beiden Brücken bis dahin geht, wo ein Zaun und Warnschilder Einhalt gebieten, kann einen Blick auf die Hafenanlagen werfen. Zwischen den beiden Brücken führt eine Treppe empor zu einem kleinen ummauerten Garten. Beinah verwunschen wirkt er und wie eigens angelegt, die Grünanlagen abzuschließen, die sich bis hierher anstelle der Stadtwälle um die Altstadt winden. Aber weit gefehlt: Der Garten war der Innenhof des »Focke-Museums«, das 1944 im Rauch und Bersten der untergehenden Steffensstadt zusammenstützte. Früher hatte das Haus in unmittelbarer Nachbarschaft eines der Zwinger der Wallanlage — des »Bräutigams« — und eines Zuchthauses als Arbeitshaus, als »dieser Stat Armenhaus zum Beten und Arbeiten«, gedient. Dann war es das Bremer Altenheim. 1915 zog das historische Museum in das Gebäude. Es wurde 1918 nach seinem Begründer *Johannes*

Typen aus dem Armenhaus, 1913

Focke benannt und erfreute sich bis in die Kriegsjahre großer Beliebtheit, vielleicht weil es von nennenswerten nationalsozialistischen Eingriffen verschont blieb. Die Museumsbestände wurden in einem Landhaus außerhalb Bremens vor der Zerstörung gerettet; das Focke-Museum befindet sich heute im ehemaligen Gut Riensberg in der Schwachhauser Heerstraße.

Vom Museumsgarten schlängelt sich unter den gewaltigen Betonmassen der früheren Stephanibrückstraße, jetzt B 6, der Stephanitorsteinweg hindurch in Richtung Stadtgraben. Auf der ehemaligen Sanddünenbastion vor dem Doventor erinnert ein Mühlstein an die 1943 niedergebrannte Mühle. Eine Stephanimühle gab es auch. Sie gehörte der Müllersfamilie Erling, die im 1891 angelegten Holz- und Fabrikhafen mit ihrer Rolandmühle den Sprung in die Großindustrie schaffte. 1911 brannte die Stephanimühle ab.

Stephanitorsteinweg

Der Gang den Stephanitorsteinweg entlang zur Adamspforte, die nur noch als Fußsteig das Steffensquartier mit der alten Sanddünenbastion verbindet, hat seinen eigenen schaurigen Reiz. Hoch oben braust der Verkehr. Zur Linken dominiert jenseits der Eisenbahnlinie klotzig der Eduscho-Block. Zwischen den gigantischen Rundpfeilern der Brückenkonstruktion bricht sich die Auffahrt eine Schneise, durchs Grün des Steffenswalls. Auf ihr donnern bedrohlich die vieltonnigen DAFs und Daimlers heran. Fast will man erleichtert aufatmen, wenn sie sich gleichsam im letzten Augenblick nach links wenden, um die Zufahrt zur Brücke emporzuschnaufen, während alle Glieder des unter der metallenen Last ächzenden Betonmonstrums erzittern. »Ariane, ich denk an dich«, hat ein verträumter Punk an die Fundamente des Straßenlabyrinths gesprayt, stille Liebeserklärung am Grunde des Asphaltmeers.

Adamspforte

Stephaniwall/ Faulenstraße/ Vor Stephanitor ⑩

Vor der Adamspforte, auf dem Scheitel des Stephaniwalls, erschließt sich das Quartier von der Nordwestecke. Drüben, am anderen Ende des Fußgängersteges, fließt dicht bewachsen und bekrönt von dem alten Mühlstein die Düne hinab zum letzten Ausläufer des Stadtgrabens. Jenseits der Doventorstraße erstreckt sich, nicht leicht erreichbar von hier, der Nordteil des Viertels, aus dem häßlich der Fernmeldeturm des Telegraphenamtes I hervorsticht. An seinem Fuße steht das im Zopfstil gestaltete Haus der Drogerie Zinke in der Faulenstraße, das einzige in dem Stadtteil, das den Bombenkrieg völlig unbeschädigt überstand.

Jippen

Das Gebiet des historischen Zentrums der Steffensstadt ist von der Adamspforte aus zugänglich über den Weg mit dem seltsamen Namen Jippen, der von »Ägypten« abgeleitet sein soll und deshalb auf eine Niederlassung von Sinti oder Roma vor Errichtung des Steffenswalls hindeuten könnte. Am Jippen liegt das neue Seemannsheim. Es wurde zum Ersatz für das im Kriege zerstörte Heim eingerichtet, das seit 1897 am Korffsdeich bestand. Vor jener Zeit unterhielt allerdings schon seit 1854 die Innere Mission ein Heim für Seeleute im Stephaniquartier. Ostwärts vom jetzigen Heim verläuft die Faulenstraße, an diesem Ende ein stilles Sträßchen. Von

Geduldige Schafe gehen viele in einen Stall. Das Gängeviertel um 1910

hier ist auch der Eingang zum Fuhrleutehof zu sehen. Noch in den vierziger Jahren wird berichtet, daß in dieser Gegend viele Fuhrleute wohnten.

Stephanikirchhof

Ein paar Schritte hinter dem Seemannsheim breitet sich der Stephanikirchhof aus. Er war früher umgeben vom eigentlichen Kern des Stephaniviertels, dem Krummen Viertel, das auch Gängeviertel genannt wurde.

Mehr Gänge als Gassen waren es in der Tat, in denen sich die schmalen Häuser zusammendrängten. Payekengang hießen sie, Fettengang oder Kümmelkampsgang. Geblieben sind davon nur noch zwei Straßennamen, der Hanewinkelsgang und der Corssengang auf der Nordostseite der Faulenstraße.

Die Häuser waren zum größten Teil zwischen dem 16. und dem 18. Jahrhundert entstanden; sie hatten nur winzige Räume. Die hier seit dem Mittelalter ansässige Handwerker- und Händlerschicht konnte dem Druck der Industrialisierung nicht standhalten. Sie wurde proletarisch. An sozialen Ein-

Stephanigemeinde

Die Tradition eines Basis-Christentums ist über die Jahrhunderte innerhalb der Stephanigemeinde lebendig geblieben, obwohl sie insgesamt keineswegs proletarisch wurde, sondern eher kleinbürgerlich-mittelständisch blieb. Denn sie umschloß nicht nur die Einwohner des Krummen Viertels, sondern ein großer Anteil kleinbürgerlicher Familien, auch aus angrenzenden Bezirken, gehörte zu ihr. Und auch die Kaufleute, die ihre Kontore und Packhäuser in der Steffensstadt unterhielten, waren Gemeindemitglieder. In den Revolutionsjahren der 48er Epoche wurde die Gemeinde sogar von einem ausgesprochen orthodoxen Priester geführt, *Friedrich Mallet*, der ein großer Gegenspieler des Demokraten *Rudolph Dulon* war. Nach ihm ist der Malletweg benannt.

Um die Jahrhundertwende richtete sich St. Stephani vermehrt an den Interessen der Arbeiterschaft aus, vor allem unter Pastor *Walter Götz*, der Friedrich Naumanns Linksliberalen und der Fortschrittlichen Volkspartei nahestand. Damals und noch mehr in den zwanziger Jahren reagierte die Gemeinde auf die verschlechterten Lebensbedingungen, unter denen die Mehrheit ihrer Mitglieder litt. Das soziale Engagement, angelegt in der pietistischen Tendenz der Gemeinde seit der Reformation, intensivierte sich. Das Gemeindehaus am Stephanikirchhof wurde Mittelpunkt weitläufiger Wohlfahrts-, Fürsorge- und Bildungsaktivitäten. Ein Jugendheim entstand. Nach der »Barmer Erklärung« 1934 schloß sie sich der Bekennenden Kirche Deutschlands an. Darin folgten ihr nicht nur die beiden von ihr gegründeten Kirchengemeinden Wilhadi und Immanuel. Eine große Zahl von Christen kam aus anderen Stadtteilen in die Gottesdienste von St. Stephani. Unter der Arbeiterschaft im Westen reichte das Einzugsgebiet der Gemeinde bis weit über Gröpelingen hinaus. Im Kontor des Kaufmanns und Gemeindevorstandsmitglieds *Gustav Meyer* befand sich eine kleine Geschäftsstelle, die die Verbindung zwischen den neuen Bekenntnisgemeinden Bremens aufrechterhielt.

Im »Sonntagsgruß« erschienen gegen das System gerichtete Artikel. Gottesdienste wurden ab 1938 illegal im Haus des »Bundes für entschiedenes Christentum«, im Gemeindehaus, in den Pfarrhäusern der selbstgewählten Pastoren und schließlich in Privathäusern gehalten. Frauenbeiräte hielten das Gemeindeleben auch noch aufrecht, nachdem die Pastoren von den Nazis weggeekelt, strafversetzt oder an die Front eingezogen worden waren. Zur Stephanigemeinde gehörten auch einige getaufte Juden. Bis zur Deportation hielten die Bekennenden Christen zu ihnen Kontakt, obwohl schon das Schwierigkeiten brachte. Die Gestapo verfolgte Stephanimitglieder als »jüdisch versippt«, machte Hausdurchsuchungen und beschlagnahmte Material und Gebäude, so im März 1940 das Haus der »entschiedenen Christen«. Gegen Kriegsende mußte infolge des Gestapo-Terrors und der Zerstörung durch Bomben auch außerhalb des Viertels Zuflucht gesucht werden, unter anderem bei *Agnese Kupsch* in der Contrescarpe 194.

Die Gemeinde blieb trotzdem bis zur Befreiung vom Nationalsozialismus zusammen. Obwohl nach dem »Wiederaufbau« des Viertels viele andere Menschen in die Steffensstadt zogen, hat St. Stephani an die demokratische, antifaschistische Überlieferung angeknüpft. Schon 1948 war die Barmer Erklärung Teil der St. Stephani-Gemeindeordnung. 1950 beschloß der Gemeindekonvent ein »Wort zur gegenwärtigen Lage« — verfaßt von *Magdalene Thimme* — gegen Krieg und für äußeren und inneren sozialen Frieden. In den folgenden Jahren gingen immer wieder Friedensinitiativen von der Bremer Steffensgemeinde aus: das Bremer Forum »Kampf gegen den Atomtod« 1951 und die Bremer Erklärung zum Nato-Beitritt 1955 ebenso wie zahlreiche Veranstaltungen und Schriften gegen die Atomrüstung in den fünfziger und sechziger Jahren. Die Stephanigemeinde nahm an den Ostermärschen teil, äußerte sich zur Lebensbedrohung durch die Atomtechnologie und veranstaltete Solidaritätsbasare für Chile und Vietnam. Im September 1979 wurde in St. Stephani die Lidice-Initiative gegründet.

Frank Thomas Gatter

richtungen bestanden in dieser Gegend neben dem erwähnten Seemannsheim ein Witwenhaus am Großen Payekengang und das sogenannte Mannhaus direkt am Stephanikirchhof. Rund 2.000 Menschen mögen im Quartier gelebt haben. Abhängig vom Auf und Ab der hafenbezogenen Bremer Industrie waren sie in Krisenzeiten zumeist schwer betroffen. Nach dem ersten Weltkrieg trafen Arbeitslosigkeit und Inflation die Arbeiterfamilien besonders hart. Die Annalen der Kirchengemeinde sprechen von der intensiven Aktivität der Inneren Mission und kirchlicher Sozialbemühungen in jener Zeit. In den zwanziger Jahren rutschte ein Teil der Bewohner in das für hafennahe Stadtbezirke charakteristische Lumpenproletariat ab: kleine Gauner, Dirnen, Zuhälter — ein »Milieu« entstand. Daneben war mit der Umwandlung des eher kleinbürgerlichen Quartiers in ein Arbeiterviertel eine Politisierung der Viertelbewohner Hand in Hand gegangen. Arbeiter verschiedener politischer Richtungen organisierten in der Weimarer Zeit einen »Roten Selbstschutz«, um das Viertel vor Übergriffen der Faschisten zu schützen. Bei den braunen Organisationen, aber auch beim Bremer Bürgertum stand die Steffensstadt bald im Ruf einer roten Hochburg der Linken.

Wassmannweg
Malletweg
Lampeweg
⑪

Hausdurchsuchungen und Verhaftungen waren keine Seltenheit. Linke Arbeiter erinnern sich noch mit Stolz daran, daß außer ein oder zwei Nazis, die im Viertel wohnten, die Steffensstadt vor 1933 von Nationalsozialisten freigehalten werden konnte. Über die Phantasie und Wachsamkeit der Antifaschisten ist manche Geschichte überliefert, so die des jungen Arbeiters, der am Dachfenster Posten stand und mit der Trompete die Genossen warnte, wenn Ordnungskräfte anrückten oder SA einen Angriff auf das Viertel unternahm. Ab Anfang 1933 war es nicht mehr möglich, die braunen Verbände am Eindringen ins Krumme Viertel zu hindern. Die Nazis unternahmen starke Anstrengungen, das verhaßte Quartier zu unterwerfen. Überfälle, Schlägereien und Verschleppungen waren an der Tagesordnung. Selbst vor den Kindern machte die SA nicht halt; ihre Kommandos standen an Gemeindeschule, um auch die Schülerinnen und Schüler einzuschüchtern.

Die Stephanigemeinde — Kirchengemeinde mit urchristlichen Idealen: Hir schüt yderman lyck unde recht, hir licht here, frouwe, maget unde knecht, gelerde unde kinder liggen ock hirby. Duncket dy, dat underschet der personen sy, so kum unde schow se alle wol an unde segge, welker is de beste darvan.

Die Schule am Stephanikirchhof 19 war die letzte evangelische Schule Bremens, die bis in die vierziger Jahre der Kirchengemeinde unterstand. Das ist ein Beleg für die innere Stärke der *Stephanigemeinde*, die aus der eigenständigen mittelalterlichen Tradition des Stadtteils gewachsen war. Eine im sogenannten Leichenstein an der Nordseite der Stephanikirche eingemeißelte Inschrift aus dem Jahre 1560 handelt von der Gleichheit der Menschen im Tode. Sie vermittelt die urwüchsig demokratische Haltung eines Basis-Christentums, wie sie im Totentanz oder in der Ketzerbewegung zum Ausdruck kommt.

Geeren

Östlich des um 1960 reparierten Kirchenbaus zweigt stadteinwärts die geschichtsträchtige Straße Geeren ab. An ihrer Einmündung stand bis ins 19. Jahrhundert die Kapelle zu den Sieben Rosen, zuletzt »Gottesbude« genannt; sie wurde jeweils drei armen Witwen zur Wohnung gegeben. Der Geeren ist mit den Hoffnungen und Niederlagen von Arbeiterbewegung und Revolution engstens verknüpft. Er war einer der Pulsadern, in denen sich das kurzlebige Schicksal der Bremer Räterepublik vollzog. Wer am Abend des 6.

Alfred Henke

November 1918 vom Stephanikirchhof den Geeren hinunterblickte, konnte ein für diese Zeit ungewöhnliches Treiben beobachten. Gruppen von Arbeitern, Frauen, Soldaten kamen die Straßen herauf. Sie diskutierten, lachten, sangen oder schritten schweigend vorwärts; ihr Ziel war das Gewerkschaftshaus in der Faulenstraße, wo heute das Kaufhaus Leffers steht. Dort tagten damals die führenden Sozialisten Bremens mit Vertretern des Soldatenrates, der am gleichen Tag in der Kaserne am Neustadtswall gegründet worden war. Sie bildeten einen Aktionsausschuß, der — verantwortlich dem Arbeiter- und Soldatenrat — das Regierungsgremium der Bremer Räterepublik werden sollte.

Viele Ereignisse dieser kurzen, revolutionären Epoche in Bremens Geschichte spielten sich im Stephaniviertel ab. Neben dem Gewerkschaftshaus war wichtigster Ort der Komplex Geeren 6 und 8, wo seit 1905 die SPD ihr Zentrum hatte.

Wenige Wochen später, am 4. Februar 1919, hallten Schüsse und Geschützlärm durch die Bremer Altstadt. Die Räterepublik fiel im Feuer der Division Gerstenberg, wenn auch nicht ohne Widerstand. Einige Arbeiter, unabhängige Sozialisten und Kommunisten mit Maschinengewehr und Karabinern bewaffnet, verteidigten gemeinsam heldenhaft das Parteihaus, Geeren 6, vom Dach aus. Sie mußten schließlich den Haubitzen der »Gerstenberger« weichen. Damit war die kurze Herrschaft der USPD in der Zentrale der Bremer Sozialdemokratie zu Ende. Die MSPD, die den »Unabhängigen« das Büro am 20. 12. 1918 hatte überlassen müssen, zog wieder ein.

Arbeitergremien tagen im Steffensviertel

Im Dezember 1918 hatte die USPD auch die Bremer Bürger-Zeitung beschlagnahmt, Organ der Sozialdemokraten Bremens, das in der parteieigenen Druckerei Schmalfeldt & Co., Geeren 5, gedruckt wurde. Die Bremer Bürger-Zeitung wurde jetzt ebenfalls wieder von der Mehrheits-SPD übernommen. Doch schon am 11.2.1919 gelang es der USPD, ein neues linkes Blatt herauszugeben, die Bremer Arbeiter-Zeitung, hergestellt beim Verlag Paul Schulz, Geeren 18. Chefredakteur war Alfred Faust, *in der Räterepublik Volkskommissar für Presse und Propaganda. Im Geeren 18 war das Wahlbüro der USPD, zugleich bei Flugblattaktionen Verteilertreffpunkt für den Bezirk Altstadt.*

Die Presse war ein heiß umkämpftes Aktionsfeld der Revolutionäre. Auch gemäßigte sozialistische und sozialdemokratische Führer begannen ihre politische Laufbahn in einer der Redaktionen der Arbeiterpresse. Der Schriftsetzer Hermann Rhein *zum Beispiel, 1919 als Mehrheitssozialist nach dem Scheitern der Revolution Mitglied der Provisorischen Regierung, war von 1894 bis 1905 Redakteur der BBZ gewesen.*

Die Bremer Bürger-Zeitung wurde 1922 in Bremer Volkszeitung umbenannt. Chefredakteure waren Alfred Faust *und Bremens Nachkriegsbürgermeister* Wilhelm Kaisen. *1933 übernahm die Bremer Nationalsozialistische Zeitung die Anlagen der Bremer Volkszeitung.*

Die Hitleristen das Laufen lehren — Emblem der Bremer Volkszeitung um 1930

Faulenstraße 54–68
⑫

Im Gewerkschaftshaus wurden im Februar 1919 die im Kampf für die Räterepublik Gefallenen aufgebahrt. Die Gewerkschaften blieben bis 1928 in der Faulenstraße. Sitz des SPD-Parteibüros war — mit der Unterbrechung durch Nazizeit und Kriegszerstörung — bis 1981 der Geeren. Auch zentrale Veranstaltungen der proletarischen Frauenbewegung fanden hier statt, und die SAJ traf sich in eigenen Jugendräumen. Die Bremer Bürger-Zeitung und später die Volkszeitung unterhielten im Parteihaus eine Buchhandlung. Nicht nur in der USPD-Zeit, sondern auch in den zwanziger Jahren nahm manche Aktion des proletarischen Kampfes bei dieser Adresse ihren Anfang.

Jugendräume der SAJ am Fangturm

In der Faulenstraße, mit Geeren und Fangturm durch Aschenburg und Wenkenstraße verbunden, fanden immer wieder spontane Demonstrationen statt. 1919 erlebte die Straße den Auftakt zum »Stacheldraht-Ostern«, als nach Eröffnung des Generalstreiks vom 15. April bei Zusammenstößen zwischen Streikenden, Streikbrechern und Militär ein Arbeiter erschossen wurde. Danach wurden an Plätzen und Kreuzungen Stacheldrahthindernisse errichtet. Anfang der dreißiger Jahre waren Brill und Faulenstraße Schauplätze von Agitprop-Auftritten: Auf ein Pfeifsignal hin traten aus der Menge Arbeiter zusammen, trugen ein revolutionäres Lied vor oder skandierten Parolen, um dann wieder im Menschengewühl unterzutauchen. Ab 1933 richteten sich Boykottmaßnahmen und Gewalttaten der Nationalsozialisten gegen jüdische Geschäfte in der Faulenstraße. Das Kaufhaus Bamberger war nicht ausgenommen, wenngleich der im Stephaniviertel beliebte Besitzer *Julius Bamberger* als Vorsitzender des »Centralvereins deutscher Staatsbürger jüdischen Glaubens« Beschwichtigungspolitik gegenüber dem Faschismus trieb. Bamberger war eines der wenigen Unternehmen, in denen 1932 die Revolutionäre Gewerkschaftsopposition mit Erfolg versucht hatte, Einheitslisten zu den Betriebsratswahlen aufzustellen.

Bremer Kommentar zum Wahlergebnis 1933. Die Hoffnung war rasch verflogen; er erholte sich wieder

1933 wurden die proletarischen Versammlungs- und Aktionszentren in der Steffensstadt wie anderswo geschlossen und viele Aktivisten verhaftet, auch in der Hankenstraße 21/22, dem Büro der Internationalen Arbeiterhilfe, einer Solidaritätseinrichtung der Roten Hilfe. Die Hankenstraße liegt nördlich der Faulenstraße; durch die Nagelspforte gelangt man zur Rückseite des Sparkassengebäudes, das als imposantes Geschäftshaus die Nordecke des Brill beherrscht. Diese Rückansicht ist sehenswert, wegen einer Reihe allegorischer Figuren, welche die mittelalterlichen Marktverhältnisse versinnbildlichen.

Am Brill
⑬

Das Sparkassengebäude hat über dem Haupteingang eine Brüstung, von der aus die Bürgermeister-Smidt-Straße bis zur Weserbrücke und darüber hinaus zu überblicken ist. 1919 war hier einer der letzten Stützpunkte der bewaffneten Arbeiter, die Bremens Räterepublik gegen die anrückenden »Weißen« verteidigten. Sie hatten sich dort oben verschanzt, schossen aus den Fenstern über die damalige Kaiserbrücke hinweg und in die Hutfilter- und Obernstraße, bis sie das Gebäude aufgeben und sich in die Gängeviertel beiderseits der Faulenstraße zurückziehen mußten. So ist die Sparkasse am Brill eine der Säulen des Kapitalismus der Hansestadt — und gleichzeitig ein Denkmal der Revolution.

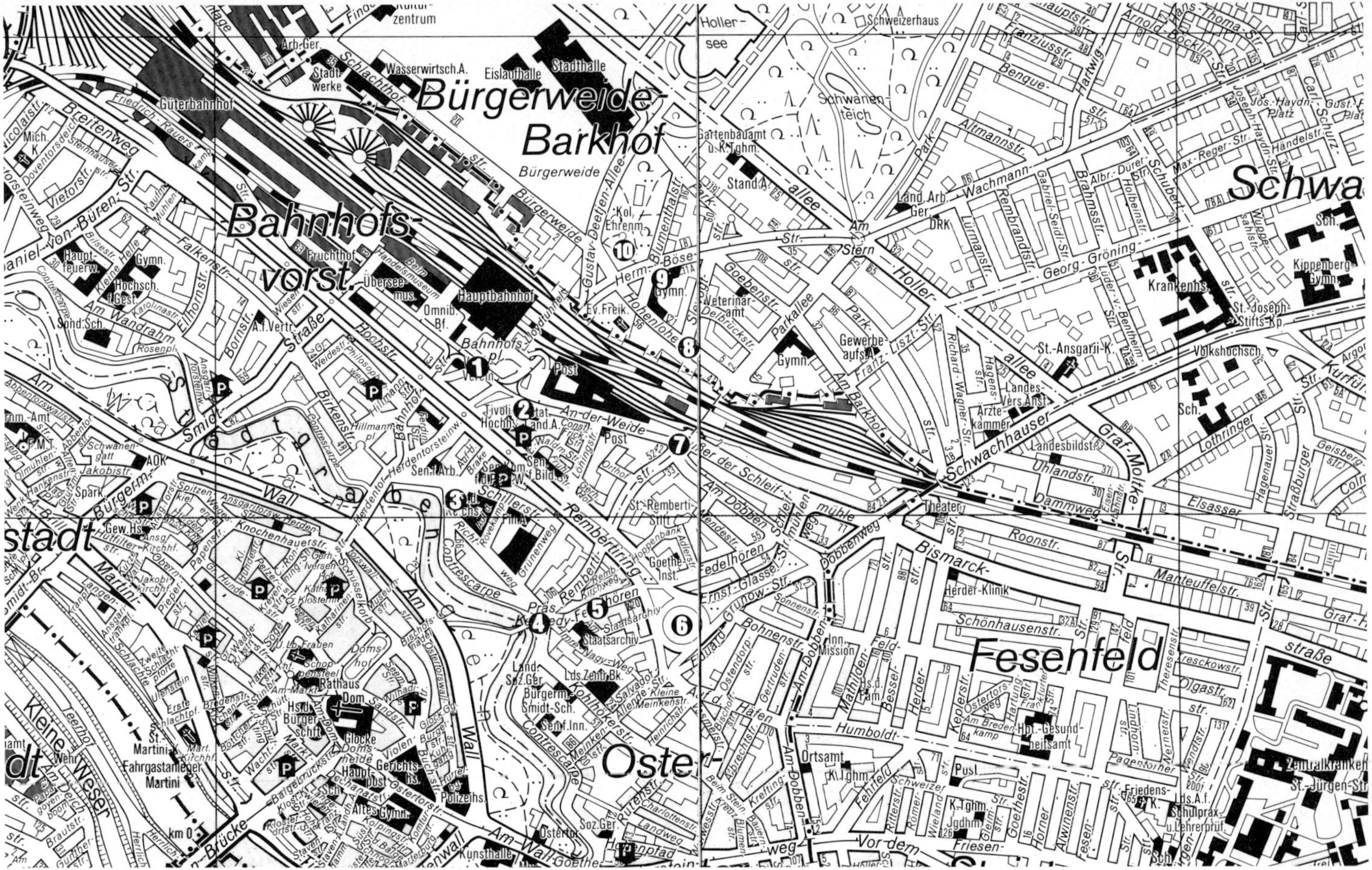
Bürgerweide-
Barkhof
Bahnhofs-
vorst.
Fesenfeld
Schwa
Oste
stadt
Hauptbahnhof
Güterbahnhof
Stadthalle
Eislaufhalle
Wasserwirtsch.A.
Stadtwerke
Schlachthof
Bürgerweide
Gustav-Deetjen-Allee
Hollersee
Schwanenteich
Schweizerhaus
Kulturzentrum
Breitenweg
Friedrich-Rauers-Str.
Falkenstr.
Hochstr.
Bahnhofspl.
Übersee-mus.
Fruchthof
Herdentorsteinw.
Birkenstr.
Am Wall
Contrescarpe
Am Wandrahm
Rembertiring
Schillerstr.
An der Weide
Post
Theater
Schwachhauser
Graf-Moltke-
Hollerallee
Parkallee
Richard-Wagner-Str.
Georg-Gröning-Str.
Wachmann-
Altmannstr.
Lürmanstr.
Rembrandtstr.
Brahmsstr.
Holbeinstr.
Schubert-
Max-Reger-Str.
Joseph-Haydn-Str.
Arnold-Böcklin-Str.
Carl-Schurz-
Krankenhs.
St.-Joseph-Stifts-Kp.
Kippenberg-Gymn.
Volkshochsch.
Lothringer
Straßburger
Uhlandstr.
Dammweg
Elsasser
Roonstr.
Bismarck-
Manteuffelstr.
Herder-Klinik
Schönhausenstr.
Humboldt-
Am Dobben
Dobbenweg
Bohnenstr.
Hpt.-Gesundheitsamt
Ortsamt
Friedens-
Zentralkranken
St.-Jürgen-Str.
Am Stern
Staatsarchiv
Rathaus
Dom
Glocke
Sandstr.
Ostertorstr.
Polizeihs.
Altes Gymn.
Kunsthalle
Ostertor
Martini
Fahrgastanleger
Kleine Weser
Wehr
Brücke
km 0
Knochenhauerstr.
Sögestr.
Obern-
Langen-
Schlachte
Ansgaritorsw.
AOK
Spark.
Jakobistr.
Doventorsteinweg
Mich. K.
Hochsch. f.Gest.
Gymn.
Haupt-feuerw.
Sond.Sch.
Bornstr.
Am Barkhof
Gewerbeaufs.A.
Goebenstr.
Veterinäramt
Delbrückstr.
Herm.-Böse-
Hohenlohe
Ev. Freik.
Kol. Ehrenm.
Blumenthalstr.
Gartenbauamt u.K.Tghm.
Stand.A.
Land.Arb.Ger.
DRK
St.-Ansgarii-K.
Landes-Vers.Anst.
Ärztekammer
Landesbildst.
St.-Remberti-Stift
Goethe-Inst.
Fedelhören
Ernst-Glässel-Str.
Lds.Zentr.Bk.
Bürgerm.-Smidt-Sch.
Land.Soz.Ger.
Meinkenstr.
Soz.Ger.
Charlottenstr.
Landweg
Vor dem
Friesen-
Goethestr.
Horner
Alwinenstr.
Lindhorn-
Theresenstr.
Olgastr.
Tresckowstr.
Graf-
Gewerbe
1
2
3
4
5
6
7
8
9
10

Luft umsonst und Labskaus preiswert

Bahnhofsvorstadt/Barkhof

von Rainer Habel und Doris Kachulle

Ausgangspunkt: *Bahnhofsvorplatz*
Endpunkt: *Elefant*
Dauer: *ca. 2 Stunden*

Bahnhöfe, die Kathedralen des 19. Jahrhunderts; Bremen kommt 1847 zum Zug

»Liebesleute zwischen hier und Hannover können sich jetzt dreimal täglich sehen und umarmen. Sonst machte man einen Klex und schrieb: Die Stelle habe ich geküßt ... Das ist nun nicht mehr nötig ...« Das Bremer Unterhaltungsblatt vom 12. Dezember 1847 knüpfte allerlei besinnliche Betrachtungen an das aufregendste Ereignis dieses Tages: Vom neuen »Hannoverschen Bahnhof« ging der allererste fahrplanmäßige Zug ab. Bremen–Hannover: in vier Stunden war's geschafft.

In den 70er Jahren, als neue Eisenbahnstrecken nach Osnabrück und Hamburg hinzukamen, platzte der Bahnhof schon aus allen Schienen. Damals wurde als Provisorium der Venlo-Hamburger Bahnhof gebaut, der sich ungefähr dort befand, wo heute die Stadthalle steht. Erst 1889 übernahm der jetzige Hauptbahnhof die Funktionen der beiden Vorgänger. Er ist einer der schönsten Bahnhöfe Norddeutschlands. Der Bahnhofsvorplatz dagegen macht immer noch einen chaotischen Eindruck. Bei Eröffnung des Hauptbahnhofs mußte sich der Platz noch entwickeln; das »Städtische Museum für Natur-, Handels- und Völkerkunde« stand erst 1896, aber schräg gegenüber des Bahnhofs gab es schon jene Zeile großer Privathäuser, die nach und nach in Hotels umgewandelt wurden. An der Nordwand des Hotels zur Post zeigt ein Wandbild von *Jürgen Waller* Motive aus Bremens geschichtlichem und wirtschaftlichem Lebenslauf.

Bahnhofsplatz
❶

An der Stelle des Pavillons des Bremer Verkehrsvereins ragte früher das »Breitenweg-Bad« auf. Dorthin gingen die Bremer nicht nur zum Vergnügen, sondern auch darum, um sich mal richtig abzuschrubben. Das waren natürlich nicht die Leute aus dem feinen Schwachhausen, sondern die aus den Arbeitervierteln, wo die hygienischen Verhältnisse in der Regel völlig unzureichend waren.

Von der *Fahrradstation* am Hauptbahnhof kann man sich per Fahrrad-Rikscha durch Bremen kutschieren lassen. Sie ist außer-

Die Kathedrale muß versteckt werden: Bremer Hauptbahnhof unter Tarnung gegen Luftangriffe

dem allen Radfahrern freundlich gesonnen: Dort gibt es Luft umsonst! Idee und Energie, sie umzusetzen, hatte *Jan Tebbe*, der 1985 verstorbene Gründer des Allgemeinen Deutschen Fahrradclubs. Bremen zählt zu den fahrradfreundlichen Großstädten; die Drahtesel sind hier mit 25% am Verkehrsaufkommen beteiligt. Finanziert wurde die Station von der Stiftung »Wohnliche Stadt«.

Direkt neben der Fahrradstation zum Bahngelände hin ist eine »Tiefgarageneinfahrt«. Was ausschaut wie ein Ergebnis des Automobilbooms der Wirtschaftswunderära ist in Wirklichkeit ein reaktivierter Tiefbunker aus der Nazizeit. Nachdem britische Soldaten ihn bei der Eroberung Bremens entdeckt und 1.500 Menschen darin aufgefunden hatten, schrieben sie in ihrem Bataillonsbericht: »Der Gestank war so stark, das er [ein britischer Hauptmann] sich nach kurzer Inspektion schleunigst zurückzog. Tatsächlich war der Geruch in diesem und in anderen Bunkern, die durchsucht werden mußten, eines der größten Übel während des Aufenthalts in Bremen.«

Lloyd-Tunnel

In gleicher Höhe direkt am Bahnhofsbereich treffen wir auf den sogenannten *Lloyd-Tunnel*, Fußgängerverbindung zur Bürgerweide. Der Name erinnert an den direkten Zugang des Norddeutschen Lloyds von der Nordseite des Bahnhofes auf die Bahnsteige. Es war also insbesondere ein Tunnel des Abschieds für Auswanderer, auch für seefahrende Touristen mit großem Geldbeutel.

An der Weide 27

Bremens Post brauchte mehr Platz. Das 1926 errichtete Gebäude des Postamtes 5 verwandelte sich 1986 in eine Baustelle — bis auf die Fassade. Die herausragende Arbeit des Architekten *Heinrich Rudolf Jacob* wurde mitsamt der in Bremen einmaligen reichen

Die Bremer Arbeitnehmerkammern

Der Spaziergang vom Bahnhof in die Innenstadt führt an einem großen Eckgebäude auf der rechten Seite der Bahnhofsstraße vorbei. Über dem direkt der Straße zugewandten Haupteingang prangt der Schriftzug »Sparkasse in Bremen«, aber das Haus hat — bescheidener und bereits um die Ecke im Philosophenweg gelegen — noch einen Nebeneingang. Dort findet der Besucher die Arbeiterkammer Bremen. »Butenbremer« werden mit dieser Einrichtung zunächst nichts anfangen können. Dabei bilden die Arbeiterkammer und die Angestelltenkammer in der Violenstraße zusammengenommen die größte Arbeitnehmerorganisation Bremens, da alle in der Hansestadt Beschäftigten Pflichtmitglied sind. Das sind immerhin insgesamt etwa 300.000 Frauen und Männer.

Die Kammern versuchen, die Interessenvertretung der Arbeiter und Angestellten durch Gutachten, Stellungnahmen und Berichte an die Bürgerschaft, den Senat, an Behörden und Gerichte wahrzunehmen. Sie müssen zu Gesetzesvorlagen in ihrem Aufgabengebiet gehört werden und haben bei eigenen Gesetzesinitiativen in der Bürgerschaft Rederecht. Beispiele für die Arbeit der Kammern sind das Bremische Bildungs-Urlaubsgesetz, das Projekt Hafenfacharbeiterschule und das Landesberufsbildungsgesetz.

Bereits Ende des vorigen Jahrhunderts war im Deutschen Reich eine solche Art von Interessenvertretung diskutiert worden. Einer der engagiertesten Verfechter einer »öffentlich rechtlichen Vertretung der Arbeiterschaft direkt bei der Regierung« war vor und während seiner Mitgliedschaft in der Bremer Bürgerschaft der spätere erste Reichspräsident Friedrich Ebert. Aber erst nach der Räterepublik wurde die Bildung von Arbeitnehmerkammern durchgesetzt. Sie wurden in der Bremischen Verfassung verankert und am 8. Juli 1921 durch das »Gesetz über die Arbeitnehmerkammern im Lande Bremen« beschlossen. In den zwanziger Jahren konnten die Kammern sich kaum gegen die Standesorganisationen von Industrie und Handwerk behaupten. Die Nationalsozialisten lösten sie dann auf. Nach der Befreiung vom Faschismus wurden sie jedoch von bremischen Gewerkschaftsvertretern neu gegründet. Die US-Besatzungsmacht verbot die Pflichtmitgliedschaft, die Kammern existierten jedoch auf freiwilliger Basis weiter, bis ihnen 1956 die Bremische Bürgerschaft mit den Stimmen von SPD, CDU und KPD wieder den Charakter einer öffentlich-rechtlichen Körperschaft gab.

Oberstes Organ ist die Vollversammlung, die nach dem Verhältniswahlrecht alle sechs Jahre von den im Lande Bremen beschäftigten Arbeitnehmern gewählt wird. Zur Wahl stellen sich von den Gewerkschaften vorgeschlagene Kandidaten. Die Zahl der hauptamtlichen Gewerkschaftsfunktionäre ist eng begrenzt. Es überwiegen Kollegen aus den Betrieben. Die Vollversammlung bildet Fachausschüsse, denen wiederum hauptamtliche Mitarbeiter — Volks- und Sozialwirte, Juristen, Bildungsfachleute — zugeordnet sind.

Über die allgemeine Interessenvertretung hinaus leisten die Kammern auch individuelle Unterstützung. Sie beraten und informieren Betriebsräte bezüglich ihrer Mitbestimmungsrechte. Wenn nach einem Konkurs Arbeitnehmer ihren Betrieb in Eigenregie weiterführen wollen, können sie sich bei der Arbeiterkammer Rat und Hilfe holen.

1975 übertrug der Senat den Kammern hoheitliche Aufgaben in Form der öffentlichen Rechtsberatung. Sie ist an Einkommensgrenzen gebunden und umfaßt außer Arbeits-, Sozial- und Steuerrecht alle Rechtsgebiete. Im übrigen erhält der einzelne Kammerzugehörige Hilfe bei Lohn- und Einkommenssteueranträgen. Darüber hinaus bieten die Kammern eine breite Palette von Möglichkeiten der beruflichen Bildung und Weiterbildung an: Eigene Schulungs- und Erholungsstätten bestehen in Bad Zwischenahn und Wremen. Seit über 15 Jahren unterhält die Arbeiterkammer einen Kooperationsvertrag mit der Universität Bremen und ermöglicht so Forschung im Arbeitnehmerinteresse.

Ingomar Benoit

Sprossenausbildung der Fensterrahmen unter Denkmalschutz gestellt. So bleibt das Postamt ein vorzügliches Beispiel für eine zwischen zweckorientierter Sachlichkeit und verhaltenem Traditionalismus vermittelnde Bauweise, die für die 20er Jahre charakteristisch war.

Das waren noch Maiumzüge! Mit dem Überstunden-Ungeheuer am Herdentor in den fünfziger Jahren

Bahnhofsplatz 22/An der Weide

❷

Zu eng ist auch das Gewerkschaftshaus, noch enger, als es hätte sein müssen. Kein Vergleich zum Volkshaus, seufzen die alten Kollegen; aber die Gewerkschaftsbewegung ist ja auch nicht mehr die alte. Doch am besten zunächst einmal in die Kneipe und gucken, ob Bruno da ist. Bruno, 74 Jahre alt, hat die Tivoli-Quelle seit 1959 und seit einiger Zeit mit dem Kollegen Klaus zusammen. Dessen Vater ist, sagt Bruno, »der älteste Chinese im Bremer Gaststättengewerbe«. So gibt es jetzt also nicht nur Hackepeter und Labskaus im Lokal, sondern auch Chop Suey, alles, wie immer, relativ preiswert. Und Bruno kann man in aller Ruhe anzapfen: eine der besten Quellen für Leute, die sich über die Nachkriegsgeschichte der Bremer Gewerkschaften informieren wollen. In der Ära *Boljahn*, der im April 1953 nach *Oskar Schulze* Bremer DGB-Vorsitzender wurde, hat der DGB das Grundstück verscherbelt, auf dem die Hochgarage steht, und damit einen von vielen Mitgliedern gehegten Traum begraben: Dort hatte eigentlich ein Saal für 2.500 Personen gebaut werden sollen. »Die Verpachtung des Kinos«, sagt Bruno, »auch das war 'n Fehler, daß man da nur den Kommerz gesehen hat...«

»Einmal möchten Sie doch keine Sorgen haben. Kommen Sie zu uns, wir verhelfen Ihnen zur Flucht aus dem Alltag in eine andere Welt!« So warb das Kino Anfang der 30er Jahre. Damals hieß es nicht »U.T.«, sondern *»Tivoli«*, und unter diesem Namen war das Haus, das der DGB sich nach dem 2. Weltkrieg für das Volkshaus einhandelte, schon zu Bebels und Bismarcks Zeiten eine der beliebtesten Vergnügungsstätten in Bremen und umzu gewesen. Jahrzehntelang gab es hier alles: Varieté, Zirkus, Theater, Oper, Ope-

Linke und rechte Filme in Bremer Kinos. Kriegsverherrlichung im Tivoli 1940

rette. Wenn Dora Dorsay und Paul Stampa sangen — das war Anfang des Jahrhunderts — waren die Bremer nicht wiederzuerkennen. Beinah südländisch gingen sie aus sich heraus. Eine besondere Attraktion bot damals der Garten des Hauses, der bis 1939 existierte. Im Winter wurde hier die Kunst des Schlittschuhlaufens gepflegt, im Sommer war er hauptsächlich der Militärkonzerte wegen geschätzt.

1920 ging »das Tivoli« als »Stadttheater an der Weide« mit dem Stadttheater am Wall zusammen; der Senat hatte somit die Chance, daraus eine wirkliche »Volksbühne« für die Arbeiterschaft zu machen. Stattdessen wurde im alten Stil weitergewurschtelt, bis sich schließlich das Ganze nicht mehr rentierte und die Umstellung auf Kintopp erfolgte; von den »Fridericus«-Operetten auf die »Fridericus«-Filme. Im September 1925 machte das »Tivoli« als Kino auf. 1927, als die Firma Luedtke und Heiligers es übernahm, war es mit 2.400 Plätzen das größte Lichtspieltheater Bremens, und das blieb es auch nach dem Umbau 1932, als die Zahl der Plätze auf 1.200 verringert wurde.

Mit einem Hit, mit dem Film »Die Tänzerin von Sanssouci« — Hauptdarsteller: Otto Gebühr und Lil Dagover — ging es damals in die neue Spielzeit. »Bei Otto Gebühr hat die Katastrophe angefangen«, schrieb Robert Dorsay 1943 an einen Freund. Der Sohn der früheren »Tivoli«-Stars Dora Dorsay und Paul Stampa hatte 1936 bis 1939 in einigen Filmen wie »Clivia«, »Meine Frau, die Perle« und »Liebesgrüße aus dem Engadin« mitgewirkt, die auch im »Tivoli« gelaufen waren. 1943 wurde er für schuldig befunden, »den Willen des deutschen Volkes zur wehrhaften Selbstbehauptung öffentlich zersetzt zu haben«, und hingerichtet. Dieser Wille hatte u.a. auch durch den Film »Feuertaufe« gestärkt werden sollen, der am 19. April 1940 im »Tivoli« zur Erstaufführung kam; ein Heldenepos auf den Einsatz der deutschen Luftwaffe in Polen.

»Der Schoß ist fruchtbar noch«: Nachdem 1985 ein Teil der Bremer Gewerkschaftsjugend und andere vor dem »U.T.« gegen die Aufführung des amerikanischen Films Rambo protestiert hatten, ließ der Pächter des gewerkschaftseigenen Kinos ein Flugblatt des Landesverbandes Bremen der »Konservativen Jugend Deutschlands« verteilen:

»Rotes Krawallgesindel gefährdet Medienfreiheit!

Kommunisten, linksgerichtete Gewerkschaftler und Jusos rüsten zum Gefecht. [...] Die Kinobesitzer werden systematisch unter großen Druck gesetzt, Actionfilme aus den U.S.A. abzusetzen. Türkische Kulturfilme und deutsche Problemfilme, die niemand sehen will, sollen statt dessen unser Bremer Kinospektrum beherrschen. Die Konservative Jugend Deutschlands hat diesem Links-Terror den Kampf angesagt. [...]«

Konservative Jugend Deutschlands

Rembertiring 8

Das 15-stöckige Tivoli-Hochhaus wurde 1963 eingeweiht und markiert den »modernen« Abschluß des Bahnhofsplatzes. Die Ladenzeile mit den Sex-Shops läßt keinen Schluß zu auf das Geschehen in den Etagen darüber, hier sitzen der Verkehrsverein, die Wirtschaftsförderungsgesellschaft, der Senator für Jugend und Soziales und der Wirtschaftssenator. Von oben läßt sich der Ausblick auf die Bahnhofsvorstadt und auf Findorff genießen, bei guter Sicht sogar auf Worpswede am Weyerberg. Im Keller des Hauses eine neuere Errungenschaft: das »Dixieland«, in dem der Bremer Jazzclub regelmäßig Livekonzerte steigen läßt, die tierisch abgehen.

Beim Senator für Bildung, Wissenschaft und Kunst am Rembertiring prangt ein großes abstraktes Relief von *Albrecht Schilling* aus dem Jahre 1969 an der Hauswand. Die Klagemauer der durch die Rotstift-Politik des Senators geschädigten Bremer Schüler? Oder derer, die der architektonischen Lösung am Rembertiring immer noch fassungslos gegenüberstehen? Ein privater Unternehmer war in den 60er Jahren mit der Gesamtplanung beauftragt worden, ganz in der Manier der Vorstadtbebauung im 19. Jahrhundert. Es hatte der große Wurf werden sollen, und die Architekten Morschel, Henke und Hodde meinten im nachhinein, ihn geschafft zu haben. Mit einem abstoßenden Tangenten-Viereck, auf das auch heute noch konservative Stadtplaner immer wieder verfallen!

Auf der Brake

Die kleine Fußgängerzone Auf der Brake verdankt ihren Namen einem Ereignis, das lange zurückliegt. 1677 brach der Weserdeich, und wenn Wasser eindringt, wie damals von der Weser durch den Stadtgraben, entsteht Brakland. Noch im 19. Jahrhundert ging es hier ländlich-sittlich zu; da gab es einen Bauernhof und eine Reitbahn. Vielleicht wollte *Paul Halbhuber* mit seinem 1967 geschaffenen Travertinbrunnen daran erinnern. Die »Sieben-Faulen«-Plastik inmitten des Behörden-Quartiers — links die Senatskommission für das Personalwesen, rechts der Senator für Arbeit — hat schon Anlaß zu vielen spöttischen Kommentaren gegeben. Die Skulptur von *Marie-Louise Wilckens*, 1968 in Bronze gegossen, heißt aber auch »Tätiges Leben«.

Auf der Brake/ Schillerstraße

Diener vieler Herren, aber immer vom Feinsten. Vielleicht heißt das Gebäude deshalb auch heute noch »Haus des Reichs«

Schillerstraße/ Contrescarpe

❸

Der imposante Bau an der Ecke ist der Sitz aller bremischen Finanz- und Steuerbehörden; weiß der Kuckuck, warum er immer noch die aus dem Jahre 1933 stammende Bezeichnung »Haus des Reichs« trägt. In den Jahren 1928/29 wurde er von den Architekten *H. und E. Gildemeister* als Verwaltungsgebäude der Norddeutschen Wollkämmerei und Kammgarnspinnerei, später: Nordwolle, errichtet. Zwei Jahre später, im Sommer 1931, krachte das Unternehmen zusammen.

Der größte Wollkonzern Europas, der in seinen Werken insgesamt 28.000 Leute beschäftigte, meldete die Zahlungsunfähigkeit an. Die Pleite war eine der spektakulärsten in der Weimarer Republik und ein weiterer Nagel zu ihrem Sarg. 1933 zog die Reichsfinanzverwaltung in das Haus ein. Später saß auch der Reichsverteidigungskommissar für den Gau Weser-Ems darin. Es folgten die Amerikaner. Bremen wurde zwar von britischen Truppen befreit, doch bereits seit November 1944 war die Bildung einer amerikanischen Enklave um die Städte Bremen und Wesermünde/Bremen beschlossene Sache bei den Alliierten. Der Chef der Militärregierung residierte in der Contrescarpe, wo heute der Senator für Inneres zu finden ist; einige der ihm unterstellten Behörden bezogen den ehemaligen »Nordwolle«-Palast. Nur hineinspaziert, auch innen ist alles vom Feinsten: viel Marmor und römischer Travertin. Außerdem kann man hier Paternoster fahren, was heute ein seltenes Vergnügen ist, in Bremen sonst nur noch im Volkshaus und in der Baumwollbörse zu haben.

Schillerstraße 14

Ein Windkraftrad für Nicaragua! — in einem Projekt der *Bremer Arbeitslosen-Selbsthilfe* wurde es von den Jugendlichen gebaut. Das Haus ist ein Zentrum für die Organisation und Beratung von Selbsthilfeprojekten geworden; hier findet man auch die Bewohner-Beratung und das Förderwerk als Beratungsbüro für Bremen und den gesamten norddeutschen Raum.

Grünenweg 14

Der Politische Treffpunkt Grünenweg 14, das Büro der Deutschen Friedensunion, DFU, ist gleichzeitig die Adresse des »Bremer Friedensforums«, der Dachorganisation aller kirchlichen, gewerkschaftlichen, Partei- und Stadtteilfriedensgruppen. In dem Haus tagt der Arbeitsausschuß des BFF, lagern Materialien der Bremer Friedensinitiative und werden Ostermärsche, Antikriegstage und andere außerparlamentarische Aktivitäten vorbereitet und koordiniert. Wer sich Informationen holen will, kann obendrein einen Kaffee bekommen.

Gegenüber liegt das Zentralbad, »das größte und schönste Bad in Deutschland, wenn nicht gar in Europa«. So jubilierte die Bremer Presse, als es Anfang 1952 eröffnet wurde. Das jährliche Bremer Schwimmfest machte die 25-Meterbahn international berühmt. Es war einmal... 1985 wurde das Bad geschlossen, die Stadt will es verkaufen; der Abriß ist einkalkuliert.

Präsident-Kennedy-Platz

❹

Gleich nach Libyen schlossen die Amerikaner ihr Bremer Konsulat und machten den Pakistanis Platz

Das weiße querstehende Gebäude ist das Pakistanische Konsulat. Aber der Platz davor, der eigentlich gar kein Platz ist, wurde nicht von ungefähr nach Präsident Kennedy benannt: Jahrzehntelang ist hier der Sitz des amerikanischen Konsuls gewesen. Der erste war übrigens schon 1796 nach Bremen gekommen; im Sommer 1986 riß die langjährige Verbindung ab. Das gemeinsam von New Yorker und Frankfurter Architekten als Stahlskelett konzipierte Gebäude aus dem Jahre 1954 galt mit seinem einfachen Grundriß

und seiner klaren Form seinerzeit als Orientierungspunkt für die deutsche Nachkriegsarchitektur. Es wurde schließlich aber auch zu einem Orientierungspunkt für die Friedensbewegung, nämlich bei Demonstrationen gegen die Politik der USA, für die es gerade in den letzten Jahren Anlässe genug gab. Als Anfang November 1984 die von Reagan unterhaltenen Contras in Nicaragua den Postminister *Enrique Schmidt* umgebracht hatten, gingen in den Abendstunden spontan einige Tausend Bremer auf die Straße und errichteten vor dem amerikanischen Konsulat ein Holzkreuz zum Gedenken an Schmidt, der in Bremen studiert und promoviert hatte. Vom Senat forderte das Bremer Friedensforum, den Kennedy-Platz in Enrique-Schmidt-Platz umzubenennen. Immerhin wurde inzwischen im Universitätsviertel eine Straße nach Enrique Schmidt benannt. Im April 1986 veranlaßte die US-Regierung die Bombardierung von Libyen. Zum letzten Mal zog die Bremer Friedensbewegung vor das amerikanische Konsulat. Kurz darauf wurde es geschlossen.

Kohlhökerstraße

Überragt wird das niedrige Konsulatsgebäude vom Neubau der Landeszentralbank, vollkommen fehl am Platze in dieser Vorstadtwohnstraße. Vor dem Komplex »Kunst am Bau«: die »Lottokugeln des Kapitals«.

Fedelhören
5

Der seltsame orangefarbene Bau ohne Fenster ist das Magazin des Bremer Staatsarchiv. Die »Gesellschaft für Familienforschung« ist *die* Adresse für alle, die dabei sind, einen Stollen in die eigene Geschichte zu treiben. Im übrigen ist das Staatsarchiv eine der erfreulichsten Institutionen der Hansestadt. Nicht selten präsentiert es historische Ausstellungen. Unter seinem gegenwärtigen Direktor, *Hartmut Müller*, bemüht es sich wie kaum ein zweites staatliches Archiv der Bundesrepublik um Aufarbeitung der nationalsozialistischen Vergangenheit Bremens und der in der Hansestadt reichlich vorhandenen kolonialen Erbschuld. Aus dem »Gedächtnis des Staates« (Novalis) ist ein Gedächtnis des Volkes geworden.
Auf der grünen Wiese, inmitten der etwas verwirrenden Verkehrsführung, befinden sich Überreste der ersten Bremer Bildhauerwerkstatt von 1974. Für die Dauer von drei Monaten war damals der Platz ein offenes Künstleratelier, in dem zahlreiche Zuschauer erstmals erlebten, welche handwerklichen Fähigkeiten für die »Herstellung« von Kunst notwendig sind. Die weitgehend abstrakten Objekte blieben an ihrem Enstehungsort, nur die »Behauptungen« von *Louis Niebuhr* sind an die Außenwand des Staatsarchivs herangerückt worden.

An der Ecke beim Staatsarchiv befand sich früher die Reitbahn von H. Freese und ein Voltigierplatz. Der Pferdesport wurde hier also immer groß geschrieben, und so gesehen ist das Wettbüro in dieser Straße (Nr. 87) keineswegs deplaciert.

Städte, heißt es, wandeln sich noch schneller als Menschenherzen. Ein Blick in die Chronik von 1971: »Jugendliche besetzen ein unbewohntes, zum Abbruch bestimmtes Haus am Fedelhören. Sie wollen dort ein Jugendzentrum gründen...« Damals sah es noch so aus, als würde die ganze Straße für die »Mozarttrasse« draufgehen.

Fedelhören 105

»Und mein Geschäft«, sagt Herr Beckmann, »hat damals auch 'nen Knacks gekriegt, die Schließung des Zentralbads hat mir den Rest gegeben.« Herr Beckmann hat seinen Papier- und Schreibwarenladen unter dem zugemauerten Heuboden in einer ehemaligen Remise zum 1. Mai 1987 dichtgemacht: »Für kleine Krauter ist hier nichts mehr drin.« Am meisten gefragt waren zum Schluß noch die Ansichtskarten von Alt-Bremen aus dem Fotobestand seines Vaters.

Fedelhören ist zu einem Zentrum des Antiquitäten- und Kunsthandels geworden, z.B. die Galerie Michael: Das schlichte von *H. Gildemeister* ausgeführte Haus war schon immer eine Kulturstätte. Bis 1975 befand sich darin die Goethestube des Buchhändlers *Albert Steen*, der mit vielen berühmten Schriftstellern befreundet war und im Leben der Stadt eine große Rolle spielte.

Fedelhören 8

Die Hanseatische Münzenhandlung verscherbelt Bremer Not- und Inflationsgeld zu Spottpreisen. In Bremen hat es noch bis 1906 Stadtgeld gegeben. Das ist im Laden zu besichtigen.

Der Bremer Rechtsanwalt und Kinderbuchautor Heinrich Hannover bei einer Lesung im Fedelhören

Fedelhören 14–17

In der *Heinrich-Vogeler-Buchhandlung* geben sich Schriftsteller aus sozialistischen Ländern die Tür in die Hand. Die DDR-Kulturtage, die der Buchladen zusammen mit dem Bremer Senat organisiert, sind dabei, eine Institution zu werden und haben die Stadtpartnerschaft zwischen Bremen und Rostock gefördert. Im Buchladen werden internationale Kulturfeste gefeiert, kleine Ausstellungen gemacht und Veranstaltungen der Marxistischen Abendschule (Masch), die hier auch ihre Geschäftsstelle hat.

Fedelhören 18

Bei Backhaus ist gar nichts billig: Klavier ist Klavier. Doch umsonst kann man etwas bekommen, nicht hier, aber in der Meisterwerkstatt in der Frühlingstraße, dem einzigen Ausstellungsbetrieb für Klavier- und Cembalobauer in Bremen. Dort können nämlich Musikstudenten und Klavierschüler Klaviere kostenlos benutzen und gegebenenfalls auch Konzerte veranstalten.

Fedelhören 87

Schon für eine Mark kann man im Wettbüro ins Rennen gehen, und wenn man Glück hat, anschließend bei Bolland & Marotz bei den viermal jährlich stattfindenden Kunstauktionen mitbieten, die bundesweit Beachtung finden.

Rembertiring
❻

An der »Wildnis« des Rembertikreisels scheiden sich die Geister. Freunde ungezähmter Natur finden sie erfreulich; wer's mehr mit der Ordnung hält, dem mag es schwerfallen, sie so ruhig und gelassen zu betrachten wie die beiden Alten an der Außenfront des Hauses der Bremer Arbeiterwohlfahrt es tun. *Peter F. Krüger* hat dieses fotorealistische Bild 1976 gemalt, als er den ersten staatlichen Auftrag bekam, der im Rahmen der »Bremer Kunst im öffentlichen Raum« vergeben wurde. Krüger ist Mitglied der »Gruppe Grün«, die gegenüber dem Goetheinstitut in der ehemaligen Remberti-

Goethe-Institut
Fedelhören 78

Rembertikreisel/Auf den Häfen. Wandbemalung von P.K.F. Krüger, 1976

schule eine Galerie unterhält und immer wieder Malern die Möglichkeit gibt, in dem Haus auch einen Monat zu wohnen und zu arbeiten. Durch die Adlerstraße geht's zum St. Rembertistift, das einer genauen Betrachtung wert ist. Es entstand im Mittelalter und war einmal ein Haus für Aussätzige.

Das zweigeschossige Hauptgebäude mit neun Häusern an der Rembertistraße ist 1842 bis 1846 nach dem Entwurf von Maurermeister Dietrich Christian Rutenberg *erbaut worden. Der »Neueste Wegweiser durch Bremen von*

1848« erklärte dazu: »Hierin ziehen sich die des weltlichen Treibens und des Lärmens einer erfolgreichen unruhigen Handelsstadt Müden zurück, nachdem sie ein Einlagegeld von 550 bis 800 Taler entrichtet haben, für welches Geld sie zeitlebens zu einer freien Wohnung und einem Äquivalent von 10 Talern vierteljährig für die sonst üblichen Naturalien zu wohnen berechtigt sind.« Durch einen solchen »Prövenbrief« wird das Mietverhältnis im Prinzip immer noch geregelt, so daß die gut hundert älteren Mitbürger, die hier leben — in der Mehrzahl alleinstehende Frauen — keine Altersheiminsassen sind, sondern eben Prövnerinnen und Prövner. Besonders schön ist der Innenhof mit der alten Rotbuche. Mitten in der Stadt diese Abgeschiedenheit und Stille: ein guter Ort zum auftanken!

Rembertistraße 3

Das Kontorhaus in der Rembertistraße wurde 1910 von den Architekten *Heinrich Wilhelm Behrens* und *Friedrich Neumark* gebaut; in Hamburg wäre es nichts Besonderes, in Bremen sind Kontorhäuser selten.

Außer der Schleifmühle 2
❼

An der großen Straßenkreuzung An der Weide / Am Dobben / Außer der Schleifmühle / Rembertitunnel zog sich im 19. Jahrhundert der Kuhgraben als künstlicher Kanal vom Sielwall bis nach Kuhsiel hin. Wenn es diesen Wasserzug heute noch gäbe, könnte man vom »Viertel« direkt zur Uni paddeln. In der Musikbibliothek, in dem Gebäude mit dem Türmchen, einem ehemaligen Polizeihaus, kann man in aller Ruhe Schallplatten hören: eine Fluchtburg bei Regen!

Hohenlohestraße/Slevogtstraße
❽

Am Bahndamm mit dem Gleisvorfeld des Bremer Hauptbahnhofs, endet das Stadtquartier Bahnhofsvorstadt: man wechselt zum Wohnquartier Bürgerweide-Barkhof hinüber, wo das Bremer Haus die Szene beherrscht. Musterexemplare dieses Haustyps stehen unter Denkmalschutz; das gilt z.B. für das Ensemble der Slevogtstraße, die durch die Hermann-Böse-Straße geteilt wird. Viele der Wohnhäuser hier werden gewerblich genutzt. Hinter dem »privaten Anstrich« des Hauses Slevogtstraße 50 beispielsweise steckt die Futtermittel- und Getreidehandelsfirma Kurt A. Becher, die über die Niederlassungen in Hamburg, Frankfurt, München, Berlin, Antwerpen, Paris, London, New York und Sao Paulo verfügt... 1986 sind die Amerikaner in Bechers Firma eingestiegen.

Hermann-Böse-Straße/ Slevogtstraße

Wenn im Frühjahr die Magnolienbäume blühen, stechen sie mit ihrer Schönheit den patinabesetzten 99-Tage-Kaiser Friedrich III. glatt aus, der zu Pferd den unscheinbaren Platz an der Hermann-Böse-Straße überblickt. Straßennamen sind meist ein Politikum. Das Dreieck zwischen Parkstraße und Slevogtstraße, wo das von *Louis Tuaillon* geschaffene Standbild des Hohenzollern seit 1905 steht, hieß deshalb natürlich einmal Kaiser-Friedrich-Platz, die heutige Hermann-Böse-Straße Kaiser-Friedrich-Straße. Die Nazis waren mit soviel Kaisertum nicht einverstanden und tauften die Straße und das dort liegende Gymnasium nach dem »Afrikakämpfer« Lettow-Vorbeck, dessen übrigens heute noch mit der Lettow-Vorbeck-Kaserne an der Vahrer Straße gedacht wird. Die Parkallee zwischen Rembertitunnel und Stern nannte man 1936 Franco-Allee; der Stern erhielt den Namen Spanischer Platz und die Parkstraße wurde zur Legion-Condor-Straße. Am 26. April 1937 flog die Legion Condor der faschistischen deutschen Luftwaffe einen Terrorangriff auf den spanischen Ort Guernica und tötete 1654 Menschen. Makabre Ironie der Geschichte: genau acht Jahre danach, am 26. April 1945, erreichten britische Truppen den Spanischen Platz...

Am Stern

Vom Stern kommt man geradewegs zur Uni — wenn man den Daumen hochhält. Das ist hier seit Jahren Usus, und die Stadt hat inzwischen den vierten Fahrradständer aufgestellt, weil auch viele Studenten, die mit dem Fahrrad kommen, sich nur bis hierher und nicht weiter abstrampeln wollen und den Rest der Strecke trampen.

Wir bleiben aber im Stadtquartier Bürgerweide-Barkhof. Für »Unermüdliche«, die noch die Hollerallee rauf- und runtergehen wollen — die nördliche Begrenzung dieses Viertels — der Hinweis auf die an der Schwachhauser Heerstraße aufragende St. Ansgarikirche und das Standesamt; es liegt auf der anderen Seite des Sterns gegenüber dem Bürgerpark. Vom Standesamt zurück, zum Montessori-Kinderhaus. Eine solche Einrichtung, die, der Methode der italienischen Pädagogin Maria Montessori folgend, von der Selbsttätigkeit und Selbsterziehung des Kindes ausgeht, das in einer didaktisch entsprechend vorbereiteten Umgebung zu Konzentration und Selbstentfaltung geführt wird, gibt es in Norddeutschland sonst nur noch in Hamburg.

Hollerallee 65

Vom Kindergarten zum »Gymnasium an der Hermann-Böse-Straße«. Das besagte Gymnasium aus dem Jahre 1905 hat die Berliner Architektengruppe *Köhler, Granz und Löffel* in Anlehnung an

Die Kreisleitung, Schaltstelle des NS-Systems, an der Holler Allee 79; dort ist heute das Standesamt

Hermann-Böse-Straße 1
9

den Stil der Weserrenaissance gestaltet. Von 1907 bis 1933 wirkte an der Schule *Hermann Böse* als Musiklehrer; daran erinnert das Holzrelief von *Rudolf Gangloff* im Treppenhaus. Der konnte bildhauern links, er konnte bildhauern rechts: im Dritten Reich, als Böse verfolgt wurde, beglückte Gangloff die nationalsozialistische Führungsclique der Hansestadt mit Hitlerbüsten.

Arbeiter-Sängerchor 1911 unter der Leitung von Hermann Böse in Berlin

Hermann Böse war 1894 in die SPD eingetreten; 1919 wurde er Mitglied der KPD und war zunächst Leiter des Kommissariats für Schul- und Bildungsfragen im Rat der Volksbeauftragten. Mit dem Bremer Arbeitergesangverein (AGV) von 1904, den er gegründet hatte und dessen Dirigent er war, machte sich Böse weit über Bremen hinaus einen Namen, auch als Komponist und Herausgeber einer eigenen Arbeiter-Chorliteratur. — Der AGV blieb auch in den zwanziger Jahren der mitgliederstärkste Chor in Bremen. 1929, zu seinem 25jährigen Bestehen, konnte er eine erstaunliche Bilanz vorweisen. In den vier Sparten (gemischter Chor, Frauen-, Männer- und Kinderchor) waren in dieser Zeit 350 Werke (!) aufgeführt worden. Der AGV war außerdem ein Arbeiterbildungsverein von hohem Niveau; Böse vermittelte den Mitgliedern Musikgeschichte und Gesellschaftswissenschaften und verpflichtete namhafte Gastreferenten. In den zwanziger Jahren sprachen u.a. *Hermann Duncker* über die Ballade; *Edwin Hoernle* über Liebknecht und Luxemburg, *Erich Mühsam* über Kunst und Proletariat. 1933 wurde der AGV verboten und Böse aus dem Schuldienst entlassen.

Hermann-Böse-Straße/ Blumenthalstraße

Die Hermann-Böse-Straße heißt so seit 1947, als der Senat einem entsprechenden Antrag der Kommunistischen Bürgerschaftsfraktion zustimmte.

Von den beiden Häusern aus, die dem Gymnasium gegenüber liegen, achtet das Landesamt für Verfassungsschutz auf die rechte Gesinnung der Bremerinnen und Bremer.

Ein Stückchen weiter das Haus der Diakonie: »In der Kleiderkammer des Diakonischen Werkes zeigt sich die wachsende Armut«, stand in der Bremer Kirchenzeitung. Die Nachfrage steige extrem, vor allem bei der Kinderkleidung.

Blumenthalstraße 10/11

Auf der Bürgerweide steht ein Elefant. »Tiere sind Begriffe geworden, der Neger bleibt uns ein Kuriosum...Es ist sicher, daß die Erziehungsart der Deutschen den Schwarzen angemessen war...Die Deutschen sind geboren zum Kolonisieren...«Der Münchener Ma-

Bürgerweide
⑩

ler und Bildhauer *Fritz Behn* hing bereits dem Faschismus an, als er 1932 sein Buch »Kwa Heri — Afrika« schrieb, aus dem diese Sätze zitiert sind. Von Behn stammt der Entwurf des im selben Jahr errichteten Kolonialdenkmals, in Auftrag gegeben von der Bremer Abteilung der Deutschen Kolonialgesellschaft. Seine Ausführung besorgte der Bremer Architekt *Otto Blendermann.* Bei der feierlichen Einweihung 1932 sprach General *Paul von Lettow-Vorbeck,* der im 1. Weltkrieg die deutschen »Schutztruppen« in Deutsch-Ostafrika und Kamerun kommandierte. Er war auch auf dem Denkmal abgebildet, dazu der Bremer Großkaufmann *Adolf Lüderitz,* der bei der Kolonisierung Südwestafrikas für den Kaiser den Vorreiter gemacht hatte. Das mannshohe Sockelgeschoß fungierte als »Weiheraum«. Dort lag ein Totenbuch aus mit den Namen der 1914 / 18 »im Verteidigungskampf gefallenen Helden der Kolonien«, wie sich die Bremer Nationaille auszudrücken pflegte, die inzwischen so erstarkt war, daß sie das Denkmal gegen den Widerstand der Arbeiterparteien durchsetzen konnte.

Mit seinem guten Gedächtnis ist der Elefant geradezu prädestiniert für Vergangenheitsbewältigung

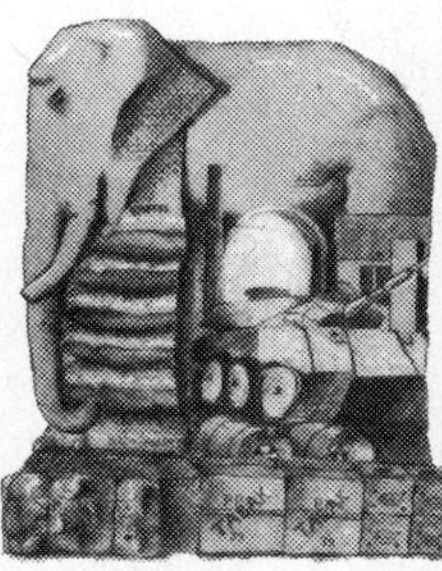

Der Kolonial-Elefant, künftig ein Wahrzeichen für die Anti-Apartheid-Stadt Bremen?

Bremer Gruppen gegen Apartheid und Neokolonialismus treten für eine Umwidmung des Elefanten zum Denkmal für die Befreiungsbewegungen ein. Das steinerne Tier könnte dann zu einem Wahrzeichen der »Anti-Apartheid-Stadt Bremen« werden.

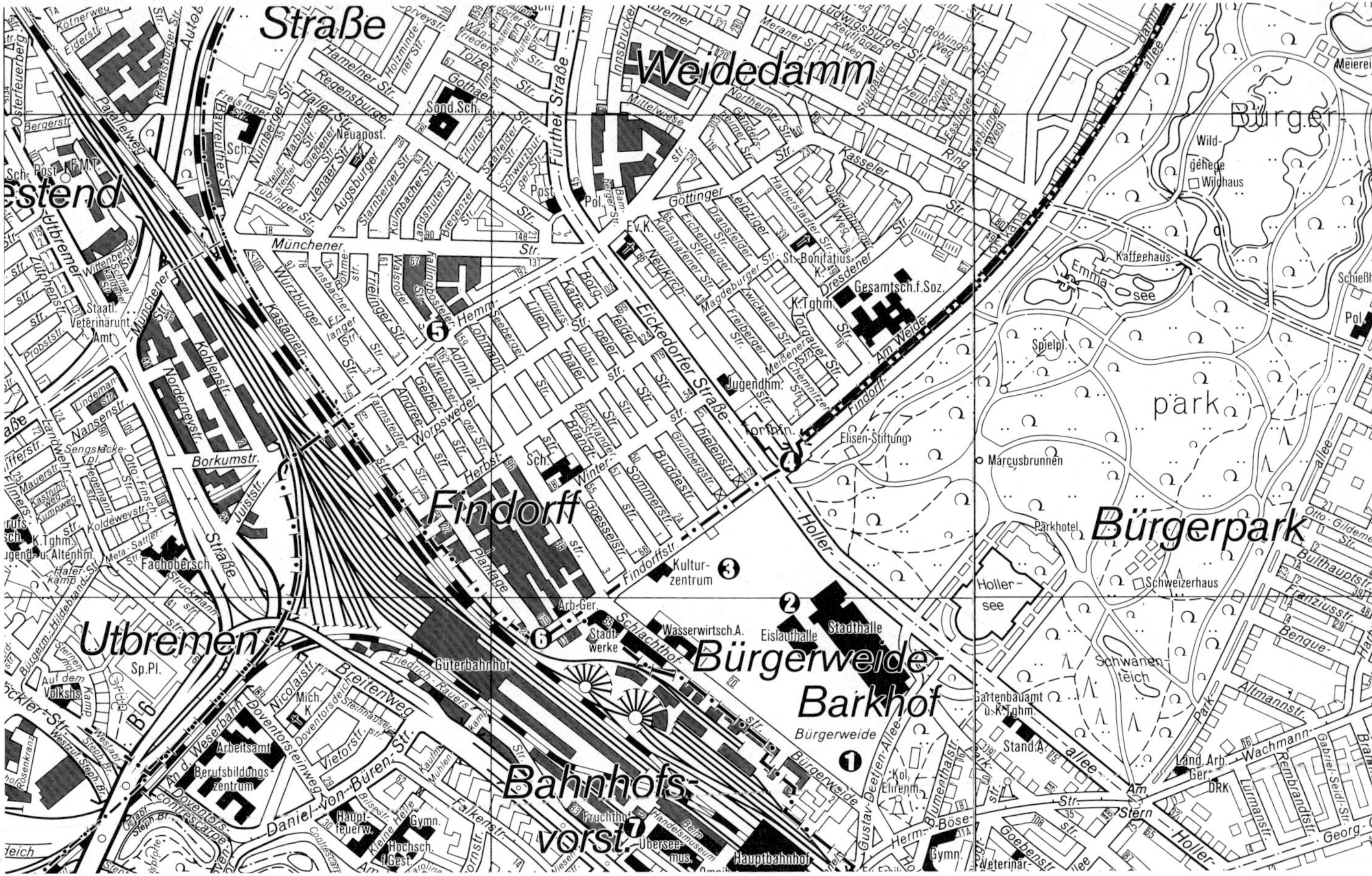

Bürgerpark
Bürger
park
Weidedamm
Straße
Findorff
Bürgerweide-
Barkhof
Bahnhofs-
vorst.
Utbremen
estend
Emma-
see
Kaffeehaus
Wild-
gehege
Wildhaus
Meierei
Spielpl.
Marcusbrunnen
Parkhotel
Holler-
see
Schwanen-
teich
Schweizerhaus
Elisen-Stiftung
Holler-
Stadthalle
Eislaufhalle
Kultur-
zentrum
Hauptbahnhof
Güterbahnhof
Übersee-
mus.
Handelsmuseum
Fruchthof
Eickedorfer Straße
Fürther Straße
Plantage
Schlachthof
Stadt-
werke
Wasserwirtsch.A.
Arb.-Ger.
Arbeitsamt
Berufsbildungs-
zentrum
Doventorsteinweg
Breitenweg
Parallelweg
Kohlenstr.
Norderneystr.
Borkumstr.
Juiststr.
Kastanien-
Würzburger
Münchener
Bayreuther Str.
Nürnberger Str.
Augsburger
Regensburger
Hamelner Str.
Admiral-
Lohmann-
Fallingbosteler
Walsroder
Frielinger Str.
Neukirch-
Thielenstr.
Grunbergstr.
Buddestr.
Sommerstr.
Goesselstr.
Findorffstr.
Torgauer Str.
Zwickauer Str.
Freiberger
Chemnitzer
Leipziger
Halberstädter Str.
Quedlinburger
Kasseler
Göttinger
Dransfelder
Eichenberger
Karlshafener Str.
Gesamtsch.f.Soz.
Jugendhm.
Sond.Sch.
Neuapost.
Gartenbauamt
Stand.A.
Bürgerweide
Gustav-Deetjen-Allee
Herm.-Böse-
Blumenthalstr.
Am
Stern
Park-
allee
Brahmsstr.
Rembrandtstr.
Lürmanstr.
Altmannstr.
Benque-
Franziusstr.
Bulthauptstr.
Otto-Gildemeis.
Landwehr-
Nansenstr.
Hegemann-
Otto-Finsch-
Utbremer
Zülpichstr.
Osterfeuerberg
Nicolaistr.
Vietorstr.
Daniel-von-Büren-Str.
Friedrich-Rauers-
Falkenstr.
Goebenstr.
Holler-
Contrescarpe
Fachobersch.
Sp.Pl.
B 6

Torfschiffe und Dampflokomotiven

Findorff/Bürgerweide

von Doris Kachulle und Rainer Habel

Ausgangspunkt: *Bürgerweide*
Endpunkt: *Überseemuseum*
Dauer: *ca. 2 Stunden*

Bürgerweide
1

Ganz im Ernst: Haben Sie eine Kuh? Theoretisch könnten Sie sie noch heute auf die Bürgerweide treiben. 1860 verfügte der Senat, daß fortan immerhin noch so viel Weideland übrigbleiben sollte, daß 200 Kühe genug daran haben. Bis auf diesen Rest wurde die Allmende dem Bürgerpark zugeschlagen. Es bestand auch kein größerer Bedarf mehr. Die Viehhaltung in den städtischen Haushalten war drastisch zurückgegangen, und schon in den Jahrzehnten zuvor war die Bürgerweide entsprechend geschrumpft: durch die Einrichtung eines Schießplatzes, eines Friedhofs, durch den Bau des Torfkanals, des Bahnhofs, der Gasanstalt und des Schlachthofs.

Die Allmende ging einmal von Utbremen bis Schwachhausen. Das gemeinsame Weideland wurde aber über die Jahre immer mehr zweckentfremdet. Die Bürger machten 1532 aus diesem Anlaß eine Revolution; sie zogen hinaus und brachen in Utbremen Häuser ab, die auf der Bürgerweide standen; sie protestierten gegen die Nutzung der Bürgerweide durch kirchliche Institutionen und gegen ihre übermäßige Beanspruchung durch Ratsmitglieder und Großkopferte. Der Rat mußte ihrem Drängen nachgeben und den für Weideangelegenheiten zuständigen Ausschuß ihren Vorstellungen entsprechend von 40 auf 104 Personen erweitern. Nicht nur das: Mit dem Goldschmied Johann Dove *an der Spitze erkämpfte sich dieser Ausschuß ein Mitspracherecht in allen städtischen Angelegenheiten und eine entsprechende Verfassung. Etliche Ratsherren flohen nach Bederkesa. Nach ein paar Monaten aber hatte der Rat alles wieder im Griff, zerriß die Verfassung, die zum ersten Mal demokratische Elemente enthalten hatte, ließ Johann Dove enthaupten und konnte fortan wieder »vollmächtig« regieren.*

»Ischa Freimaak!« — ein Zauberwort, das jedes Jahr im Oktober bewirkt, daß der eigentlich eher stieselige Bremer sich verwandelt. Man muß das erlebt haben: 2 Millionen Menschen, 350 Vergnügungsgeschäfte und Stimmung in der ganzen Stadt! Dem Roland wird am Eröffnungstag ein seiner Größe angemessenes Lebkuchenherz umgehängt, tausend bunte Luftballons steigen auf, an jeder Ecke stehen staatlich geprüfte Drehorgelspieler. Das ist kein Jux, sie dürfen erst loslegen, wenn sie beim Stadt- und Polizeiamt ihre Kunst unter Beweis gestellt haben. Und was empfiehlt der Bremer Zahnarzt seiner Familie? Rotweiße Lutschstangen, Bremer Kluten und Honigkuchen!

Karl Bode und seine Bremer Stadtmusikanten in den zwanziger Jahren

1035 hatte Kaiser Konrad dem bremischen Erzbischof Bezelin, auch Brezelin genannt, die Jahrmarktsgerechtigkeit verliehen: so fing es an. Und im 19. Jahrhundert? »Reiten kann ein jedermann im Hippodrom von Haberjahn«, das waren noch Zeiten! In diesem Kapitel Bremer Freimarktsgeschichte begegnen wir auch dem verseschmiedenden »Moppenonkel«, Bänkelsängern, Traumdeutern, Riesen und Liliputanern, finden wir ein »Panorama vom Sülzenskandal in Hamburg« und »Winklers großes anatomisches Museum mit einer Blinddarmoperation wie an Se. Majestät König Eduard«. Dann kamen die maschinell angetriebenen Fahrgeschäfte auf. »Hüde is de ganze Kram een Geflimmer und Geflammer, een Susen un Brusen un Gerammel von elektrisch Maschinenwarks«, fand Bremens Heimatdichter Georg Droste. *Na, heute erst recht... Einige Jahre lang nahmen Arbeitslosen- und Friedensinitiativen am großen Freimarktsumzug teil und brachten dabei mit viel Phantasie ihre Kritik an der raketenfixierten und unsozialen Politik der Bundesregierung zum Ausdruck. Doch 1986 setzte der Bremer Verkehrsverein diesem bunten Treiben ein Ende: »Nicht freimarktsgemäß!« lautete das Urteil.*

Gustav-Deetjen-Allee

Die Gustav-Deetjen-Allee ist Anlaß zu einem Ausflug in die Bremer Verkehrsgeschichte. Die Gleise der Straßenbahn erinnern an den 22. Juni 1890: Da fuhr an dieser Stelle zum ersten Mal eine elektrische Straßenbahn in Bremen; ausgelöst hatte dieses Ereignis die Nordwestdeutsche Gewerbe- und Industrie-Ausstellung, die hier stattfand, und die Thomson-Houston International Electric Company aus Boston führte bei dieser Gelegenheit ihr System der oberirdischen Stromzuführung mit Rollenstromabnehmern in Deutschland ein. Der Neukirchsche Linienwagen, der seit 1866 durch die engen Straßen der Altstadt gerumpelt und lange Zeit das einzige innerstädtische Verkehrsmittel gewesen war, wurde bald darauf überflüssig; am 28. Februar 1898 machte er bekränzt seine letzte Fahrt.

1889: durch die Eröffnung des Hauptbahnhofs wurde der Venloer Bahnhof überflüssig, der sich dort befand, wo heute die Stadt-

Jan Reiners dampft durch Findorff. Im Vordergrund die Schienen der Elektrischen

halle steht. Aber schon 1900 kam hier wieder einer hin: der Parkbahnhof der Kleinbahn Bremen-Tarmstedt, von den Bremern kurz »Jan Reiners« genannt. Beinahe vergessen ist der Mann, der den Bau durchgesetzt hatte, *Johann Reiners*, Vorsitzender des Landwirtschaftlichen Vereins in Lilienthal. Der Zug fuhr neben dem Straßenbahngleis und dem Bürgersteig her mitten durch den Straßenverkehr, und wo's nicht anders ging, wie in Horn, auch geradeaus durch ein Gartenrestaurant. Die Ausflügler, die der »Moorexpress« in Scharen beförderte, machten sich übrigens nicht selten einen Spaß daraus, auf der Rückfahrt einige Wagen abzukoppeln. Sie hatten das

Kunststück in mondheller Nacht
mit ihren Spazierstöcken fertiggebracht
Manch »Hangengebliebener« machte Rabatz
mit Klagen drohend auf Schadenersatz
Weil er durch diese ruchlose Tat
den Zuganschluß nicht mehr bekommen hat«
(Verfasser unbekannt)

Seit »Jan Reiners« 1954 aus dem Verkehr gezogen wurde, ist auch in dieser Hinsicht immer wieder Nostalgie aufgekommen. Dabei haben die Findorffer früher oft geschimpft, wenn die Kleinbahn in übertriebener Reaktion auf das »LP«-Schild *laut pfeifend* an ihren Wohnungen vorbeifuhr.

Stadthalle
❷

»Ich hätte mir gewünscht, daß die Binder sich, losgelöst wie die Karussells, drehen würden, gleichsam lebendige Architektur wären; leider sind wir konstruktiv noch nicht so weit.« (Stadthallenarchitekt *Max Säume*) Aber auch so hatten er, sein Sozius *Günther Hafemann* und der Wiener *Roland Rainer* mit ihrem gemeinsam erarbeiteten Entwurf der *Stadthalle* gestalterisches Neuland betreten, indem sie unter völligem Verzicht auf ornamentale Zutat die Konstruktion selbst zum ästhetischen Prinzip machten. Die Stadthalle wurde als Mehrzweckhalle gebaut und ist zur Allzweckhalle geworden. Außen hui und innen pfui wäre zwar übertrieben, aber sie ist so ungemütlich, daß ein Entertainer das erst einmal überspielen muß! Popkonzerte finden darin statt, Revuen, sportliche Wettkämpfe, Massenversammlungen, Kongresse und Ausstellungen. Ein Hit ist das Bremer Sechstagerennen; es ist immer noch das größte Sportfest dieser Sparte in der Bundesrepublik. »Über die Psyche des Sechstagerennens wissen wir wenig«, heißt es bei *Alfred Polgar*, »Da tappen wir ganz im Dunkeln...« Halle IV ist die Catcherhalle, und wenn »Eierkopp« »Wanze« die Luft abdrückt, ist selbst Frau Bremermann entzückt. Erst 1983 wurde die Eislaufhalle gebaut; 1990/91 soll das Kongreßzentrum fertig werden, das kostet viel und nutzt — wem? In der Bevölkerung ist es jedenfalls sehr umstritten.

Auch schon Geschichte: der Schlachthof als Theaterhalle, hier mit Hans Henny Jahns »Krönung Richards III«

Schlachthofstraße/Findorffstraße ❸

Das Kulturzentrum Schlachthof ist ein Ort humanistischer Kulturarbeit, in dem Gruppen zum Zuge kommen, die ansonsten sozial und kulturell benachteiligt werden: türkische Arbeitsimmigranten, Arbeitsloseninitiativen, die Demokratische Fraueninitiative (DFI) sind Beispiele.

In der geräumigen ehemaligen Kesselhalle finden hauptsächlich Musik- und Theaterveranstaltungen statt. — Einen Höhepunkt der kulturellen Aktivitäten stellen die »Bremer Friedenstage« dar, die seit 1984 um den Antikriegstag am 1. September herum als gemeinsame Veranstaltung des Bremer Friedensforums, des DGB und des Senators für Bildung, Wissenschaft und Kunst über die Bühne gehen. Das comicähnliche Bild an der Außenwand wurde während der ersten Bremer Friedenstage von einer Kunstgruppe des Kulturzentrums zusammen mit den Kunsterziehern *H.J. Hellwig* und *G. Suchodolksi* gemalt.

Während des Krieges war der Schlachthof Wehrwirtschaftsbetrieb gewesen, hatte auch die Versorgung des Heeres mit zu gewährleisten und höchste Wehrmachtsstellen mit allem beliefert, was im Betrieb von wehrwirtschaftlichem Nutzen war. Aus Rinderkopfknochen z.B. wurde Roh- und Klauenöl oder Gelatine gemacht, aus Bauchspeicheldrüsen Insulin gewonnen, Blutbrei mußte gesammelt und für einen Spottpreis der Darmstädter Firma Merck überlassen werden, die daraus für Spezialbetriebe des Oberkommandos der Wehrmacht mit großem Gewinn pharmazeutische Produkte »von kriegsentscheidender Bedeutung« herstellte. »Judenfrei« war der Bremer Schlachthof übrigens bereits im Jahre 1933. Damals setzte sich das bremische Verwaltungsgericht in einem Urteil über einen Erlaß des Reichsinnenministers Frick hinweg, der verfügt hatte, daß der »Ariérparagraph« des sog. »Gesetzes zur Wiederherstellung des Berufsbeamtentums« vom 7. April 1933 nicht auf die freie Wirtschaft angewendet werden sollte. So preschte die bremische Justiz bei der Judenverfolgung vor und setzte einen Meilenstein auf dem Leidensweg der jüdischen Viehhändler und -verkäufer, von denen viele während des Krieges umgebracht wurden. In einem Schuppen des Schlachthofes hielt die faschistische Bremer Polizei 1943 alle norddeutschen Sinti und Roma fest, die sie hatte festnehmen können. Die Kripo nahm ihnen ihre Habe weg und brachte sie dann nach Auschwitz.

1977, als der Schlachthofbetrieb stillgelegt, privatisiert und nach Oslebshausen verlegt worden war, hatte sich »von unten« eine Bewegung für ein Kulturzentrum in diesem Gebäude entwickelt. Auch das Bremer Theater machte sich dafür stark, indem es in der schönsten Halle des Ensembles, der Fleischmarkthalle, mit einer denkwürdigen Aufführung von Hans Henny Jahns Stück »Die Krönung Richard III« demonstrierte, daß in diesem Ambiente sehr wohl Kultur zu »machen« sei. Das von *Diethelm Präsler* 1981 gemalte Wandbild an der Nord- und Ostwand des ehemaligen Kesselhauses sagt alles: Der Senat blieb unbeeindruckt und setzte dem Ganzen mit Baggerschaufeln ein Ende, nur der Komplex um den Turm blieb stehen. Dabei war der Schlachthof aus dem Jahre 1882 einer der schönsten Europas gewesen; nach den Zerstörungen im 2. Weltkrieg mühevoll wieder aufgebaut. Übrigens, wer »Klüngelkneipen« nicht mag: In der Schlachthofkneipe ist alles gemischt; hier trifft man Punker und Piekfeine.

Findorffstraße
❹

Die Findorffstraße ist nach dem Mann benannt, der dem ganzen Stadtteil seinen Namen gab. *Jürgen Christian Findorff* lebte im 18. Jahrhundert. Er war amtlich bestellter Moorkommissar, zunächst eingesetzt im Regierungsbezirk Stade, tätig in den Mooren der Hamme-Oste-Niederung, dem Teufelsmoor, dessen Kultivierung er vorangetrieben hat. Kolonisation nannte man das damals. Von Worpswede nach Findorff — die Verbindung schuf der 1817 gebaute Torfkanal und der 1826 angelegte Torfhafen, der wiederholt vergrößert werden mußte und schließlich eine Länge von mehr als einem Kilometer hatte. Bis zur Hemmstraße ging einmal das Hafenbecken, bis dorthin, wo man den Turm des »Findorffer Domes« sieht, der Martin-Luther-Kirche. Die kleine Wasserfläche Ecke Findorffallee/Eickedorffer Straße ist alles, was davon übriggeblieben ist; keine Spur mehr von der Geschäftigkeit, die hier bis zum 1. Weltkrieg herrschte.

Ein Hauch von Moor-romantik, wenn man nicht drauf arbeiten muß. Torfkahn in Findorff

Damals landeten hier viele hundert Torfschiffe an. Das Jahr 1880 z.B. verzeichnet rund 30.000. Nur bei günstigem Wetter segelten die Torfschiffer, sonst wurde gestakt, gewriggt oder getreidelt. An der Neukirchstraße luden sie den Torf dann in große schwarze Pferdewagen, in die Kumpwagen von F.W. Neukirch, Heinrich Neukirch, Louis Neukirch, Heinrich Meyer *und anderen Fuhrwerkbesitzern um, die ihn zu den Haushalten beförderten, von denen bis etwa 1880 mindestens zwei Drittel damit heizten. Die Bäckereien nahmen den Torf auch weiterhin gern an — wegen der geringeren Ofenhitze. Ende des 19. Jahrhunderts stellten die meisten auf Kohle um und der Ruf der Straßenhändler »Backtorf« war immer seltener zu hören.*

Die Wandbilder von *Günther Gerlach, Thomas Hartmann, Li Portenlänger, Jürgen Schmiedekampf, Eugenia Schuffert-Danu* an den Bunkern an der Neukirchstraße zeigen Szenen aus Vergangenheit und Gegenwart des Stadtteils Findorff. Dabei auch ein Thema: die Moorkolonisation. Das Portraitmedaillon des Moorkommissars Findorff am östlichen Bunker ist in zwei Hälften geteilt. Der Moorkommissar Findorff war nicht nur der »Wohltäter der Menschheit«, als dem man ihm auf dem Weyerberg in Worpswede ein Denkmal gesetzt hat. Er hatte auch eine andere Seite, beutete die Arbeiter und Bauern so aus, daß sie bei all ihrer Plackerei oft nicht einmal das Nötigste zum Leben hatten. Am westlichen Bunker ist die Kleinbahn »Jan Reiners« abgebildet. Von den Ausflüglern, die mit ihr fuhren, war schon die Rede; daneben transportierte sie aber auch Tonnen von Kunstdünger ins Moor, löste die Torfkähne als Transportmittel ab und tat das ihre zur weiteren wirtschaftlichen Erschließung des Moorgebiets.

Neukirchstraße

In der Neukirchstraße entstanden hauptsächlich Wohnungen für Bahnarbeiter und -beamte, daneben Pensionen und Gaststätten, wo »Jan von Moor« vor Anker gehen konnte; hier war immer etwas los. Die Folge noch heute: Die »Kneipendichte« in Findorff ist bemerkenswert, eine gute Gegend, um auf den Zwutsch zu gehen. Die Bunker an der Neukirchstraße begrenzen den Platz, auf dem dienstags, donnerstags und sonnabends der Findorffer Wochenmarkt stattfindet; eines der Bilder weist darauf hin. Da hätten die Findorffer auch gemosert, wenn davon nichts zu sehen gewesen wäre. Denn sie schwören: Es ist der schönste Markt in ganz Bremen! Der Reiz rührt daher, daß hier nicht nur »Profis« ihre Waren unter die Leute bringen. Sonnabends ist jedenfalls der Bär los.

Ganz in der Nähe wurde die Bremer DKP gegründet. In der Gaststätte »Zum Minister« auf der anderen Straßenseite trat 1968 der Landesausschuß zur Neukonstituierung einer Kommunistischen Partei für das Land Bremen zusammen. Die Bremer SPD ist 1981 aus dem Stephaniviertel nach Findorff gezogen. Zuvor war in dem Haus die Geschäftsstelle des Eisenbahn Spar- und Bauvereins, dem übrigens auch die Gaststätte »Zum Minister« gehört und etliches mehr in diesem Viertel. In fast allen Straßen entstanden Häuser des 1893 von 57 Eisenbahnern gegründeten Eisenbahn Spar- und Bauvereins. Aus eigener Kenntnis der Wünsche und Notwendigkeiten schufen sie in solidarischer Selbsthilfe Wohnraum für viele Familien. Den Bezug zur Eisenbahn machte man auch damit sichtbar, daß einzelne der von ihnen bebauten Straßen Namen von Eisenbahnministern bekamen, wie Thielen und Budde.

Hemmstraße/ Walsroder Straße ❺

Der Gebäudekomplex an der Hemmstraße/Walsroder Straße ist eng mit der bremischen Geschichte der ersten 50 Jahre dieses Jahrhunderts verbunden. Bremens einstige Bedeutung als Auswandererhafen spiegelte sich darin wider. *Friedrich Mißler* war Agent des Norddeutschen Lloyds. Die Mißler-Hallen dienten ab 1907 als Auffanglager für Tausende von osteuropäischen Auswanderern, die in

KZ-Mißler in der Walsroder Straße. Im Hintergrund Wohnhäuser: von nichts gewußt?

Bremen auf ihre Passage warteten. Im 1. Weltkrieg fungierten die Hallen als Lazarett, kurz danach als Unterkunft für das »Freikorps Caspari«, das mithalf, die Bremer Räterepublik niederzukartätschen. Ein Teil des Gebäudes wurde in den 20er Jahren weiterhin für Auswanderer benutzt. 1932 zog der »Freiwillige Arbeitsdienst« ein. 1933 wurde es kurzzeitig KZ. Im 2. Weltkrieg diente es u.a. als Unterkunft für U-Boot-Besatzungen, die auf der AG-Weser noch während des Baus eingewiesen wurden; später auch als Lazarett.

Das Konzentrationslager in den Mißlerhallen bestand von April bis September 1933; Anfang Mai waren es 300 Häftlinge, die in dem KZ festgehalten wurden, vorwiegend politische Gefangene, Kommunisten und Sozialdemokraten. Sie wurden schikaniert, geschlagen, gefoltert. Mitten in einem Wohngebiet konnten die Bremer Nazis das nicht geheimhalten. Das Lager wurde daher bald wieder aufgelöst und die Häftlinge auf einen Schleppkahn des Norddeutschen Lloyd in der Ochtummündung und auf das ehemalige Fort Langenlütjen vor Bremerhaven gebracht. Von 1945 bis 1960 war die Evangelische Diakonissenanstalt auf dem Mißlergelände untergebracht, dann das Krankenhaus Findorff, das jetzt abgerissen wurde.

Admiralstraße

Das Wandbild am Bunker in der Admiralstraße ist den »Gegnern und Opfern des Faschismus« gewidmet. *Jürgen Waller* hat es 1984 gemalt, stilistisch anknüpfend an die besten Traditionen mexikanischer Wandmalerei. So reproduziert das Bild auf der Staffelei, der vom Faschismus versklavte, in Ketten gelegte Mensch, einen Ausschnitt aus dem 1944/45 von Alfredo Siqueiros geschaffenen Werk »Neue Demokratie«. Ansonsten liegen den dargestellten Szenen

Der Bunker an der Admiralstraße. Der Ausschnitt zeigt die Darstellung einer illegalen Druckerei

und Motiven zeitgenössische Fotos zugrunde: die illegale Druckerei, der Volksgerichtshof, die Reichskanzlei mit den Skulpturen von Arno Breker, das Eingangstor zum Vernichtungslager Auschwitz mit dem Spruch »Arbeit macht frei« und dahinter die Front des KZs »Mißler«. Das Verhängnis der Arbeiterbewegung war nicht zuletzt ihre Spaltung, auch darauf hebt Waller ab; die Szene links unten im Bild ist eine Mahnung zur Einheit. Der Bunker, der im August 1944 halbfertig kaputtgegangen war, wurde 1975 als »Atombunker« reaktiviert und ist seitdem ein bevorzugtes Demonstrationsobjekt des Bremer Zivilschutzes. Über 3 Millionen DM wurden hier verpulvert, von denen ein Teil an die Draeger-Werke ging, die schon anno Hitler in Luftschutz machten, KZ-Häftlinge beschäftigten und in ihrer Wandsbeker Werkschronik Ende August 1944 den Fall einer Frau zu verzeichnen hatten, die wegen Sabotage an einer Gasmaske hingerichtet wurde.

Findorffstraße/ Findorfftunnel
❻

Sechs Unterführungen gibt es, durch die man unter der Bahn hindurch in das Findorff-Viertel und hinausgelangt. Durch den Findorff-Tunnel, das Bundeswehrhochhaus rechts liegen lassend, gelangt man zum Breiten Weg. Schräg gegenüber vom »Fruchthof« standen einst die legendären Centralhallen: ab Mitte des 19. Jahrhunderts bis zum 19. September 1944. Darin gab's Säle für 3.000 Personen, politische Massenveranstaltungen und Amüsement.

Jahrzehntelang waren die Centralhallen Bremens größtes Varieté und Ballhaus. Ab Mitte der 20er Jahre erfüllten sie diesen Zweck nur noch zur Freimarktszeit. Im 2. Weltkrieg dienten die Centralhallen teils als Versorgungsbetrieb für die Marine, teils als Theater der Organisation »Kraft durch Freude«. »In fünfzig Jahren ist alles vorbei«, sang der Berliner Humorist *Otto Reutter* 1927 bei einem Freimarktsengagement. Es dauerte keine zwanzig...

Friedrich-Rauers-Straße/ Breitenweg

Am Breitenweg, Ecke Düsternstraße war immer Remmidemmi. Die Centralhallen waren fast hundert Jahre lang Bremens größtes Veranstaltungslokal

»Weltweit und zukunftssicher, das sind die Geschäfte der Obst- und Gemüsebranche, deren größte Import- und Handelsorganisation in Europa unser Unternehmen ist.« Das Unternehmen ist die Fruchthandelsgesellschaft, *Gustav Scipio* hatte sie 1902 gegründet und damit auch den Bremer Südfrüchtehandel. Im November 1902 landeten die ersten Bananen in Bremen an, 12 historische Büschel, die Scipio von den Kanarischen Inseln hatte kommen lassen. Bis dahin kannten die Bremer sie nur aus Erzählungen der Seeleute, welche schworen, sie hätten Gurken gesehen, die auf Bäumen wüchsen und süß schmeckten. Gustav Scipio machte das Unternehmen zu dem, was es heute ist. Aber der Apfel hatte braune Stellen: 1945 mußte Scipio abtreten, 3 Jahre war er wegen seiner Nazi-Vergangenheit interniert. Doch das Geschäft ging weiter aufwärts; die United Fruit Company ließ es nicht verkommen. Die Scipio-Gruppe macht derzeit einen Gesamtumsatz von fast zwei Milliarden Mark, besitzt in der BRD ca. 40 Niederlassungen und Betriebe im europäischen Ausland. In Bremen, Hamburg, Bremerhaven und München sind zudem Speditions- und Umschlagbetriebe tätig, mit einer Kühlschiff-Flotte und 350 Lkws. Mit Scipios Früchten wird weltweit Hunger produziert. Wen diese Behauptung näher interessiert, der kann sich nach wenigen Schritten im Bremer Übersee-Museum die nötigen Informationen holen.

Fruchthof/ Breitenweg 29
❼

Ein Haus für alle Völker

»Das Museum bedarf der Zuneigung der gesamten bremischen Bevölkerung; hoffen wir, daß es unter die Zahl ihrer Lieblingskinder aufgenommen werde! Das Museum bedarf der Hilfe seitens der Söhne Bremens in fernen Landen, die mit Liebe der alten Vaterstadt gedenken. Möge das Museum eine Ruhmeshalle des bremischen Handels werden!« Die hehren Worte wurden 1896 bei der Eröffnung des *Museums für Natur-, Völker- und Handelskunde* gesprochen, des heutigen Überseemuseums am Bahnhofsplatz 13. Die Hafenstadt Bremen erklomm soeben die Gipfel des Kolonialhandels. Der Vegesacker Afrikaforscher Gerhard Rohlfs hatte die Sahara, Libyen, Äthiopien und Marokko für die Europäer beschrieben. Bremer Missionare hatten das Christentum nach Westafrika getragen. Kaum zwölf Jahre lag der gar nicht grandiose Schwindel zurück, mit dem der bremische Kaufmann Lüderitz den Deutschen die Kolonie Südwestafrika sicherte. Bremens Handelshäuser agierten in Ostafrika und Indien, im Pazifik und in China, in Mexiko und Brasilien. Bremische Reedereien transportierten Sklaven, Auswanderer, Kaffee, Baumwolle, Schnaps und Waffen über die Weltmeere. Das Völkerkundemuseum war ein Nebenprodukt des Kolonialismus.

1776 hatten wohlhabende Bürger die Physikalische Gesellschaft gegründet, die sich später »Gesellschaft Museum« nannte und mit Vorträgen, einer Bibliothek und wissenschaftlich-technischen Ausstellungen die Bildungsbourgeoisie erfreute. Im 19. Jahrhundert verwandelte sich die Gesellschaft nach und nach in einen vornehmen Club und schenkte schließlich ihre naturwissenschaftlichen Sammlungen der Stadt, die im »Museum« an der Domsheide aufbewahrt wurden.

Im Laufe der Jahre waren die Bestände stetig vermehrt worden, vor allem von überseeischen Kaufleuten, Reedern und Kapitänen, die von ihren Reisen allerlei Schätze mit in die Heimat brachten. Vereinigt mit Objekten aus der Gewerbe- und Industrieausstellung von 1890, wuchs der Fundus so stark, daß er auf Betreiben des damaligen Direktors Hugo Schauinsland und einiger Mäzene unter dem neuen Namen ein eigenes Zuhause am Bahnhofsplatz bekam. Bis zum 1. Weltkrieg wurde das Museum, gefördert vornehmlich von der Bremer Sparkasse und dem Norddeutschen Lloyd, erheblich erweitert. Schauinsland baute eine allein den deutschen Kolonien gewidmete Abteilung auf. Der Lloyd hatte seinen fünfzigsten Geburtstag zum Anlaß genommen, bedeutende Privatsammlungen ostasiatischen Kunstgewerbes zu stiften. Gegen Ende des deutschen Kolonialreiches war das Museum zu einem Bilderbogen der unter dem Kolonialismus zerbrechenden außereuropäischen Kulturen geworden, zu einem Index aber auch ihrer wirtschaftlichen Auspressung und Plünderung durch europäische Habgier. Dabei war Schauinsland kein eigentlicher Kolonialist. Er glaubte, Asien werde in kommenden Generationen stärker als bisher in das wirtschaftliche und politische Leben eingreifen. »Diejenige Nation des Westens wird dabei am meisten im Vorteil sein, der es gelungen ist, den tiefsten Einblick in die Kultur und das Können jener merkwürdigen, hochstehenden Völker zu gewinnen und ihrem abweichenden Fühlen und Denken ein richtiges Verständnis entgegenzubringen«, urteilte er 1911. Doch die politischen Verhältnisse standen auch nach dem Verlust der Kolonien seinem museumspädagogischen Denken entgegen.

Das Bremer Handelskapital der Weimarer Zeit wußte sich mit den Koalitionsregierungen in Berlin einig: Es galt, die Kolonien zurückzugewinnen und bis zur Verwirklichung dieses Ziels der deutschen Wirtschaft bei der ökonomischen Durchdringung der anderen Kolonialreiche Europas zu assistieren. 1924 nahm das Völkerkundemuseum unter der Bezeichnung Auslandsschule Kurse auf, die die landeskundliche Fortbildung von Außenhandelskaufleuten im Auge hatten. 1933 wurde der inzwischen 76jährige Schauinsland durch den von ethnographischen Kenntnissen unbelasteten, aber sonst strammen Parteigenossen Carl Roewer abgelöst. Die aufklärerischen Positionen des ersten Institutsleiters fanden keinen Gefallen bei den Nazis; die NSDAP entdeckte im Museum Freimaurerei und Judentum. Roewer kam ihr mit einer Abteilung »Stammesgeschichte und Rassen der Menschen« entgegen. Schon in den Anfangsjahren ihrer Herrschaft formulierten die Nazis ihre späteren Kriegsziele der Rückeroberung und Ausweitung des Kolonialbesitzes. Dem Museum fiel dabei eine Propagandafunktion zu.

Die Umbenennung in »Deutsches Kolonial- und Überseemuseum« 1935 zeigte eine neue Konzeption an, in der die ehemaligen deutschen Kolonien entschiedener in den Mittelpunkt rassistischer Pseudowissenschaft und chauvinistischer Propaganda gerückt wurden. So entstand die 1937 eröffnete Afrikaabteilung. Das Vorhaben der späten Dreißiger, das Kolonialmuseum mit einer vorgelagerten Pfeilerhalle in die geplante Neugestaltung der Innenstadt einzupassen, deren großmäulige Architektur den Bremer Faschismus verherrlichen sollte, kamen nicht mehr zum Zuge. Der 2. Weltkrieg zog Gebäude und Sammlungen des Museums stark in Mitleidenschaft.

Nach dem Krieg versuchte das Museum, an die besseren Traditionen der wissenschaftlichen Arbeit der zwanziger Jahre anzuknüpfen. Ab 1952 hieß das Institut nur noch *Überseemuseum.* Aber erst 1976 begann sich das Bild des Hauses nach außen und innen zu wandeln. Ein für ein Museum erstaunlicher Prozeß nahm seinen Anfang: Die Auseinandersetzung mit den Themen der außereuropäischen Welt setzte auch die eigene Vergangenheit in ein anderes Licht. Aus der einstigen »Ruhmeshalle« von Kolonialismus und Welthandel, aus dem Raritätenkabinett für Liebhaber des Exotischen wurde ein Haus der Kritik an der immer noch kolonialen Wirklichkeit der Weltverhältnisse und der Solidarität mit den in ihnen gefangenen Völkern. Schritt für Schritt konzipierten die Mitarbeiter des Museums die einzelnen Abteilungen mit Themen wie Ostasien, Südsee oder Sahel-Zone so, daß die europäische Distanz zumindest ansatzweise abgebaut wird. Eine moderne Museumspädagogik bemüht sich trotz chronischer Mittelknappheit, schon jungen Menschen jenes »Verständnis für die hochstehende Kultur und das Können anderer Völker« nahezubringen. Die ökologischen und sozialen Folgen der ungleichen Beziehungen zwischen den nördlichen und südlichen Gesellschaften werden der Bremer Öffentlichkeit in Ausstellungen und Veröffentlichungen präsentiert. Das Bremer Überseemuseum hat einen guten Klang bei vielen Menschen in der sogenannten Dritten Welt, die für die Befreiung ihrer Völker aus dem vielschichtigen Dilemma des nach- bzw. neokolonialen Zeitalters kämpfen. Der gegenwärtige Direktor, Herbert Ganslmayr, ist ein international angesehener Befürworter der Rückgabe geraubten Kulturguts — eine ausgesprochene Seltenheit unter bundesrepublikanischen Museumsleitern. Unter dem Einfluß Ganslmayrs hat das Überseemuseum in den letzten Jahren verstärkt Beiträge zur internationalen Kulturentwicklung geleistet, so durch Mitarbeit in Slumsanierungsprojekten, Programmen integrierter handwerklicher und landwirtschaftlicher Produktion oder der Museumsentwicklungsplanung ehemaliger Kolonialländer.

Im Foyer des Überseemuseums hat das BIZ sein Büro, das Bremer Informationszentrum für Menschenrechte und Entwicklung. Es will mit Diskussionsveranstaltungen, Filmen und Seminaren und durch Kooperation mit Schulen, Bürgerinitiativen und politischen Gruppen um Unterstützung für die Menschenrechte aller Völker der Erde werben.

Das Bremer Überseemuseum trägt auf viele Arten zur Stadtkultur bei: Es öffnet immer wieder seine Pforten für politische Veranstaltungen auch außerhalb des musealen Arbeitsbereiches, für Konzerte und Theateraufführungen. *Frank Thomas Gatter*

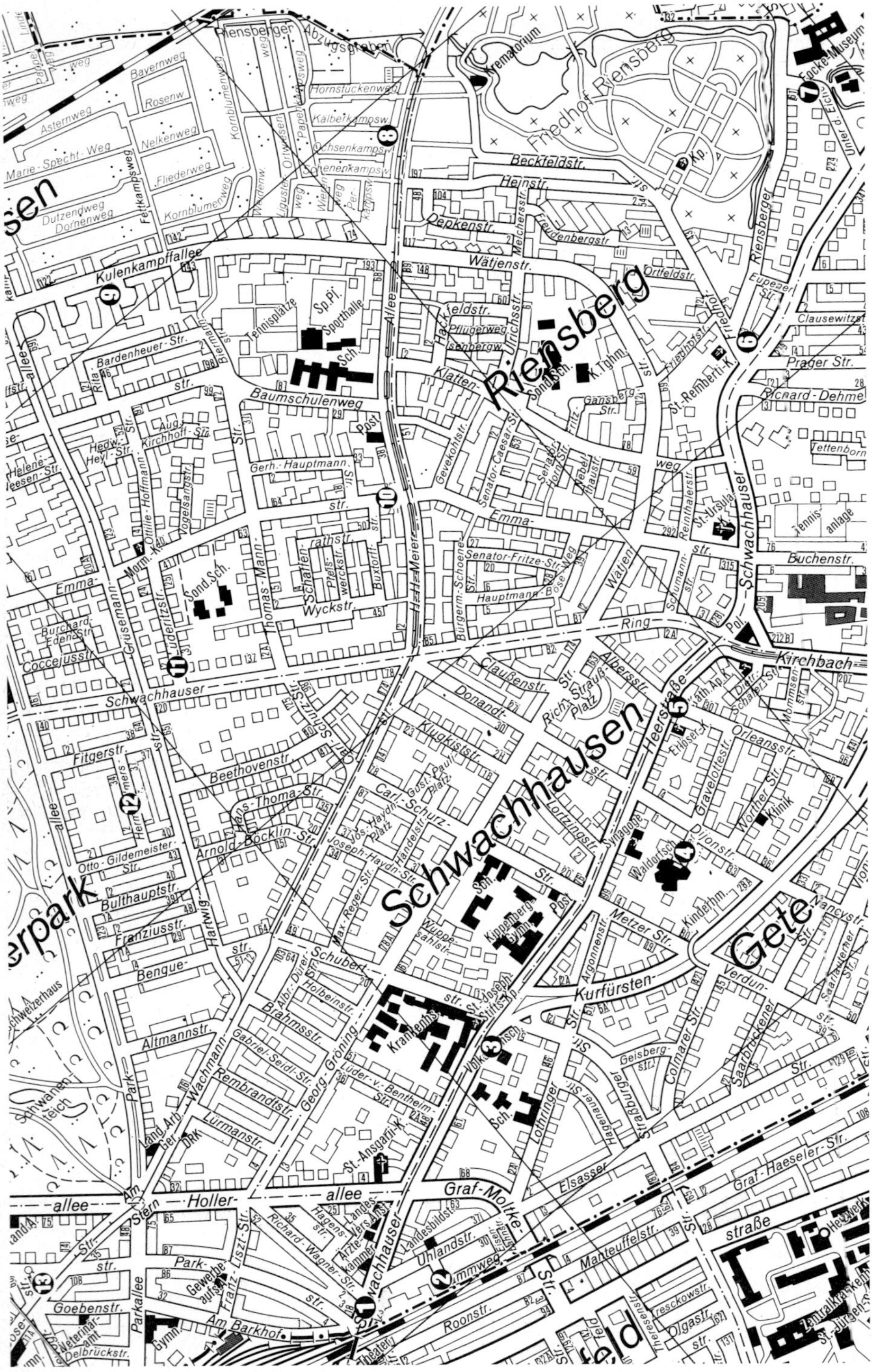

Riensberger Abzugsgraben
Krematorium
Friedhof Riensberg
Focke-Museum
Hornstückenweg
Kälberkampsw.
Ochsenkampsw.
Schenenkampsw.
Bayernweg
Rosenw.
Asternweg
Nelkenweg
Fliederweg
Marie-Specht-Weg
Kornblumenweg
Dutzendweg
Dornenweg
Fettkampsweg
sen
Kulenkampffallee
Beckfeldstr.
Heinstr.
Depkenstr.
Freudenbergstr.
Wätjenstr.
Ortfeldstr.
Riensberg
Riensberger Str.
Eupener Str.
Clausewitzstr.
Prager Str.
Richard-Dehmel
Tettenborn
Tennisplätze
Sp.Pl.
Sporthalle
Sch.
Bardenheuer-Str.
Baumschulenweg
Post
Klatten-
Pflügerweg
Ulrichsstr.
Sond.Sch.
K.Tghm.
Gansberg-Str.
Friedhofstr.
St.-Remberti-K.
Hedw.-Heyl-Str.
Aug.-Kirchhoff-Str.
Ottilie-Hoffmann-Str.
Vogelsangstr.
Gerh.-Hauptmann-Str.
Gevekohtstr.
Senator-Caesar-Str.
Emma-
Reinthalerstr.
St.-Ursula-K.
Schwachhauser
Tennis-anlage
Buchenstr.
Helene-Leesen-Str.
Thomas-Mann-Str.
Schaffenrathstr.
Pfeilswerckstr.
Buxtorffstr.
Wyckstr.
Senator-Fritze-Str.
Hauptmann-Böse-Weg
Bürgerm.-Schoene-Str.
Wätjen
Schumann-str.
Lüderitzstr.
Grüsemann-
Burchard-Eden-Str.
Coccejusstr.
H.-H.-Meier-Allee
Ring
Kirchbach-
Schwachhauser
Claußenstr.
Rich.-Strauß-Platz
Albersstr.
Heerstraße
Donandtstr.
Klugkiststr.
Orleansstr.
Fitgerstr.
Beethovenstr.
Carl-Schurz-
Gust.-Pauli-Platz
Jos.-Haydn-Platz
Schwachhausen
Lortzingstr.
Gravelottestr.
Wörther Str.
Klinik
Dijonstr.
Synagoge
Waldorfsch.
Kindergarten
Hans-Thoma-Str.
Arnold-Böcklin-Str.
Otto-Gildemeister-Str.
Joseph-Haydn-Str.
Max-Reger-Str.
Händelstr.
Bulthauptstr.
Franziusstr.
Hartwig-
Kippenberg-Gymn.
Metzer Str.
Nancystr.
Gete
Bengue-
Wuppesahlstr.
Schubert-
Albr.-Dürer-Str.
Holbeinstr.
Argonnenstr.
Kurfürsten-
Verdun-
Altmannstr.
Brahmsstr.
Krankenhs.
St.-Joseph-Stift
Volkschule
Colmarer Str.
Saarbrückener Str.
erpark
Schweizerhaus
Schwanenteich
Gabriel-Seidl-Str.
Rembrandtstr.
Georg-Gröning-Str.
Lüder-v.-Bentheim-Str.
Geisberg-str.
Hagenauer Str.
Straßburger Str.
Lothringer Str.
Lürmanstr.
DRK
St.-Ansgarii-K.
Elsasser
Graf-Haeseler-Str.
Holler-
allee
Am Stern
Graf-Moltke-
Richard-Wagner-Str.
Franz-Liszt-Str.
Hagens-
Landesbildst.
Uhlandstr.
Manteuffelstr.
straße
Park-
Parkallee
Gewerbeaufs.
Goebenstr.
Delbrückstr.
Am Barkhof
Roonstr.
Tresckowstr.
Olgastr.
Theresenstr.
feld
Zentralkrankenh.
St.-Jürgen-

Wo Gräfin Emma eine Spielgefährtin ist

Schwachhausen

von Sunke Herlyn

Ausgangspunkt: Concordia, Schwachhauser Heerstraße
Endpunkt: Hermann-Böse-Straße am Bahnhof
Dauer: 2 1/2 Stunden

Neobarock im Bürgerpark. Das Parkhotel ist Bremens unangefochtene Nobelherberge.

Der piekfeine Stadtteil zwischen Bürgerpark, Riensberg und Innenstadt wird zu Recht als Bremens gute Stube bezeichnet. Gepflegte Wohnhäuser, breite Straßen, grüne Gartenhöfe und renommierte Einrichtungen zeichnen diesen Stadtteil aus. Entstanden ist er in der 2. Hälfte des vorigen Jahrhunderts. Bürgerliche Schichten bevorzugten die Gegend, deren Exklusivität der Bremer Senat mit Verordnungen, Grundstückszuschnitten und Gewerbeverboten begünstigte. Bis zur Hollerallee reichen die üppigen Gründerzeitvillen der ersten nördlichen Stadterweiterung.

Die zweite Entwicklungsphase war 1925 abgeschlossen. Dieses Gelände zwischen Hollerallee und Schwachhauser Ring gehörte zur Pagenthorner Feldmark, teilweise aber auch zum 1901 eingemeindeten Dorf Schwachhausen, dessen Kern etwa im Kreuzungsbereich von Heerstraße und Ring anzusiedeln ist. Die in den 30er Jahren einsetzende dritte Siedlungsphase umfaßte vor allem die Wohnbereiche Riensberg, Neu-Schwachhausen und Gete.

Lange Zeit spielte die Gewerbeansiedlung in Schwachhausen eine untergeordnete Rolle, mit Ausnahme von drei »Großbetrieben«: Radio Bremen, Postverwaltung und Universität. Nach und nach siedelten sich im Stadtteil mit dem gehobenen Wohnkomfort auch private Dienstleistungsbetriebe, Arztpraxen und Agenturen an. Das Bild des Stadtteils veränderte sich, auch durch die Wohnungsbauspekulation der 60er Jahre: Viele alte Häuser wurden zugunsten gewinnbringender Miethäuser abgerissen. Heute wirken diese Wohnblöcke wie Fremdkörper in dem sonst noch original erhaltenen Straßenbild.

Eine weitere, eher positive Veränderung macht sich in der letzten Zeit bemerkbar. Das typisch distanzierte Verhalten der Altschwachhauser weicht einer neuen Lebendigkeit: Gaststätten, Kinderläden und Straßenfeste sind im Stadtteil durchaus keine Seltenheit mehr. Offensichtlich ziehen die großen Einfamilienhäuser zunehmend auch junge, kinderreiche Familien an, die im täglichen

Leben spontaner miteinander umgehen. Die jüngsten Wahlergebnisse belegen diesen Trend: Grüne Wähler — in einigen Bezirken bis zu 28% bei der letzten Bundestagswahl — verdrängen die mehrheitlich konservative Wählerschaft. Das war bei den Reichstagswahlen 1933 noch ganz anders: Die Konservativen (DVP und DNVP) erhielten 50% der Stimmen, die NSDAP 43% und die SPD 5%.

Schwachhauser Heerstraße
❶

Die Schwachhauser Heerstraße ist das historische Rückgrat des Stadtteils. Lange bevor sie bebaut wurde, fuhren auf dieser Chaussee vergnügungshungrige Bremer in die ländliche Idylle der Schwachhauser Feldmark, ab 1892 sogar mit der Elektrischen. Zahllose Tanzlokale und Cafégärten säumten den Weg. Die Bremer Prominenz begann, hier ihre prächtigen Villen zu bauen. Heute ist die stark befahrene Straße von öffentlichen Gebäuden gesäumt, insbesondere von Kirchen der verschiedensten Glaubensrichtungen. Aus der Enge der Innenstadt sind sie hierher gezogen und haben der Heerstraße den scherzhaften Namen »Kirchenallee« eingetragen.

Mit Reinhild Hoffmann wurde das Bremer Tanztheater groß. Auch jetzt ist es in Frauenhand; Rotraut de Neve und Heidrun Vielhauer haben seit 1986 die künstlerische Leitung

Ein Relikt aus früherer Gartenlokalzeit ist das *Concordia* unterhalb der hannoverschen Bahnlinie. Nachdem hier lange Zeit ein Kino eingerichtet war, nutzt nun das Goethe-Theater diesen witzig bemalten Bau als Experimentierbühne und Aufführungsort für das Bremer Tanztheater. Namen wie *Hans Kresnik, George Tabori* oder *Reinhild Hoffmann* erinnern an die aus dem Haus hervorgegangenen Theaterproduktionen. Mit der Saison 86/87 haben zwei Frauen, *Heidrun Vielhauer* und *Rotraut de Neve* die künstlerische Leitung des Tanzensembles übernommen.

Dammweg ❷

Künstlerisch geht es ebenfalls im *Kulturplatz Dammweg*, gleich hinter der Bahn rechts, zu. Bremer Literaten, Bildhauer und Maler hatten sich vor Jahren die alte Dampfwäscherei aus dem 19. Jahrhundert zu einem Kulturzentrum mit Ateliers und Veranstaltungsräumen eingerichtet. Der Bremer Kunstmäzen und Wohnungsbauer *Dr. Hübotter* rettete das Projekt vor dem Ruin und sorgte für die Finanzierung. Künstlerwohnungen, eine Grafik-Werkstatt und die Jugendkunstschule »Spektakel« sind inzwischen mit unter das renovierte Dach gezogen. Allerdings hat die Öffentlichkeit nur bedingt Zutritt zum Gebäude.

Schwachhauser Heerstraße/ Holler Allee

Weithin sichtbar akzentuiert *Neu St. Ansgari* die Ecke Schwachhauser Heerstraße/Hollerallee, eines von insgesamt 6 Gotteshäusern allein an der Heerstraße. Die an der Obernstraße gelegene alte »An-Scharskarken« wurde mit all ihrem Kirchenschmuck und dem 103 m hohen Turm 1944 ein Opfer des Bombenkriegs. Architekt *Fritz Brand* entwarf den Neubau, der in seinem kargen Inneren die vor den Flammen gerettete alte Kanzel und den Orgelprospekt von 1611 birgt. An jedem Samstag um 18.00 Uhr ist das Instrument in der bekannten Konzertreihe »30 Minuten Orgelmusik« zu hören. Ein Bremer Kuriosum: Der größere Teil der Gemeindemitglieder wohnt heute nicht im Kirchensprengel, fühlt sich der Gemeinde jedoch nach wie vor fest verbunden.

Schwachhauser Heerstraße 67 ❸

In einer unscheinbaren Villa auf der rechten Straßenseite ist Bremens *Volkshochschule* untergebracht. 1919 war sie als freier, bürgerlich geprägter Verein gegründet worden. Zu den bildungspolitischen Zielen gehörte nach Auffassung ihres ersten Leiters *Richard von Hoff,* »die völkische Einheit zu fördern und am Wiederaufbau des Vaterlandes mitzuarbeiten«. 1934 wurde sie durch die Nationalsozialisten dem »Deutschen Volksbildungswerk« einverleibt. Per Senatsbeschluß wurde die Institution 1946 wieder eingerichtet. Nach 12jähriger Diktatur formulierte der neue Leiter *Hans Warninghoff* den Auftrag der Schule so: »Erziehen wir uns zu gegenseitiger Achtung und zu gegenseitigem Vertrauen, lassen wir das Dunkel der Vergangenheit hinter uns liegen und lassen Sie uns stets dessen bewußt sein, daß alle Kraft, die aus diesem Ringen um die Entwicklung der geistigen und moralischen Kräfte wieder dem Lande zufließt, aus deren Kultur und Geist wir uns alle nähren«. Die VHS ist bis heute diesem Bildungsauftrag treu geblieben und dabei zu einer der größten Volkshochschulen in Norddeutschland mit einem dichten Netz stadtteilbezogener Bildungsangebote angewachsen.

Schwachhauser Heerstraße 54

Die neugotische Kapelle auf der anderen Straßenseite gehört zu einer der ältesten Krankenanstalten der Stadt, dem katholischen St. Joseph-Stift. Seine Gründung ist einigen Ordensschwestern aus dem Münsterland zu verdanken, die 1868 zur Eindämmung einer Thyphus-Epidemie in der Hansestadt eine Pflegestation aufbauten. Der Kernbau mit seiner Anker-Steinbaukasten-Ästhetik stammt aus den Jahren 1880 und 1900. Im Laufe der Jahrzehnte haben sich weitere Krankenhaustrakte und Schwesternheime dazu gesellt. 1898 übrigens finden wir hier das erste »Strahlenkabinett«, wie man damals die Röntgenabteilung nannte.

Kurfürstenallee 8 und 15

Ein kurzer Abstecher in die Kurfürstenallee: Die geheimnisvollen Zeichen und Ornamente an den Gebäuden Nummer 8 und 15 verraten, daß in ihnen Freimaurerlogen residieren, jene traditionsreichen Männerbünde, die sich den Tugenden der Humanität, Toleranz, Brüderlichkeit, Geistes-, Gewissens- und Glaubensfreiheit verschrieben haben. Bei ihren Zusammenkünften pflegen sie vor allem im »Tempel« ein geheimgehaltenes Ritual, das für sie das Streben nach Wahrheit und Licht symbolisiert. Aber auch der gesellschaftliche Alltag ist Gegenstand der Reflexion zwischen den Logenbrüdern, unter denen sich viele berühmte Persönlichkeiten aus Politik, Kirche und Wirtschaft befinden. Bremen ist mit ca. 600 Mitgliedern eine der Hochburgen der Freimaurer in Deutschland. An der Kurfürstenallee stehen sich zwei Logenhäuser gegenüber, beide wurden in den 50er Jahren bezogen. Das eine beherbergt fünf Logen, u.a. die Herderloge, das andere die 1788 gestiftete Johannesloge zum Ölzweig. Die Bremer Logen konnten 1945, nachdem sie in der Nazizeit verboten waren, ihre Pforten wieder öffnen.

Schwachhauser Heerstraße 62

Ein Stück weiter auf der gleichen Straßenseite das *Kippenberg-Gymnasium.* Wie viele andere öffentliche Einrichtungen zog auch diese renommierte Schule an die Schwachhauser Heerstraße, nachdem das ursprüngliche Gebäude am Wall im Kriege ausgebrannt war. Die Schule genießt heute das Privileg, trotz des inzwischen in Bremen eingeführten Schulstufenprinzips alle Stufen in einem Gebäude nach Art früherer Gymnasien zu vereinen. Bemerkenswert ist das Eingangsgebäude, das 1911 von den Bremer Architekten *Carl Eeg* und *Eduard Runge* ursprünglich als herrschaftliche Villa für den Senator *Friedrich Carl Biermann* errichtet wurde. Ab 1936 diente die sogenannte Biermannsche Villa zu Schulzwecken. Weitere Prachtvillen auf beiden Straßenseiten zeugen vom einstigen Glanz der Schwachhauser Chaussee. Besonders hervorzuheben ist das Haus Nummer 90, Ecke Donand-Straße, im schönsten floralen Jugendstil.

Symbolik auch über dem Eingang der neuen Synagoge

Der Kuppelbau in der Schwachhauser Heerstraße 117 gehört zum israelischen Gemeindezentrum. Die neue Synagoge entstand 1961 im Rahmen der Wiedergutmachung, nachdem die alte am 10. November 1938 von den Nazis niedergebrannt worden war. Heute ist das jüdische Gotteshaus neonazistischen Umtrieben ausgesetzt.

Touler Straße 3
❹

Im Hintergrund erhebt sich der asymmetrische Bau der Freien Waldorf-Schule. Eine Stuttgarter Architektengruppe entwarf sie im Geiste *Rudolf Steiners* in den 70er Jahren in der Touler Straße. Die eigenwillige Bauweise ohne rechte Winkel entspricht nach Meinung

Eine »andere« Schule braucht auch ein »anderes« Kleid; die Waldorf-Schule ist ein architektonischer Versuch

der Architekten den Lebensbedürfnissen der Schüler und gewährt jeder Altersstufe ein eigenes Raumerlebnis. Die verschiedenen Bauelemente fließen in der zentralen Halle zusammen. Immerhin verzichteten damals alle »Waldorf-Eltern« auf ein Monatsgehalt, um den aufwendigen Bau finanzieren zu helfen. Elternbeteiligung und hohes Engagement der Lehrer kennzeichnen auch die Waldorfpädagogik, die sich handwerkliche und musische Bildung und Chancengleichheit der Schülerinnen und Schüler zur Aufgabe setzt.

Schwachhauser Heerstraße/ Dijonstraße 10
❺

Wenige Meter weiter an der Schwachhauser Heerstraße steht die *Erlöser-Kirche* der Methodisten, einer traditionsreichen Gemeinde, die von Amerika aus in Bremen schon 1850 die erste Missionsstation auf dem Kontinent gründete. Von hier aus fanden die Methodisten den Weg in andere europäische Länder. Der Kirchenbau stammt von 1950 und zeugt — 5 Jahre nach dem Krieg — von dem starken Lebenswillen der Gemeinde. Die bekannten Bremer Architekten *Eduard* und *Hermann Gildemeister* drückten mit ihrer bodenständigen Backsteinbauweise auch hier der Bremer Nachkriegsarchitektur ihren Stempel auf. Einen baulichen Kontrast dazu bildet das 20 Jahre später errichtete Gemeindezentrum.

An der Ecke Emmastraße erhebt sich eine weitere Kirche: *St. Ursula,* Bremens größte katholische Kirche auf kreuzförmigem

Grundriß. Das Gemeindezentrum daneben schließt einen Dominikanerkonvent ein. Die alte Dorfschule, Schwachhauser Heerstraße 231, und das Müllerhaus, Nr. 253, sind die Reste des ehemaligen Dorfes Schwachhausen.

Der ehemalige Villengarten in der Schwachhauser Heerstraße Nr. 178 war lange Zeit ungenutzt. Als Teil der geplanten »Freudenbergtrasse«, durch die die Autobahn 4-spurig mit der Innenstadt verbunden werden sollte, wartete er auf seine Asphaltierung. Nachdem die Pläne in den 70er Jahren fallengelassen wurden, steht die Wiese für Spiel und örtliche Feste, insbesondere für das alljährliche Friedensfest, das die SPD-Ortsvereine zusammen mit den örtlichen Friedensinitiativen feiern, zur Verfügung. Dem Beschluß des Stadtteilbeirates entsprechend ist das Gelände langfristig für ein Bürgerhaus reserviert.

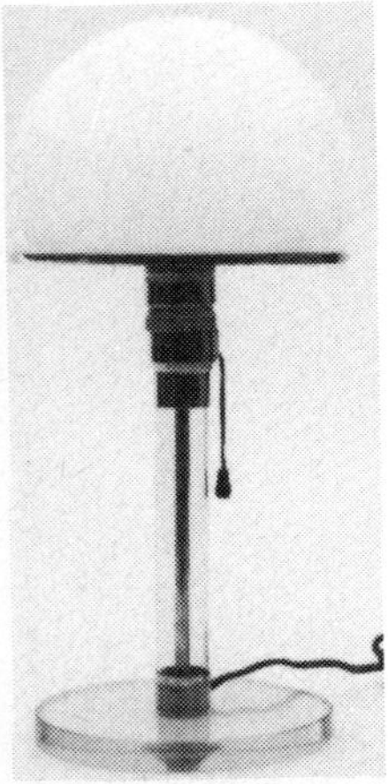

Auch Wilhelm Wagenfeld war Bremer, setzte die Ideen von Werkbund und Bauhaus in praktisches Design um und schuf schöne Formen für Gebrauchsgüter. Seine Bauhaus-Lampe wird heute in Bremen nachgebaut

Die beiden 1907 errichteten Wohnhäuser in der Richard Dehmel-Straße 2 und 4 sind eine baugeschichtliche Rarität. Sie stellen den in Bremen wohl frühesten Versuch dar, in deutlicher Abkehr von historistischen Elementen neue Standardformen für den gehobenen Wohnungsbau zu entwickeln. Ein einflußreicher Bremer Bauunternehmer hatte für diese Aufgabe den aus Bremen stammenden Architekten *Fritz Schumacher* gewonnen, der dabei die Ideen des Deutschen Werkbundes verwirklichte, zu dessen Mitbegründern er gehörte. Im Deutschen Werkbund hatten sich Künstler, Architekten und Designer zusammengeschlossen, um durch die Verbindung von Kunst, Handwerk und Industrie zu einer zeitgemäßeren Formgebung für Möbel, Geräte und Bauten zu kommen. Der Werkbund wurde 1933 aufgelöst, 1947 jedoch wiedergegründet.

Fritz Schumacher entwarf das Wohnhaus Richard-Dehmel-Straße 4

Die von *Eduard Gildemeister* 1951 errichtete *Rembertikirche* ist bereits der sechste Kirchenbau dieser Gemeinde. Die Vorgängerbauten standen in der Pagenthorner Feldmark, etwa an der Stelle des heutigen Rembertikreisels, und wurden wegen ihrer ungeschützten Stellung außerhalb der Stadtbefestigung häufig Opfer kriegerischer Auseinandersetzungen. In der Zeit der Glaubenskriege im 16. Jahrhundert wurde zum Beispiel der Stiftsbau zum Zwekke eines »freien Schußfeldes« dem Erdboden gleichgemacht. Aufbauwille und innerkirchliche Erneuerung kennzeichnen seit jeher das Leben dieser Gemeinde. Der heutige zierliche Backsteinbau greift die Saalkirchentradition der Ursprungsbauten wieder auf. Als beachtenswerten Schmuck enthält er ein Kruzifix von *Ernst Barlach.*

Schwachhauser Heerstraße 186
❻

Gleich gegenüber das noch original erhaltene *Café Buchner*, nach seinem Erbauer, dem Bildhauer *Johann Ernst Buchner*, benannt. In seiner Landhausarchitektur der Jahrhundertwende erinnert es an die Caféhaus-Tradition der früheren »Schwachhauser Chaussee«. Noch heute dient es als Treffpunkt für viele Schwachhauser Clubs, Vereine und Parteiveranstaltungen.

Stattliche Eichen beschatten den Weg zum *Bremer Landesmuseum für Kunst- und Kulturgeschichte,* nach seinem Begründer *Jo-*

hannes Focke (1848-1922) kurz Focke-Museum genannt. Fockes Privatsammlung fand zusammen mit den Beständen des 1873 gegründeten städtischen Gewerbemuseums eine Unterkunft im ehemaligen Armenhaus im Stephaniviertel. Seit den 50er Jahren sind die im Krieg geretteten Schätze im Gut Riensberg ausgestellt. Das Gut — ursprünglich ein altes Vorwerk mit Herrenhaus von 1768 — war »zu wohltätigen Zwecken« an die Stadtgemeinde übergegangen. Das hinderte die Nazis nicht daran, dort den Bremer SS-Stab samt Wohnung für den örtlichen SS-Führer unterzubringen. Das Museum wurde in den folgenden Jahrzehnten durch weitere Gebäude ergänzt: ein Bauernhaus aus Mittelsbühren, das der Klöcknerhütte weichen mußte, eine Scheune aus Tarmstedt und ein großer Neubau des Architekten *Heinrich Bartmann*. Dieser Bau, zunächst wegen seiner modernen Konzeption hochgelobt, erweist sich heute mit seinen großen Fensterflächen zunehmend als ungeeignet für die Bewahrung kostbaren Museumsgutes. Zur Zeit wird das Für und Wider einer Verlagerung zur Innenstadt in der Öffentlichkeit heftig diskutiert. Neben den Funden der Frühzeit zeigt das Museum vor allem die städtische Kunst und Kultur vom Mittelalter bis zur Neuzeit.

Schwachhauser Heerstraße 240
❼

Damit der Roland nicht den Kopf verliert, haben ihn die Bremer ihm lieber gleich abgenommen. Die Freiheitsstatue am Markt ziert ein Duplikat, das Originalhaupt wird im Fokkemuseum aufbewahrt

Das Publikum im Café Windhorst bestand schon immer vorwiegend aus Trauergesellschaften und Friedhofsbesuchern. Da wurde schon gepflegt so manches Fell versoffen

Der *Riensberger Friedhof* stammt ebenfalls aus dem alten Gutsbesitz, der mit seinen Eichenalleen und Gräben die Kulisse für die 1872 begonnene Friedhofsplanung bildete. Das Leitmotiv des Aachener Gartenkünstlers *C. Janecke*: »Der Friedhof soll in uns kein Gefühl des Grauens vor dem Tode erzeugen, sondern in sinniger Verbindung mit anmutigen Naturgegenständen uns aussöhnen mit unserem Schicksal und neue Hoffnung in uns wecken«. Diese fortschrittliche Einstellung spiegelt sich sowohl in der weitläufigen, ro-

Paradoxerweise verraten viele Friedhofsplastiken deutlich Lebenslust und Sinnlichkeit; hier konnten Bildhauer sogar erotisch werden, ohne mit der Moral anzuecken

mantisierenden Gartengestaltung als auch in den vielen, im Stil der jeweiligen Zeit gestalteten Friedhofsplastiken, Grabarchitekturen oder sinnlichen Engelsgestalten. Die Üppigkeit vieler Grabdekorationen deutet auf den gesellschaftlichen Rang der Beigesetzten hin.

Es empfiehlt sich ein Gang an der östlichen Friedhofseite entlang, wo Namen wie *Rudolf Alexander Schröder* (1878-1962), *Arthur Fitger* (1840-1909), *Ludwig Roselius* (1902-1977) oder *Johann Smidt* (1773-1857) die große Geschichte dieser Stadt widerspiegeln. Auch Altbürgermeister *Kaisen,* der über 20 Jahre die politischen Geschicke Bremens in der Nachkriegszeit gelenkt hat, liegt hier im Rondell begraben. Der gelernte Stukkateur war schon 1920 Redakteur des Bremer Volksblattes und danach bis 1933 sozialdemokratischer Bürgerschaftsabgeordneter gewesen. Andererseits gibt es auf dem Riensberger Friedhof viele einfache Grabstätten und ein anonymes Gräberfeld, das nach dem 2. Weltkrieg angelegt wurde. Über die Mariannenbrücke am Friedhofsee entlang, vorbei an dem neugotischen, halb in den See gebauten Mausoleum der Familie *Rutenberg* gelangt man zum Krematorium. Seit einigen Jahren treffen sich in diesem heute nicht mehr genutzten Gebäude alljährlich ehemalige französische Häftlinge aus Bremer Konzentrations- und Zwangsarbeiterlagern zu einem Gedenkgottesdienst für ihre Kameraden oder Familienangehörigen, die in der Nazizeit hier in diesem Krematorium eingeäschert wurden.

Kälberkampsweg
8

Nicht weit entfernt vom Friedhof liegt das Kleingartengebiet der drei Vereine »Kornblume«, »Gute Ernte« und »Harmonie«. Großzügig angelegte, öffentliche Spazierwege, dazu ein Labyrinth kleiner Zugangswege, erlauben dem Besucher des Areals Einblicke in liebevoll gepflegte Blumen- und Obstgärten. In dieser Form erinnern die »Parzellen« kaum noch an die Zeit nach 1945, in der sie vielen Bremern die notwendigsten Nahrungsmittel zum Überleben lieferten.

Kuhlenkampff-Allee
9

Die gegliederte und aufgelockerte Bauweise Neu-Schwachhausens geht auf eine Planung der 50er Jahre zurück. Das ursprünglich vorgesehene strenge Straßenraster war damit endgültig ad acta gelegt. Die Bebauung des Ortsteils übernahmen sechs Baugesellschaften, die sich — wie es eine Senatsbroschüre ausdrückte — die Beute in gutem Einvernehmen teilten. Als sozial- und städteplanerisch vorbildlich kann die sogenannte Siedlung *»Sparer Dank«* an der Kuhlenkampfallee hervorgehoben werden. Ihre finanzielle Grundlage war eine gemeinnützige Stiftung der Sparkasse, mit der jenen — meist älteren — Mitbürgern geholfen werden sollte, deren Spareinlagen durch die Währungsreform verloren gegangen waren. Erkennbar ist die Siedlung an der soliden Backsteinarchitektur. 77 Einfamilienhäuser nördlich und westlich der Endstation der Straßenbahnlinie 5 geben ein gutes Beispiel für die Wiederentdeckung des »Bremer Hauses« in der Nachkriegszeit.

An der Biermannstraße erstreckt sich das *Sportzentrum* des Stadtteils. Die traditionsreichen bürgerlichen Sportvereine, der

Die Bremer Universität

Wer glaubt, am Bahndamm, Kleingartengebiet und an den Endstationen der Linien 5 und 6 habe die Stadt ihre Grenze, irrt sich. Noch einmal in die 23 umsteigen und man erreicht Bremens Universität — auf der grünen Wiese in Beton gegossen.

Als 1969 die Mängel dieser stadtisolierten »Campusplanung« erkannt wurden, war es für eine Kurskorrektur zu spät: Die Bauern hatten ihre feuchten Wiesen bereits an den Staat verkauft, und der Architekturwettbewerb für das gesamte Unikonzept war entschieden. Damals tröstete man sich mit dem Gedanken, die wachsende Universität von der geplanten Hollerstadt mit ca. 30.000 Einwohnern auf der nördlichen Seite umrahmen und damit die Isolation aufheben zu können. Zu diesem gigantischen Vorhaben ist es — vom Baulanderwerb durch die Neue Heimat und einem kleinen Gewerbegebiet abgesehen — bis heute nicht gekommen.

Die 1971 eröffnete Reformuniversität Bremen war von Anfang an ein Zankapfel. Die einen priesen sie als »Bremer Modell« mit Ausstrahlung auf die gesamte bundesrepublikanische Hochschullandschaft, die anderen verunglimpften sie als »Rote Kaderschmiede«. Das von der 68er Bewegung gezeichnete, anfänglich von der Bremer SPD getragene Reformkonzept umfaßte die Einheit von Forschung und Lehre und ein Projektstudium mit Praxisbezug und Interdisziplinarität. Die Ordinarienuniversität alten Stils wurde abgeschafft. Drittelparitätisch besetzte Gremien bestimmten den akademischen Betrieb. Lehre und Forschung sollten »im Dienste des Volkes« stehen. Gründungsrektor *von der Vring:* »Ohne die Überwindung fundamentaler gesellschaftlicher Widersprüche durch die Veränderung der Gesellschaftsordnung läßt sich der allseits frustrierende Widerspruch zwischen gesellschaftlichen Ansprüchen an die Universität, die auszusprechen man sich heute bezeichnenderweise immer mehr geniert, nicht beseitigen.« Die Widersprüche haben sich begreiflicherweise bis heute nicht regulieren lassen: hochschulpolitische Richtungskämpfe an der Uni, Bürokratisierung der Verwaltung, »Anpassung« des Bremer Hochschulgesetzes, Berufsverbote und Veränderungen der gesellschaftlichen Rahmenbedingungen kennzeichnen die gut 15jährige Entwicklung der Bremer Universität. Was als kritische Lehreruniversität mit geisteswissenschaftlichem Schwerpunkt begann, versteht sich heute zunehmend auch als Dienstleistungsbetrieb für zukunftsorientierte Produktionen im natur- und ingenieurwissenschaftlichen Bereich. Trotz aller Kurskorrekturen hat sich diese Uni bis heute ein kritisches und kreatives Potential erhalten, das die alten Reformansätze immer wieder mobilisiert und hervorragende, auch überregional anerkannte Wissenschaftsleistungen hervorbringt.

Zur Zeit studieren 9.500 Studenten fast aller Studienrichtungen — Medizin zum Beispiel fehlt — an der Bremer Universität. Baustellen rings um die bestehenden Gebäude zeigen an, daß sich das Gelände demnächst in einen riesigen Technologie-Park verwandeln wird, mit Innovations- und Technologiezentren, Forschungsverfügungsgebäude, Raumfahrtzentrum und anderen Instituten. Kein Wunder, daß diese Geisterstadt nach Dienstschluß kaum noch Spuren städtischen Lebens zeigt — von einigen Ausnahmen abgesehen. Hierzu zählen gelegentliche Kulturveranstaltungen, Theateraufführungen, Konzerte und Feten, Flohmärkte und Kongresse. Die Bremer Universität dient auch als politisches Forum; so trägt die »internationale Friedensuniversität« zur Entwicklung des politischen Bewußtseins in der Bundesrepublik bei. Seit 1982 treffen sich in der letzten Septemberwoche mehrere tausend Frauen zur Bremer Frauenwoche in der Universität. Auf dem Programm stehen Schwerpunktthemen wie »Frauen und Technologie«, »Frauen und Arbeit« oder »Frauen — Macht — Politik«. In diesen Tagen verändert die Universität ihr Gesicht, wird lebendiger durch das bunte Treiben erwartungsvoller Frauen.

Sunke Herlyn

TUS Schwachhausen von 1883, der Tennisclub von 1912, der Tennisverein Werder von 1896 und der allgemeine Turn- und Sportverein Bremen 1860, unterhalten hier eigene Sportplätze, Hallen und Clubräume.

Rita-Bardenheuer-Straße

Auguste-Kirchhoff-Straße

Helene-Neesen-Straße

Ottilie-Hoffmann-Straße

Hedwig-Heyl-Straße

H.-H.-Meier-Allee
⑩

Wer den Rundgang in Richtung Innenstadt fortsetzt, streift viele Straßen, deren Namen an berühmte Frauen aus der Bremer Geschichte erinnern. *Rita Bardenheuer* (1877-1943) bestimmte über ein Vierteljahrhundert zusammen mit ihrer Freundin *Auguste Kirchhoff* maßgeblich die Arbeitsschwerpunkte und Ziele linksbürgerlich orientierter Frauen in Bremen. Sie war Mitbegründerin des Bremer Bundes für Mutterschutz und Sexualreform, bekannte sich zur Sittlichkeit außerehelicher Beziehungen und setzte sich gegen die Benachteiligung lediger Mütter ein. Das machte sie nicht nur bei den Behörden verdächtig, sondern auch in der bürgerlichen Frauenbewegung umstritten. Wie Auguste Kirchhoff war sie engagiert in der Frauenstimmrechtsbewegung. Von 1919 bis 1921 gehörte sie zur SPD-Fraktion der Bürgerschaft. Auch *Helene Neesen* (1868-1956) zählte zu den tatkräftigen Vorkämpferinnen der Frauenbewegung in Bremen. *Ottilie Hoffmann* (1835-1925) war Mitbegründerin des Bundes Deutscher Frauenvereine und Führerin der sogenannten Mäßigkeitsbewegung, die alkoholfreie Gaststätten betrieb. *Hedwig Heyl* wurde 1850 in Bremen geboren. Sie gilt als Pionierin der hauswirtschaftlichen und sozialpädagogischen Frauenbildungsarbeit in Deutschland.

Gräfin Emma und Herzog Benno als Spielkameraden

Die Emmastraße erinnert an eine berühmte Bremerin. Nach der Legende hat die in Lesum ansässige *Gräfin Emma* den Bürgern 1032 die Bürgerweide geschenkt. Ein Krüppel soll das etwa 1800 Morgen große Gelände umkrochen und so die Grenzen festgelegt haben. Die Bremer setzten der großmütigen Dame viele Denkmäler. Ein Standbild an der H.H.Meier-Allee zeigt Emma mit ihrem Schwager hoch zu Roß, doch unter Verzicht auf die Beine des Pferdes. Bildhauer *Thomas Recker* sagt zu seinem Werk, er habe als Kind nur Denkmäler auf hohem Sockel kennengelernt und darum nie darauf spielen können. Mit dem Pferd ohne Beine ist Gräfin Emma dagegen für viele Schwachhauser Kinder zu einer wirklichen Spielgefährtin geworden.

Emmastraße

Die Lüderitz-Straße trägt den Namen des Mannes, der 1883 als Bremer Kaufmann den afrikanischen Hafen Angra Pequena mit anschließendem Küstenstreifen kaufte. Das Gelände wurde ein Jahr später unter den Schutz des Deutschen Reiches gestellt und zur Basis der Kolonie Deutsch-Südwestafrika gemacht. Daß es bei dem »Landkauf« nicht ganz mit rechten Dingen zuging, zeigt ein Brief von Lüderitz an seinen Mitstreiter Vogelsang: »Da in unserem Kaufcontracte steht = 20 geographische Meilen Inland, so wollen wir diese auch beanspruchen. Lassen Sie Joseph Fredericks aber vorläufig im Glauben, daß es 20 englische Meilen sind«. Fredericks, der Häuptling der Namas, wurde für den Hafen mit 100 Pfund Sterling und 200 Gewehren sowie angeblich auch mit 12 Kartons voller Zinnsoldaten abgefunden. Lüderitz wurde lange Zeit als Pionier der Kolonialmacht Deutschland gefeiert, heute mehren sich Stimmen, die in ihm eine Symbolfigur dunkelster deutscher Kolonialgeschichte erblicken und angesichts der immer noch bestehenden unmenschlichen Apartheidspolitik in Südafrika diese Zeit jetzt kritisch in Erinnerung rufen. Wiederholt sind Bremer Bürger — bis heute vergeblich — für eine Umbenennung der Lüderitz-Straße eingetreten.

Lüderitzstraße ⑪

Der Bremer »Großkaufmann« Lüderitz war einer der Herren, die die Nazis mit dem Kolonialdenkmal ehren wollten

In Schwachhausen, insbesondere im Bürgerparkviertel, sind die Bremer Häuser nach Breite und Höhe üppiger bemessen als in anderen Stadtteilen und zudem mit äußerst dekorativen Straßenfronten ausgestattet. Entsprechend weitläufig sind die Häuser im Inneren, was in früheren Zeiten dienstbare Geister im Hause erforderlich machte. Heute werden die geräumigen Häuser gerne von kinderreichen Familien oder Wohngemeinschaften bewohnt.

Wie in den anderen Stadtteilen handelt es sich auch hier um sogenannte Unternehmerstraßen, bei denen ein Baumeister häufig mehrere Häuser in einheitlicher Bauweise errichtete und sie dann an entsprechende Interessenten veräußerte. Das lebendige Straßenbild entsteht dadurch, daß bei der Gestaltung der Hausfronten, Einfriedungen und Außenanlagen die ganze Stilpalette der jeweiligen Epoche ausgeschöpft wurde. Sehr beachtenswert sind die Hermann-Allmers-Straße und die Otto-Gildemeister-Straße. Sie zeigen die Architekturströmungen des beginnenden 20. Jahrhunderts,

Hermann-Allmers-Straße ⑫

Otto-Gildemeister-Straße

des englisch geprägten Jugendstils, des Heimatstils und der traditionelleren Architekturformen des Neoklassizismus und Neobarocks. Ähnlich geschlossene Anlagen bieten die Bulthaupt-, die Franzius-, die Benque- und die Altmannstraße.

Hermann-Böse-Straße
⑬

Noch herrschaftlicher sind die Reihenhausanlagen im Vorderen Schwachhausen, das um die Jahrhundertwende auf dem Gelände des 1872 abgebrochenen Barkhofes planmäßig besiedelt wurde. Die Straßen sind in der Regel breiter und die Gebäude enthalten der Zeit entsprechende dekorative Formen des Historismus und frühen Jugendstils. Die Hermann Böse-Straße, vormals Kaiser-Friedrich-Straße, führt diese Epoche mit besonders qualitätsvollen Beispielen vor Augen. Städtebaulicher Höhepunkt ist die Platzerweiterung rings um das von Touaillon 1903 geschaffene Kaiser-Friedrich-Denkmal.

Der Bürgerpark

Anders als die Legende von der Gräfin Emma es beschreibt, war das Gelände des heutigen Bürgerparks als Bürgerweide im 11. Jahrhundert längst im städtischen Besitz. Bis zum 19. Jahrhundert hatte es wegen des geringen Viehauftriebs seine Bedeutung als Weide verloren. Das 2. Deutsche Bundesschießen, das Bremen 1865 auf dem Gelände der noch baumlosen Bürgerweide ausrichtete, gab den Anstoß, endlich auch für Bremen eine Erholungsfläche zu schaffen. Das »Komitee für die Bewahrung der Bürgerweide« — seit 1877 »Bürgerparkverein« — nahm die Sache in die Hand und schuf nach den Plänen des Landschaftsgärtners *Wilhelm Benque* den großartigen Volkspark. Bis zum heutigen Tage wird seine Anlage und Pflege von privaten Spenden getragen, anfangs noch in Form von Pflanz- und Objektspenden, heute hauptsächlich durch Geldspenden und die alljährlich in der Innenstadt durchgeführte Bürgerparktombola. Der Park beginnt an der Hollerallee mit einer streng geometrischen Gartenanlage, in deren Mittelpunkt der Holler See und das heutige Parkhotel gelegen sind — ein etwas unorigineller Folgebau des im Krieg zerstörten Parkhauses von Architekt *Jacobs*.

Ganz in der Nähe steht das erste Heine-Denkmal auf deutschem Boden. Obwohl der deutsch-jüdische Dichter mit der scharfen Zunge in der Hansestadt wenig Freunde hatte, durfte der bremische »Litherarische Verein« 1904 im Bürgerpark eine damals höchst moderne schmiedeeiserne Heinebank aufstellen. In der Mitte der Lehne war ein bronzenes Portrait-Medaillon mit einem Relief des Poeten angebracht. Die Bank selbst wurde im 2. Weltkrieg zerstört, Parkdirektor *Riggers* hatte jedoch bereits 1933 die Bronzetafeln vor den Nazis in Sicherheit gebracht und auf seinem Dachboden versteckt. Relativ versteckt sind sie noch heute: 1969 wurden sie auf einer alten Steinbank im Bürgerpark wieder angebracht, an schwer auffindbarer Stelle.

In seinem nördlichen Teil geht der Park in eine englische Gartenanlage über mit großen Wiesenflächen in der Mitte, Wasser- und Waldanlagen am Rand. Denkmäler, Brücken, Bänke und Gebäude — alles Stiftungen — zieren die Wege; unter anderem der Markusbrunnen, dessen figürlicher Schmuck allerdings 1942 als Kriegsmetallspende demontiert wurde. Am Kaffeehaus am Emmasee legen Boote an, Spielplatz und Wildgehege sind in der Nähe. Die Gastwirtschaft Meierei ist, wie viele andere Objekte auch, ein Geschenk des Bremer Kaufmanns *Schütte*. Das Waldschlößchen, erbaut als Pavillon der Bremer Zigarrenfirma Engelhardt und Biermann für die Nordwestdeutsche Gewerbe- und Industrieausstellung 1890, ist heute ein beliebtes Gartenlokal mit sonntäglicher Jazz-Matinee: die »Waldbühne«.

Eine besondere Rarität bilden die zahlreichen überseeischen Pflanzen und Bäume. Trotz intensiver Pflege sind auch sie durch sauren Regen und die nahen Verkehrswege bedroht, wie man an mancher ausgedünnten Baumkrone recht deutlich erkennen kann.

Nicht immer diente der Bürgerpark nur der Erholung und Zerstreuung: Arbeiter und ihre Familien, die seit 1890 alljährlich am 1. Mai im Sonntagsstaat durch den Bürgerpark spazierten, umgingen geschickt das Verbot, sich an diesem Tage politisch in der Öffentlichkeit zu äußern. Diese Maifeierspaziergänge waren jahrzehntelang Sinnbild für die Solidarität der Bremer Arbeiterschaft und ihre Bereitschaft, um ihre Rechte zu kämpfen. Schließlich war der 1. Mai kein gesetzlicher Feiertag und nur durch Arbeitsniederlegung erstritten. Zusammenstöße mit der Polizei waren insbesondere in den 20er Jahren an der Tagesordnung. Nach dem Kriege knüpfte die Bremer Arbeiterschaft wieder an die Maifeiertradition im Bürgerpark an.

Abseits der Spazierwege zeugen mehrere Bunker an der Parkallee von der militärischen Bedeutung des Parks im 2. Weltkrieg. Im sogenannten Befehlsbunker gegenüber der Emmastraße verbarrikadierte sich die politische und militärische Führung der Bremer Nationalsozialisten bis zuletzt. Kreisleiter *Max Schümann* ließ über Drahtfunk noch während des Einmarsches der Engländer Durchhalteparolen aus dem Bunker abspielen, während er selbst schon untergetaucht war. An der Stelle des jetzigen Spielplatzes neben dem Bunker stand früher ein hoher Aussichtsturm; bevor er im Krieg zerstört wurde, büßte er seine Spitze ein, um einer Plattform für den Flugmeldedienst Platz zu schaffen.

Jenseits der Eisenbahnlinie setzt sich der Park im Stadtwald fort, wo sich alltäglich Bremens Jogger auf der Finnbahn treffen. Dem Sport und der Erholung dienen Reithalle und Dressurplatz am Nordrand des Stadtwalds, die sich anschließenden Anlagen des Unisees mit Surf- und Badegelegenheiten und der Campingplatz, der angeblich Norddeutschlands schönster ist, und die Rad- und Wanderwege ins Feuchtgebiet des Bremer Blocklands. Neben dem Campingplatz befindet sich die sogenannte Uniwildnis, ein landschaftspflegerisch höchst originelles Biotop.

Auf der Drachenwiese treffen sich Drachenfreaks von nah und fern. Wenn der Wind ausreicht, steigen dort die phantasievollsten Konstruktionen gen Himmel, besonders beim herbstlichen Drachenfest.

Sunke Herlyn

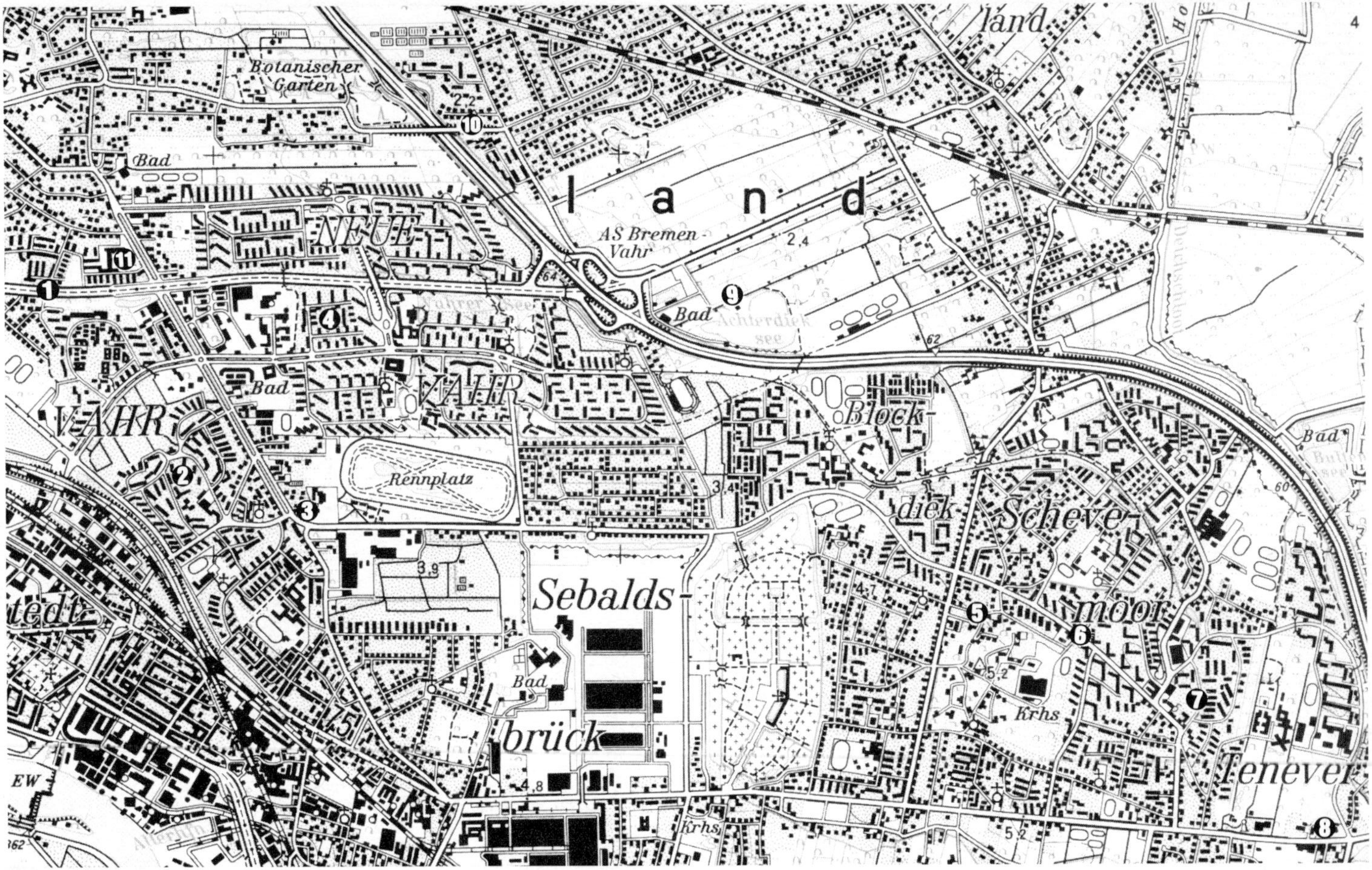
Botanischer Garten
Bad
land
NEUE
AS Bremen-Vahr
Achterdiek see
VAHR
VAHR
Rennplatz
Block-
diek
Scheve-
moor
Sebalds-
brück
Krhs
Tenever
EW
1
2
3
4
5
6
7
8
9
10
11

Der neuen Heimat auf den Fersen

Von der »Gartenstadt« nach »Klein Manhattan«: Eine Radtour im Bremer Osten

von Harm Wulfers

Ausgangspunkt: Schwachhauser Heerstr./Kurfürstenallee
Endpunkt: Bürgermeister-Spitta-Allee/Radio Bremen
Dauer: ca. 4 Stunden mit Pausen

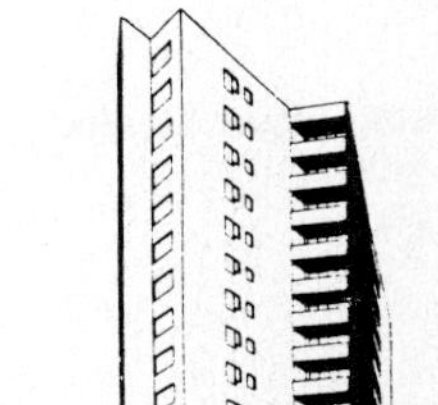

Die *Neubaugebiete des Massenwohnungsbaus der Nachkriegszeit* sind auf den ersten touristischen Blick gesichtslose Wohnquartiere: nicht städtisch, bunt und lebendig, keine unverwechselbar entwikkelte Kultur — ein Quartier gleicht dem anderen. Aber mal abgesehen davon, daß die Bewohner dieser Gebiete dies schon anders sehen (z.B. in der Neuen Vahr wohnend sich abgrenzen von z.B. Blockdiek), gibt es für den genauer hinsehenden Touristen durchaus erkennbare, z.T. gravierende Unterschiede in den Stadtbildern dieser ehemaligen Neubaugebiete, die heute schon wieder zu Sanierungs-, Modernisierungs- oder Nachbesserungsgebieten werden. Wen das interessiert, dem bietet Bremen ein in dieser Form wohl einmaliges Bild: *wie auf einer Perlenschnur aufgereiht sind entlang der Straßenbahnlinie 1 die Leitbilder der Stadtplanung ablesbar:* Gartenstadt Vahr, Neue Vahr, Blockdiek, Im Hohen Felde, Hahnenkamp, Osterholz-Tenever.

Kurfürstenallee/ Kirchbachstraße ❶

Am Anfang steht die »gemeinnützige Wohnungsbaugemeinschaft der Freien Gewerkschaften für Bremen und Umgebung« — am Ende die Pleite der »Neuen Heimat«. Die *GEWOBA* wurde 1924 gegründet. Die Nationalsozialisten machten 1935 aus der Vereinsform eine GmbH, an der die Stadt wesentlich »beteiligt« war. Erst 1953 wurde sie wieder zum Organ der gewerkschaftlichen Wohnungsbaupolitik. Als gemeinnützige Wohnungsbaugesellschaft Bremen trat die GEWOBA in engste Verbindung zu der Unternehmensgruppe »Neue Heimat« in Hamburg. Und dann wurde gebaut auf der Grundlage des »Gesetzes zur Behebung der Wohnungsnot im Lande Bremen« von 1956. Zunächst entstand die »Gartenstadt Vahr« mit 1.726 Wohnungen. Eine Senatsbroschüre meldete: *»Mit der Gartenstadt Vahr wurde erstmalig in Bremen ein vollständiger Stadtteil auf grüner Wiese geplant und erstellt.«*

Konrad-Adenauer-Allee/Julius-Brecht-Allee

Gebaut wurde im Stil der Neuen Sachlichkeit, in einer architektonischen Form, die von den Nationalsozialisten mit der Begründung unterdrückt worden war, sie sei von den Sozialisten erfunden worden, um die abendländisch-europäische Tradition zu unterhöhlen.

Gesundes Wohnen in Licht, Luft und Sonne sollte möglich sein, die Freiräume zwischen den Häusern wurden unregelmäßig, fließend miteinander verbunden, den üblichen »Korridorstraßen« kehrte man den Rücken.

Was bei diesem Konzept auf der Strecke blieb — wohl auch aus der Notwendigkeit heraus, schnell viele Wohnungen errichten zu müssen — war das städtische Leben sowie die Möglichkeit, den Raum vor und hinter den Häusern zu benutzen: Bäume, Büsche und Blumen zu planzen und zu pflegen wie in einem Garten, war nicht vorgesehen. Die öffentlichen Grünanlagen sind nur zum Betrachten da. Wirklich absurd ist, daß die Erdgeschoßwohnungen einen Meter über der Rasenfläche schweben und keinen Zugang zu ihr haben; oder man suche mal einen banalen Taubenschlag. Und Friedensreich Hundertwassers »Verschimmelungsmanifest« hat auch noch niemand verwirklicht: mit dem Farbpinsel rund ums Fenster, soweit der Arm reicht!

Bispinger Straße 16a
❷

Aber ganz ohne städtisch-kulturelles Leben war und ist die Gartenstadt nicht: es gab einmal ein Kino, das inzwischen einem Supermarkt gewichen ist, und es existiert das »Bispinger«, ein aktives Jugendfreizeitzentrum, das mit seinen kulturpolitischen und musikalischen Veranstaltungen selbst Bewohner anderer Stadtteile anlockt.

Ernst May, sozialistischer Stadtplaner und Städtebauer

Stadtplaner der »Gartenstadt« und der folgenden »Neuen Vahr« war Sozialist der Tat: *Ernst May.* Von Oktober 1930 bis Februar 1934 war Ernst May als Stadtplaner und Städtebauer in der Sowjetunion tätig. Er war der Ansicht, daß Architekten »selbst ein paar Wochen in Arbeiterwohnungen wohnen sollten, um die nötigen Erfahrungen zu sammeln«. May konzipierte städtebauliche Entwurfseinheiten von Nachbarschaftsgröße: »Quartale« — heute heißt es einfach Stadtviertel. Er legte großen Wert darauf, daß bei der Planung des Quartals mit einer Bevölkerungszahl, die in etwa eine Volksschule benötigt, alle notwendigen Infrastruktureinrichtungen und auch das Grün berücksichtigt werden. Diese »Entwurfseinheiten« sollten in jeder Landschaft Verwendung finden können.

In der Vahr/Kurt-Schumacher-Allee

Auf der Ecke lag der Hof der Bremermanns. Während des Krieges »fanden hier Nina, eine Ukrainerin, mehrere Russen und Kroaten, ein Volksdeutscher und ein Student aus Frankreich eine menschenfreundliche Bleibe, obwohl sie dienstverpflichtet waren.« (Vahrer Echo am 14.04.61). Auf diesem Hof wohnten zeitweilig auch *»die Schüttes«*. Franz E. Schütte (1836–1911) wurde mit dem Erdöl, dem Petroleumgeschäft groß, und mit ihm wurde Bremen in der 2. Hälfte des 19. Jahrhunderts zum größten deutschen Petroleumeinfuhrhafen; erst 1904 konnte ihn die Rockefellersche *Standard-Oil-Company* aus dem deutschen Markt drängen. Andere Schütte-Aktivitäten: Bremer Vulkan Werft, Bremen-Vegesacker Heringsfischereigesellschaft; Dampfschiffahrtsgesellschaft Argo; Südfrüchtehandel Fruchthandelsgesellschaft GmbH usw. Seine

Gartenstadt Vahr — was ist aus der Nachbarschaft geworden?

kulturellen »Hobbys« reichten von der Domrestaurierung über Bürgerparkverein, Stadtwald, Schillerstiftung (1902, jährlich 6 Theatervorstellungen für Volksschüler), Botanischer Garten bis hin zu Denkmalsetzungen (z.B. Bismarckdenkmal neben dem Dom).

Gegenüber das *»Provisorium« Lettow-Vorbeck-Kaserne:* Als sie 1960 von der Bundeswehr bezogen wurde, sollte dies nur für eine Übergangszeit sein; denn eigentlich sollte hier eine Uni oder Hochschule rein.

Vahrer Straße 197

Und wenn man einen anderen Weg in die Neue Vahr wählt: In der Vahrer Straße 197 befindet sich heute ein Plaza Verbrauchermarkt, früher Cadbury, davor Barackenwohnungen; während der letzten Kriegsjahre waren hier hauptsächlich italienische Fremdarbeiter untergebracht. Zum »Schutz der deutschen Frau« wurde auf dem Gelände eine sog. B-Baracke, eine Bordellbaracke, eingerichtet.

Vahrer Straße/ Ludwig-Roselius-Allee ❸

Der *Bremer Rennplatz,* wo noch vor ein paar Jahren ein Pferd namens »Arier« startete, wurde 1907 bei der 50-Jahrfeier des Bremer Reitclubs (ab 1934 Rennverein) eingeweiht. Die ersten Rennen dieses Rennvereins — der zu den ältesten Deutschlands gehört — fanden im Hastedter Suhrfelde statt, später im Gröpelinger Wied, dann in der Vahr (zu beiden Seiten der jetzigen Kurfürstenallee), darauf im Stadtwald, wieder auf dem alten Platz in der Vahr, bis die heutige Anlage geschaffen wurde. Hier wurden und werden Vollblutrennen, Halbblutrennen, Flachrennen, Jagdhindernisrennen und Galopprennen ausgetragen. Ständig ist der Verein um finanzielle staatliche Unterstützung bemüht, da zählt er natürlich gerne Bürgermeister zu seinen Mitgliedern — auch wenn es der SA-Gruppenführer Bürgermeister Böhmcker ist. Ab 1939 wurden Gebäude und Gelände für die Flak der Wehrmacht in Anspruch genommen und nach Kriegsende beschlagnahmte die amerikanische Besatzungsmacht das Gelände bis 1947. Vom Verein 1948 um Unterstützung gebeten, schreibt die Bremer Verwaltung:

»Der Bremer Rennverein ist kein Begriff in der Welt des deutschen, geschweige denn des internationalen Pferdesports, so daß etwa aus dieser Tatsache heraus für den Bremer Staat eine besondere Verpflichtung zur Unterstützung des Bremer Rennvereines hergeleitet werden könnte. Er kann nicht einmal als eine bremische Angelegenheit angesehen werden wie etwa der Bremer Bürgerpark. Es handelt sich vielmehr um die Gründung einiger finanzkräftiger Pferdesportliebhaber, der nur von einem verhältnismäßig kleinen Kreis wirklich Interesse entgegengebracht wird. Man geht wohl nicht fehl in der Annahme, daß die erforderlichen Mittel auch ohne die Hilfe des Bremer Senats aufgebracht werden.«

Trotzdem war das Bitten nicht immer vergebens. So bat 1957 namens des Vorstands Kurt A. Becher (»Reichsführers SS gehorsamster Becher«, wie er Briefe an Heinrich Himmler unterzeichnet hatte) zum 100-jährigen Jubiläums-Renntag am 1. Mai den Bremer Senat erfolgreich um einen Ehrenpreis.

Vahrer Straße 239

In der Vahrer Straße 239 liegt das *Café Subtropia* — eine urige Besonderheit: Tanz bei Kaffee und Kuchen zwischen tropischen Pflanzen und unter Apfelbäumen; wenn's sein muß, werden hier bis zu 800 Gäste plaziert. Ein durch die Neue Vahr verdrängter Gärtnerhofsiedler hat sich hier die 3. Existenz aufgebaut, seit 25 Jahren bewirtet er Gäste aus dem gesamten Stadtgebiet und darüber hinaus.

In einer Jubelbroschüre schreibt die Neue Heimat unter der Überschrift *»Männer* (neben 3.000 Bauarbeitern)«:

»Grundsteinlegung mit tieferer Symbolik: So wie diese vier Männer hier Stein auf Stein mauern, haben sie auch bei den Vorbereitungsarbeiten gemeinsam Stein auf Stein gefügt, bis das große Werk möglich wurde: Der Bre-

Vier Männer bauten die Neue Vahr. Hatten sie nicht wenigstens einen Handlanger bei sich? Zwei von ihnen, Vietor und Bolljahn, stolperten inzwischen über Skandale

mer Senatspräsident Wilhelm Kaisen und der Vorsitzende der Bremer SPD-Bürgerschaftsfraktion, Richard Bolljahn (King Richard), wirkten maßgeblich mit am Bremer Wohnungsbaugesetz, das den Bau dieser 10.000 Wohnungen ermöglicht hat. Heinrich Plett und Albert Vietor (King Albert), Geschäftsführer der NH Hamburg, die als Muttergesellschaft der GEWOBA große finanzielle Hilfe gibt«

King Richard, auch »Bolli« genannt, stolperte später über den *Bremer Baulandskandal:* NH und Hollerland; King Albert stolperte über den *NH-Skandal.*

Ferdinand-Lassalle-Straße/Eduard-Bernstein-Straße ❹

10.000 Wohnungen wurden von 1957-62 auf einem Areal gebaut, wo von 1945 bis 49 als Maßnahme der Militärregierung 21 bäuerliche Anwesen durch das städtische Wohnungsbauamt als Gärtnerhofsiedlung errichtet worden waren, hauptsächlich für Ostflüchtlinge. Geplant waren für je 2.000 Einwohner Nachbarschaften, die durch Grünflächen organisch miteinander verbunden sein sollten. Vom Einfamilienhaus bis zum 23stöckigen Aalto-Hochhaus, von der Ein- bis zur Fünfraumwohnung ist alles vorhanden.

Es hört sich fast gewagt an, was Stadtplaner *Hafemann* in der Neuen Vahr konzipiert hat. Jedenfalls schreibt sein Kollege *M. Säume*:

»Die Häuser stehen in der Mehrzahl in gerader Linie und im rechten Winkel nüchtern und sachlich da; doch in seinen besten Werken bekennt sich Hafemann zur Kurve: das Schlangenhaus an der Kurt-Schumacher-Allee, das Runde entwickelt sich neben dem Linearen, die Gegensätze werden voll ausgespielt.«

Ästhetik ist alles! Das schlägt sich auch nieder in der konsequenten Anwendung des Gestaltungsmittels *Flachdach.* Dabei hat das Flachdach eine allerdings nicht ästhetisch begründete Tradition in unseren Großstädten: In den riesenhaften Arbeitervierteln der Gründerzeit wurden auf den kaschierten Flachdächern — zur Straßenseite hin mit Mansarddachattrappe — Gartenlauben, Wäschetrockenplätze usw. angelegt, ohne daß es jemand merkte. Erst die Luftbilder, vom Flugzeug aus gemacht, zeigten dieses Flachdachleben. Auf diesen »Trick« war die Gewoba nicht angewiesen: Die engste »Zusammenarbeit« der firmeneigenen Planungsabteilungen mit den Planungsämtern, der Firmenbosse mit den Politikern, der Gewerkschafter mit den Bankern, der Kaufleute mit den Architekten, der Banker mit den Politikern, der Politiker mit den Behörden, (nur die Bewohner hat wieder keiner gefragt!) bewirkte, daß so viel und so hoch gebaut werden konnte wie »die Notwendigkeiten es erforderten«.

Kritik am Konzept der »Neuen Vahr« übte der ehemalige Senatsbaudirektor *Rosenberg*:

»Die Neue Vahr ist ein Trabant und zwar ein schlechter, denn sie hat den Charakter einer Schlafstadt, weil zu viele Wohnungen und zuwenig Arbeitsstätten einander zugeordnet sind. Daraus folgen zu lange Arbeitswege für die Bewohner. Deshalb ist die »Neue Vahr« tagsüber leergeblutet. Aber auch abends sind die Straßen leer, denn die Neue Vahr bietet keine Kommunikationsmöglichkeiten.«

Aber trotz allem: Unter Berücksichtigung der damals herrschenden Wohnungsnot (Vahrer Echo 1960 »7.000 Bewerber für die letzten 500 Wohnungen«) und verglichen mit später gebauten »urban-verdichteten« Großwohnanlagen ist die Neue Vahr ein geradezu idyllischer, funktionierender, ruhiger Wohnstandort, der in seinen Möglichkeiten noch nicht ausgereizt ist. Und daß sich was entwickeln kann, zeigt neben dem sportlichen der kulturelle Bereich: Drei evangelische und eine katholische Kirchengemeinde aktivieren das kulturelle und politische Leben in der Neuen Vahr. Die Aktivitäten der Kirchengemeinden gehen z.T. weit über den üblichen Rahmen einer Gemeindearbeit hinaus. Zum Beispiel leistet die *Heilig-Geist-Gemeinde* an der August-Bebel-Allee mit 5.000 Gemeindemitgliedern, davon 20% über 65 Jahre alt und 30% alleinerziehende Mütter, Jugendarbeit mit arbeitslosen Schulabgängern, unter ihnen viele türkische Jugendliche und Umsiedler aus Polen und der Sowjetunion. Die Gemeinde erklärte sich zur atomwaffenfreien Zone und unterstützt Kriegsdienstverweigerer. Darüber hinaus unterhält sie — wie neun weitere Bremer Gemeinden — enge Kontakte mit einer Partnergemeinde in Südafrika, die von Zwangsumsiedlung bedroht ist.

August-Bebel-Allee/Karl-Kautsky-Straße

Die *Christusgemeinde* (Adam-Stegerwald-Straße 42) unterhält darüber hinaus einen Eine-Welt-Laden, in dem sie Genossenschaftsprodukte verkauft: Kaffee aus Nicaragua, Tee aus Tansania, Jute aus Bangladesh, Bettwäsche und Spielzeug aus Indien. Chilenen, die nach der Ermordung Salvador Allendes in der Neuen Vahr untergekommen sind, organisieren über die Kirche Solidaritätsveranstaltungen für lateinamerikanische Länder. Die katholische Kirchengemeinde *St. Hedwig* an der Kurt-Schumacher-Allee pflegt holländische Kirchenmusik.

Adam-Stegerwald-Straße/Heinrich-Imbusch-Weg

Kurt-Schumacher-Allee/Geschwister-Scholl-Straße

Berliner Freiheit

Die *»Berliner Freiheit«* ist Geschäfts- und Kulturmittelpunkt der Neuen Vahr. Das anliegende *Bürgerzentrum* ist von der Bevölkerung erkämpft worden. Es ist jetzt das Zentrum der Aktivitäten, in dem neben der Jugendarbeit auch Erwachsenenangebote gemacht werden: Gewerkschafts- und Solidaritätsveranstaltungen, Kultur- und Stadtteilfeste, Arbeit gegen Neofaschismus und Ausländerfeindlichkeit — es gibt eine (von 2 in Bremen) türkische Stadtteilzeitung, »Dayanisma« (Solidarität).

Günther-Hafemann-Straße/Max-Säume-Straße

Wurden die Straßen in der Neuen Vahr vor allem nach bekannten Gewerkschaftern und Sozialdemokraten benannt, werden im folgenden Stadtteil »Blockdiek« die Planer der ersteren mit Straßennamen geehrt: *G. Hafemann* und *Max Säume*. In Blockdiek mit seinen 3.200 Wohneinheiten, gebaut 1965—67, hatte man sich wieder verabschiedet von dem Konzept des offenen, fließenden Straßenraums — der den Verkehrslärm von allen Seiten an die Wohnungen heranließ — und kehrte zurück zu optisch begrenzten Räumen und zum rechten Winkel im Städtebau. Zwecks Abschirmung vor dem zunehmenden Verkehrslärm wurde der Geschoßwohnungsbau wieder blockähnlich und längs zur Straße angeordnet.

Überhaupt: Gestaltung! Die Vorfertigung, die Fertigteilbauweise, die Großtafelbauweise bestimmte das Gesicht dieser »vergessenen Wohnsiedlung« (über die anderen redet man wenigstens — so oder so). Immerhin: ins Einkaufszentrum soll investiert werden.

Ludwig-Roselius-Allee

Wer jetzt erst einmal etwas anderes sehen muß, der fährt die *alternative Route nach »Klein Manhattan«*. Vorbei gehts am Nordeingang des *Osterholzer Friedhofs* zum *Ellener Hof*. Als »Erziehungsanstalt für verwahrloste Knaben« 1946/47 gegründet, wurde hier 1893 50 Zöglingen von Brüdern der Inneren Mission »Volksschulunterricht und Anleitung in Feld- und Gartenbau« erteilt.

Ellener Dorfstraße 19

Ellener Dorfstraße 19: Ein niedersächsisches Bauernhaus im Zentrum des ehemaligen Dorfes Ellen, datiert 1823, (Tietjens Hofstelle) steht noch heute. An der Straße ist ein kleines ehemaliges Backhaus zu bewundern.

Dauelser Straße ❺

»Du bist verrückt mein Kind, du gehörst nach Ellen!« war in Bremen ein gängiger Spruch. Gemeint war das Zentralkrankenhaus Bremen Ost mit dem ehemaligen *St.-Jürgen-Asyl-Ellen.* In der Zufahrt nicht abschrecken lassen von dem Klinikum-Neubau, einer typischen Bettenburg, denn daneben in der Parkanlage ist eine reizvolle, früher richtungsweisende psychiatrische Anstalt zu bewundern: die »Bremische Heil- und Pflegeanstalt Ellen«, gebaut ab 1900. Es war ein glücklichler Umstand, daß das Gebäude mitten in Ellen lag, weil hier die Familienpflege psychisch Kranker der Bevölkerung schon vertraut war: In Oberneuland bestand seit 1874 eine von dem Chirurgen *Friedrich Engelken* gegründete private Klinik, die mit großem Erfolg »die ländliche Familienhilfe für chronisch Geisteskranke« eingeführt hatte. Gegen Mithilfe in der Landwirtschaft wurden psychisch Kranke betreut und versorgt. Das Asyl war eine »koloniale Anstalt« oder »Ackerbau Colonie«, die gute Heilerfolge aufweisen konnte.

Was die architektonische Gestaltung angeht, spricht schon 1903 die Deutsche Bauzeitschrift von der »Villenkolonie der Irrenanstalt zu Ellen«. Bis heute hat die Gesamtanlage ihren architektonischen Reiz nicht verloren, neuere Gebäude wurden an die Peripherie geschoben und beeinträchtigen den alten Baubestand nicht.

Züricher Straße/ Graubündener Straße ❻

In der Großwohnanlage *Am hohen Felde*, die mit 1.463 Wohnungen die zehnte geschlossene Großwohnanlage der GEWOBA Bremen nach 1945 war, fällt angenehm auf, daß auch hier wie in den vorher durchfahrenen Neubaugebieten ein großzügiges Netz von in Grünzügen eingebetteten Fuß- und Radwegeverbindungen angelegt wurde; heute wird das kaum noch gemacht!

Zermatter Straße ❼

Ähnlich konzipiert wie *»Am hohen Felde«* aber kleiner und schlichter ist die *Siedlung Hahnenkamp* mit 220 Wohnungen. Sie wurde nicht von der Neuen Heimat, sondern von der »Bremischen Gesellschaft für Stadterneuerung, Stadtentwicklung und Wohnungsbau m.b.H.« konzipiert. Erst 1970 gebaut ist sie heute schon eine *Nachbesserungssiedlung.* Diese Wohnanlage war zwischenzeitlich etwas heruntergekommen, deshalb wird jetzt »nachgebessert«, d.h., hier wird investiert mit Bundes- und Landesmitteln, um den Wohnwert zu heben.

Engadiner Straße

Zur *Egestorff-Stiftung* (am Spielplatz Engadiner Straße vorbei): 1905 setzte der Kaufmann *Johann-Heinrich Egestorff* in seinem Testament den Bremischen Staat zum Erben seines Landgutes ein, mit der Bedingung, Vermögen und Grundbesitz zur Einrichtung eines Altenheimes zu nutzen. Über einen Wettbewerb wurde dem spätklassizistischen Herrenhaus, verändert durch den Architekten *Gregor Werner Heyberger*, ein schöner Altenheimbau hinzugefügt.

Osterholzer Heerstraße
8

Der Weg nach »Klein Manhattan« führt durch die Wildnis: Für den Radfahrer gibt es keine direkte Verbindung vom wirklich sehenswerten Altenheimbau nach Osterholz-Tenever. Man muß die Parkanlage durchfahren bis zur Osterholzer Heerstraße und dann parallel zum Stiftungsgelände einen Feldweg entlang einer Baumreihe durch das noch unbebaute wild bewachsene Erweiterungsgelände von »Tenever-Süd«. Das *Demonstrativ-Bauvorhaben Osterholz-Tenever, »Klein Manhattan«,* 1970–75 gebaut, sollte ursprünglich 4.000 Wohnungen umfassen; mehr als die vorhandenen 2.600 werden's wohl nicht. In einer Bremer Senatsbroschüre von 1975 heißt es:

In der Holländer-Mühle von 1848 duftet's nach frisch Gebackenem, sie beherbergt ein Brotmuseum

»Osterholz-Tenever ist der Versuch einer Antwort auf die Kritik an den Wohnquartieren der 50er Jahre, von denen gesagt wird, daß die Menschen dort vielfach neben — und nicht — im Sinne von Urbanität — miteinander leben. Der neue Stadtteil will es unter anderem möglich machen, daß seine Bewohner infolge der Konzentration der Wohnbauten kurze Wege zu den Versorgungs- und Freizeiteinrichtungen haben und sich leichter begegnen können. Mit Osterholz-Tenever will Bremen eine Alternative für die Stadt von morgen aufzeigen und erproben...«

Was ist daraus geworden? Die Menschen sind vereinsamt, die Wohnungen verslumt, es gibt zu wenige Einkaufsmöglichkeiten und die Innenstadt ist nur schlecht erreichbar. Viele Wohnungen stehen leer, so daß bereits der Abriß einzelner Häuser überlegt wird.

Am Osterholzer Deich/Am Hodenberger Deich

Unter der Autobahn hindurch (sie war bereits 1930 als *HAFRABA* konzipiert — Abkürzung für »Hansestädte, Frankfurt, Basel«) erreicht man das *Erholungsgebiet Bultensee*, den Badesee für die Osterholzer, der als Sandentnahmestelle ein Abfallprodukt der Autobahnverbreiterung war. Dann über den *Hodenberger Deich*, der auch heute noch Schutzfunktion hat (Wümmehochwasserabflußgebiet) zur *Bahnlinie Bremen-Buchholz*, deren Kurvenradien z.Zt. für den 200 km/h-Ausbau ausgerundet werden: das bringt im Bremer Raum zwei Minuten Fahrzeitverkürzung — das lohnt doch den Millionenaufwand mit Reiterhofverlegung usw., oder?

Oberneulander Landstraße/Tillingweg

Auf der anderen Seite der Bahn, am Tillingweg, liegt die wirklich schöne historische Bauernkneipe *»Meier am Boom«*, ein vermutlich Anfang des 18. Jahrhunderts errichtetes ehemaliges niedersächsisches Bauernhaus, mindestens seit 1722 läuft der Schankbetrieb, seit 225 Jahren im Familienbesitz. Durch das »neue« Oberland mit den freistehenden Einfamilienhäusern auf den obligatorischen 1.000 qm großen Grundstücken kommt man zur alten *Wind-*

250 Jahre lang gut essen und trinken bei Meier am Boom

mühle von 1848; sie ist ein »viergeschossiger Holländer«. 1964 der Stadtgemeinde geschenkt, beherbergt sie heute als Außenstelle des Bremer Fockemuseums ein Brotmuseum.

Mühlenfeldstraße/Mühlenweg

Dann geht's über das freie Mühlenfeld in *»Andersons Park«*. Man kreuzt dabei die Rockwinkler Landstraße mit ihren vielen baudenkmalsträchtigen Gebäuden. Direkt an einem ehemaligen Gärtnerhaus mit »Krüppelwalmdach« (Dachform) und »Ständerwerk« (Konstrukionsmerkmal) von ca. 1820 vorbei führt der sehr schöne öffentliche Fuß- und Radwanderweg Ikens Damm zum *Achterdiek-Badesee*, einer weiteren Sandentnahme für die Autobahnverbreiterung. Vorbei am *Achterdiekbad*, das heute die Vereinsanlage für die 1.000 Mitglieder des BSC ist (Bremer-Schwimm-Club '85, der viel Tennis spielt), zur Franz-Schütte-Allee, die dieser *Franz Schütte* nach der Jahrhundertwende auf eigene Rechnung zur Anbindung Oberneulands und — ganz nebenbei, versteht sich — seiner Ländereien bauen ließ. Und schon damals wurde die Sandentnahmestelle — wie heute üblich — Badeanstalt, eben das Achterdiekbad.

Ikens Damm

9

Franz-Schütte-Allee

In knapp 100 m Abstand parallel zur Franz-Schütte-Allee führt ein Feldweg — der Meta-Rödiger-Weg — zum *Luer-Kropp-Hof* an der Rockwinkler Landstraße 5, dessen Geschichte bis 1589 zurückzuverfolgen ist. Dieser Bauernhof ist einschließlich 100 Morgen (= 20 ha) eine Schenkung der *Meta Rödinger* an die Stadt. Sie vermietet diesen wiederhergestellten Hof zu Ausstellungszwecken und Hochzeitsfeiern usw.

In Richtung Marcus-Allee — nach einem aus Köln stammenden Bürgermeister/Präsident des Senats benannt — kommt man nun

Achterdiek/ Marcusallee

auf den Achterdiekweg am ehemaligen *Bremer Tierparkgelände* des Inders *George Munro* vorbei. Heute sind nur noch Reste der Wege- und Gewässeranlagen zu sehen — kaum zu glauben, daß hier mal Elefanten, Tiger, Affen usw. zu sehen gewesen sein sollen.

Marcusallee

⑩

»Am Rickmerspark« ist ein Beispiel für den Siedlungsbau der 50er Jahre. Auf der Brücke der Autobahnüberführung soll noch heute der Kerosingeruch von den Borgward Rennwagen und den Dreiradrennwagen von Goliath zu riechen sein: die wurden auf dieser Autobahn getestet, auf dem Parkplatz geradezu bastlermäßig betreut — verglichen mit dem heutigen Personal- und Geräteaufwand im Rennsport (den »Materialschlachten«).

Ganz anders riecht der *Rhododendron Park*, die größte Anlage dieser Art auf der Welt. Sowohl der Park wie auch der *Botanische Garten* liegen auf einem Gelände ehemaliger Landgüter und Sommersitze bremischer Kaufleute: *Rosenkamp* (Mitte 18. Jahrhundert), *Arnold Delius* (Ende 18. Jahrhundert), *Dietrich Daniel Knoop* (1869); *Willy Rickmers* (1888, Reismühlen, Reederei und Schiffbau) legte einen Wildpark an. 1911 übernahm der Bremer Staat das Gelände, das ab 1936 ausgebaut, aber erst 1955 im Rohbau fertiggestellt war. Die Anlage mit dem Rhododendron-Park, dem Botanischen Garten, Heidegarten und Gewächshäusern umfaßt 46 Hektar (460.000 qm). Die schönste Zeit für Spaziergänge ist die Rhododendron-Blüte von Mitte bis Ende Mai. Das Rhododendron-Café liegt mittendrin.

Das von R.A. Schröder entworfene Clubhaus des »Club zur Vahr«

Deliusweg

Der *Club zur Vahr* — sein Vorläufer ist seit 1895 der Bremer Golf Club — hatte in seinem Gründungsjahr 1905 einen primitiven Golfplatz auf der Galopprennbahn, dort wo heute Radio Bremen steht. Die heutige Platzanlage (Hockey, Tennis, Golf) war auf den Weiden und Wiesen des Hof Klatte, Vahrer Straße 383, angelegt worden, damals völlig baumlos, kreuz und quer mit Gräben durchzogen.

Bürgermeister-Spitta-Allee

⑪

1954 wurde der Golfplatz bis zur Autobahn aus- und umgebaut. Ihm fast genau gegenüber liegt eine der kleinsten Sendeanstalten der Bundesrepublik: Radio Bremen, das seit kurzem immerhin auf 4 Kanälen sendet und ab Herbst '87 auch über Satellit ausstrahlen will — von den einen gehässig, von den anderen liebevoll »Roter Sender« genannt.

Rundfunk, Rotfunk, rund und bunt

»Die Sendungen des Rundfunks sollen von demokratischer Gesinnung und unbestechlicher Sachlichkeit getragen sein. Der Rundfunk hat sich mit allen Kräften für die Ideale von Freiheit, Gerechtigkeit, Wahrheit, Duldsamkeit und Achtung vor der einzelnen Persönlichkeit einzusetzen«, erklärt das »Gesetz über die Errichtungund die Aufgaben einer Anstalt des öffentlichen Rechts Radio Bremen« vom 22.11.1948. Daran ist zunächst nichts Besonders: ähnliche Passagen stehen auch in anderen Landesrundfunkgesetzen der Bundesrepublik, deren Radionetz als pluralistischer Phönix aus der Asche der faschistischen Propagandamaschinerie stieg. Das Besondere ist, daß in den Programmen Radio Bremens der gesetzliche Auftrag wie in wenigen anderen Sendern ernst genommen wird. Das ist für den Radiozwerg, der dem mächtigen Nachbarn NDR ins Sendegebiet funkt, nicht immer leicht. Beharrlich gegen Mitteldürre kämpfend, macht der Kleinste unter den westdeutschen Sendern ein buntes Programm rund um Bremen auf, mit dem er Lehren aus der nationalsozialistischen Erfahrung zieht und sich melodisch vor der eintönigen Geräuschkulise neuer Medien hörbar macht.

Schon an den Anfängen des deutschen Rundfunks 1922 war Bremen beteiligt — allerdings über interessierte Wirtschaftskreise. Bremer Kapital war es auch, das sich ein Jahr später um die Errichtung eines eigenen Senders bemühte. Über die Strohfirma »Norddeutsche Musikwerke« stellte der Elektrokonzern AEG-Telefunken den Antrag auf Genehmigung einer eigenen Bremer Station. Wie das Telegraphentechnische Reichsamt aber der Bremer Oberpostdirektion mitteilte, sei das unnötig; Bremen könne auf die in Hamburg ausgestrahlten Sendungen zurückgreifen.

Eine Basisbewegung für einen Rundfunk in der Hansestadt gab es auch. Ende 1923 gründeten Ätherfreaks — professionelle und Bastler — den »Bremer Radio Club«, der an die 300 Mitglieder zählte. Finanzleute und Vertreter bremischer Unternehmen, allen voran die Maschinen- und Armaturenfabrik Atlas-Werke, waren allerdings auch hier dabei. Einer solchen konzentrierten Aktion konnte sich die mächstigste Behörde nicht entziehen, und so einigte man sich auf einen Kompromiß. Nach Aufnahme des Sendebetriebs in Hamburg erhielt Bremen 1924 einen Nebensender. Die Anfänge waren bescheiden; ab 1927 übertrug Bremen aus der zum Studio umgebauten Stadtwaage. Das Programm gestaltete ein Kreis Bremer Publizisten und Literaten, die sich »die beinah Zensurfreien« nannten. Musik machte eine Gruppe freier Mitarbeiter, ab 1931 unter dem Namen — wie konnte es anders sein — Bremer Stadtmusikanten. Im Beirat saßen neben Wirtschaftsvertretern Gewerkschaftler, so daß bald politische Kontroversen entbrannten. Der Anteil der Arbeiterschaft unter den Hörern war hoch. Programme der Arbeiterkultur schlossen die Hans-Bredow-Schule mit Beiträgen zur Volksgesundheit oder Wirtschaft, den Abend der Werktätigen und Jugendstunden mit Wilhelm Scharrelmann ein. Auch niederdeutsche Programme spielten, wie heute, eine Rolle.

Mit der Einrichtung der Gleichwelle 1931 ebneten die Programmgestalter dem faschistischen Reichseinheitsprogramm den Weg. 1939 unterbrach das Bremer Radio sein Programm für sechs stumme Jahre. Nach dem Krieg erhielt die von den Alliierten wieder zugelassene Station als erste in der amerikanischen Zone eine deutsche Leitung. Mit ihren »europäischen Wochen« begannen die Bremer Rundfunkleute auch als erste in Deutschland, die Netze der Kommunikation zwischen Ost und West wieder zu flicken. Noch während des Kalten Krieges brachte Radio Bremen Sendungen aus Jugoslawien, Polen und der Tschechoslowakei.

Von den Jahren des »Nebensenders Bremen« bis zur Hansawelleist eines gleich geblieben: über den Geldhahn versuchen die wirtschaftlich Mächtigen, die kritische und demokratische Stimme von der Weser zum Schweigen zu bringen. Radio Bremen hält es da mit einer Maxime seines langjährigen Intendanten Heinz Kerneck: Kritik ist der Anfang jeglichen Fortschritts auf dem Weg in eine humanitäre Gesellschaft. *Frank Thomas Gatter*

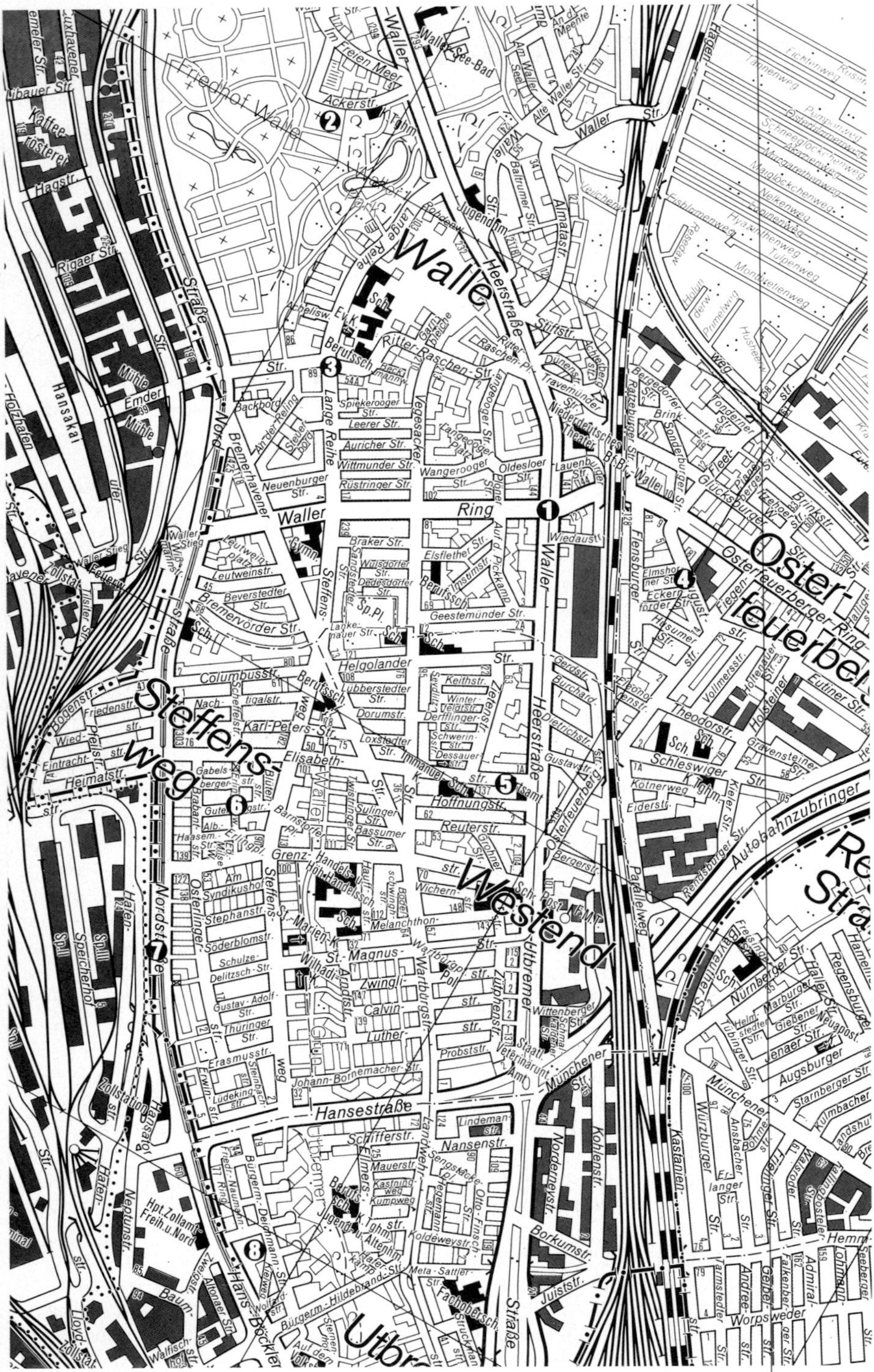

Walle
Westend
Osterfeuerberg
Steffensweg
Utbremen
Friedhof Walle
Waller See-Bad
Im Freien Meer
Ackerstr.
Waller Str.
Alte Waller Str.
Baltrumer Str.
Almatastr.
Jugendhm.
Heerstraße
Waller Heerstraße
Stiftstr.
Ritter-Raschen-Str.
Ritter-Raschen-Pl.
Berufssch.
Lange Reihe
Spiekerooger Str.
Leerer Str.
Auricher Str.
Wittmunder Str.
Rüstringer Str.
Vegesacker Str.
Langeooger Str.
Wangerooger Str.
Oldesloer Str.
Lauenburger Str.
Niederdeutsches Theater
Travemünder Str.
Neuenburger Str.
Waller Ring
Bremerhavener Str.
Nordstraße
Emder Str.
Mühle
Hansakai
Holzhafen
Rigaer Str.
Hagstr.
Kaffee-rösterei
Cuxhavener Str.
Waller Stieg
Zollstat.
Tilsiter Str.
Leutweinstr.
Beverstedter Str.
Bremervörder Str.
Gymn.
Braker Str.
Wulsdorfer Str.
Dedesdorfer Str.
Elsflether Str.
Imsumstr.
Auf d. Pickkamp
Geestemünder Str.
Lankenauer Str.
Sp.Pl.
Helgolander Str.
Lübberstedter Str.
Dorumstr.
Loxstedter Str.
Keithstr.
Winterfeldtstr.
Derfflinger Str.
Schwerinstr.
Dessauer Str.
Zietenstr.
Columbusstr.
Nachtigalstr.
Friedenstr.
Bogenstr.
Karl-Peters-Str.
Elisabethstr.
Immanuelstr.
Eintrachtstr.
Heimatstr.
Gabelsberger Str.
Gutenbergstr.
Hoffnungsstr.
Reuterstr.
Sulinger Str.
Bassumer Str.
Grenzstr.
Barnstorfer Str.
Wichernstr.
Melanchthonstr.
Am Syndikushof
Stephanstr.
Söderblomstr.
Schulze-Delitzsch-Str.
Gustav-Adolf-Str.
Thüringer Str.
Erasmusstr.
Lüdekingstr.
Osterlinger Str.
St. Magnus-Str.
Zwinglistr.
Calvinstr.
Lutherstr.
Probststr.
Wartburgstr.
Zülpicher Str.
Johann-Bornemacher-Str.
Hansestraße
Hafenstr.
Speicherhof
Zollstation
Neptunstr.
Hpt.Zollamt Freih.u.Nord
Schifferstr.
Nansenstr.
Mauerstr.
Kastningweg
Kumpweg
Koldeweystr.
Otto-Finsch-Str.
Bürgerm.-Deichmann-Str.
Bürgerm.-Hildebrand-Str.
Meta-Sattler-Str.
Hans-Böckler-Str.
Altonaer Str.
Juiststr.
Borkumstr.
Norderneystr.
Kohlenstr.
Kastanienstr.
Münchener Str.
Würzburger Str.
Ansbacher Str.
Erlanger Str.
Nürnberger Str.
Marburger Str.
Gießener Str.
Tübinger Str.
Jenaer Str.
Augsburger Str.
Starnberger Str.
Kulmbacher Str.
Regensburger Str.
Hallerstr.
Worpsweder Str.
Admiralstr.
Lohmannstr.
Andreestr.
Hemmstr.
Parallelweg
Autobahnzubringer
Rendsburger Str.
Schleswiger Str.
Kötnerweg
Eiderstr.
Theodorstr.
Holsteiner Str.
Vollmersstr.
Gravensteiner Str.
Eutiner Str.
Osterfeuerberger Ring
Flensburger Str.
Elmshorner Str.
Eckernförder Str.
Husumer Str.
Wiedaustr.
Gerdstr.
Burchardstr.
Dietrichstr.
Gustavstr.
Bergerstr.
Glücksburger Str.
Brinkstr.
Itzehoer Str.
Sonderburger Str.
Bergedorfer Str.
Tonderner Str.
Ratzeburger Str.
Fleet
Tannenweg
Fichtenweg
Schneeglöckchenweg
Margaretenweg
Maiglöckchenweg
Nelkenweg
Hyazinthenweg
Tulpenweg
Montbretienweg
Primelweg
Husheerweg
Resedaweg
Veilchenweg
Hagen
1
2
3
4
5
6
7
8

»Wer heute barfuß gekommen ist — aufstehn!«

Walle/Utbremen

von Cecilie Eckler-von Gleich

Ausgangspunkt:	*Waller Friedhof, Waller Heerstraße Straßenbahnlinien 2 und 10*
Endpunkt:	*Volkshaus, Hans-Böckler-Straße Straßenbahnlinien 2 und 3*
Dauer:	*2 Stunden*

»Ich muß nach'n Lande, Gras schneiden und füttern!« Das war noch in den zwanziger Jahren beinahe stehende Redensart in Walle. Damals hatte fast jede Familie einen Kleingarten gepachtet. Auf dem »Land« wurden Kartoffeln, Gemüse oder Erdbeeren angepflanzt und vielleicht ein paar Blumen. Die meisten hielten sich Kaninchen oder Hühner, und oft sah man Kinder mit dem Handwagen bis zum Bürgerpark ziehen, um Kompost oder Grünfutter zu holen. Um das Parzellengebiet herum lagen die Kohlhökerfelder, wo Kleinbauern Gemüse zogen, um es auf dem Markt zu verhökern.

Das alte Wahrzeichen von Walle: der Wasserturm

Wer heute durch den Stadtteil geht, durch ruhige Wohnstraßen mit bescheidenen Vorgärten, dem wird wohl auffallen, daß hier keine Villen wohlhabender Leute stehen. Mit seinen schmalen Einfamilienhäusern und ihren Hinterhöfen gehört das Viertel »kleinen Leuten«. Das Industrie-, Hafen- und Arbeiterviertel, das Walle/Utbremen bis in die vierziger Jahre war, ist nur noch schwer erkennbar. Es gibt keine großen Industrieansiedlungen in Walle mehr. Die Traditionen der Arbeiterbewegung sind über die Jahre des deutschen Faschismus, über Krieg, Wiederaufbau und Wirtschaftswunder verblichen. Noch weniger zu sehen ist, daß Walle — bevor es um die Jahrhundertwende zur Vorstadt anwuchs — ein Dorf war.

Waller Heerstraße/Waller Ring ❶

Walle ist geviertelt: die Kreuzung Waller Heerstraße/Waller Ring ist eine der Hauptverkehrsknotenpunkte Bremens. Die hier zusammenlaufenden Straßenführungen versorgen es mit einem nicht enden wollenden Strom an Autos. Gleich in der Nähe liegt der Waller Bahnhof; auch er brachte zu seiner Zeit eine Teilung Walles mit sich, als nämlich 1862 die königlich hannoversche Eisenbahn von Bremen nach Geestemünde weiterführte. 1914 wurde der Bahnkörper, der vorher ebenerdig war, vom Hauptbahnhof bis Burg neu angelegt und auf die jetzige Höhe gebracht. Bei dieser Gelegenheit verschwanden auch die letzten Dünen aus Walle.

Wenn sich vor allem im Bremer Westen das Bild des Stadtteils völlig verändert hat, so ist das eine Auswirkung des 2. Weltkrieges. Allein in der Nacht vom 18. zum 19. August 1944 wurden dort

Zerstörter Bremer Westen, am Steffensweg

25.000 Wohnungen zerstört. Das war nahezu die Hälfte aller im Krieg vernichteten Bremer Wohnungen. 1.054 Einwohner Utbremens und Walles starben, mehr als 700 wurden verletzt, 49.100 waren obdachlos, als der Morgen des 19. August graute.

»In Walle, da wohnen alle«, sagten Bremer früher etwas geringschätzig. Den Beigeschmack hat das Sprichwort verloren — wirklich alle wohnen hier: alte Menschen, junge Leute, Familien mit Kindern, ausländische Familien, besonders viele aus der Türkei, ehemalige Arbeiter der AG Weser. Und in den letzten Jahren ist Walle von Wohngemeinschaften, Alternativen, kurz: der Szene, entdeckt worden. Viele neue Treffs und Lokale deuten auf diesen Wandel hin. Aber nicht nur eine neue Kneipenkultur hat sich entwickelt; Initiativen und selbstverwaltete Projekte fassen in Walle Fuß. Es gibt die Theatergruppe ›Alka Seltsam‹ und die ›Galerie des Westens‹, wo regelmäßig Ausstellungen stattfinden.

Waller Friedhofstraße/Im Freien Meer
❷

Der Waller Friedhof, eine große Grünfläche, wurde zwischen 1872 und 1875 angelegt. Nicht nur Waller Familien sind hier bestattet, auf den Grabsteinen finden sich auch Namen bekannter Bremer Kaufleute, Bremer Persönlichkeiten aus Politik und Wirtschaft. Gedenksteine erinnern an politische Ereignisse — Krieg, Revolution, Faschismus. Auch die Alltagsgeschichte hat ihre Zeugnisse; in manche Grabsteine sind kunstvoll Symbole von Gewerken eingraviert: Bäcker, Tischler, Klempner oder Eisenbahner ruhen dort. Vom Haupteingang aus rechts steht das Mausoleum der Familie Knoop auf einem Hügel am See. Baron *Ludwig Knoop* hatte mit dem Aufschwung der Textilindustrie zunächst in England sein Glück versucht und wurde dann in Rußland ein reicher Mann. Vor dem Knoopschen Mausoleum liegt die Gedenkstätte für Opfer von Bergen-Belsen und Auschwitz. Vorbei an den Gräbern wie der reichen Kaufmannsfamilie Melchers, des engagierten Lehrers und Begründers eines Lehrerinnenseminares, *U. Kippenberg*, und des Unternehmers Nielsen führt der Weg zum Gräberfeld der im 1. Weltkrieg in Bremen im Lazarett Verstorbenen. Historisch schließt sich die Novemberrevolution an: rechts, etwas abseits, das Gerstenberger-Denkmal vom 4. Februar 1919, das Denkmal der Regierungstruppen, die die Bremer Räterepublik niederschlugen. Links davon das Denkmal der Bremer Räterepublik, heute eine abstrakte Plastik. 30 Arbeiter, die während des Einmarsches der Gerstenberger Truppen ums Leben kamen, wurden hier auf dem Waller Friedhof begraben.

Das Denkmal für die Gefallenen der Räterepublik von Bernhard Hoetger — von den Nazis zerstört

Als in der deutschen Novemberrevolution in Bremen 1918 ein Arbeiter- und Soldatenrat gebildet wurde, der am 10.1.1919 die Räterepublik proklamierte, wandte sich der mehrheitssozialistische Senat an die Reichsregierung und bat um militärische Unterstützung. Der Arbeiter- und Soldatenrat erklärte sich bereit, Verhandlungen aufzunehmen, zurückzutreten und Wahlen auszuschreiben. Trotz positiver Verhandlungen am 2. Februar 1919 marschierten zwei Tage später die Division Gerstenberg und das Freikorps Caspari nach Bremen ein. Nach heftiger Gegenwehr der Arbeiter nahmen sie die Stadt ein. Ein »Hilfsausschuß für die Opfer der Revolution« plante die Errichtung eines Ehrenmals für 30 auf dem Waller Friedhof beigesetzte Arbeiter. Der damals schon in Worpswede lebende Bildhauer Bernhard Hoetger *entwarf ein Modell in Anlehnung an das christliche Thema der Pietá.*

Am 19. Juni 1922 wurde das Denkmal auf dem Waller Friedhof von Vertretern der Gewerkschaften, der sozialistischen Parteien und nach Berufsgruppen geordneten Arbeiterdelegationen eingeweiht. 1933 zerstörten es die Nationalsozialisten. 1972 ließ der Senat ein neues Denkmal, die abstrakte Plastik von Georg Arfmann, *errichten. Die alte Inschrift auf einer Grabplatte ist erhalten geblieben. Jedes Jahr veranstaltet ein Bündnis von SPD, DKP und VVN zur Erinnerung an die Bremer Räterepublik und den 4. Februar 1919 eine Kundgebung auf dem Waller Friedhof.*

Das neue Denkmal, gestaltet von Georg Arfmann

Etwas weiter überragt ein schmaler, hoher roter Stein die umliegenden Grabsteine: *Carsten Waltjen* war der Gründer der Maschinenbauanstalt und Werft, aus der 1872 die AG-Weser hervorgegangen ist. Am Weg zurück in Richtung Hauptausgang liegt rechts, relativ unscheinbar und ein Stück tiefer, ein Massengrab unbekannter Toten: »Den Toten zum Gedenken, den Lebenden zur Mahnung, 1939—1945.«

Waller Park

Hinter dem Nebenausgang erstreckt sich mit See und großem Spielplatz der Waller Park. Früher einmal umschloß er die Wasserburg eines Rittergeschlechts von Walle. Zuletzt gehörte er der Familie *Justus Achelis.* Das Achelische Gut wurde 1928 Staatsbesitz; die Stadt wandelte das Gelände zu einem Volkspark um.

Lange Reihe/Ritter-Raschen-Straße

❸

Die Straße mit dem merkwürdigen Namen heißt nach einem Ritter so, der dem Dorf den einen Kirchturm stiftete. Die alte Dorfschule, ebenfalls gestiftet, jedoch von einem *Bernhard Meyer*, war eine Zeitlang eine Mädchenpflichtfortbildungsschule. An der Waller Kirchengemeinde vorbei schließen sich auf der linken Seite eine Reihe kleiner, hübscher Häuschen an, in den 30er Jahren erbaut und damals bewohnt von Beschäftigten der Roland-Mühle.

Ritter-Raschen-Platz

Ohne den Verkehrslärm der Waller Heerstraße und ohne das Kriegerdenkmal von 1870/71 wäre der Ritter-Raschen-Platz ein beschaulicher Ort. Andererseits hat der Platz wohl nur dem Heldendenkmal zu verdanken, daß er überhaupt noch existiert.

Anna Stiegler

Nördlich von hier, hinter dem Waller Jugendfreizeitheim, liegt das Anna-Stiegler-Haus, Altentagesstätte der Arbeiterwohlfahrt. *Anna Stiegler*, Tochter eines Landarbeiters aus Penzlin in Mecklenburg, arbeitete in der Bibliothek der Arbeiterbildung. Sie trat 1905 der SPD bei und gehörte seit 1925 der Bremischen Bürgerschaft an. 1934 verhafteten die Nazis sie wegen illegaler Tätigkeit für die SPD. Zusammen mit sozialdemokratischen Genossen wurde sie zu 5 Jahren Zuchthaus verurteilt. Nach einigen Jahren im Frauengefängnis Lübeck-Lauerhof kam sie 1940 in das Frauenkonzentrationslager Ravensbrück. 1946 kehrte sie nach Bremen zurück. Sie war Mitglied der ersten Bremer Bürgerschaft und mit *Käthe Popall* und anderen Frauen Gründerin des Bremer Frauenausschusses.

Unweit des Anna-Stiegler-Hauses lockt im Sommer das Waller See-Bad, das einzige große Freibad im Westen. Etliche Cafés, Tanzsäle und Volksgärten südlich von hier waren in den 20er Jahren beliebte Ausflugsziele. Die Waller Heerstraße war nicht nur wichtige Verkehrsader, sondern auch ein Zentrum für Vergnügen und Freizeit. Das Niederdeutsche Theater im Ernst-Walden-Theater *(ehemaliges Café Lehmkuhl)* gehört untrennbar zur Waller und Bremer Kultur. Ihre Entstehungsgeschichte reicht zurück in das Jahr 1928:

Das Konzert- und Ballhaus Café Lehmkuhl

Ernst Walden gründete den »Gröpelinger Theaterverein«, der sich später »Bremer Volksspielkunst-Gemeinschaft« und seit 1937 »Waller Speeldeel« nannte. 1939 ging daraus die Niederdeutsche Bühne hervor, die nach dem Tode Ernst Waldens den heutigen Namen bekam. Das Theater hat sich inzwischen einen festen Platz im Bremer Kulturbetrieb erworben. Unter der heutigen Leiterin *Ingrid Ebel-Andersen* werden kaum noch traditionelle plattdeutsche Stücke gespielt, sondern modernes oder klassisches Theater wird ins Plattdeutsche übertragen. Vor kurzem wurde ein Stück von Franz Xaver Kroetz auf »Platt« gespielt; in der Spielsaison 1987/88 soll ein Stück von Herbert Achternbusch folgen. Neben den niederdeutschen Erstaufführungen hat das Kindertheater schon Tradition, immer um die Weihnachtszeit; ein Studiotheater mit Einbeziehung des Publikums ist geplant.

Hagenweg

Jenseits des Bahndammes, der in einiger Entfernung nördlich der Waller Heerstraße verläuft, gelangt man zu dem ausgedehnten Waller Parzellengebiet, durchquert vom Waller Fleet. Früher wie heute sind die Kleingärten für die Waller Bürger von Bedeutung: damals als eine der Ernährungsgrundlagen, jetzt eher für Freizeit und Hobbygärtnerei. Während des Dritten Reiches kam eine ganz andere Bedeutung dazu, wie ein alter Antifaschist zu berichten weiß:

»... und die Holzarbeiterfahne, die haben wir in Blech einlöten lassen, bei der Parzelle hab' ich die begraben, und unsere Bücher von der Arbeiterjugend und den Konferenzen, vom Tabakarbeiterverband... also diese ganzen Unterlagen haben wir in eine große Kiste gepackt, auf die Parzelle gebracht; da hab' ich einen großen Komposthaufen gehabt; den hab' ich abgetragen und die Kiste eingegraben.« Auch illegale Zusammenkünfte fanden in den Kleingärten statt: »Da kam so'nen kleiner Junge bei uns zu Hause vorbei, ›Onkel Paul, dann und dann ist wat, nicht?‹. Und dann zogen wir so in der Dunkelheit in die Parzellen rein. Und da saß man dann in der kleinen Landbude mit 10—15 Genossen und haben dann noch weitergearbeitet.«

Nach dem Zweiten Weltkrieg wurden die ›Landbuden‹ für viele ausgebombte Bremer zum eigentlichen Zuhause. *Wilhelm Kaisen* initiierte ein Sondergesetz, das den Parzellenbesitzern gestattete, ihre Parzellenhäuschen zu Wohnhäusern umzubauen. Viele machten davon Gebrauch. Das »Kaisengesetz« sieht aber vor, daß die folgende Generation das Wohnhaus wieder abreißen muß, um dann erneut einem Parzellenhaus Raum zu geben.

Fleetstraße
Waller Damm

Mit dem Fahrrad am Fleet entlang, kommt man schnell aus der Stadt an den Waller Feldmarksee oder zu den Wümme-Wiesen. Auf dem Fleet schipperten früher die Bauern mit ihren Torfkähnen den Torf nach Walle, wo er z.B. an die Bäckereien verkauft wurde, die damals noch ihre Öfen damit beheizten.

Auguststraße
❹

Das Osterfeuerbergviertel ist ein gewachsenes Quartier mit alten, winkeligen Straßenzügen. Elmshorner und Eckernförder Straße — zwei Wohnstraßen mit typischen Arbeiterhäusern, die im 2. Weltkrieg nicht zerstört wurden und ihre schönen Fassaden erhalten konnten. Die Häuser in der Vollmerstraße haben statt eines

Versuchsschulen

Scharrelmannschule — ältere Waller nennen die Schule an der Schleswiger Straße heute noch so. Sie und die Schule an der Helgoländer Straße gehörten zu den drei Bremer Versuchsschulen der Weimarer Zeit. Damals sahen Schulen anders aus als heute: totale Disziplin, Prügelstrafe, Trennung von Mädchen und Jungen waren eherne Erziehungsprinzipien. Um Emanzipation, um Befreiung des Menschen aus Unmündigkeit ging es dabei nicht. Bremer Lehrer wie Heinrich Eildermann, Heinrich Scharrelmann, Carl Dantz und Friedrich Aevermann wollten diesen Zustand verändern:

Die individuellen Fähigkeiten und Anlagen des Kindes seien zu fördern und jeglicher Lernzwang müsse fortfallen. Im April 1920 nahmen 19 Kollegen die Arbeit im Schulgebäude an der Schleswiger Straße auf. H. Scharrelmann wurde Schulleiter. Projektunterricht, Koedukation bis zum 5. Schuljahr, Abschaffung der Prügelstrafe, Betonung der Handarbeit und statt der bisherigen Zensuren das Schreiben von »Charakteristiken«, in denen die gesamte Persönlichkeit des Schülers oder der Schülerin erfaßt werden sollte, kennzeichneten die Versuchsschule. 1921 trennte sich das Kollegium über Differenzen hinsichtlich der kollektiven Schulleitung und anderer politischer Fragen. In einem Flügel blieb die ›Scharrelmann-Schule‹, im anderen wurde unter der Leitung von F. Aevermann die ›Arbeitsschule an der Theodorstraße‹ gegründet. 1924 zog das Kollegium um in die Schule an der Helgoländer Straße, an der dann später Carl Dantz unterrichtet hat. Aevermann wollte Selbstverantwortung und Selbständigkeit in der Gemeinschaft in den Mittelpunkt der Schule stellen.

Die Versuchsschulen bemühten sich, die Idee der Erziehung zum sozialen und sozialistischen Menschen zu verwirklichen. Dadurch enthielt der Schulalltag für damalige Verhältnisse erstaunliche Elemente: Schülerselbstverwaltung, eine Schulzeitung, von Schülern selbst geschrieben, gesetzt und gedruckt, aktive Elternmitarbeit. Lehrer, Eltern und Schüler der Helgoländer Schule bauten sich einen Schweinestall in Fischerhude zum Landheim um. In staatlichen Schulen gab es zu der Zeit noch keine Schullandheime. Auf die Schulabgänger warfen die Erzieher ein besonderes Auge: »Um unsere Schulentlassenen vor dem Tanzboden, dem Kino und anderen sehr zweifelhaften Jugendveranstaltungen zu bewahren, sehen wir es als unsere Pflicht, sie auch für die Zukunft an die Schule zu binden« (Aevermann an die Schulbehörde, März 1922). In der Helgoländer Schule richteten sich die Schulabgänger einen eigenen Raum mit Worpsweder Stühlen, Holztischen, stoffbespannten Wänden und blauer Deckenbemalung ein.

Vor allem Arbeiterkinder aus sozialistischen und kommunistischen Elternhäusern gingen in die Versuchsschulen. Gelegentlich entbrannten zwischen Eltern und Lehrern politische Auseinandersetzungen, bis sie beschlossen, daß erzieherische und parteipolitische Arbeit in der Schule streng voneinander getrennt werden müßten. Das Kollegium betont seine parteipolitische Neutralität.

Versuche der NSDAP vor 1933, die Einstellung der Schulversuche in Bremen zu erreichen, scheiterten im Parlament an den Stimmen des linken und liberalen Flügels.

Nach der Machtübernahme stellte die NS-Schulbehörde die Versuchsschul-Arbeit sofort ein. Ein Teil der Kollegien wurde kraft des »Gesetzes zur Wiederherstellung des Berufsbeamtentums« entlassen.

Cecilie Eckler-von Gleich

Vollmersstraße

Souterrains oder voller Unterkellerung sogenannte Kriechkeller. Das sind Kellerräume, die so niedrig unterm Boden liegen, daß man in sie hinein ›kriechen‹ muß. Fast alle Häuserfassaden sind ›zugekachelt‹; in den 60er Jahren wurde so renoviert. Hier und da steht noch ein Haus mit dem alten Giebel am Dach. Die Schleswiger Schule, in der Weimarer Zeit erste Versuchsschule in Bremen, steht leer — Zukunft ungewiß. Wenigstens ein Recycling-Hof durfte sich auf dem Gelände des Schulhofes niederlassen. Hier wird vorsortierter Müll gesammelt: Noch verwertbare Dinge werden wieder aufgemöbelt.

Schleswiger Straße

Im Osterfeuerviertel

Theodorstraße

Osterfeuerbergstraße 31

Die alte *Union-Brauerei* an der Theodorstraße war früher eine Brauerei-Genossenschaft; verschiedene Firmen benutzen das Gebäude als Lager. In der Osterfeuerbergstraße 31 wohnte der Zigarrenmacher *Carl Fürst* — wie viele Zigarrenmacher Sozialist. Seine Tochter Käthe trat zunächst in die Sozialistische Arbeiterjugend ein. 1928 wurde sie Mitglied der KPD. Während der Weltwirtschaftskrise arbeitete *Käthe Fürst* in der Bremer Jutespinnerei. Als Betriebsratskandidatin auf der Liste der Roten Gewerkschaftsopposition 1930 wurde sie gemaßregelt. Nach der Machtübernahme durch die NSDAP arbeitete sie illegal. 1935 verhafteten sie die Nationalsozialisten und verurteilten sie zu 12 Jahren Zuchthaus. In ihrer Haftzeit ließ sich ihr erster Mann von ihr scheiden. Im Frauenkonzentrationslager Ravensbrück lernte sie *Anna Stiegler* kennen. 1946, nach Bremen zurückgekehrt, heiratete sie ein zweites Mal und wurde als *Käthe Popall* Gesundheitssenatorin. Mit den anderen kommunistischen Senatsmitgliedern mußte sie 1948 ihr Amt niederlegen, blieb aber noch einige Zeit Bürgerschaftsabgeordnete.

Käthe Popall

Wieder auf der Waller Heerstraße: Gegenüber der Apotheke Ecke Gustavstraße, auf dem Gelände des Karstadt-Teppichhauses, betrieb von 1920 bis in die 60er Jahre das Bremer Filmunternehmen Lüdtke & Heiligers das Decla-Kino. Als ehemaliges Schiller-Theater, zuvor St. Pauli-Festsäle und noch früher Dreyers Volksgarten,

war dieser Ort schon immer mit Freizeit und Vergnügen verbunden. Im ›Decla‹ lief aber nicht nur das übliche Filmprogramm: 1928–31 zeigte hier einmal im Monat, Sonntag vormittags um 10 Uhr, die Sozialistische Arbeiterjugend bekannte russische Filme wie »Panzerkreuzer Potemkin«, »Cyankali«, »Sturm über Asien«, »Weg ins Leben«. In der Nachkriegszeit bot das wenig zerstörte Kino Raum für Theater- und Operettenaufführungen, aber auch für politische Versammlungen.

Waller Heerstraße 52

Ein Stück weiter gab der ehemalige Lehrer und Leiter des Bremer Linksradikalen *Johann Knief* ab Juni 1916 die Zeitung »Arbeiterpolitik« heraus. Finanziert wurde sie vor allem von den Arbeitern der AG Weser.

Johann Lücke

Schräg gegenüber, auf der Höhe der Gerdstraße, erschossen 1933 Nazis den Sozialdemokraten *Johann Lücke.* »SA und SS standen vor den Versammlungslokalen, pöbelten und schlugen auf die Heimkehrenden ein. Wir gingen nur noch in Gruppen nach Hause. Erst im heimischen Stadtteil und der Straße war man in Sicherheit. So wurde der SPD-Genosse und Reichsbannerkamerad Joh. Lücke auf offener Straße, mitten aus einem ihn begleitenden Trupp heraus, erschossen.« An dem Beerdigungszug zum Waller Friedhof nahmen Tausende von Arbeitern teil.

Elisabethstraße 134
❺

Neben dem Einwohnermeldeamt, im *Waller Kulturladen*, arbeitet die Kulturinitiative *›Brodelpott‹* an stadtteilbezogenen Projekten. Der ›Brodelpott‹ wurde 1980/81 gegründet und vom Kultursenator finanziell unterstützt. Kindergruppe, Kinderkino, türkische Mädchengruppe, Kreativangebote, wie z.B. Seidenmalerei, Gesprächskreise für erwerbslose Frauen, eine Zeitung »Im Westen was Neues«, eine Umweltberatung, Informationsveranstaltungen zu verschiedenen aktuellen Themen, ein Arbeits- und Gesprächskreis zur Stadtteilgeschichte und vieles mehr sind hier unter einem Dach. Im Arbeitskreis zur Stadtteilgeschichte treffen sich meist ältere Waller schon seit Gründung des ›Brodelpott‹. Ein umfangreiches Fotoarchiv konnte im Laufe der Jahre aufgebaut werde.

Elisabethstraße 18

Während der Zeit des Nationalsozialismus gehörte die Immanuel-Gemeinde zur Bekennenden Kirche. Pastor *Niemöller*, einer der bekanntesten Vertreter der Bekennenden Kirche, predigte in den Nachkriegsjahren auch in der Immanuel-Gemeinde. Politische Themen wie Abrüstung und Friedenssicherung sind seither Diskussionsgegenstand in der Gemeinde geblieben.

Vegesacker Straße 43/45

Auf der Vegesacker Straße bestimmen Läden und Eckkneipen und große, zum Teil gut erhaltene Häuser das Straßenbild. Im alkoholfreien Haus der Guttempler gibt es vor allem für Kinder und Jugendliche ein vielseitiges Angebot; auch die ›Grauen Panther‹ haben hier ihre Sprechstunden. Die Helgoländer Schule ist eine ehemalige Versuchsschule.

Die Loxstedter Straße geht in die Karl-Peters-Straße über. Dort stand bis 1944 das Wahrzeichen von Walle: der Wasserturm. 1905 wurde er als der damals größte Wasserturm Europas in Betrieb genommen. Zu besonderen Anlässen blies der evangelische Posaunenchor der Immanuel-Gemeinde vom Wasserturm. Der Sockel des Turmes aus Beton ist unverändert erhalten geblieben — heute befindet sich hier eine Meßstelle der Stadtwerke AG. Auf der anderen Seite beginnt der Waller Grünstreifen, der fast bis zu den Wallanlagen in die Innenstadt führt.

Westlich von hier, in der Bremervörder Straße, hatte die 1928 gegründete Ortsgruppe des »Reichsverbandes für Geburtenregelung und Sexualhygiene« ihre Beratungsstelle. Unter der Devise »Nicht Abtreiben, sondern Verhüten ist das Gebot der Stunde«, entwickelte der Reichsbund, eine der anarcho-syndikalistischen Bewegung nahestehende Organisation, in den Jahren 1928–1933 ein reges Vereinsleben mit Vorträgen, Filmen und Vertrieb von Verhütungsmitteln.

Karl Grobe um 1930

In der Steffensweg-Schule erreichte der Bremer SAJ-Vorsitzende *Karl Grobe* 1931 den Beschluß der Mitgliederversammlung, zur Sozialistischen Arbeiter-Partei überzutreten. Die anschließende Gründung eines links von der SPD stehenden sozialistischen Jugendverbandes im Guttempler-Logenhaus in der heutigen Bürgermeister-Smidt-Straße führte zur Bildung eines SAP-Ortsverbands in Bremen. Am Steffensweg 5 gaben ab 1919 *Friedrich Henke, Hans Hackmack* und *Alfred Faust* die linkssozialistische Bremer-Arbeiter-Zeitung heraus. Auch *Johann Kniefs* »Der Kommunist; Flugzeitung der Internationalen Kommunisten Deutschlands« war hier ab November 1918 erschienen.

Gutenbergstraße
❻

Die Karl-Peters-Straße mündet in ein ehemaliges Arbeiterviertel, in dem ein großer Teil der ›Jute‹-Arbeiterinnen und Arbeiter gewohnt hat, vor allem in der Gutenberger- und Gabelsbergerstraße und Am Syndikushof, zum Teil in Werkswohnungen. Durch eine

In der alten Gabelsbergstraße

Hausunterführung kommen wir auf die Nordstraße, eine 4spurige Hafenrandstraße. Im 1888 eröffneten Freihafen waren keine Industrieansiedlungen erlaubt. Deshalb wurde der Holz- und Fabrikenhafen nicht in den Freihafen mit einbezogen; dort siedelten sich die Großmühlen »Roland« und »Hansa« an.

Heimatstraße

Hinterm Damm, den im Frühling die »Waller Welle« schmückt, liegt das Heimatviertel, ein altes Hafenarbeiterquartier. Die hübschen Arbeiterhäuser des Viertels wurden im Rahmen eines genossenschaftlichen Zusammenschlusses gebaut. 2.000 DM, die jede Familie einzahlte, bildeten das Grundkapital für die Eigentumshäuser.

Eintrachtstraße

Durch den Bombenangriff vom August 1944 wurde das Quartier total zerstört, von seinen Anwohnern aber gegen den Widerstand der Planungsbehörde nach dem Krieg wieder vollständig so aufgebaut, wie es vorher war. Am Ende der Eintrachtstraße liegt ein kleiner Spielplatz, hinter dem Zaun beginnt das Hafengebiet. In der Wiedstraße kann man einen Blick in die schmalen Hinterhöfe werfen; für Bäume und anderes Grün ist hier kein Platz. Wo die Pfeilstraße auf die Bogenstraße trifft, führt ein Tunnel direkt ins Hafengebiet. Wie das Haus Nr. 38/39 in der Bogenstraße sahen vor dem Krieg alle Häuser im Heimatviertel aus.

Wiedstraße

Nordstraße
❼

In der Nordstraße unterrichtete an der Schule am Holzhafen *Carl Dantz*, bevor er 1926 zur Versuchsschule an der Helgoländer Straße ging. In seinem Buch ›Peter Stoll‹ schildert er anschaulich das Leben der Arbeiterkinder:

»Werkschule... Einen Morgen im November hat er gesagt (der Lehrer): Wer heute barfuß gekommen ist, antreten. Und wer in Hausschuhen oder auf Holzpantoffeln in die Schule gekommen ist, und wer keinen Wintermantel hat, auch antreten. Und sind aus der ganzen Schule wohl 90 Jungs und Deerns gewesen. Die guten Schreiber und Zeichner haben große Schilder gemacht: So müssen wir in die Schule gehen! Und die kaputten Stiefel haben wir auf Besenstiele gesteckt. Dann sind wir durch die Stadt marschiert. Die letzten haben einen riesigen Pappkasten an vier Stöcken getragen, darauf stand: KASSE. Und war ein Schlitz drin zum Geldreinwerfen. Wir sind immer durch die feinen Straßen gegangen, wo die großen Läden und Geschäfte sind. Und haben keinen Ton gesungen und gesagt. Bloß die Schilder und das Schuhwerk hochgehalten... Den Abend hat es schon in der Zeitung gestanden, und in den Häusern haben sie schon davon gesprochen. Und den nächsten Tag ist unsere Turnhalle ein großer Schuhladen gewesen. Das Konsumauto hat eine Ladung Schuhe beigebracht, und drei Männer von der Gewerkschaft haben sie angemessen. Ich hab auch ein Paar gekriegt.«

Peter Stoll war ein Kind des Fabrikviertels, ein Kind aus der Vorstadt, wo sie am schwärzesten ist, ein Kind der Spinnereistraße. Die Spinnereistraße, das kann nur eine der Wohnstraßen direkt bei der Bremer ›Jute‹-Spinnerei sein, vielleicht die Fabrikenstraße.

Die *Jutespinnerei und -weberei* wurde 1888 gegründet, nachdem Bremen an das Zollgebiet des deutschen Reiches angeschlossen war. Unter den ersten Aktionären finden sich bekannte Waller Namen: Bernhard Loose, Senator Achelis, Stefan Lührmann, Lahnsen, E. Wätjen. Der Rohstoff Jute kam mit Schiffen der Hansalinie

Fabrikhalle der Jute um 1930

aus dem damals britischen Indien. Die »Jute«, wie die Bremer sie bald nur noch nannten, begann mit 636 Arbeiterinnen und Arbeitern. Acht Jahre nach der Gründung wurde der Betrieb verdoppelt und kurz darauf war die Belegschaft auf etwa 2.000 angewachsen. An Spinnmaschinen und Webstühlen erzeugten sie Garn, Säcke und verschiedene Gewebe; Abnehmer waren Kabelfabrikanten, Seifereien, Teppichfabriken und andere Industriebetriebe. Frauen überwogen in der Belegschaft: 1899 beispielsweise machten sie 65% der Beschäftigten aus. Sehr viele von ihnen waren angeworbene junge Polinnen, Böhmerinnen und Galizierinnen.

Die Arbeiterinnen der Jute litten unter den harten Arbeitsbedingungen: maschinenbestimmte, monotone Bewegungsabläufe, unnatürliche Zwangshaltungen und ständiges Stehen auf den Betonböden der Werkshallen bei unerträglich hoher Raumtemperatur und künstlich überhöhter Luftfeuchtigkeit. Die Folgen waren »Bleichsucht«, Schwerhörigkeit, chronische Erkrankungen der Atemwege, Staublunge. Häufig streikte die Belegschaft wegen der schlechten Löhne. Zu der äußeren Verelendung kam eine innere: Sprachprobleme und die Unterbringung in Werksghettos erschwerten Kontakte mit der einheimischen Bevölkerung; das »Juteproletariat« bildete in der Waller Arbeiterschaft die unterste Kaste, deren Fremdheit auch Klassengenossen irritierte und Vorurteile nährte. Die Frauen waren zudem doppelt belastet. Ein großer Teil war verheiratet. Neben dem 10-Stunden-Tag hatten sie mehrere Kinder zu versorgen. Das 1907 gegründete fabrikeigene Säuglings- und Kinderheim war für damalige Verhältnisse geradezu fortschrittlich, hatte eine Säuglingsstation mit Stillstube, eine Spielstube und Tageseinrichtungen für schulpflichtige Kinder bis zum 14. Lebensjahr.

Der Spielplatz an der Nordstraße: auf dem traditionellen Versammlungsort der Bremer Arbeiter wird 1936 eine Rede des »Führers« übertragen

Nordstraße/ Grenzstraße

Die Nordstraße ist eine nicht gerade attraktive geräuschvolle Hauptverkehrsstraße. Nach dem Krieg wurde sie vierspurig ausgebaut; auch der Damm stammt aus der Nachkriegszeit. Wer sich den Gang durch Bleidunst und Motorenlärm ersparen will, kann mit der Straßenbahn zum Volkshaus fahren. An der Ecke Grenzstraße/ Nordstraße unterhält die Arbeitsgemeinschaft Arbeitsloser Bürger ein Arbeitslosenzentrum. Links, ein Stück vor der Haltestelle Hansator, erinnert ein Gedenkstein auf flachem, grünem Hügel an die *Wilhadi-Kirche*, die im Krieg völlig zerstört wurde. Die neue Kirche der Gemeinde steht am Steffensweg.

Direkt an der Haltestelle Hansator befand sich früher das große Altersheim *Kahrwegs-Asyl.* Ein Stück weiter stand das *Diakonissenkrankenhaus*, bei den ersten Bombenangriffen auf Bremen zerstört. Die Bebauung des ›Diako‹ ging bis zu den Straßenbahnschienen, als die Nordstraße noch zweispurig war.

Hans-Böckler-Straße
❽

Gegenüber auf dem Gelände der Tankstellen an der heutigen Hans-Böckler-Straße erstreckte sich ein ausgedehnter *Spielplatz.* Der Spielplatz an der Nordstraße gehörte nicht nur dem ganzen Viertel, er gehörte vor allem auch der Bremer Arbeiterbewegung. Jahrelang war er Schauplatz wichtiger Versammlungen und Kundgebungen, abgesehen vom Wochenmarkt, der hier gehalten wurde. 1916 fanden auf dem Spielplatz Kundgebungen gegen Hunger und Krieg statt; als im März 1933 SS-Leute den Reichsbannermann Johann Lücke erschossen, protestierten auf dem Spielplatz an der

Nordstraße Tausende gegen dieses Mord. Nach 1933 vereinnahmten die Nationalsozialisten den Platz. Sie nannten ihn ›Danziger Freiheit‹. Im Mai 1933 wurden auf dem Spielplatz, wie im gesamten Reich, in einer Aktion »wider den undeutschen Geist« Bücher bedeutender Schriftsteller verbrannt, darunter Werke von Thomas und Heinrich Mann, Bert Brecht, Carl von Ossietzky und Erich Kästner. Auch in die faschistischen Spektakel zum 1. Mai war der Platz eingebunden. Da heute nur noch wenige die Geschichte dieses Platzes kennen, wurde im November 1984 ein Gedenkstein am Haus Bürgermeister-Deichmann-Straße 34 eingeweiht.

Ein anderer Schauplatz der Geschichte der Arbeiterbewegung ist das Volkshaus an der Hans-Böckler-Straße, das 1928 fertiggestellte Bremer Gewerkschaftshaus. Damals waren rund 37.000 Arbeiterinnen und Arbeiter im Allgemeinen Deutschen Gewerkschaftsbund organisiert. Das Gewerkschaftshaus umfaßte die Büros der Arbeiterkammer, ein Archiv mit Bibliothek, einen Lesesaal, ein Jugendheim, den Kammersaal, ein Hotel und ein Ledigenheim mit insgesamt 150 Betten, ein Gemeinnütziges Beerdigungsinstitut und Büroräume des ADGB. Ab 1928 war das Volkshaus Zentrum aller gewerkschaftlichen Aktivitäten in Bremen. Obwohl die Nationalsozialisten es 1933 okkupierten und führende Gewerkschafter verhafteten, rief der Bundesvorstand des Allgemeinen Deutschen Gewerkschaftsbundes seine Mitglieder auf, sich an den NS-Maifeierlichkeiten zu beteiligen. Diese politische Anbiederung half aber auch nichts: Am 2. Mai besetzte SA in Bremen die Gewerkschaftszentrale und erzwang die Gleichschaltung. Die von *Bernhard Hoetger* geschaffenen Figuren an der Gebäudefassade wurden zerstört. Es waren ursprünglich 8 Figuren, die den Lebenszyklus des von Arbeit und Not gezeichneten Menschen darstellen sollten: die Frau und Mutter, die ihr Kind stillt und nährt, den Vater mit Kind, verzweifelt beim Kampf ums tägliche Brot, den klassenbewußten Proletarier, der selbstbewußt die Faust ballt, als Gegenbild dazu den Erlahmten und Ermüdeten, das Opfer der Ausbeutung, die gealterte Mutter, ausgezehrt und ausgesaugt, die der Gesellschaft offensichtlich ihren Tribut gezahlt hat, den alten Arbeiter, der in die Ferne sieht, als suche er eine bessere Welt, und zwei Jugendliche beim Spiel, als Symbol für die Unschuld und die Sehnsucht der Jugend. Der Beobachterin mag auffallen, daß die Frau im Hoetgerschen Lebenszyklus ausschließlich als Mutter dargestellt wird. Gerade die Geschichte Walles zeigt, daß das nur die eine Seite eines realistischen Frauenbildes ist; die andere ist die Frau in der Produktion, die Arbeiterin.

1979 wurden einige Plastiken am Volkshaus wieder angebracht; der Bremer Bildhauer *Manfred Lohrengel* gestaltete sie nach vorhandenen Abgüssen und Fotomaterial.

Die Lloydstraße führt direkt ins Hafengebiet. An der *Weser* entlang oder durchs Grün der Wallanlagen, kann man, den Straßenverkehr hinter sich lassend, die Innenstadt erreichen.

Auf den Gedenkstein in der Bürgermeister-Deichmann-Straße befindet sich eine Tafel mit folgendem Text: »Hier befand sich früher der große Spielplatz an der Nordstraße. Während des 1. Weltkrieges fanden hier Kundgebungen gegen Hunger und Krieg statt. Am 4. März 1933 protestierten an dieser Stelle 30.000 Antifaschisten gegen den Mord der SS an Johannes Lücke, einem Mitglied der SPD-Organisation »Reichsbanner«. Am 10. Mai 1933 verbrannten die Nationalsozialisten hier, wie im gesamten Reich, in einer Aktion »wider den undeutschen Geist« Bücher bedeutender deutscher Schriftsteller, darunter Werke von Thomas und Heinrich Mann, Bert Brecht, Carl von Ossietzky, Erich Kästner, Kurt Tucholsky und vielen anderen«

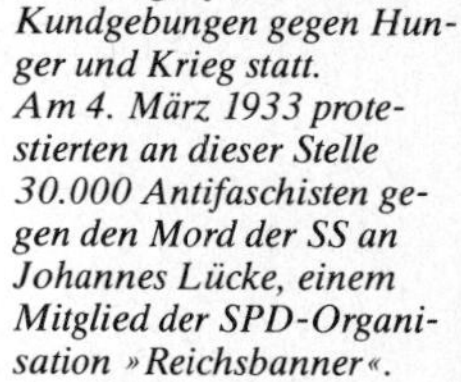

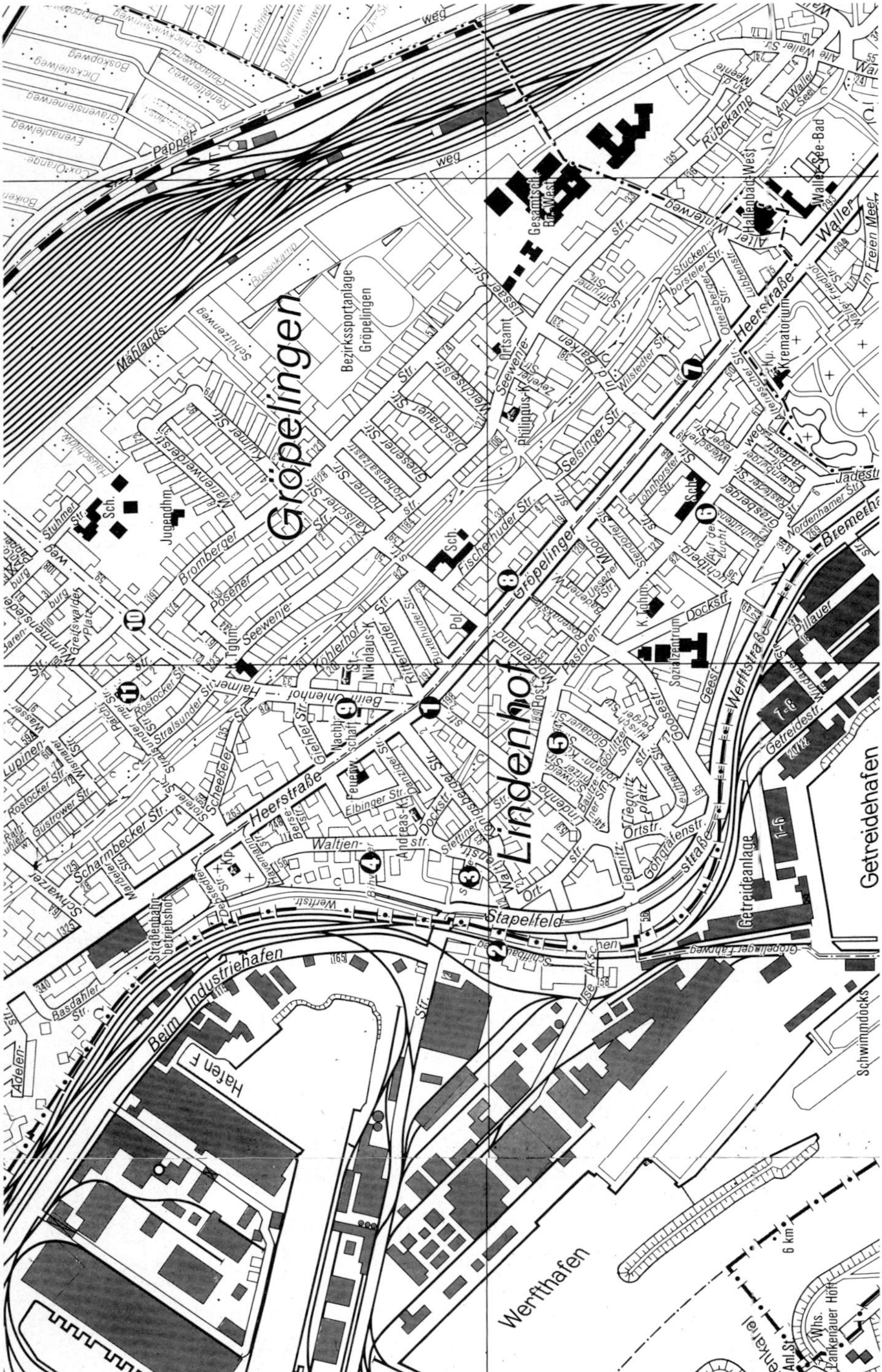

Gröpelingen
Lindenhof
Bezirkssportanlage Gröpelingen
Gröpelinger Heerstr.
Heerstraße
Waller Heerstraße
Werftstraße
Stapelfeld
Beim Industriehafen
Hafen F
Werfthafen
Getreidehafen
Getreideanlage
Schwimmdocks
Gröpelinger Fährweg
Straßenbahn-betriebshof
Sozialzentrum
Krematorium
Hallenbad West
Waller See-Bad
Gesamtsch. Br.-West
Ortsamt
Jugendhm.
Bromberger Str.
Posener Str.
Seewenje-Str.
Mählands-weg
Pappel-
Rübekamp
Alter Winterweg
Dockstr.
Elbinger Str.
Waltjen-str.
Scharmbecker Str.
Basdahler Str.
Adelen-str.
Getreidestr.
Pillauer
Bremerhavener Str.
Im Freien Meer
Lankenauer Höft
6 km

Nach der Schicht ins Café Flora

Rundgang 7

Gröpelingen

von Jens Werner

Ausgangspunkt:	*Gröpelinger Heerstraße/Ecke Lindenhofstraße (Straßenbahn Linie 2 oder 10, Haltestelle Lindenhofstraße)*
Endpunkt:	*Straßenbahn-Depot*
Dauer:	*ca. 2 1/2 Stunden*

»Gröpelingen — die Linie endet hier.« So tönt es aus dem Lautsprecher der Straßenbahn, sobald sie, aus der Innenstadt kommend, die Haltestelle »Lindenhofstraße« passiert hat. Manche Leute meinen, Gröpelingen sei tatsächlich am Ende: ein sterbender Stadtteil, seitdem die Werft *AG »Weser«* 1983 geschlossen wurde. Einiges spricht dafür, betrachtet man die aufgegebenen Geschäfte, die neuerdings nur mehr an Spielhallen- oder Videotheken-Betreiber zu verpachten sind. Versuche einer Neu-Orientierung im Stadtteil sind da noch die Ausnahme oder treten wenig öffentlich in Erscheinung. Die stillgelegte Werft prägt den Stadtteil auch im Tode: Zeugnisse einer bewegten Vergangenheit finden sich an vielen Stellen, Schauplätze von Siegen und Niederlagen einer kämpferischen Arbeiterschaft, die Bereicherung eines Ortsteils durch die Kultur der ausländischen Bewohner und viel Kunst an öffentlichen Gebäuden, die ebenfalls überwiegend auf die Geschichte der Werft und ihrer Belegschaft bezogen ist.

Gröpelinger Heerstraße/Lindenhofstraße
❶

Im Kreuzungsbereich von Gröpelinger Heerstr. und Lindenhofstr. befindet sich das Geschäftszentrum. Die Wohn- und Geschäftshäuser an den Straßenecken sind in den Jahren 1907/1908 entstanden, kurz nach der Verlegung der AG »Weser« von der Stephanikirchenweide nach Gröpelingen. Die Schließung der Werft 1983 bedeutete für viele Kaufleute große Geschäftseinbußen; Läden, die aufgegeben wurden, bleiben auch jetzt noch lange ohne Pächter, denn die Ortspolitiker wenden sich gegen die Ansiedlung weiterer Spielhallen. Die Lindenhofstraße — bis zum Jahr 1878 noch ein Weg, der die Verbindung von der Chaussee zum Dorf Gröpelingen bildete — führt in den ältesten Ortsteil. Der Lindenhof war eins von mehreren Landgütern, die wohlhabende Bremer Mitte des 19. Jahrhunderts in Gröpelingen erwarben, in Folge der Zerstörung der Landschaft durch die industrielle Besiedlung jedoch wieder aufgaben. Einige verfielen während des ersten Weltkriegs. An das Dorf Gröpelingen erinnert im oberen Bereich der Straße ein Bauernhof, der — 1901 erbaut — heute noch bewirtschaftet wird.

Lindenhofstraße 10

Sielers Ballhaus: Treffpunkt für Feste und Vergnügungen, z.B. des Winterfestes des Turnvereins Oslebshausen

Lindenhofstraße 13

Schräg gegenüber ein Haus mit recht wechselhafter Geschichte: Wo heute ein Supermarkt versucht, Kunden anzuziehen, wurden vom Beginn des Jahrhunderts an bis zum zweiten Weltkrieg Feste gefeiert, Konzerte gegeben, Theater und Filme vorgeführt sowie Versammlungen der verschiedensten Parteien abgehalten. Jeder renommierte Gröpelinger Verein veranstaltete im Ballhaus »Burg Hohenzollern« einmal pro Saison einen Ball. Während des ersten Weltkriegs wurde das Lokal geschlossen und diente — seinem Namen treu — als Unterkunft für 200 Soldaten des Hohenzollernkaisers. Nach Kriegsende und Scheitern der Räterepublik ging es in dem nun *»Sielers Ballhaus«* genannten Lokal wieder richtig los mit dem Tanz.

Robert Stamm

Die wilden Zwanziger in Gröpelingen waren zu Ende, als im Jahr 1929 nach der Fertigstellung des Pracht-Fahrgastschiffs »Bremen« 9.000 Schiffbauer von der Werftleitung der AG »Weser« entlassen wurden. Die sozialen Konflikte nahmen zu, bald gab es die ersten Schlägereien zwischen Nationalsozialisten und Mitgliedern sozialdemokratischer und kommunistischer Gruppen. »Sielers Ballhaus« war weiterhin für alle offen, während beim Café Flora keine Nazis eingelassen wurden. 1939 kaufte die Kriegsmarine das Ballhaus und brachte dort Soldaten und Arbeiter unter, die während des zweiten Weltkriegs beim Bau von U-Booten auf der Werft mitarbeiteten. Nach dem Krieg setzte die Robert-Stamm-Haus-Genossenschaft das teilweise zerstörte Haus instand. Gröpelinger Arbeiter hatten sich in dieser Genossenschaft zusammengeschlossen, um ein politisches und kulturelles Zentrum aufzubauen. Dies im Gedenken an ihren 1937 von den Nazis ermordeten Genossen *Robert*

Stamm, der 1932 Bremer KPD-Abgeordneter im Reichstag war, ab 1933 illegal arbeitete und 1935 verhaftet wurde. Durch das KPD-Verbot von 1956 war auch eine Handhabe gegen die Genossenschafter in der Lindenhofstraße 13 gegeben: Mit der Begründung, daß die Mehrheit der Mitglieder Kommunisten seien, zog das Gericht das Vermögen der Genossenschaft ein und ließ das Haus beschlagnahmen.

Lindenhofstraße 15

Die Kinofreunde in Gröpelingen sind schlecht dran. Um einen Film im Kino erleben zu können, müssen sie den weiten Weg ins Zentrum zurücklegen. Das war nicht immer so: Schon 1913 lernten die Bilder im ersten kinematographischen Theater in der Gröpelinger Heerstraße laufen, damals unter strengen Sicherheitsbestimmungen: Der Projektor mußte von einer feuerfesten Wand geschützt sein, und sechs Wassereimer zum Löschen bereitstehen. In den 30er Jahren flimmerten sie immerhin in drei »Filmtheatern« über die Leinwand. Zwanzig Jahre später konnten die Kinogänger nur noch zwischen zwei Spielstätten wählen: dem »Rex«, neu erbaut auf dem Gelände des ehemaligen Café Bax, und dem »Roland-Theater«, Lindenhofstr. 15 mit 943 Plätzen, einem der größten Kinos in Bremen.

»Ich bin für den Erhalt der AG Weser« — Aufkleber auf der Tasche des letzten Werftarbeiters

Wären Pläne aus den 60er Jahren zur Verlegung der Hafenrandstraße verwirklicht worden, so träfe man dort, wo jetzt die »grüne Dockstraße« die Lindenhofstraße kreuzt, auf eine Hauptverkehrsstraße. Die Verlegung war geplant, weil die AG »Weser« ihr Betriebsgelände erweitern wollte und die Hafenrandstraße dem zunehmenden Verkehrsaufkommen nicht mehr entsprach. Die Gröpelinger protestierten erfolgreich gegen die geplante Zerteilung des Ortskerns; die Dockstraße wurde in mehreren Abschnitten zum begrünten Fuß- und Fahrradweg umgestaltet. Die Bronzefigur, die aus der »grünen Dockstraße« zu kommen scheint, ist ein Denkmal für die durch harte körperliche Arbeit gebeugten Werft- und Hafenarbeiter. Der Künstler *Waldemar Otto* gab seiner Plastik den Namen »Zur Schicht«. Die Gröpelinger nennen die Figur »Letzter Werftarbeiter«, seitdem gegen Ende der Werftbesetzung im September 1983 die letzten Arbeiter der AG »Weser« vor der Figur eine Tafel in den Boden einließen, die den Leitspruch der Besetzung trägt: »Wer kämpft, kann verlieren. Wer nicht kämpft, hat schon verloren.«

Islamische Gebete und Öko-Projekte in ausgedienten Geschäften, das ist die Lindenhofstraße. Hier begegnen einem häufiger als anderswo im Stadtteil die ausländischen, vor allem türkischen Bewohner Gröpelingens. Es gibt einen islamischen Gebetsraum, türkische Lebensmittelgeschäfte, Schneidereien, Imbiß- und Teestuben, Videotheken, den Treffpunkt der deutsch-türkischen Freundschaftsgesellschaft und des türkischen Sportvereins »Vartam«. Als auf der AG »Weser« noch Großtanker gebaut und viele Arbeiter aus dem Ausland nach Gröpelingen gelockt wurden, bekam das Lindenhof-Viertel im Volksmund den Namen »Klein-Istanbul«.

Lindenhofstraße 36/38

Die »Wohnschau des Westens«, das größte Möbelhaus in der Lindenhofstraße, stand mehrere Jahre leer. Offenbar war mit Wohnlandschaften kein Geschäft in Gröpelingen zu machen. Im Herbst 1986 interessierten sich zwei Käufer für das Haus: der Besitzer einer Spielhallen-Kette und der Verein Planungswerkstatt Bremen e.V. Der Verein machte das Rennen. Die Planungswerkstatt hat vor, die verschiedensten Projekte zusammenzubringen: eine Recycling-Gruppe, Öko-Bau-, Energie- und Entwicklungshilfeprojekte, einen Küchenbetrieb mit Vollkorn-Restaurant sowie eine Jugendwohngemeinschaft. Es soll ökologisch orientierte Ausbildung für die Zukunft geplant werden. Schräg gegenüber steht ein Haus aus der Zeit, als die Umwelt noch intakt war. Das ehemalige Bauernhaus, erbaut ca. 1750, ist das älteste aus dem Dorf Gröpelingen überlebende Haus. Wohnteil und Fachwerkgiebel sind unverändert; das Dach war ursprünglich reetgedeckt.

Lindenhofstraße 53

Um Gröpelingens Arbeiter auf ihre Seite zu bekommen, schmückte die NSDAP 1933 die Lindenhofstraße zu einer Fahnenweihe, holte einige kommunistische Häftlinge aus dem KZ Ochtumsand und führte ihnen eine braune Massenkundgebung vor. Einige Tage später veröffentlichte die Bremer Presse pronazistische Artikel über das Ereignis, angeblich aus der Feder der Kommunisten.

Von der Liegnitzstraße aus ist im Hintergrund ein weiteres geschichtsträchtiges Wahrzeichen Gröpelingens zu sehen: der blaue Bockkran mit der Aufschrift AG »Weser«. Ein Abstecher zum Ge-

Hitlers einziger Besuch in Bremen nach der Machtübernahme — zusammen mit Stapelfeldt und Schacht beim Stapellauf der »Scharnhorst« auf der AG Weser

lände jenseits der Hafenrandstraße lohnt, obschon dort heute keine Schiffe mehr gebaut werden. Die Hafenrandstraße heißt hier Stapelfeldtstraße, benannt nach *Franz Stapelfeldt*, Generaldirektor der AG »Weser« während des Hitler-Faschismus, NSDAP-Mitglied und Wehrwirtschaftsführer. Stapelfeldt war maßgeblich an den Bemühungen beteiligt, die Produktion der Werft (damals Deschimag — Deutsche Schiff- und Maschinenbau Aktiengesellschaft) auf den Bau von Kriegsschiffen umzustellen. Mit der Übernahme eines Teils des Aktienkapitals durch den Krupp-Konzern ab 1935 kamen auch die Rüstungsaufträge. 1936 lieferte die Deschimag 66 Prozent ihrer Neubauten an die Kriegsmarine ab, 1940 waren es 100 Prozent. Im Zusammenhang mit dem 20. Juli 1944 verhaftete die Gestapo Stapelfeldt. Ein kommissarischer Betriebsleiter wurde eingesetzt. In Protesten aus Gröpelingen gegen die Straßenbenennung wurde jedoch auf die Rolle Stapelfeldts bei der Vorbereitung des zweiten Weltkrieges hingewiesen und die Straßenschilder mit seinem Namen gegen solche mit der Aufschrift »Use Akschen« ausgetauscht. Die Umbenennung »von unten« war allerdings nur von kurzer Dauer. Der Pluralismus kam zum Zuge: Kurzerhand bekam eine andere Straße den Namen »Use Akschen«. Sie verläuft über das ehemalige Werftgelände und mündet in die Stapelfeldtstraße. Use Akschen — unsere AG —, so wurde der Betrieb von der Belegschaft genannt. Wäre es tatsächlich »ihre Akschen« gewesen, so hätte wohl kaum im September 1983 die schwarze Fahne auf dem großen blauen Bockkran aufgezogen werden müssen.

Stapelfeldtstraße

Hätte man rote Fahnen besser gesehen?

Use Akschen: Schwarze Fahnen am blauen Bockkran

»Die Werft wird 140 Jahre alt, Killer machen sie jetzt kalt!« Die Bockkräne der AG »Weser« wurden 1964 und 1968 im Rahmen eines Sonderinvestitionsprogramms errichtet, das darauf abzielte, immer größere Schiffe in immer kürzerer Zeit zu bauen. Die AG »Weser« wurde dadurch zu einer der modernsten Tankerwerften der Welt, die Gewinne stiegen sprunghaft an. Anfang der 70er Jahre wurde ein weiterer umfangreicher Investitionsplan vom Stapel gelassen, zur ausschließlichen Spezialisierung der Werft auf den Bau von Supertankern. 1974 und 1975 wurden noch Erweiterungsinvestitionen vorgenommen, obwohl dem Management seit 1973 bekannt war, daß genug Großtanker auf den Weltmeeren schwammen, und seit 1974 weniger Aufträge eingingen. Der Krise im Tankerbau, verschärft durch Öl- und Wirtschaftskrise, begegnete der Vorstand mit einer Strategie, die der Hälfte der Beschäftigten auf der Gröpelinger Werft den Arbeitsplatz kostete. Die Annahme, die Schiffbaukrise werde vorübergehen, verhinderte eine Umstrukturierung der Produktion bis zum Jahr 1980. Mit Maßnahmen wie Personalabbau, Lohnsenkungen, Stillegung des großen Helgen und Rationalisierungsinvestitionen versuchten Sanierer, die Werft auf den mittleren Schiffbau herunterzudrücken. Dadurch geriet sie in Konkurrenz mit der zweiten Produktionsstätte des Krupp-Konzerns in Bremerhaven, der Seebeck-Werft, die bereits auf den mittleren Schiffbau spezialisiert war. Die erhofften Aufträge blieben aus, Reparatur und Maschinenbau gewährten keine Auslastung, eine alternative Fertigung zum Schiffbau schien den Managern nicht marktfähig oder hätte einen Einbruch in Märkte bedeutet, die bereits von metallverarbeitenden Betrieben des Konzerns besetzt waren. Nachdem die Pläne zur Fusion der Gröpelinger Werft mit dem *Bremer Vulkan* gescheitert waren, entschieden sich die vier Küstenländer für ein gemeinsames Werftenkonzept, wie es die Bundesregierung gefordert hatte. Im wesentlichen bestand es in der Erfüllung der Unternehmerforderungen, die vom Abbau von Kapazitäten im Schiffbau als Voraussetzung für eine weitere Subventionierung der verbleibenden Betriebe ausgingen. Die Entscheidung, die Werft in Gröpelingen sterben zu lassen, lag nahe. Der größte Personalabbau war hier bereits erfolgt — die Kosten des Sozialplans würden also niedriger ausfallen. Entscheidungsfunktionen für die AG »Weser« waren bereits seit Mitte 1980 bei der Seebeck-Werft zentralisiert: Aufträge wurden seitdem vom Vorstand vorrangig nach Bremerhaven vergeben.

Als im September 1983 die bevorstehende Schließung der AG »Weser« in Gröpelingen bekannt wurde, besetzte die Belegschaft den Betrieb mit der Forderung an den Senat, sich für den Erhalt aller Werftstandorte einzusetzen. Sechs Tage vor der Bürgerschaftswahl in Bremen sollte massiv Druck auf die politisch Verantwortlichen ausgeübt werden. Die Tore zum Werftgelände wurden mit Eisenketten verschlossen und am großen Bockkran eine schwarze Fahne aufgezogen. Die Menschen in Gröpelingen nahmen stark Anteil an der Besetzung der Werft. Zu einer Solidaritätsveranstaltung in einer Werkhalle kamen 7000 Besucher. Während der Besetzung erstellte eine Kollegengruppe eine Ideenliste zu Möglichkeiten alternativer Produktion auf der Werft, eine Bestandsaufnahme darüber, was möglich gewesen wäre, wenn die Belegschaft sich schon früher gegen das Management gewehrt hätte. Zwei Tage vor der Bürgerschaftswahl verabschiedeten die Besetzer einstimmig einen Wahlprüfstein mit der Aufforderung, keine Parteien oder Politiker zu wählen, die der Werft-Schließung zustimmten, also auch nicht die SPD. Dennoch ging der SPD-Bürgermeister Koschnik als großer Sieger aus der Wahl hervor. Die SPD erhielt in Gröpelingen sogar noch 4 Prozent mehr Stimmen als bei der vorangegangenen Bürgerschaftswahl. Die Appelle Koschniks — des »Gröpelinger Jungen mit dem KPD-Vater« — an das Vertrauen der Wähler aus seinem Heimat-Stadtteil hatten ihre Wirkung nicht verfehlt. Am Montag nach der Wahl wurde die Besetzung abgebrochen. Der Aufsichtsrat der Friedrich Krupp GmbH beschloß im Oktober die Schließung der AG »Weser« zum Jahresende. Anläßlich des 140. Gründungsju-

»Rüstung sichert Arbeitsplätze« — dieser Parole schenkten die Arbeiter der AG Weser schon beim Stapellauf der Fregatte »Niedersachsen« keinen Glauben — sie sollten Recht behalten

biläums der AG »Weser« veranstaltete der Betriebsrat im November 1983 eine letzte Feier. Ein Gedenkstein wurde enthüllt, der die Namen sowohl des Gründers als auch der Vorstandsmitglieder im Jahr 1983 trägt. Die Inschrift lautet weiter: » Trotz modernster Anlagen und hoher Leistungsbereitschaft der Belegschaft wurde ›Use Akschen‹ ein unnötiges Opfer kapitalistischer und politischer Interessen.«

Der Gedenkstein ist jetzt in den Räumen des Arbeitervereins »Use Akschen« — im ehemaligen Verwaltungsgebäude der Werft — ausgestellt.

Jens Werner

Schiffbauerweg 12 ❷

Der Arbeiterverein »Use Akschen« wurde gegründet, um den Zusammenhalt der Belegschaft auch nach den Entlassungen aufrechtzuerhalten. Ehemalige Kolleginnen und Kollegen und ihre Angehörigen treffen sich in den Räumen des früheren Verwaltungsgebäudes der Werft zum Klönschnack, zur Pflege von Hobbys und um sich fortzubilden. Gelegentlich werden Tips über irgendwo freiwerdende Stellen ausgetauscht. Von den zuletzt 2100 Beschäftigten der Werft sollen zwei Drittel wieder einen Arbeitsplatz gefunden haben, viele jedoch zu schlechteren Bedingungen, unter Hinnahme von Einkommenseinbußen, oder durch Verträge

Arbeiter auf der AG Weser um 1914

bei Leiharbeitsfirmen. Die meisten Kollegen sind heute bei Klein- und Mittelbetrieben beschäftigt. Die Versprechungen von Daimler-Benz in Hemelingen haben sich als leer erwiesen. Ein Jahr nach der Schließung bekamen 20 schwervermittelbare Kollegen vom Arbeitsamt finanzierte Stellen. Sie hatten den Auftrag, das Werftgelände für neue Interessenten herzurichten. Während der Arbeitspausen konnten sie die Entstehung eines Wandbildes im Versammlungsraum des Arbeitervereins verfolgen und dem ausführenden Künstler, *Peter John*, so manchen Hinweis geben.

In dem Wandbild sind wesentliche Szenen aus der Vergangenheit der AG »Weser« dargestellt. Die Einzelbilder der Collage verdeutlichen, daß es auf der Gröpelinger Werft nahezu ihre ganze Geschichte hindurch eine klassenbewußte, kämpferische Belegschaft gegeben hat.

Der Arbeitskampf im Jahre 1905 beispielsweise ging von den Werkzeugmachern und Drehern aus. Sie forderten Lohnerhöhungen und die Einrichtung von Arbeiterkommissionen zur Festsetzung der Akkordlöhne. Es war eine der wichtigsten Erfahrungen, aus denen die Werktätigen kollektive und beharrliche Kampfbereitschaft schöpften. Viele von ihnen waren nach dem Aufbau der Werft in Gröpelingen aus allen Teilen Deutschlands nach Bremen gekommen; sie litten unter Mangel an Wohnraum und elenden Arbeitsbedingungen. Die Arbeit im Schiffbau ruinierte ihre Gesundheit; oft dauerte der Arbeitstag 12 Stunden. Dafür gab es Löhne, die unter Umständen nicht einmal das Existenzminimum sicherten. Die Werftdirektion lehnte die Forderungen von 1905 ab. Nachdem 105 Dreher demonstrativ die Arbeit gekündigt hatten, sperrte sie die Belegschaft aus. Der anschließende Streik, den die Werftarbeiter geschlossen aufnahmen, zwang die Werftleitung schließlich zu

Stapellauf eines auf der AG Weser gebauten U-Boots im ersten Weltkrieg

Zugeständnissen: Beim Mindestlohn, bei den Akkordsätzen und bei der Lohnerhöhung mußte sie nachgeben. Auch die Einrichtung einer ständigen Arbeitervertretung mußte sie hinnehmen. Nach dem Streik stieg der Anteil der gewerkschaftlich Organisierten in der Belegschaft der AG »Weser« von 50 auf 90 Prozent.

Die Streiks der AG »Weser«-Arbeiter im Ersten Weltkrieg hatten eine unverkennbar politische Zielrichtung. Bereits 1914 demonstrierten Gröpelinger Werftarbeiter gegen den Krieg. Im Juli 1916 streikten 4000 Arbeiter für die Freilassung Karl Liebknechts, aber auch für mehr Lohn und Lebensmittel. Im März 1917 legten nochmals 6074 von damals 7746 Arbeitern die Arbeit nieder und gingen gegen die Fortführung des Krieges auf die Straße.

Das Wandbild zeigt die Friedensdemonstration im Steffensweg, wo sie von der Polizei auseinandergeknüppelt wurde. Es folgen Episoden aus der Zeit der Räterepublik: der Arbeiterrat, die rote Fahne auf dem Rathaus, der Kampf um die Werft. Die Arbeiter der AG »Weser« — organisiert in KPD oder USPD — waren maßgeblich an den Kämpfen für eine Räteregierung beteiligt. Sie erkämpften eine Fabrikordnung, in der die Festlegung eines 8-Stunden-Tages, Minimalstundenlöhne, Abbau von Überstunden und die Abschaffung des Akkordverrechnungssystems enthalten war.

Als die Division Gerstenberg im Auftrag der Regierung in Berlin nach blutigen Kämpfen die Werft besetzt hatte, erzwangen die Arbeiter durch geschlossene Arbeitsverweigerung den Abzug des Militärs. Ein Generalstreik zur Aufhebung des Belagerungszustandes vom 15. bis zum 30. April 1919 wurde abgebrochen, weil Regierung und Bürgertum städtische Versorgungsbetriebe, Krankenhäuser und Lebensmittelgeschäfte geschlossen hatten. Das Ende des Ersten Weltkrieges bedeutete eine Umstellung der Produktion. Kriegsschiffe wurden nicht mehr gebaut. Trotz Subventionierung des Schiff-

baus verlor mehr als die Hälfte der Beschäftigten auf der Werft den Arbeitsplatz. Als dann der Luxusdampfer »Bremen« auf Stapel lag, arbeiteten wieder fast 10000 Beschäftigte auf der Werft. Nach Fertigstellung des Schiffes 1929 reduzierte man die feste Belegschaft bis auf einen Rest von 669 Arbeitern. Im übrigen war das Prinzip »Heuern und Feuern« — Beschäftigung für eine Woche, freitags die Entlassung — gängige Praxis. Das Wandbild spielt mit einer schattenhaften Darstellung der »Bremen« und einer Szene, die das »Stempeln-Gehen« zeigt, auf diese Zeit an.

Faschismus und Krieg brachten einen Aufschwung für die Werft. Sie hieß jetzt Deschimag und gehörte zum Krupp-Konzern. 1941 waren 18000 Menschen mit dem Bau von U-Booten beschäftigt. Von 1939 bis Kriegsende wurden mehr als 150 dieser Kriegsschiffe in Gröpelingen produziert. Ausländische »Zivilarbeiter« und Kriegsgefangene bildeten 1943 einen Anteil von knapp 19 Prozent an der Belegschaft. Im letzten Kriegsjahr wurden außerdem noch 1500 Häftlinge aus dem KZ Neuengamme zur Arbeit auf der Werft gezwungen. Die »Gestreiften« waren in Außenlagern des KZs in Blumenthal und auf dem Schützenhofgelände in Gröpelingen zusammengepfercht. Täglich marschierten die Gröpelinger Häftlinge unter Bewachung vom Lager zur Werft und zurück.

Hans Koschnik, der Gröpelinger Junge, der zum Bürgermeister und Werftenkiller wurde, ließ zur Bürgerschaftswahl 1983 ein Flugblatt mit seinem Foto und folgendem Text verbreiten: »Wenn Wilhelm Kaisen die Stimmung der Bremer erkunden wollte, fuhr er nach Gröpelingen. Zu Recht. Denn die Arbeitnehmer dieses Stadtteils, der so stark mit den Häfen und Werften verbunden ist, wissen, was uns allen am Herzen liegt und wie sozialdemokratische Politik aussehen muß. Auf die Gröpelinger konnte sich Bremen immer verlassen.«

Das Wandbild zeigt einen Akt der Solidarität: Ein Arbeiter steckt einem »KZler« etwas Essen zu. Die Gestapo bemühte sich, antifaschistische Aktivitäten auf der Werft zu vereiteln. Wiederholt verhaftete sie Arbeiter aus dem Betrieb und sperrte sie in Arbeitserziehungslager oder KZs. Dennoch verweigerten sich Arbeiter auf verschiedenste Weise der Arbeitsdisziplin und zwar nicht nur die politisch Aktiven. Der tägliche Arbeitsausfall pro Person, verursacht durch langsames Arbeiten, verfrühte Arbeitsniederlegung vor Pausen und Schichtende sowie durch Krankheit, betrug 1941 ca. 2,5 Stunden. Trotzdem warf die Rüstungsproduktion noch erhebliche Profite ab. Schließlich bekamen Zwangsarbeiter und KZ-Häftlinge keinen Lohn.

Der Vorstand der Deschimag in Bremen teilte in seinem Geschäftsbericht für 1943 mit: »Das Geschäftsjahr 1943 stellte an unsere Betriebe weiterhin hohe Anforderungen, die Dank der verständnisvollen Mitarbeit der Gefolgschaft wiederum in vollem Umfang erfüllt werden konnten.« Das Außenlager »Schützenhof« wurde im April 1945 aufgelöst, die überlebenden Häftlinge in das KZ Neuengamme zurückgebracht.

Die Demontage auf der Werft soll mit dem Bild eines gesprengten Helgen angedeutet werden. Zwar unterlag die AG »Weser« der Demontagepflicht und wurde 1945 der UdSSR als Reparationsleistung zugewiesen. Der von Wilhelm Kaisen — auch er ist im Wandbild verewigt — geleitete Senat intervenierte jedoch gemeinsam mit den Gewerkschaften erfolgreich gegen Demontage und Reparation. Die amerikanischen Besatzer erkannten die Bedeutung der Werft für die Wiederbelebung des Außenhandels, nicht zuletzt im eigenen Interesse, wie sich zeigen sollte. 2000 Arbeiter nahmen 1951 den ersten Neubau der Werft in Angriff. Krupp profitierte von der Korea-Krise und einer zunehmenden Nachfrage nach Frachtschiffen für den Handel zwischen Europa und den USA. Das Wandbild zeigt weiter die bereits beschriebene Tendenz zum Bau immer größerer Tanker ab Mitte der 60er Jahre, dann Szenen aus der Zeit der Schließung und Besetzung der Werft: Bürgermeister Koschnik kündigt vor der Belegschaft die Stillegung an, während der Vertreter des Kapitals bereits den Betrieb verläßt. Die Belegschaft beschreitet den Weg des Widerstandes. Am Ende die schwarze Fahne am Bockkran.

Außer dem Wandbild ist die Geschichte der AG »Weser« im Vereinsheim durch eine Photo-Ausstellung dokumentiert, die die Gruppe »Arbeiterfotografie« erstellt hat. Während der Besetzung der Werft zeigte die Gruppe die Ausstellung in mehreren Stadtteilen. Im Erdgeschoß ist nach der Schließung der Werft die »Bremer Bühne«, eine private Schule für Sprachgestaltung und Schauspiel, eingezogen. Die Bremer Bühne ist seit Anfang der 70er Jahre in Gröpelingen ansässig, ihre Ausbildungsarbeit fand jedoch vor dem Umzug unter beengten räumlichen Verhältnissen statt. Im ehemaligen AG »Weser«-Casino spielen jetzt gelegentlich Schüler oder Absolventen der Bremer Bühne Theater, und Musikveranstaltungen wechseln mit Darbietungen anderer Theatergruppen ab. Bis September 1986 hatten sich auf dem von der Stadt übernommenen Gebäude der AG »Weser« einige Klein- und Mittelbetriebe angesiedelt, darunter auch ein Betrieb, den ehemalige Werftarbeiter gegründet haben. Obwohl damit schon rund 95 Prozent des Firmengrundstückes vergeben waren, blieb der Beschäftigungseffekt relativ gering: 230 Beschäftigte waren zu diesem Zeitpunkt in den Betrieben tätig.

Johann Kühn

Schultestraße
❸

Als die Reihenhäuser Mitte des 19. Jahrhunderts errichtet wurden, hieß der Bereich der heutigen Waltjenstraße noch »In den Sandbergen«. Von der Schultestraße aus war die Sicht frei auf die damals noch näher am Dorf Gröpelingen vorbeifließende Weser. In den Heuerlingshäusern wohnten zunächst Landarbeiter, später auch Werft- und Hafenarbeiter. Eine Reihe gleicher Häuser auf der gegenüberliegenden Seite der Straße wurde bereits abgerissen.

Bihwerder
❹

Diese Straße gehört zu den baulichen Besonderheiten in Gröpelingen. Sie ist ein sogenannter Gartengang, dessen Bebauung durch das Gesetz über den Bau von Kleinhäusern 1913 genau festgelegt wurde. Das Gesetz bestimmte unter anderem die geringste zulässige Straßenbreite und den Mindestabstand gegenüberliegender Häuser, um im Interesse der Bewohner eine zu dichte Bebauung durch geschäftstüchtige Bauherren zu unterbinden. Die Häuser waren sparsam konstruiert, aber als Einfamilienhäuser festgelegt, mit niedrigen Dachausbauten, um genügend Lichteinfall zu gewährleisten. Überwiegend Hafenarbeiter erwarben die Häuser am Bihwerder nach 1930.

Johann-Kühn-Straße
❺

Nach dem Verbot der SPD 1933 beteiligte sich *Johann Kühn* am Aufbau einer illegalen sozialdemokratischen Organisation. Er wurde im November 1934 verhaftet und wegen »Vorbereitung zum Hochverrat« verurteilt. 1945 starb Johann Kühn beim Transport vom KZ Sachsenhausen nach Bergen Belsen. Gröpelingen und hier besonders das Lindenhofviertel war immer wieder Zielscheibe des faschistischen Terrors. Bei den Reichstagswahlen 1933 war wiederum deutlich geworden, welche politische Orientierung in dem Arbeiterstadtteil vorherrschte: Die NSDAP erreichte nur 16 Prozent, die KPD 30 Prozent und die SPD 41 Prozent. Allerdings verständigten sich KPD und SPD nicht über gemeinsamen Widerstand ge-

Wenn die Hände mal Arbeit hätten

gen die Nazis. Während die KPD etwa auf einen provozierenden Aufmarsch der SA in Gröpelingen 1933 mit einem Aufruf zu entschiedener Abwehr reagierte, forderte die SPD die Gröpelinger Arbeiter auf, die Braunhemden mit Nicht-Beachtung zu strafen. Am 23. März 1933 wurden im Lindenhof-Viertel ganze Straßenzüge von der Polizei durchkämmt, Flugblätter und kommunistisches Agitationsmaterial beschlagnahmt. Es folgten Verhaftungen von Sozialdemokraten und Kommunisten wegen illegaler Tätigkeit. Mit Schauprozessen sollte möglicher Widerstand demoralisiert werden. Mehrere Gröpelinger Aktivisten wurden in Konzentrationslagern gefangengehalten.

Marktplatz am Pastorenweg

»Die Besucher Bremens werden künftig ihren Weg nach Gröpelingen nehmen müssen, wenn sie die Kunst dieser Stadt besichtigen wollen«, meinte Kultursenator *Franke*, als er das Kunstwerk »Arbeitende Hände« einweihte. Die mächtige Skulptur, geschaffen von dem Bildhauer *Bernd Altenstein*, steht im Bezug zur Plastik »Zur Schicht« und dem Wandbild am Bunker Pastorenweg 70.

Bunker am Pastorenweg 70 ❻

1978 schuf der Maler *Jürgen Waller* gemeinsam mit zehn Kunststudentinnen und -studenten, unterstützt durch das Bremer Projekt »Kunst im öffentlichen Raum«, das Gemälde an der Bunkerwand. Die bedeutsamsten Ereignisse in der Geschichte des Stadtteils von der Verlegung der AG »Weser« nach Gröpelingen 1905 bis in die 70er Jahre sind auf 500 Quadratmetern Fläche dargestellt.

Grasberger Straße 57–69

Hier befindet sich der größte Wohnblock, der in den 20er Jahren in Gröpelingen erbaut wurde. Das Wachstum der Häfen Anfang des Jahrhunderts bedingte eine starke Nachfrage nach nahegelegenem Wohnraum. 1923 plante die Beamten-Baugesellschaft, hier Wohnungen zu schaffen. Es entstanden die Vierfamilienhäuser am Pastorenweg 67 bis 73. Die weitere Bebauung des Geländes übernahm 1925 der Gemeinnützige Wohnungsbauverein der freien Gewerkschaften, GEWOBA. Als Vorbild dienten die »Volkswohnpaläste« in Wien. Der Wohnblock mit ausschließlich Dreizimmerwohnungen umschließt einen »genossenschaftlichen Wohnhof« mit kleinen Gärten und Grünanlagen.

Gröpelinger Heerstraße 45/47 ❼

Die Bewohner der GEWOBA-Blocks hatten es nicht weit zum *Café Flora.* Wo heute eine Tankstelle Sprit verkauft, trafen sich in der Weimarer Zeit im größten Gröpelinger Lokal vor allem Arbeiterorganisationen. Hier wurde diskutiert und gefeiert, wurden Aktionen geplant, und politische sowie kulturelle Veranstaltungen fanden statt. Die KPD rief zu Wahlversammlungen im Flora auf, so am 20. November 1930 mit *Ernst Thälmann.* Mitte 1932 machte auch die NSDAP einen Versuch, eine Veranstaltung im Café Flora abzuhalten – eine gezielte Provokation gegen die sozialdemokratische und kommunistische Gröpelinger Arbeiterschaft. Da der Wirt vom Flora sich weigerte, die Nazis ins Lokal zu lassen, wandte sich die NSDAP an den Eigentümer, die Haake-Beck-Brauerei. Die vermietete den Faschisten dann das Café problemlos. Es kam jedoch anders. Während es seit 1930 in Bremen keine Aktionseinheit im antifaschistischen Kampf gegeben hatte, verhinderten SPD und KPD gemeinsam die Versammlung. Mit einer Barrikade aus zwei umgestürzten Straßenbahnwagen versperrten sie den anrückenden Nazis den Weg. Die sozialdemokratische »Bremer Volkszeitung« verurteilte tags darauf sowohl die Provokation als auch die schlagkräftige Reaktion der »Kommunisten«. Zwei weitere Versammlungen der NSDAP, die ebenfalls im Café Flora stattfinden sollten, blieben aus. Als die kommunistischen und sozialdemokratischen Arbeiterorganisationen verboten waren, wurde es still im Café Flora. Von 1943–1944 diente das Lokal als Arbeitslager, 1944 wurde es bei einem Luftangriff zerstört.

Aus der Arbeiterzeitung vom 4.7.1932: Die Elektrische als Barrikade

München, 4. Juli (Eigener Bericht). Der Nazi-Aufmarsch in München war eine Riesenpleite. Anstatt der angekündigten 12 000 SA-Männer marschierten ganze 8 870, einschließlich der in der Hauptsache aus Realschülern und Gymnasiasten bestehenden Hitlerjugend, auf. Die Stimmung der SA war sehr bedrückt.

Freitag im roten Gröpelingen

Ein Straßenbahnwagen kippt

Der andere liegt schon

„Mob" schimpft die „Bremer Volkszeitung"

Gröpelinger Heerstraße 163

Anstelle eines Supermarkts gab es in den 20er Jahren hier das Kaffeehaus Gröpelingen, nach seinem Inhaber Bax genannt. Wie in Sielers Ballhaus trafen sich im Café Bax die verschiedensten Vereine; Konzerte, Theater und Feste fanden statt. Während bei Sielers der Theaterverein Roland probte, übte im Café Bax der Gröpelinger Theaterverein ein neues Stück ein. Den Verein hatten *Ernst Waldau* und fünf andere Theaterbegeisterte 1928 gegründet. Nach der Verpflichtung eines Regisseurs vom Tivoli-Theater führte der Verein alle drei Wochen ein Stück auf. 1931 verlegte der Gröpelinger Theaterverein seine Wirkungsstätte nach Walle. Während des Krieges machten die Nazis, wie aus anderen Saalbauten auch, aus dem Café Bax ein Gefängnis für Zwangsarbeiter. In den 50er Jahren kamen die Gröpelinger wieder zu ihrem Vergnügen hierher: zum Kintopp im Filmtheater »Rex«.

Gröpelinger Heerstraße 167
❽

Das Haus stammt aus dem Jahr 1904. In den zwanziger Jahren erwarb es die jüdische Gemeinde, nutzte es kurze Zeit als Gemeindehaus und anschließend als Altersheim. In der Reichspogromnacht überfiel die SA das Heim; einige Bewohner wurden mit anderen Bremer Juden für einige Wochen ins KZ Sachsenhausen verschleppt. Vor der Deportation nach Theresienstadt 1942 hatte die Gestapo in dem Haus über 130 ältere jüdische Menschen aus ganz Norddeutschland eingepfercht. Nach ihrer Verschleppung ins KZ zog das 18. Polizeirevier in einen Teil des Gebäudes; ein anderer Teil diente als Unterkunft für Arbeiterinnen der Deschimag. Nach Kriegsende wohnten hier noch einmal jüdische Bürger, bis — bemerkenswerte Kontinuität! — das 18. Polizeirevier erneut das Gebäude übernahm.

Beim Ohlenhof 10
❾

Das Nachbarschaftshaus ist 1952 als erstes der inzwischen acht Bürgerhäuser in Bremen entstanden. Der »Verein Nachbarschaftshaus Bremen e.V.« wurde 1951 von der Stadtgemeinde Bremen, der Arbeiterwohlfahrt und dem Bostoner Unitarian Service Committee gegründet. Nach eigener Aussage des USC bedeute die Unterstützung dieses Projekts eine Mitwirkung an der Stärkung sozialer und demokratischer Kräfte in der Nachkriegszeit, am Aufbau einer politischen Kultur, die sich gegen das zerstörerische Freund-Feind-Denken sperre.

Seewenjestraße 177—223

Der Aufbau dieser Siedlung aus Dreier- und Viererblocks wurde 1940 von der Gemeinnützigen Wohnungsbaugesellschaft begonnen. In den letzten Kriegsjahren wurde die Bebauung des Geländes allerdings unterbrochen und erst nach 1949 mit Geldern aus dem Marshall-Plan abgeschlossen. An dem Platz im Zentrum der Siedlung waren anfangs kleine Läden eingerichtet, die zum Teil jedoch in den letzten Jahren zumachen mußten.

Halmerweg 43
❿

Die »Kulturinitiative Gröpelingen e.V.« stellte sich und ihr Projekt »Kulturladen« erstmals beim Stadtteilfest 1981 vor. Während des internationalen Abends, den die Initiative gemeinsam mit Ausländer-Kulturvereinen vorbereitet hatte, führte sie ein Theaterstück auf, das ihre Vorstellung von Kultur im Stadtteil verdeutlichte: »Der erste wichtige Schritt/Wir suchen alle mit/Ein Haus für die Kultur,/Wir haben schon ne Spur/So wie das Café Flora/ War damals für die Dora/Politik und Spaß zugleich/Für arm und nicht für reich/Keine Kulturpaläste,/wir wollen lieber Feste/Und gute Songs und Spiele/Nicht für die Snobs, für Viele.« Der erste Teil dieses »Programms« war Anfang 1982 erfüllt, der Laden am Halmerweg gemietet. Zum Stadtteilfest 1982 feierte die Kulturinitiative nach Umbauarbeiten die Eröffnung. Seitdem bemüht sich der Kulturladen ein spannendes Programm in Gang zu halten.

Halmerweg 90

»Liebe Herta! Nie wieder Krieg haben wir ge...«: *Heremann Stuzmann* entwarf das Bild 1977 für einen Bunker in Oslebshausen und konnte es 1979 hier verwirklichen, nachdem es im benachbarten Stadtteil Proteste gegen die Anti-Kriegs-Thematik gegeben hatte.

Der Breitenbachhof zwischen den Straßenzügen entstand im

Hereinspaziert: Der Kulturladen im Halmerweg ist Treffpunkt für Bands und politische Gruppen, für Kinder, Arbeitslose, den ausländisch-deutschen Gesprächskreis und eine Frauengruppe. Außerdem gibt es eine Videogruppe und Ausstellungen, Kino, Theater, Konzerte und Feste. Machen Sie mit!

Barenburg Klitzenburg

Auftrag des Eisenbahn-Spar- und Bauvereins während des 1. Weltkrieges. Die Wohnanlage für die Arbeiter auf dem damals neuen Gröpelinger Verschiebebahnhof trägt den Namen *Paul von Breitenbachs*, des preußischen Ministers für öffentliche Arbeiten. Als Stadtteilfremder muß man heute den Breitenbachhof mit dem Stadtplan suchen. In den Jahren nach dem Bau war das nicht nötig. Die für damalige Verhältnisse riesige Wohnanlage war weithin sichtbar; ringsum gab es nur Wiesen und Felder. Während an anderen Orten schon Mietskasernen gebaut wurden, legte man bei der Anlage des Breitenbachhofs Wert auf eine menschenfreundliche Bauweise. Die Wohnungen sind großzügig gegliedert, die Fassade abwechslungsreich gestaltet. Es gibt zwei Innenhöfe mit Grünflächen und vier Rundbogen-Zugänge. Die in den Höfen mit der Zeit mächtig gewachsenen Bäume wurden später gefällt, weil sie den Lichteinfall behinderten.

Feierabendweg ⑪

Der Feierabendweg war 1914, ein Jahr nach Erlaß des Gesetzes über den Bau von Kleinhäusern, der erste Bremer Gartenweg. Bauherr war der Gemeinnützige Bremer Bauverein, 1887 vom Verwaltungsrat der Sparkasse gegründet. Er übereignete seine Häuser über ein Mietkaufsystem an die Mieter. Gestalter war der Architekt *Wilhelm Jänicke*, der sich besonders für den Aufbau von Arbeitersiedlungen engagierte.

Stralsunder Straße

Der direkte Weg zurück zur Heerstraße führt vorbei an Wohnblocks der 60er und 70er Jahre und kreuzt den Grünzug, durch den zwischen 1862 und 1914 noch die Eisenbahnlinie nach Bremerhaven verlief. Hier sitzen heute häufig Arbeitslose in kleinen Gruppen zusammen und verbringen ihre Zwangs-Freizeit mit Klönschnack und Bier. Von hier ist es nicht weit durch die Stoteler Straße zum Straßenbahn-Depot an der Heerstraße, das 1926 auf dem Gelände eines Sportplatzes gebaut wurde.

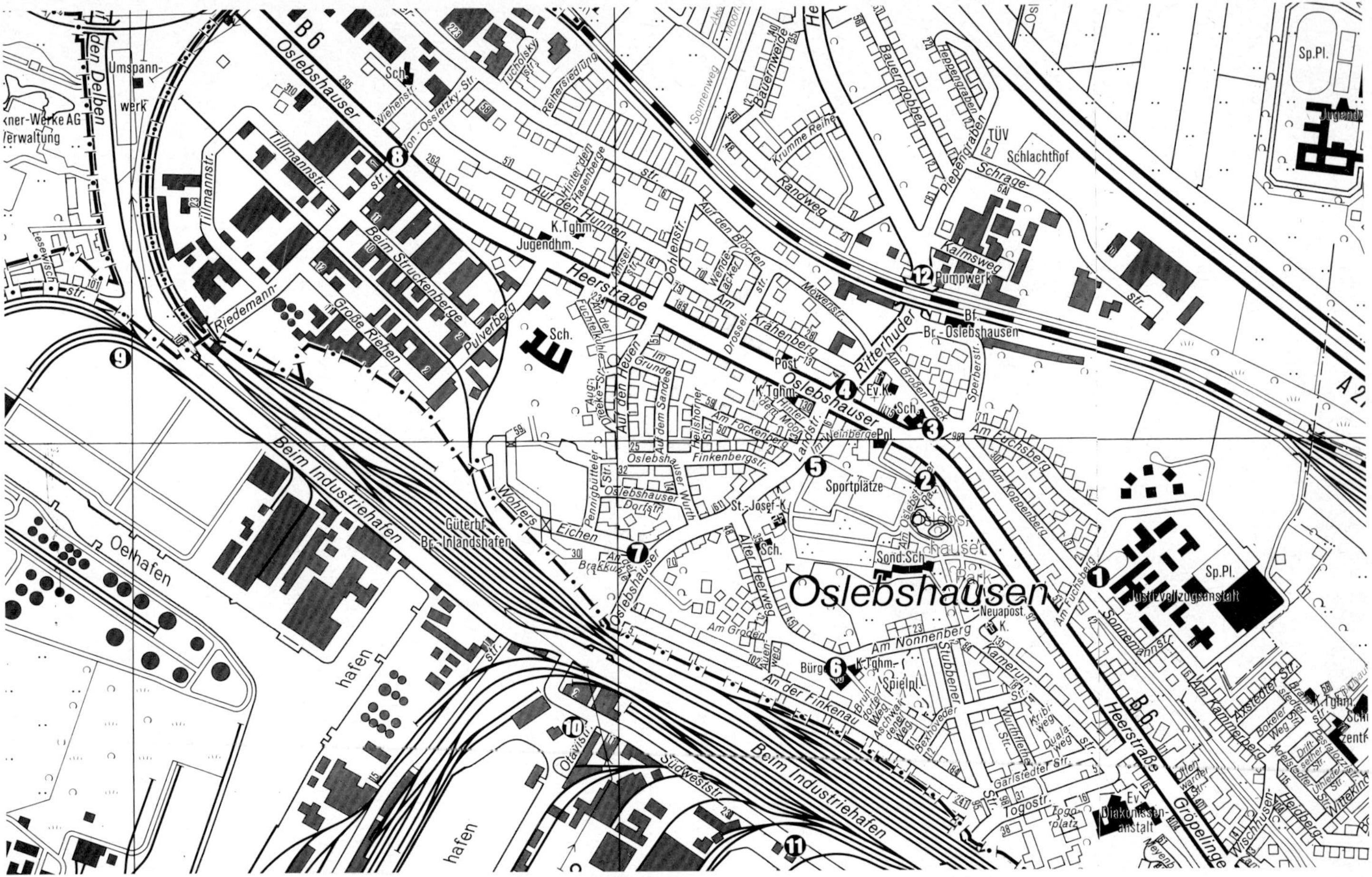

Oslebshausen
Oslebshauser Heerstraße
B 6
A 27
Heerstraße
Gröpelinger
Beim Industriehafen
Oelhafen
hafen
Güterbf. Br.-Inlandshafen
Br.-Oslebshausen
Bf.
Pumpwerk
Schlachthof
TÜV
Sportplätze
Sp.Pl.
Justizvollzugsanstalt
Sond.Sch.
Sch.
Ev. K.
K.Tghm.
St.-Josef-K.
Post
Pol.
Neuapost.
Jugendhm.
Ev. Diakonissen-anstalt
Umspann-werk
Spielpl.
Park
Ritterhuder
Tillmannstr.
Beim Struckenberge
Große Riehen
Riedemann-
Pulverberg
Aur den Hunnen
Hinter dem Hasenberge
Reihersiedlung
Tucholsky-str.
Von-Ossietzky-Str.
Randweg
Bauerndobben
Bauernweide
Krumme Reihe
Piepengraben
Heppengraben
Schrage-
Kalmsweg
Mowenstr.
Krähenberg
Drossel-
Dohlenstr.
Auf den Blöcken
Am Großen Heck
Sperberstr.
Am Fuchsberg
Am Koppenberg
Sonnemannstr.
Am Kammerberg
Axstedter Str.
Bokeler Weg
Wischhusen-
Heidberg-
Stubbener
Am Nonnenberg
Kamerun-
Wurthfleth-Str.
Kribi-weg
Duala-weg
Garlstedter Str.
Togostr.
Togo-platz
Bexhöveder
An der Finkenau
Am Groden
Alter Heerweg
Landstr.
Finkenbergstr.
Oslebshauser Wurth
Oslebshauser Dorfstr.
Auf dem Sandee
Auf den Heuen
Im Grunde
Am Fockenberg
Heilshorner Str.
Pennigbütteler Str.
Wohlers Eichen
Am der Brakkuhle
Dreeke-Str.
An der Fuchtelkuhle
Otavistr.
Südweststr.
Lesewisch
den Delben
Wiehenstr.
Sonnenweg

Knast, Maloche und sonst nix?

Rundgang 8

Oslebshausen

von Harry Winkel

Ausgangspunkt:	*Am Fuchsberg, Buslinien 70, 71, 73*
Endpunkt:	*Unterführung Hafenbahn, Haltestelle von-Ossietzky-Straße*
Dauer:	*ca. 2 Stunden*

Viel ist nicht mehr geblieben vom alten Dorf Oslebshausen. Allein Bauer Bosse, der den letzten Hof betreibt, treckert zu jeder möglichen und unmöglichen Zeit über die Straßen. Sonst haben die heutigen Einwohner nicht mehr viel gemeinsam mit den Dörflern, die 1823 die Fertigstellung des ersten Landgutes erlebten.

Seit mehr als 100 Jahren wird in Bremen der Name Oslebshausen mit dem dortigen Gefängnis gleichgesetzt. Nach der Anlage der Industriehäfen veränderten zahllose Industriebetriebe sowohl die Landschaft wie auch die Zusammensetzung der Bevölkerung. Diese Kontinuität ist den Oslebshausern äußerst unangenehm. Sie ist aber fast die einzige: denn heute überragt der 250 m hohe Schornstein des Kraftwerks Hafen alle Bremer Bauwerke. Er demonstriert den Einfluß der Industrie ebenso wie der Verschiebebahnhof, der Oslebshausen 1986 in die Schlagzeilen brachte. Von dort wurden die 100 berüchtigten Waggons mit Molke verschoben, die nach der Reaktorkatastrophe von Tschernobyl radioaktiv verseucht war.

Die überdurchschnittlich hohe Anzahl von Sozialhilfeempfängern und Arbeitslosen, unter ihnen auch viele ausländische Mitbürger, ist nur schwer als normal zu begreifen. Es gibt kaum Kneipen. Das ist schon ein auffälliger Unterschied zur Nachbargemeinde Gröpelingen. Die Handballmannschaft der »Erste Herren« der Sportgemeinschaft Oslebshausen ist die derzeitige Verkörperung des kollektiven Selbstbewußtseins des Stadtteils. Nachdem sie viermal nacheinander aufstieg, berichtete der Weser-Kurier über den Verein vom »Dorf«; und genau so sehen viele Oslebshausener ihren Ortsteil heute immer noch.

Am Koppenberg/ Sonnemannstraße ❶

45 Skulpturen stehen im Grünzug *»Am Koppenberg«* vor dem Oslebshausener »Knast«. Die Grünanlage folgt in wesentlichen Abschnitten der ehemaligen Bahntrasse der 1862 in Betrieb genommenen Eisenbahnverbindung Bremen-Geestemünde. Im Rahmenprogramm einer Wegverlängerung um 800 m entwarf *Siegfried Neuenhausen* ein Konzept zur Gestaltung eines Parkstreifens vor dem Gefängnisgelände. Zusammen mit dem Steinmetz *Friedel*

Lippert arbeiteten seit Juli 1978 Häftlinge mit Fäustel und Sprengeisen an der Herstellung der ersten Sandsteinskulpturen. Ziel war, sowohl die Ghettosituation der Justizvollzugsanstalt aufzubrechen als auch den Gefangenen durch eine Selbstwerterfahrung die Resozialisierung zu erleichtern.

Bereits 1870 hatten die Bremer Senatsherren für das projektierte Gefängnis — das sie natürlich nicht vor ihrer Haustür haben wollten — ein billiges Baugrundstück in der Oslebshausener Feldmark gefunden.

Der Oslebshausener Knast

Seit der Einweihung 1874 ist die Anstalt mehrmals erweitert worden, sie bildet einen ausgedehnten Komplex aus Haft-, Arbeits- und Verwaltungstrakten. Die gesamte ursprüngliche Anlage wurde in rotem Backstein ausgeführt und ist durch zahlreiche neugotische Stilelemente bestimmt. Hinter diesen schönen Fassaden fand 1908 auf dem Hof die Hinrichtung des Mörders Pohl statt; »die einzige Vollstreckung eines Todesurteiles«, wie *Franz Böttcher* vermerkt. Unerwähnt läßt Böttcher die in Oslebshausen einsitzenden 230 Matrosen der Linienschiffe »Helgoland« und »Thüringen«, denen ein ähnliches Schicksal bevorstand. Sie hatten gegen den Befehl »Auslaufen« der kaiserlichen Offiziere gemeutert. Am 6. November 1918 wurden diese Gefangenen von revolutionären Matrosen mit Hilfe der AG Weser-Arbeiter aus ihren Zellen befreit. Sie verhalfen danach der Bremer Räterepublik zu ihrem kurzfristigen Bestehen. Ein knappes Jahr später wurde der engagierte Sozialdemokrat *Emil Sonnemann* Anstaltsdirektor. Sonnemann stellte den Erziehungsstrafvollzug gleichrangig neben das Vollzugsziel »Sühne«.

Mit der nächsten politischen Wende wurde SA-Sturmbannführer *Werner Wegner* Direktor. Er war mit dem goldenen Parteiabzeichen der NSDAP dekoriert und hatte schon als Bürgerschaftsabgeordneter ständig gegen den erzieherischen Strafvollzug Sonnemanns polemisiert. Die Anzahl der politischen Gefangenen wuchs. Ab 1936 füllten sie die Moorarbeitslager Struckhausen, Gnarrenburg und Oldenbrook. Nach der Reichspogromnacht wurden mehr als 160 jüdische Männer zu einem langen Marsch quer durch Bremen bis zum Oslebshausener Zuchthaus gezwungen. Für sie wurde es Durchgangsstation zu den Konzentrationslagern Oranienburg und Sachsenhausen.

Derweil »sollten rauschende Kameradschaftsfeste die Unebenheiten in der Beamtenschaft glätten« (Franz Böttcher), während der Strafvollzug den Anforderungen der Rüstungsindustrie untergeordnet wurde. In einigen Werken waren vollständige Schichten der Granatendreherei übernommen worden. Um die täglichen, umfangreichen Transporte der Strafgefangenen zu den Arbeitsplätzen zu sparen, errichtete man in unmittelbarer Nähe der Fabriken Lager. Neben dieser Arbeit in der Kriegsindustrie waren Lebenslängliche, »die nichts zu verlieren hatten, sich aber Begnadigungschancen verdienen wollten«, mit der Räumung von Bombenblindgängern beschäftigt. Kaum vorstellbar sind die angstvollen Bombennächte der Gefangenen in den Zellen, denn besondere Luftschutzräume waren für sie nicht vorhanden.

Nach dem Ende des 2. Weltkrieges wurde auch die Justizvollzugsanstalt wieder aufgebaut und durch die Jugendstrafanstalt und die offene Anstalt am Fuchsberg vergrößert. Im Normalvollzug sind derzeit rund 500 Strafgefangene untergebracht, darunter eine kleine Gruppe Frauen. Früher war eine Großzahl der Häftlinge in der Landwirtschaft tätig. Inzwischen wurde dieser Arbeitseinsatz gänzlich eingestellt. Statt dessen gibt es eine ausgedehnte Stücklohnfertigung. Unter anderem werden Autoradios für *Pioneer* produziert. Die Stundenlöhne betragen im Durchschnitt 1,12 DM. Ein Viertel der Häftlinge ist drogenabhängig. Der Drogenkonsum ist kaum eingrenzbar. Die Aids-Gefahr wächst. Zu Recht fragte ein JVA-Beamter: »Wie soll Resozialisierung gelingen, wo es keine Sozialisation gibt?«

Am Oslebshauser Park
❷

Der Oslebshausener Park ist ein Überbleibsel aus der »guten alten Zeit«. Im 19. Jahrhundert hatte hier der durch Bierbrauen reich gewordene *C. H. Haake* sein Landhaus errichtet. 1891 erwarb der »Petroleumkönig« *Wilhelm August Korff* das Gelände. Er ließ die Vorgängerdatscha abreißen, auf einer leichten Anhöhe »Villa Agatha« und daneben ein Hofmeierhaus im Fachwerkstil errichten. Das villenartige Gebäude wurde mehrfach umgebaut. Es befindet sich in gutem baulichen Zustand, während sich das Hofmeierhaus zunehmend dem Verfall nähert. Just zur Inflationszeit 1922 sah sich der »Petroleumkönig« zum Verkauf des Geländes an die Stadt Bremen gezwungen. In der ehemaligen »Villa Agatha« unterrichtete — in dem als Sonderschule genutzten Gebäude — lange Jahre die KPD-Bürgerschaftsabgeordnete *Maria Krüger*. Derzeit wird ein privater Betreiber als finanzkräftiger Investor zur weiteren Nutzung der Gebäude gesucht.

Maria Krüger Zeichnung von Marlis Glaser, 1983

Rio II, ein ehemaliges Ausflugsrestaurant, diente den amerikanischen Besatzungssoldaten nach dem Kriege als Kantine und wurde später als *Café Brema* zum Tanzlokal für Alt und Jung. In den späten 60er Jahren machte der Bremer Disco-König Bullwinkel daraus die Discothek *»Miramichi«*, die in den 70er Jahren häufig Besitzer und Namen wechselte. Die Häuserzeile rechts daneben wird wegen ihrer ersten Nachkriegsbewohner noch manchmal »Negerblock« genannt. Anwohner erzählen, daß der Umgangston zwischen den überwiegend schwarzen Mannschaftsdienstgraden und den weißen Offizieren rüde gewesen sei. Bei geringsten Anlässen seien die Farbigen zum Ausheben mannstiefer Löcher im Park gezwungen worden, die sie nach dem Einwerfen einer leeren Dose oder Kippe wieder hätten zuschaufeln müssen.

Oslebshauser Heerstraße 102

»Liebe Herta! Nie wieder Krieg, haben wir ge...« war ursprünglich der vorgesehene Textentwurf zur umrahmenden Bunkerbemalung des Bremer Designers *Hermann Stuzmann.* Vornehmlich um dieses Textfragment ging es in den heftig geführten öffentlichen Diskussionen, jedoch auch um die als undemokratisch und arrogant empfundene Vorgehensweise der Kulturbehörden. Die Auseinandersetzungen eskalierten an der Frage: Wird die reale Funktion des Bunkers dargestellt oder wird sie hinter idyllischen Motiven versteckt? Entschiedener Gegner des Stuzmannschen Textes war der Bürgerverein, dessen 1. Vorsitzender *Karl Schmidt* erklärte:

»Unser Stadtteil hat im Krieg schrecklich gelitten. Wir brauchen keine ständige Ermahnung zum Frieden.«

Am Fuchsberg/ Oslebshauser Heerstraße ❸

Der »Bunkerkrieg«, wie *Lilo Weinsheimer* die Auseinandersetzung nannte, ging weiter, bis schließlich die vom Bürgerverein geforderte Straßenbahn den Bunker zierte.

An der Ecke Fuchsberg/Oslebshauser Heerstraße, wo sich seit Ende 1959 der Schulanbau befindet, stand das traditionsreiche Lokal Oesselmann. In seinem Sommergarten wurde die italienische Nacht des »blauen« Turnvereins Oslebshausen jedes Jahr als gesellschaftlicher Höhepunkt gefeiert. In Erinnerung an die früheren düsteren Innenräume und an seinen Besitzer wurde das umgebaute Lokal immer noch »Krischan im Dustern« genannt.

Startrampe BRD: öffentliche Plakatwände gegen den Krieg

Das Gelände neben der Polizeiwache gehörte zum Besitz des Bauern Bosse, aus dessen Scheune das »braune Haus« der NSDAP wurde. Heute turnt dort die SGO. An der kleinen Grünanlage neben der Kreuzung Oslebshauser Heerstraße/Oslebshauser Landstraße fallen die Sandsteinelemente auf. Die Ausgestaltung des Platzes wurde durch *Helmut Hoffmann* — Vorstandsmitglied des hiesigen Bürgervereins — unter der Überschrift »Thingplatz« initiiert und verwirklicht. Das Staatsarchiv Bremen befand Ende 1973, »daß sich in der schriftlichen Überlieferung kein Beleg für einen ehemaligen Thingplatz bzw. einen Gerichts- oder Richtplatz an dieser Stelle« findet.

Oslebshauser Heerstraße/ Ritterhuder Heerstraße ❹

»Saufen bis zur Bewußtlosigkeit, lieben bis zur Sprachlosigkeit — nur den eigenen Wunsch verdrängen, nüchtern zu werden.« Mit diesem Spruch auf einer Plakatwand provozierten Jugendliche der Evangelischen Kirchengemeinde Oslebshauser Bürger. Ihr friedens- und abrüstungspolitischer Arbeitskreis hatte1981 die Idee vom Kirchentag mitgebracht; angeregt durch Arbeiten des Künstlers *Manfred Spieß.* Der hatte öffentliche Plakatwände angemietet

In den rasanten 50ern: Der Grüne Jäger um 1957

und darauf politische, soziale oder ganz einfach alltägliche Probleme aufgegriffen, um sie dort anstößig, Anstöße gebend, aufzugreifen, zu gestalten und zu bearbeiten. Themen waren neben dem Frieden — »der Frieden fängt in Oslebshausen an« — der Protest gegen die »Startrampe BRD«, die Angst vor der um sich greifenden »Bombenstimmung«, der erste Atommülltransport nach Gorleben, die Vergiftung des Rheins, die Volkszählung, der Ausländerhaß, die Schließung des Spielhauses am Nonnenberg oder die Panzertrasse in Garlstedt. Nicht alle Oslebshauser Bürger fühlten sich provoziert. Der Kirchenvorstand stand den Jugendlichen mit kritischer Solidarität bei.

»Grüner Jäger«

Der *»Grüne Jäger«* war bis Anfang 1973 ein tolles Ausflugslokal — übrig blieb nur der Name einer Bushaltestelle. Dabei war der Grüne Jäger *das* kulturelle Zentrum Oslebshausens. Um 1900 entschloß sich der damalige Besitzer *H. Warnken* zum Umbau des Saales, weil der neugegründete »blaue« TVO am Reck turnen wollte und der alte Saal zu niedrig war. Im 1. Weltkrieg war die Volksküche darin untergebracht. Danach wurde der»Kriegsgewinnler« *Spiekermann*, der im 1. Weltkrieg mit dem Kantinenbetrieb auf der Norddeutschen Hütte viel Geld gemacht hatte, Eigentümer des Gesamtkomplexes, in dem er auch eine Kakaostube betrieb. Der ehemalige Ballsaal wurde Ende der 20er Jahre zum Kino »Skala« umgebaut, dessen jüdisches Besitzerehepaar Horwitz im KZ Theresienstadt ermordet wurde. In den dreißiger Jahren war dann *Ludwig Stoll*, der ehemalige Ringereuropameister, Besitzer von Gaststätte und Kino, das inzwischen zum »Central Theater« mit 285 Sitzplätzen avanciert war oder zur »Flohkiste«, wie der Volksmund sagte.

Im Gesamtareal Grüner Jäger bedienten neben der Gaststätte »Zum Grünen Jäger« und dem Kino ein Friseur, ein Krämer und ein Zeitschriftenhandel das Publikum. Der Filmoperateur *Eduard Curtius* tat dort Dienst, bis die Abrißbirne kam. Der Grüne Jäger war inzwischen in den Besitz der *coop* übergegangen. Die erstellte einen Neubau und übergab im August 1973 die Schlüssel an den Comet-Geschäftsführer.

Oslebshauser Landstraße ❺

Der Sportplatz an der Landstraße, seit dem 1. Weltkrieg Übungsstätte des »blauen« TVO, ist heute das wichtigste soziale Bindeglied zwischen den unterschiedlichen Bevölkerungsgruppen des Ortes. Betreut wird er von der SGO. Nach dem Krieg als *Sportgemeinschaft Grambke-Oslebshausen* aus dem ehemaligen »roten« TV Vorwärts und dem »blauen« TV Oslebshausen zusammengefügt, verlor die SGO zwar in den 70er Jahren den Namensanteil Grambke, nicht aber ihre Funktion als traditionsreicher Treffpunkt. Die von Politikern und Stadtplanern lange Zeit betriebene Verlegung des Sportplatzes, der verdichtetem Wohnraum weichen sollte, scheiterte sowohl am Widerstand der Betroffenen als mehr noch an den leeren Bremer Kassen.

Die SGO strebt den Bau eines großzügig angelegten Sporthauses mit angeschlossener Jugendbegegnungsstätte an. Vorerst treffen sich nicht nur die Jugendlichen in den Kneipen im Umkreis des Sportplatzes. Das war schon früher so: »Bei Jan Ocken verkehrten nur Oslebshauser und sonntags morgens gingen sie hin mit einer Zigarre und Manchesterhosen, wie es früher Mode war.«

Alter Heerweg 37

Nach der massiven Anwerbung von Oberschlesiern durch die Norddeutsche Hütte mußte auch für deren katholisches Seelenheil gesorgt werden. Dafür war der Hof von *Bauer Humann* gerade richtig. Die Katholiken kauften ihn und weihten 1923 die »St.-Josef-Kirche« ein, indem sie den ersten Gottesdienst im umgebauten Stall abhielten. 1932 wuchs die Zahl der Arbeitslosen in diesem Arbeitervorort so stark, daß St.-Josef Nahrungsmittel, Kohlen und Kleidung verteilte, was leider kaum mehr als ein Tropfen auf den heißen Stein gewesen sein kann. Im 2. Weltkrieg übernahm die Gemeinde die Sorge für französische Kriegsgefangene und Verschleppte katholischen Glaubens, was dem Pastor Kohstall wegen Verbrüderung mit den Polen eine Vorladung zur Gestapo eintrug. 1968 konnte endlich mit dem Bau des seit knapp 50 Jahren geplanten Gemeindezentrums begonnen werden und die neue Kirche wurde 1969 ihrer Bestimmung übergeben.

Alter Heerweg

Dem modernen Kirchenbau gegenüber steht das älteste Haus des Bremer Landgebietes, die »Alte Dorfschänke« aus dem Jahre 1570. An der ehemaligen Hauptstraße gelegen, markiert sie den historischen Dorfkern.

Am Nonnenberg 40 ❻

10 Jahre alt wird 1987 das sozialdemokratischen Köpfen entsprungene Bürgerhaus, das statt einer geplanten Badeanstalt gebaut wurde. Es soll dabei helfen, die vorher zerstörten Sozial- und Kommunikationsstrukturen wieder aufzubauen und das kulturelle Angebot zu erweitern, was bei den ständig gekappten Mitteln wohl

nur in Maßen gelingen wird. An die vergangene Pracht des Landgutes, das der reiche Baumwollhändler *H. C. Finke* 1856 hier errichten ließ, erinnern neben dem Straßenzug An der Finkenau nur die Erzählungen und die Fotos der älteren Mitbürger, die noch vom Fischreichtum und dem Badevergnügen berichten können.

Ob sie wohl auf den »Baumwollkönig« H.C. Finke warten, die Uniformierten der Geestemünder-Bremer Eisenbahn?

Das Benehmen des »Baumwollkönigs« war seinem Titel angemessen. Morgens wurde er per Kutsche zum Bahnhof gefahren und abends ebenso wieder abgeholt. Manchmal geruhten seine Gnaden auch, dem gemeinen Volk Eintritt zu seinem Park zu gewähren, aus dem es sich aber nach Aufforderung schnellstens zu entfernen hatte. Später ging der Landschaft der Reiz verloren; das Proletariat machte sich breit und der Bremer Staat durfte das Grundstück nebst Gebäude kaufen. Darin wurde dann die Finkenauer Schule untergebracht, in der *Henning Bischoff* Schulleiter war und nebenher als Schulungsleiter die Ortsgruppe Burg der NSDAP unterwies. Der von Mitgliedern dieser Gruppe verübte Mord an dem jüdischen Ehepaar *Goldberg* in der Reichspogromnacht soll ihn allerdings zum Bruch mit dem Nationalsozialismus veranlaßt haben. Eine Luftmine besiegelte das Schicksal des Schulgebäudes und tötete die Menschen, die darin Schutz gesucht hatten.

Alter Heerweg 2

An der Ecke Auenweg/Alter Heerweg in dem renovierten Spekketerhaus war die erste einklassige Schule Oslebshausens untergebracht. Im Auenweg erinnern die Häuser Nr. 11 und 12 an den vergänglichen Charakter dieses Gartenganges, während An der Finkenau die Gebäude Nr. 67 und 74 dem ursprünglichen Bauzustand von 1918 am nächsten kommen.

Auenweg 11, 12/ An der Finkenau 67, 74

Wohlers Eichen ❼

Der Siedlungsname »Wohlers Eichen« deutet auf den Bauern Wohlers hin, auf dessen von Eichen umgebenen Reetdachhaus die Störche nisteten. Stadtplaner bezeichnen die Siedlung als Riegelbau. Darin äußert sich der Zynismus der Deputierten für Bau- und Raumordnung. Die Klöckner Werke AG hatten zwar Einwände gegen eine Wohnraumplanung nur 1.200 m entfernt von der Hütte erhoben. Die Politiker hatten entgegnet, daß ein »durchgehender Riegelbau im Westen und Südwesten des Baugebietes den auftretenden Schall wirksam« zurückhalten werde. Auch wenn in anderen Bundesländern der Schutzabstand zwischen Hüttenwerken und Wohnbebauung auf 1.500 m festgelegt war, wurden in Bremen die Planungen realisiert, um den Bevölkerungsschwund zu stoppen. Das vom Bund geförderte »avantgardistische Experiment« sollte laut Bausenator *Stefan Seifriz* der Versuch sein, »wieder zur Mischform von Wohnen und Arbeiten zurückzukehren.«. Selbst wenn wir die Wohnungen nicht berücksichtigen, deren Mieten vom Sozialamt getragen werden, läßt schon die Anzahl der leerstehenden Wohnungen den Schluß zu, daß das Vorhaben gescheitert ist.

Durchgehender Riegelbau: zu teuer, um als »avantgardistisches Experiment« von Wohnen und Arbeiten funktionieren zu können

Gänzlich andere Wohnverhältnisse herrschen im Wohnquartier Grunde, Sande, Wurth mit 220 Wohneinheiten in zweigeschossigen Backsteinwohnblöcken. Ende der 30er, Anfang der 40er Jahre fertiggestellt, sind die Wohnungen zwar beengter als Wohlers Eichen, aber billig. Den langjährigen Mietern ist der Begriff »Weserflug-Siedlung« geläufig und sie kennen auch noch den Spitzbunker von innen.

Oslebshauser Heerstraße 209

Das heute unscheinbare Lokal *Tölle* war in den 20er und 30er Jahren *der* Treffpunkt für Arbeiter. In Saal und Gaststätte kamen die Sportler des »roten« TV Vorwärts zusammen, die Sänger und Sängerinnen des Arbeitergesang-Vereins Vorwärts. Mitglieder anderer Arbeiterorganisationen, um beim Bier über Arbeit, Politik und Bratkartoffeln zu klönen. Nach 1933 war's damit zu Ende, denn der SA Sturm 23/266 bezog hier sein Quartier, das er sich bald mit Flaksoldaten teilte.

Oslebshauser Heerstraße/Von-Ossietzky-Straße

Am 10.7.1932, einem heißen Sonntag, unterbrach gegen 21.00 Uhr eine Explosion die idyllische Ruhe. Anläßlich einer provokanten Nazidemonstration im roten Bremer Westen, den Rückmarsch der SA-Männer abwartend, hatten sich neun ortsansässige Männer 23m vor der Eisenbahnunterführung, etwa 4m links von der Straße entfernt in einem kleinen Grabenstück verborgen gehalten, um dem faschistischen Vordringen mit einer Gewaltaktion Widerstand entgegenzusetzen. Von Zeugen benachrichtigt, rückte die Polizei im stillen Alarm aus, ergriff die Männer und bei der Sicherstellung von zwei geladenen Trommelrevolvern und vier Stabbomben explodierte eine der selbstgefertigten Bomben und tötete den Polizeiwachtmeister Talle. Sechs der verhafteten Männer, als »Förster und Genossen« angeklagt, erhielten Ende 1932 unterschiedlich lange Zuchthausstrafen wegen Verbrechen gegen das Sprengstoffgesetz, die sie in Oslebshausen absaßen. Wo Talle starb, wurde 1933 ein erster Gedenkstein aufgestellt, mit dem die Bremer Nazis das Nichtparteimitglied *Gottfried Talle* zu einem »Blutzeugen der Be-

Ausflug des TV Vorwärts mit dem Spielmannszug um 1925

wegung« erklärten. Der Hauptangeklagte *Förster* wurde 1940 aus dem Zuchthaus Oslebshausen ins Konzentrationslager Mauthausen gebracht, wo er ermordet wurde. Der Witwe wurde eine Kostenforderung in Höhe von RM 5.655,58 zugestellt. Im August 1945 schließlich ersuchte sie den Landgerichtspräsidenten, ihr die Forderung zu erlassen.

Oslebshauser Heerstraße/ Riedemannstraße ❽

Während der Willkürherrschaft der Nazis wurden entlang der heutigen Oslebshauser Heerstraße zahlreiche Lager eingerichtet. Wo heute, so erinnert sich ein Augenzeuge, die Firmen *Siemens, Hinrichs & Co., Thiele, Otto Wolff, Genoux, Albert* usw. liegen,

»da war eine Baracke an der anderen und die waren zusammengepfercht bis zur Wiehenstraße hin und später sogar überweg bis hinter der Grambker Mühle... Ich habe sie auf Weserflug gesehen, die haben die Schwächsten mitgeschleift, die konnten nicht mehr laufen, die haben keine Kraft mehr gehabt. Die haben in Mülltonnen rumgegrabbelt, Scheiß daraus gefressen. Die sind ja wie Fliegen gestorben da oben an der Wiehenstraße.«

Nach übereinstimmenden Berichten mehrerer Augenzeugen lag im damals noch unbebauten Bereich des heutigen Verschiebebahnhofes, ungefähr 200m von Wohlers Eichen entfernt, der »Russenfriedhof«. Ein Oslebshauser: »Heute liegen da meterhoch Sandberge und früher waren da Weiden, wie gesagt, da ist dieser Russenfriedhof gemacht worden... ich weiß nicht, wieviel Tausende da wohl gelegen haben.« Einige Abstecher in die Oslebshauser Industrielandschaft sind nur einzeln zu bewältigen.

Hüttenstraße 100
9

Die weithin leuchtende Fackel der *Vacuum* kündete lange Jahre von der Existenz einer Erdölraffinerie an der Hüttenstraße. 1911 auf einer Gesamtfläche von 300.000 qm errichtet, war die Anlage im 2. Weltkrieg eines der wichtigsten Angriffsziele für die Bomber der Royal-Airforce. »Schon im Sommer 1946 war die Fabrik wieder voll einsatzfähig«, wie die Festschrift zur Einweihung der Crackanlage vermeldet. Aus diesem Anlaß benannte der Vorstandsvorsitzende 1953 als wichtigste Aufgaben seines Wirtschaftsbetriebes, die Werte der Aktionäre zu mehren und für eine gesicherte Zukunft der Belegschaft zu sorgen. 1975 merkten die Beschäftigten, daß die erste Aufgabe offenbar die dringlichere war, als die Flamme für immer erlosch und die zum internationalen Mobil-Oil-Konzern gehörende Raffinerie nach Wilhelmshaven verlagert wurde. Inzwischen wurde sie auch dort stillgelegt. Den Oslebshausern blieben lediglich die sogenannten Altlasten: das in den Bombennächten aus berstenden Tanks ausgeflossene Öl verhindert noch heute industrielle Neuansiedlungen und bedroht das Grundwasser.

Südweststraße/ Otavistraße
10

Wo heute der 250m hohe Schornstein des Kohlekraftwerks Hafen alles in den Schatten stellt, wo die Rauchgasentschwefelungsanlage den arbeitsplatzschaffenden Charakter von Umweltschutzanlagen demonstriert, wurde 1934 das Werk 2 der »Weser« Flugzeugbau-Gesellschaft mbH in Betrieb genommen. Krupp baute Bomber: die Ju 87, die in diesem »auf die modernste Weise für den Großserienbau eingerichteten« Werk in Teilen gefertigt wurde. Die Bauteile wurden dann per Kahn nach Lemwerder verfrachtet, wo die Endmontage im Werk 5 erfolgte. Durch die Einführung von Taktstraßen und Fließfertigung konnte die Produktion in allen großdeutschen Weserflug-Werken für 150 Sturzkampfbomber Ju 87 pro Monat gesteigert werden, vermerkte stolz der für die damalige technische Gesamtleitung verantwortliche *Fritz Feilcke* noch 1975. Unerwähnt ließ er dabei den massenhaften Einsatz von Zwangsarbeitern, die zur Erfüllung des steigenden Flugzeugbedarfs der Luftwaffe nach Oslebshausen verschleppt wurden.

Die Gründung der Arbeitnehmer Gesellschaft war der Notwehrakt einer Belegschaft, die von Entlassung und Arbeitslosigkeit bedroht war. Im Herbst1982 hatte die Heidenheimer Geschäftsleitung der weltweit tätigen Voith-Werke bekanntgegeben, daß sie das rentabel arbeitende Bremer Werk mit seinen 170 Beschäftigten schließen würden. Die »Voithianer« reagierten darauf, indem sie den betrieblichen Arbeitskreis »Neue Produkte« gründeten. In Selbstverwaltung wollten sie gesellschaftlich nützliche und ökologisch vertretbare Produkte herstellen. Die Schwierigkeiten bei der Suche nach alternativen Produkten waren groß. Betriebsratsvorsitzender Detlef Dunker wies Ende 1983 darauf hin, »daß Paradiesvögel schon zuhauf angeflogen seien — zum besten habe bislang gehört, daß einer mit einem zersägten Schrank ankam, den er für ein Gezeitenkraftwerk ausgab.« Das Einfinden in den selbstverwalteten Arbeitsablauf war noch schwieriger.

Waterbergstraße 11
⓫

Von derzeit vierzig Beschäftigten sind heute nur noch zwanzig frühere Voith-Kollegen. Als realisierbares Modellvorhaben gilt der Prototyp einer Vergärungs-Anlage. Das Bundesforschungsministerium förderte ihre Entwicklung. Nach ihrer Fertigstellung soll das in Europa als führend geltende Modell im Versuchsbetrieb der Gemeinde Wardenburg bei Oldenburg laufen. Wenn es der AN dann noch gelingt, in Kooperation mit einem anderen selbstverwalteten Unternehmen eine Kraft-Wärmekopplung mit einer Leistungsfähigkeit von 100 kW herzustellen, dürfte der Anspruch »ökologisch vertretbare Produkte herzustellen, die gesamtgesellschaftlich nützlich sind«, endlich eingelöst sein. Die letzten 20 ehemaligen Voith-Werker sehen dem eher skeptisch entgegen. Dieser Anlagenbau bringe nur wenige Arbeitsstunden auf ihre Werkbänke.

Chancen für ein Industriedenkmal? Die Pumpanlage im Pumpwerk Potthof

Ritterhuder Heerstraße 1–3
⓬

Der *Potthof* von 1915 an der Ritterhuder Heerstraße ist ein Pumpwerk für die Abwässer aus dem Bremer Westen. Vom Maschinengebäude aus wird das Schmutzwasser durch große Pumpen zum Klärwerk Seehausen auf die andere Weserseite befördert.

Weder die Pumpanlagen noch das Gebäude wurden jemals erneuert. Noch heute läßt sich das Wetteramt Bremen von den hier Arbeitenden mit Informationen über die tägliche Niederschlagsmenge versorgen. Demnächst soll die gesamte Anlage »technischen Sachzwängen« weichen. Falls diese Pläne realisiert werden, gäbe es hier die Chance für ein Industriedenkmal.

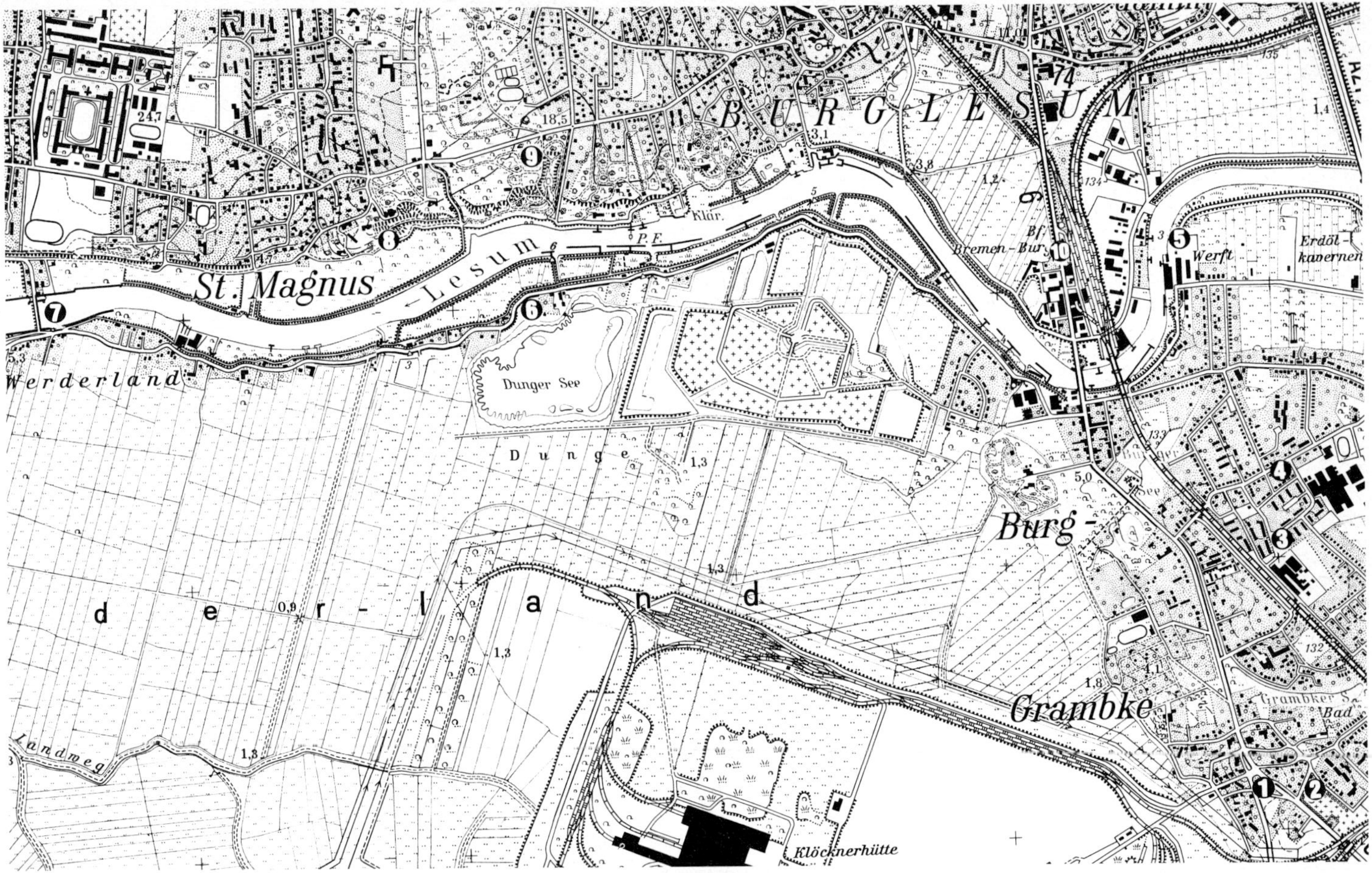
BURGLESUM
St. Magnus
Lesum
Werderland
Dunger See
Dunge
Burg-
Grambke
Grambker See
Bad
Bf Bremen-Burg
Werft
Erdöl-kavernen
Klär.
Klöcknerhütte
Landweg
Werderland
1
2
3
4
5
6
7
8
9
10

Walzstraßen ins Grüne

Burglesum: eine Radtour durch die Vorstadt

von Helmut Dachale

Ausgangspunkt: *Parkplatz bzw. Bushaltestelle (Linien 70/71 und 73) an der Kreuzung Grambker Heerstraße und Mittelsbürener Landstraße*
Endpunkt: *Burger Bahnhof*
Dauer: *ca. 2 1/2 Stunden*

Selbstverständlich wissen die meisten Bremer, wo sie ihre Ortsteile mit den schönen Namen Burg-Grambke, Burgdamm, Werderland, Lesum und St. Magnus, zusammengefaßt Burglesum, geographisch einzuordnen haben: irgendwo zwischen dem Bremer Westen und Bremen-Nord. Eben da, wo die Blockland-Autobahn ihre letzte Abfahrt hat. Interessant, weil zumeist widersprüchlich, sind die mitgelieferten Assoziationen derjenigen, die hier nicht beheimatet sind: Mietskasernen des unsozialen Wohnungsbaus sollen da zu finden sein, aber auch die Nobel-Reservate alteingesessener Kaufmannsfamilien und der Neureichen; geschwärmt wird von herrlichen Parks und einem noch intakten ländlichen Ambiente, gewarnt vor dem exemplarischen Beispiel der Naturzerstörung durch die Großindustrie.

Burglesum ist mit 34.000 Einwohnern eine Kleinstadt, allerdings nicht organisch zusammengewachsen, sondern administrativ zusammengepappt. Immerhin mit dem wohl gar nicht beabsichtigten Erfolg, daß hier die öde Monotonie anderer Vorstädte durchbrochen worden ist. Der Stadtteil hat in der Tat sowohl aufwendig renovierte Gebäude aus der Gründerära als auch die Tristesse der Neubaugettos zu bieten, vogelreiche Lesumwiesen ebenso wie ein Stahlwerk mit fast 6.000 Beschäftigten.

Grambker Heerstraße/Auf dem Potthofe
❶

Mit den Bauarbeiten des Modellprojektes »Wohnen und Arbeiten für eine Sinti-Großfamilie« wurde 1985 begonnen. Ein kommunaler Wohnungsbaukonzern baute mit Geldern vom Bremer Sozialressort und vom Europäischen Sozialfond in Brüssel. Der mit den künftigen Bewohnern abgesprochene Plan ist, sechs bisher verstreut untergebrachten Sinti-Familien einen gemeinsamen Wohn- und Arbeitsort zu geben, der es ihnen ermöglicht, ein Leben unabhängig von der Sozialhilfe zu führen. So mancher eingeborene Grambker Bürger stand dem verständnislos gegenüber. Plötzlich kursierten Unterschriftenlisten — gegen die Störung des kleinen Glücks durch ein »Zigeunergetto«. Einige Anwohner schoben als Ablehnungsgrund die geplante Gewerbeausübung des Schrottens vor, etliche aber verwiesen unverblümt auf die angeblich hohe Kri-

Wohnen und Arbeiten in einem Ensemble: die fast fertiggestellten Gebäude des Modellprojektes für Bremer Sinti. Aus der Geschichte gelernt?

minalitätsrate bei Landfahrern. »Und überhaupt, Menschen, die nicht in festen Häusern leben können und wollen, müssen's doch auch nicht!« Andere Grambker — und das darf gerechterweise nicht verschwiegen werden — führten an, daß diese Bremer Sinti alte Grambker seien. So waren in der Nachkriegszeit bis 1955 die überlebenden Sinti aus Bremen in einem ehemaligen Barackenlager für Zwangsarbeiter und KZ-Häftlinge untergebracht, das auf dem heutigen Klöckner-Gelände lag. Der Burglesumer Beirat griff ein. Er orientierte sich nicht an der Geschichte, sondern an den lautstark vorgetragenen Vorurteilen. Da der Standort »mitten auf dem Grambker Präsentierteller« läge, sprach er sich bei lediglich einer Gegenstimme gegen das Projekt aus. Woanders, bittschön, gern. Die Verantwortlichen ließen sich anständigerweise davon nicht beeindrucken; im Herbst 1986 konnte das Richtfest gefeiert werden.

Grambker Kirchweg ❷

Auf der anderen Seite der Heerstraße liegt die *Grambker Kirche.* Sie wurde 1722 errichtet, nachdem die Kirche in Burg die schwedischen Feldzüge nicht überlebt hatte. 1864 erst wurde sie durch den jetzigen Turm ergänzt. Vorbei am Grambker Friedhof führt die Tour in den alten Grambker Dorfkern. Etwas abseits von ihm und versteckt, ist im Ellerbuschort das älteste Grambker Haus, erbaut 1783, zu bewundern.

Ellerbuschort

Es hat erst den »großen Grambker Brand«, dem 1872 ein Drittel der Wohnhäuser und Scheunen des Dorfes zum Opfer fielen, dann die Bombardements des letzten Krieges unbeschadet überstanden. Auf der Grambker Dorfstraße kommt man an der aus den zwanziger Jahren stammenden *See-Badeanstalt* vorbei.

Grambker Dorfstraße

Auch wenn die Umkleidekabinen sehr windschief aussehen: sie ist nach wie vor jeden Sommer geöffnet. Die Dorfstraße endet in einem Kleinhaus-Siedlungsgebiet, das erst in der Zeit des Nationalsozialismus entstanden ist.

Die Idee, Arbeiterhäuschen an den Rändern der großen Städte zu plazieren, war auf Arbeitsbeschaffungsprogramme vor 1933 zurückzuführen. Die NSDAP an der Macht verwirklichte sie, entsprach das Siedlungswesen doch ihrer Blut-und-Boden-Ideologie und ihren Autarkie-Vorstellungen. Ein exemplarisches Beispiel für das daraus resultierende Spannungsverhältnis zwischen Partei und Siedlern, die hauptsächlich am Aufbau eines Eigenheims interessiert waren, ist die Geschichte der Straße Auf dem Brooke und ihres *Siedlungsvereins »Nordwest«*. Der war nämlich schon vor 1933 gegründet worden und bestand in der Mehrzahl aus Arbeitslosen. Nur wer Arbeit hatte, mußte 800 Reichsmark Eigenkapital nachweisen, für die anderen war ausschließlich die persönliche Arbeitskraft das Kapital. Alle Häuser wurden gleich groß erbaut und sind es heute noch. Die Grundfläche betrug nicht viel mehr als 50 qm. Dazu kamen ein kleiner Stall und ein Grundstück von immerhin 1.000 qm. Die SPD im Exil bezeichnete die überall in Deutschland entstehenden Arbeiterhäuschen als »Schlichtwohnungen« und »vergrößerte Hundehütten«. Und die NSDAP hatte Mühe, den Verein Nordwest auf Vordermann zu bringen. Mehrmals wurde durch Eingriff eines Staatskommissars für das Siedlungswesen die Satzung geändert, um auch in diesem Verein das Führerprinzip durchzudrücken und sicherzustellen, daß nur »Reichsdeutsche arischer Abstammung« Mitglieder werden konnten. Nachdem die Häuser fertiggestellt waren, blieben die Siedler den Versammlungen fern, etliche erklärten gar ihren Austritt. 1942 mußte Nordwest in Ermangelung von Mitgliedern aufgelöst werden.

Auf dem Brooke

Nazi-Wohnungsbau auf dem Brooke

Die Gebäude in der Friedensheimer Straße sind Produkte des Wiederaufbaus der Fünfziger. Wer mit gepflegten Vorgärten und akkurat ausgerichteten Gartenzwergen nichts anzufangen weiß, dem bietet diese fast schnurgerade Straße Gelegenheit, Sprintqualitäten zu demonstrieren.

Um so schneller sind wir in dem jüngsten Grambker Wohnquartier: vier, fünf Straßen um den *Fockengrund*, geprägt von der Block-

Ein Kunstwerk im öffentlichen Raum ohne Vorbild in Bremen: Bewohner des Fockengrunds kamen 1985 auf die Idee, die häßliche Fassade eines Wohnblocks mit großformatigen Schwarz-weiß-Portraits der eigenen Bewohner zu verschönern: »Seht her — das sind wir!« Da der Burglesumer Beirat Unterstützung verweigerte, verzichteten die Leute vom Fockengrund auf staatliche Unterstützung und legten selbst Hand an.

bebauung des sogenannten sozialen Wohnungsbaus. Manche ihrer Bewohner nennen die Gegend »kleines Grambker Getto«. Behördenvertreter erwähnen sie gelegentlich mit sorgenvoller Miene als Beispiel eines sozialen Problemgebietes. Hier sind — warum die schlichte Tatsache verschweigen — verhältnismäßig mehr Arbeitslose und Sozialhilfeempfänger zu finden als in anderen Ecken Burglesums. Auf die damit verbundene Stigmatisierung reagieren Menschen, die hier wohnen, neuerdings mit einem Hinweis auf die besondere Geschichte ihres Wohngebiets. Mit einer Buchveröffentlichung haben sie nachgewiesen, daß der schlechte Ruf auch historische Ursachen hat. Die jetzige Bebauung hat sich aus Barackenlagern der Kriegs- und Nachkriegszeit entwickelt. Links von der Kreuzung Alwin-Lonke-Straße/Fockengrund, etwa da, wo sich heute ein Jugendclub — laut Holzschild »atomwaffenfrei« — und ein Bolzplatz befinden, entstand nach 1939 das erste Lager. In Gestapo-Unterlagen wurde es als »Polenlager Grönlandstraße« geführt. Es erhielt diesen Namen, weil in ihm bis zu ihrer Befreiung 1945 ungefähr 300 Zwangsarbeiter untergebracht waren. Ihre Baracken waren schnell und primitiv erbaut worden; die meisten Wände bestanden aus zwei Pappen, aufgefüllt mit Torf. Arbeiten mußten die Männer in dem daneben liegenden Zweigwerk der »Weser-Flug«, die 1934 als Tochtergesellschaft der Deschimag (AG Weser) gegründet worden war. Bis Kriegsbeginn mauserte sie sich zu einem der größten und wichtigsten Flugzeugbauunternehmen Deutschlands. In ihrem Außenwerk in Grambke — vorher Sitz einer Stuhlrohrfabrik — ließ sie Teile für den Sturzkampfbomber Ju 87 produzieren. Nach Kriegsende wurden in die stark beschädigten Baracken, später dann in neugebaute barackenähnliche Unterkünfte Ausgebombte, Flüchtlinge, danach auch »sozial schwache« und kinderreiche Familien einquartiert. Das letzte erhaltengebliebene Exemplar der Baracken ist heute Heimat des Jugendclubs.

Alwin-Lonke-Straße/ Fockengrund
❸

»Arbeitseinsatz« — welch beschönigende Ausdrucksweise für die Schinderei der Zwangsarbeiter

DER ARBEITSEINSATZ
im Gau Weser-Ems

Statistisches Mitteilungsblatt des Gauarbeitsamts Weser-Ems

BREMEN
WACHTSTR. 17/24

Die Länder Bremen u. Oldenburg; von der Provinz Hannover die Reg.-Bezirke Aurich und Osnabrück

An Smidts Park
❹

Entlang dem Straßenzug An Smidts Park verläuft eine soziokulturelle Grenzlinie. Bürgerliche Reihen- und Einfamilienhäuser sind ordentlich mit Zierrasen und Garagen versehen. Die Wollaher Straße, die direkte Verbindung zur Grambkermoorer Landstraße, ist dagegen proletarischen Ursprungs. Ähnlich wie Auf dem Brooke sind ihre Häuser in den dreißiger Jahren von einer Siedlungsgemeinschaft hochgezogen worden. Die »Wollaher« waren durchweg Arbeiter der »Norddeutschen Hütte«. Daß sie dennoch genügend Zeit hatten, um beim Haus- und Straßenbau anpacken zu können,

Wollaher Straße

lag an einer speziellen Kurzarbeiterregelung. Von 1931 bis 1935 wurde auf der Hütte das »Krümper-System« gefahren: fünf Wochen Arbeit, Entlassung, Wiedereinstellung nach weiteren fünf Wochen. Grambker Wohngebiete, in besonderem Maße die Wollaher Straße, hatten im 2. Weltkrieg stark unter den Bomben der alliierten Flugzeuge zu leiden. Die Grambker hatten das Pech, in der Einflugschneise für die Angriffe auf den Industriehafen, die Norddeutsche Hütte und die Deutsche Vacuum Öl AG zu wohnen. Einer der schwersten Angriffe fand im Juni 1944 statt; fast alle Häuser der Wollaher Straße, erst neun Jahre alt, wurden dabei zerstört oder beschädigt. In den fünfziger Jahren wurde die Hüttensiedlung dann neu aufgebaut.

Gramkermoorer Landstraße

Die sich anschließende Grambkermoorer Landstraße ist wahrlich nicht so breit wie eine Überlandstraße, aber immerhin war sie noch zu Anfang des Jahrhunderts die einzige Verbindung zwischen der Heerstraße und den unwegsamen Moorgebieten.

Auf der Burmester-Werft

Am Lesumdeich ❺

1979, im Jahr seiner Schließung, war der Familienbetrieb exakt 59 Jahre alt geworden. Sein Gründer, *Ernst Burmester,* hatte anfangs als unsinkbar geltende und patentierte Rettungsboote an der Lesum bauen lassen. In den zwanziger Jahren folgten Segelrennyachten, bewundert und ausgezeichnet bei Transatlantik-Regatten und beim Fastnet-Rennen. Die eigentliche Expansion setzte 1935 ein. Die Burmester-Werft wurde Rüstungsbetrieb, der vor allem Sturm- und Minenräumboote erstellte. Die Belegschaftszahl stieg auf über 500; in Swinemünde entstanden zwei Nebenwerke. Ebenso wie an der Ostsee wurde auch auf der Stammwerft in Bremen-Lesum mit Hilfe von Dienstverpflichteten und Zwangsarbeitern produziert. Holländer, Belgier und Franzosen waren gleich am Deich auf werfteigenem Gelände in Holzbaracken untergebracht. Nach dem Krieg wurde die geschmeidige Anpassung an andere Bedingungen vollzogen. Neue Auftraggeber kamen, und die Geschäfte florierten bald wieder. So wurden in den sechziger Jahren für die Iran Oil Company, Onassis und Arndt von Bohlen und Halbach millionenschwere Luxus-Motoryachten gefertigt. Der Rüstungsanteil lag in dieser zweiten Expansionsphase auch schon wieder bei 40 bis 50 Prozent. Abnehmer der Minensuchboote war jetzt die Bundesmarine. Ein Schlosser, der von 1936 bis zur Betriebsauflösung dabei war:

»Der alte Burmester war ein Geschäftsmann, der ging über Leichen, wenn es sein mußte, aber er war ein hervorragender Unternehmer. Der hat gesehen, daß er Arbeit kriegte, der hatte nachher wieder Beziehungen in Bonn, als es mit der Rüstung wieder anfing, der wußte genau, in welche Tür er reingehen mußte. Aber es war ein gutes Betriebsklima, sonst wäre ich wohl gar nicht so lange da gewesen, es war leger da. Ende der fünfziger Jahre hatten wir dann 800 Mann, als die großen Aufträge kamen.«

Es gehört schon viel Phantasie dazu, sich im Jahre 1987 vorzustellen, daß im ausgehenden Mittelalter der Lesumübergang an dieser Stelle durch eine Schanzanlage gesichert war. Ihre Mauern umschlossen neben Handwerkerkaten und Soldatenunterkünften auch eine Kirche, das Pfarrhaus und die Zollstation. Heute ist Burg die stark befahrene B 6, flankiert von niedrigen Häuserzeilen mit kleinstädtischen Geschäften und ein paar Kneipen. Ihre Fassaden langweilen. Allenfalls die Wirte haben sich was ausgedacht, die Namen ihrer Etablissements — »New York« respektive »Rio« — offenbaren eine Hinwendung zur Selbstironie.

Burger Heerstraße/Lesumbroker Landstraße
6

Die Lesumbroker Landstraße umrundet ein Furnierwerk, das den Blick auf die Lesum versperrt. Der holzverarbeitende Betrieb steht auf historischem Boden. Ein Vorfahr des jetzigen Besitzers, *Hinrich Bosse,* ließ an diesem Ort ab 1784 Segelschiffe zimmern, auf denen die Walfischjäger bis in arktische Gewässer vorstießen. Mit dem Aufkommen der aus Stahlblechen gefertigten Dampfschiffe verloren die Zimmerer der Bosse-Werft ihre Arbeit. Mitte des 19. Jahrhunderts wurde der Betrieb eingestellt.

Rechts schlängelt sich die Lesum äußerst träge durchs Schilfdikkicht. Links erstrecken sich die Niederungen des Werderlandes. Wer hier zum ersten Mal Bekanntschaft mit der Lesum macht, sollte sich nicht irritieren lassen: Die Lesum ist ein Fluß und kein Hafenbecken! Daß dieser Eindruck entstehen kann, ist zum einen auf natürliche Bedingungen zurückzuführen. Die kleine Lesum mündet etwas weiter nordwestlich in die sehr viel breitere Weser und bekommt so die Kraft der Gezeiten zu spüren. Bei Flut drückt das auflaufende Wasser gegen ihre Strömungsrichtung, der Fluß scheint zu stehen. Zum anderen — und das ist augenfälliger — liegen dort die Boote zahlreicher Segelsportvereine. Besonders zwischen der Burger Brücke und dem Sperrwerk drängen sich ihre Anleger und Bootshäuser. An manchen Tagen ist dieser Teil des Flusses mit ihren Jollen regelrecht vollgeparkt.

Beschaulicher scheint es dagegen auf den Wiesen des Werderlandes zuzugehen. Ursprünglich war es ein häufig überschwemmtes Feuchtgebiet, reich an Fischen und Vogelarten, aber für die Landwirtschaft kaum brauchbar. Noch im vorigen Jahrhundert mußte das Gras häufig unter einer Handbreit Wasser gemäht und dann getrocknet werden. Erst die Anlage von Deichen und Entwässerungsgräben hat die bäuerliche Bewirtschaftung rentabel gemacht. Heute ist über die Hälfte des Werderlandes Landschaftsschutzgebiet. Seine Wiesen und Weiden werden landwirtschaftlich genutzt. Das ist kein Widerspruch, denn die Anerkennung als schutzwürdige Landschaft besagt nicht mehr, als daß industrielle Ansiedelungen und Wohnbebauung unter erschwerten Bedingungen genehmigt werden dürfen. Trotzdem: Vögel und anderes Getier können davon profitieren. Wildenten aller Arten, Uferschnepfen, Rotschenkel, Haubentaucher, Kiebitze und Bekassine sind im Werderland immer noch zu beobachten. Sumpflöcher wie das *»Püttloch«* beherbergen Seefrösche und Libellenarten.

Gleichzeitig ist das Werderland ein Beispiel für stark geschädigte Natur. Fast die Hälfte seines ursprünglichen Gebietes ist im Besitz

des *Klöckner*-Konzerns. Ein modernes Stahlwerk, dem die Krise dieser Branche bisher noch nicht allzuviel anhaben konnte. Die aufragenden Schlote der Walzwerke und Hochöfen sind während der Fahrt auf der Deichkrone bei jedem Blick nach links zu sehen. Klöckner könnte in seiner Werbung die Anlage im Werderland als »Hütte im Grünen« präsentieren. Nur ein Teil des riesigen Areals wird zur Produktion genutzt. Der Rest ist verwilderte Industriebrache und wird gelegentlich von Managern und Geschäftsfreunden der Hütte zur Hasen- und Fasanenjagd durchstreift. Das Gelände wird als Deponie zweckentfremdet. Wer den Deich verläßt und sich über Wirtschaftswege etwas tiefer ins Werderland hineinbegibt, wird vielleicht irgendwo eine auf Stelzen geführte Rohrleitung erkennen können und darunter schwarze Erde. Durch die Leitung pumpt Klöckner Abfälle auf das Land: in Wasser gelöste Stäube, die nicht in die Luft gelangen dürfen. Von Zeit zu Zeit wird ein Teil der riesigen, seit Jahren benutzten Deponie mit einer Erdschicht bedeckt und mit flachwurzelnden Pflanzen begrünt. Wie sich selbst überlassene Natur sieht das dann aus — von weitem.

Walzstraßen im Grünen: Idylle um die Klöckner-Hütte. Aktive Kollegen kümmern sich nicht nur um den Erhalt der Arbeitsplätze, sondern auch um die Geschichte der Hütte in der NS-Zeit

Als zweitgrößter Industriebetrieb ist »die Hütte« ein Eckpfeiler der Bremer Wirtschaft, allerdings noch nicht sehr lange. Erst seit den fünfziger Jahren haben sich die Klöckner-Anlagen zu ihrer heutigen Bedeutung entwickelt — entstanden aus den Überresten der Vorgängerin, der Norddeutschen Hütte, die sich zu ihrer Zeit noch mit einem schmalen Streifen des Werderlandes am Nordende der Industriehäfen begnügte.

Die Industriellenfamilie Krupp gründete auf Initiative des Generaldirektors des Norddeutschen Lloyds, *Heinrich Wiegand,* 1908 die »Norddeutsche Hütte Aktiengesellschaft«. 1911 gingen zwei

Hochöfen und eine Kokerei in Betrieb. Zwei Jahre später kamen noch ein weiterer Hochofen und ein Zementwerk hinzu. Wiegands weitreichende Pläne, mit dem neuen Werk an der Weser nicht nur den Hafenumschlag zu steigern, sondern auch die umliegende Industrie mit fertigen Stahlprodukten zu versorgen, wurden zu Krupps Zeiten nur halb erfüllt. Die vorsichtigen Besitzer in Essen ließen ihre Bremer Hütte nie über den Stand eines Hochofenwerks hinauswachsen. Stahlwerk und Walzstraßen hat es auf der Norddeutschen Hütte nie gegeben. Trotzdem erreichte sie schon in den zwanziger Jahren eine hohe Beschäftigungszahl: 1.200 Menschen fanden damals bei Krupp/Werderland Arbeit. Dann kam die Weltwirtschaftskrise und mit ihr die schrittweise Stillegung der Hochöfen. In der Hoffnung auf bessere Zeiten bemühte sich die Direktion, eine Restbelegschaft von erfahrenen und qualifizierten Arbeitern zu halten, indem sie ihr von 1931 bis 1935 das schon erwähnte Krümper-System aufnötigte: »hire and fire« in Permanenz. Nach der Machtübernahme durch die Faschisten brauchte auf den Aufschwung nicht mehr lange gewartet werden. Nicht umsonst hatte die Kohle- und Eisenfraktion des deutschen Kapitals schon frühzeitig auf Hitler gesetzt. Die Norddeutsche Hütte erweiterte ihr Angebot, z.B. um Vanadium, ein Legierungsmittel zur Herstellung von hochfestem Stahl, aus dem in anderen Krupp-Werken Panzerplatten und Geschützrohre gefertigt wurden.

H. Schröder, der von 1940 bis 1943 als Lehrling auf der Norddeutschen Hütte gearbeitet hat, erinnert sich:

»Da wurden hauptsächlich Polen, Russen und Jugoslawen beschäftigt. Diese Kriegsgefangenen haben sie hauptsächlich in dieser ollen Giftbude, in der Vanadin-Anlage arbeiten lassen. Ich weiß es nicht, ob sie gestorben sind. Aber ich habe mal mit einem Meister gesprochen, der sagte mir, ein Vierteljahr und dann sind die Leute weg, dann sind sie mit der Lunge fertig, dann ist die Lunge zerfressen, kaputt.«

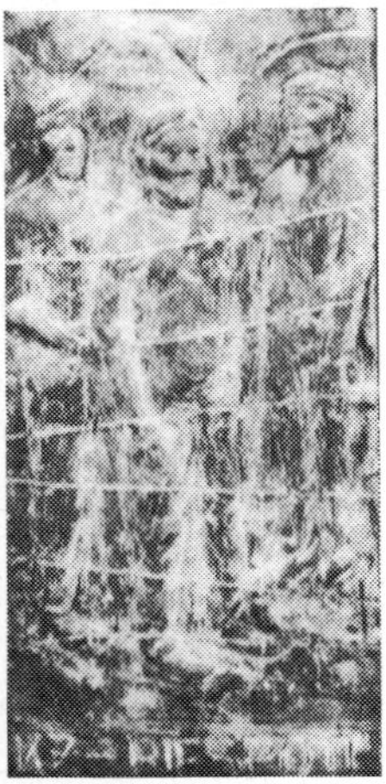

Teil der Gedenktafel, die die vom Betriebsrat unterstützte Klöckner-Kollegengruppe 1984 auf dem ehemaligen Gelände des KZ Riespott angebracht hat. Sie zeigt in verschiedenen Szenen Arbeit und Leben von KZ-Häftlingen in der Norddeutschen Hütte, beim Bau des Bunkers »Hornisse«, im KZ Riespott und beim Zusammenbruch 1945. Darüber hinaus trägt sie folgende Inschrift: »Die sich des Vergangenen nicht erinnern, sind dazu verurteilt, es noch einmal zu erleben. G. Santayana«

Eine Gruppe von Klöckner-Kollegen hat 40 Jahre später die Geschichte der Hütte während der NS-Zeit untersucht. Ihr ist es zu verdanken, daß heute bekannt ist, welche Menschen unter welchen Bedingungen an der Vanadium-Anlage und anderen lebensgefährlichen Orten arbeiten mußten.

Die neuen Arbeitskräfte wurden unter scharfer Bewachung im Lager *Riespott* gefangengehalten: in stacheldrahtumzäunten Barackenunterkünften, die zwischen der Hütte und dem kleinen Dorf Osterort an der Weser lagen. Dieses Lager hatte der »Freiwillige Arbeitsdienst« schon vor 1933 eingerichtet. Ab 1935 war im Riespott ein Durchgangslager für politische Häftlinge, die von hier aus in die Konzentrationslager des Emslandes weitertransportiert wurden. 1944 wurde es selbst KZ. Die SS übernahm die Baracken im Werderland und gliederte sie als Außenlager dem KZ Neuengamme an. Im August 1944 kamen 1.000 französische und sowjetische Gefangene aus Neuengamme zum Riespott. Bis zu den letzten Kriegstagen mußten sie unter erbärmlichen Bedingungen am Bunker »Hornisse« im Industriehafen und in der Schlackengrube der Hütte Zwangsarbeit leisten.

Die Kruppschen Hochöfen hatten die Luftangriffe des Krieges kaum beschädigt überstanden, sie wurden danach demontiert. Nur ein Teil der alten Anlagen durfte in den ersten Nachkriegsjahren wieder in Gang gesetzt werden. Ende 1954 stieg der Duisburger Klöckner-Konzern ein und ließ in den folgenden Jahren ein Stahlwerk, zwei Walzwerke und drei zusätzliche Hochöfen errichten. Der Bremer Senat war so begeistert über die späte Verwirklichung der fast vergessenen Pläne des Dr. Wiegand, daß er eilfertig die Bedingungen der neuen Besitzer akzeptierte. Für seine Erweiterungen bekam der Klöckner-Konzern zum Schleuderpreis 10.000 Quadratmeter des Werderlandes, die die Stadt durch Enteignungsverfügungen und den Einsatz von über 70 Millionen DM freigemacht hatte. Im Verlauf der Industrialisierungs-Orgie wurden die zwei Dörfer Mittelsbüren und Osterort geschleift, ihre Häuser und Obstgärten verschwanden unter Sandaufspülungen. Die meisten Barakken des Lagers Riespott wurden beseitigt; ihre damaligen Bewohner, Bremer Sinti, bekamen 1955 einen neuen Platz zugewiesen, die ehemalige Müllkippe in Bremen-Warturm. Die Polizei sorgte dafür, daß der »Umzug« reibungslos verlief. Der Wachstumstaumel der fünfziger Jahre machte weder vor alten dörflichen Strukturen noch vor Randgruppen Halt. Er schlug sich sogar in Kinderreimen nieder. »Klöckner kommt ins Werderland, drängt sich vor zum Weserstrand!«

Nach weiteren Investitionen in den sechziger und siebziger Jahren verfügt Klöckner heute in Bremen über ein Stahlwerk, das beispielsweise mit seiner Stranggußanlage auf dem höchsten Stand der Technik ist. Mit diesen Anlagen produzieren zur Zeit knapp 6.000 Arbeiter und Angestellte rund drei Millionen Tonnen Rohstahl im Jahr. Die Belegschaft zählt zu den kämpferischsten der ganzen Region. Seit 1979 beteiligt sie sich an den Auseinandersetzungen um die 35-Stunden-Woche und die Rationalisierungsprogramme.

Lesum-Sperrwerk ❼

Das *Lesum-Sperrwerk* verbessert zusammen mit den Sperrwerken an Ochtum und Hunte den Hochwasserschutz der Bremer Außenbezirke. Pläne für ein Sperrwerk an dieser Stelle wurden schon im 17. Jahrhundert gemacht, realisiert wurden sie erst 1971. Der Bau dauerte vier Jahre. Für Radfahrer und Spaziergänger ist das Sperrwerk die ideale Straßenverbindung zwischen dem Werderland und den Nordbremer Stadtteilen Vegesack, Grohn und St. Magnus.

Admiral-Brommy-Weg

Auf der gegenüberliegenden Lesumseite geht es am Fuße des hohen Ufers in die entgegengesetzte Richtung zurück. Hohes Ufer, nun ja, ein Steilhang ist es nicht gerade. Aber auch in den Zeiten, als es noch kein Sperrwerk gab, war seine Höhe ausreichend, um die oben liegenden Häuser für Hochwasser und Sturmfluten unerreichbar zu machen. Und so wird es nicht nur das romantische Flair des kleinen Dorfes St. Magnus gewesen sein, sondern wohl auch die sichere Hanglage an einem tideabhängigen und schiffbaren Fluß, der

Bremer Kaufleute im 19. Jahrhundert veranlaßte, ihre Sommerresidenzen gerade hier zu errichten. Der erste soll bereits um 1770 seine Erholung in St. Magnus gesucht und gefunden haben. Der eigentliche Bauboom setzte nach 1840 ein. Aufgekaufte Bauernhäuser wurden großzügig renoviert; Villen, sogar schloß- und burgähnliche Bauten entstanden. Das Stilgemisch muß faszinierend gewesen sein: Da gab es romantische und klassizistische Variationen, andere Architekten bevorzugten nach Schweizer Vorbild Häuser mit Holzumgängen und mehreren Veranden oder den englischen Tudor-Stil. Die Residenzen waren eingebettet in weitläufige, kunstvoll angelegte Gärten und Parks. Und dann die Namen: Gut Weilen, Villa Ruhe, Heinrichsburg, Schloß Mühlenthal, Haus Tannenberg und Schwalbenklippe. Die meisten alten Villen sind längst verschwunden. St. Magnus ist aber das bevorzugte Ansiedlungsgebiet der gehobenen Einkommensschichten geblieben.

Am Kapellenberg
8

Da ist zum Beispiel die Straße Am Kapellenberg, eine enge Gasse, fast ein Hohlweg, der sich die Uferhöhe hinaufschlängelt. Etliche St. Magnuser Relikte aus den letzten beiden Jahrhunderten sind hier versammelt, darunter die vielleicht berühmteste Villa, das *Haus Lesmona.* Erbaut im klassizistischen Stil um 1815 ist sie bekannt geworden durch die herzzerreißende Liebesgeschichte, die »Daisy« und »Percy« im Sommer 1894 auf Lesmona und an den Ufern des Flusses erlebten. Daisy war *Magdalene Melchers,* die sich als junger Backfisch, wie man damals zu sagen pflegte, in ihren englischen »second cousin« *Percy Rössing* verschoß. Erst als alte Dame, 1951, fand sie den Mut, die Geschichte ihrer unerfüllten Liebe unter dem Pseudonym Marga Berck zu veröffentlichen. Literarisch und historisch wertvoll sind ihre Briefe an die Cousine *Bertha Schellhass,* mit denen die Verliebte genaueste Auskunft gibt über die Entwicklung ihrer Beziehung zu dem jungen »fabelhaft gutaussehenden« Briten. Gleichzeitig legt sie Zeugnis ab über die großbürgerliche Lebensart einer angesehenen Bremer Kaufmannsfamilie am Ende des vorigen Jahrhunderts, über die kleinen Freiheiten einer Tochter aus gutem Hause und die starren Konventionen, die verhindern, daß die Liaison zum Skandal wird. Percy war nämlich zu jung, nur ganze vier Jahre älter als seine 19jährige Geliebte. Vor allem aber hatte er als Angestellter keine gesicherten Einkommensverhältnisse vorzuweisen. Die Moral war und ist halt aufs engste mit Geld und Besitz verknüpft.

Baron Ludwig Knoop und Frau

1918, nach dem Tode ihres Onkels *Hermann Melchers,* erbte Magdalene die Villa Lesmona. In diesen Jahren wurde auf Lesmona ein weitschweifiges Mäzenatentum gepflegt. Die Dichter *Rudolf Alexander Schröder, Hugo von Hofmannsthal* und *Rudolf Borchardt* waren ebenso gern gesehene Gäste wie die Worpsweder *Heinrich Vogeler, Clara Westhoff* und *Rainer Maria Rilke.*

Später war das Haus eine Quarantänestation und Lungenheilstätte. Heute ist es der Wohnsitz eines Künstlerehepaars, das dort eine Galerie für Nachwuchskünstler eingerichtet hat.

Bootspartie an der Lesum

Das Nachbargebäude wird seit einiger Zeit von der »Lebenshilfe e.V.« genutzt. Es wurde kurz vor der Jahrhundertwende als Landsitz »Schotteck« erbaut. *Ludwig Knoop*, nach dem der angrenzende Park benannt ist, schenkte ihn seiner Tochter Adele und ihrem Mann, dem Bankier *Georg Wolde*. Der Garten von Schotteck wurde von Rudolf Alexander Schröder als Rosarium angelegt und ist heute Teil des frei zugänglichen Parks. Eine zweite Tochter Knoops, Emilie, die in die Familie der *Kulenkampffs* einheiratete, erhielt *»Kränholm«* zum Geschenk. Ein gewaltiges Fachwerkhaus mit mächtigen Eichenbalken, das 1897 in der Nähe der jetzigen Lesumer Heerstraße entstand. In der Nachkriegszeit mußte Kränholm einer Stadtautobahn weichen und ist mittlerweile schräg gegenüber von Schotteck wieder aufgebaut worden.

Auf dem hohen Ufer 60 ⑨

R.A. Schröder 1927 auf einem Portrait von Max Slevogt

Die vielbefahrene Autostraße Auf dem Hohen Ufer durchschneidet *Knoops Park*. Angenehmer sind die Pfade rechts der Straße, unter Tulpenbäumen, Platanen, Riesenkoniferen und Königsbuchen, mit Aussicht auf den Fluß. Einen wunderschönen Blick auf die Lesum, übers Werderland hinweg und an klaren Tagen bis auf die Stadt Bremen — allerdings etwas gestört durch das Ungetüm von Klöcknerhütte — bietet ein Ausguck von einem Punkt hinter dem Gebäude einer Erziehungsberatungsstelle. Das Liebespaar von Lesmona hatte diesen Ort zum Treffpunkt ihrer heimlichen Rendezvous erkoren und nannte ihn »Nizza«.

Das Torhaus der früheren Besitzungen des Baron Knoop blieb erhalten. Auf zwei Gedenktafeln erfahren wir Näheres über den längst verstorbenen Herrn. Gelebt hat er von 1821 bis 1894, er war — so die Inschrift — »Erbauer von Schloß Mühlenthal und Gründer der Textil-Industrie in Rußland«. Das klingt gewaltig: einige Erklärungen und Ergänzungen scheinen angebracht. Richtig ist, daß *Ludwig Knoop* aus kleinbürgerlichen Verhältnissen stammte. Der Vater mußte zweimal für seinen Tabakhandel den Konkurs anmelden. Ausgebildet in der Textilbranche, kam Knoop junior schon Anfang der vierziger Jahre im Auftrag einer englischen Firma nach Moskau. Das zaristische Rußland versuchte zu jener Zeit, die Industrialisierung zu organisieren. Eigenes Kapital war kaum vorhanden, man war auf ausländische Firmen und deren »Know how« angewiesen. Geboten wurden Niedrigstlöhne und ein diktatorisches Regime, das garantierte, jeden Widerstand der noch äußerst schwachen Arbeiterklasse im Keim zu ersticken. Ein El Dorado für zupackende Unternehmertypen, die den Rubel rollen sehen wollten. Knoop wollte. Er machte sich selbständig, verkaufte den Russen

Knoops Park um 1869

englische Spinnmaschinen, beteiligte sich an Textilbetrieben. Es sollen weit über hundert gewesen sein, in denen er durch niedrige Löhne große Gewinne erzielte. Banken und Versicherungsgesellschaften kamen hinzu. 1856 legte er den Grundstein für »Kränholm«, seine eigene Fabrik, die die größte Spinnerei des Kontinents wurde. Der Zar war zufrieden: Er verlieh dem Bürgerlichen aus Bremen den Titel eines Barons. Erst ab 1859 erwarb Knoop ein Gutshaus und weite Landflächen in St. Magnus. 1871 konnte die Familie in »Schloß Mühlenthal« einziehen, einem standesgemäßen Prunkbau im englischen Tudorstil. Entworfen war er vom Architekten *Gustav Runge,* die Parkanlage gestaltete *Franz Wilhelm Benque.*

1890/91 wurde der Knoopsche Besitz um einen Meierhof ergänzt, der die ausgedehnten Ländereien verwaltete und das Schloß mit frischen Lebensmitteln zu versorgen hatte. Auf dem Höhepunkt seiner Erfolge war der Baron mehrfacher Talermillionär und galt als reichster Mann Bremens. Die Erben kümmerten sich nicht um Knoops Schloß. Es verfiel zunehmend und wurde 1933 abgerissen. 1938 ging der Park in den Besitz der Gemeinde Lesum über, die ihn ein Jahr später öffentlich zugänglich machte.

Das wahrscheinlich älteste Haus in St. Magnus liegt einen Steinwurf vom Torhaus entfernt. Der reetgedeckte Fachwerkbau ist das letzte Überbleibsel des alten Dorfes St. Magnus, also aus der Vor-Knoopschen Zeit, als die Oberschicht sich noch lieber in Schwachhausen und Horn ansiedelte als an der Lesum.

Admiral-Bommy-Weg

Der Admiral-Brommy-Weg führt die Uferpromenade entlang. Die *»Schwalbenklippe«*, eine kleinere, anmutig und verspielt wirkende Sommervilla, die 1905 errichtet wurde, steht am Hang des »Berges« Reebeck. Dort residierte Admiral Brommy von 1858 bis zu seinem Tode 1860. Sein Haushalt soll zwar relativ bescheiden gewesen sein, er ließ sich aber — für die damaligen Verhältnisse aufsehenerregend — ein beheiztes Schwimmbecken einbauen. Von Bädern erhoffte er sich eine Linderung seiner Gelenkschmerzen. *Rudolp Brommy*, 1804 als Bromme geboren, war ein alter Haudegen. Er begann seine Karriere als Schiffsjunge auf Handelsschiffen, diente als junger Mann in der Kriegsmarine der USA und brachte es dort bis zum Offizier.

Die Lesumer Kirche ist benannt nach dem heiligen Martin, dem Freund aller Bettler. Das jetzige Kirchenschiff von St. Martini, 1779 erbaut, erhebt sich auf den Grundmauern eines sehr viel älteren Gotteshauses. Der Turm von 1736 erreicht immerhin die stolze Vorstadt-Höhe von fast 40 Metern.

Adolf Goldberg ...

Der Goldbergplatz erinnert noch einmal an das braune Kapitel der deutschen Vergangenheit. Erst vor kurzem erhielt er seinen Namen nach dem jüdischen Ehepaar Goldberg, das hier wohnte. Der 78jährige Arzt *Adolf Goldberg* war in Burgdamm, Lesum und Grambke eine angesehene Persönlichkeit, bekannt für seine soziale Einstellung und sein hohes ärztliches Pflichtgefühl. In der Nacht zum 10.11.1938 wurden die Goldbergs ermordet. Sieben Angehörige des SA-Reserve-Sturms 29/411 drangen in jener Nacht ins Haus ein. Ihr Einsatzbefehl lautete: Juden vernichten und verschwinden lassen. Der Scharführer *August Frühling*, von Beruf Schiffsbauingenieur, brachte erst Dr. Goldberg, dann dessen Ehefrau um. Von allen Gewalttaten, die in der Reichspogromnacht in Bremen verübt wurden, erregte der Doppelmord in Burgdamm besonderes Aufsehen. Die NSDAP kam nicht umhin, das Oberste Parteigericht einzuberufen und die Fälle zum Schein untersuchen zu lassen. Im Januar 1939 wurde das Verfahren eingestellt: Mord an jüdischen Mitbürgern blieb damals in Deutschland straffrei.

... und seine Frau

⑩

Am Burger Bahnhof besteht die Möglichkeit, das Fahrrad in den Gepäckwagen einzuladen und per Bundesbahn in die Innenstadt zurückzukehren.

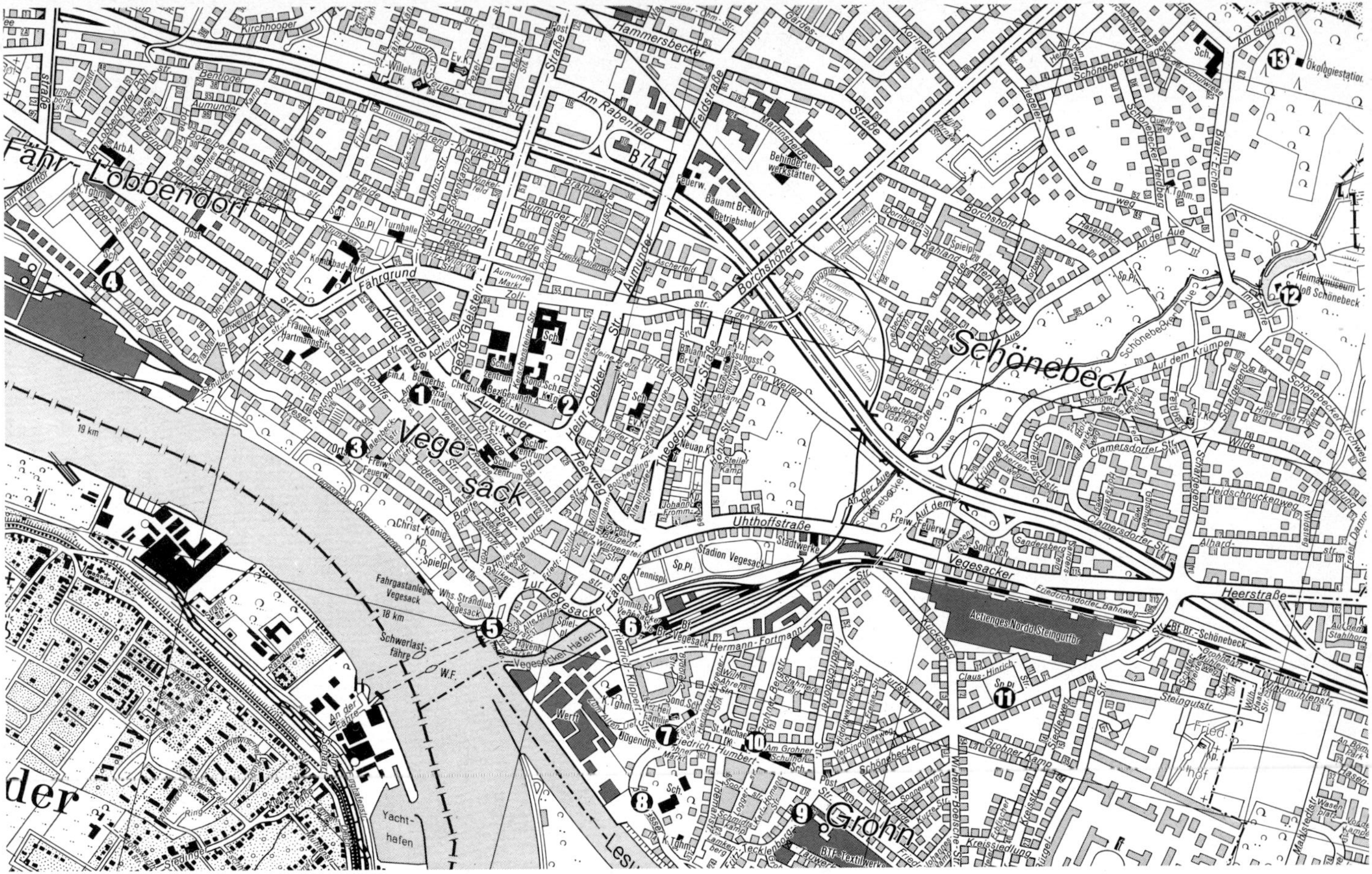

Schönebeck
Vege-sack
Grohn
Lobbendorf
Fähr
Schloß Schönebeck
Heimatmuseum
Ökologiestation
Braut-Eichen
Schönebecker Heidberg
Schönebecker Kirchweg
Schafgegend
Heerstraße
Vegesacker
Aktienges. Norddt. Steingutfbr.
Friedrichsdorfer Str.
Wilhelm-Boelsche-Str.
Kücksberg
Uhthoffstraße
Stadion Vegesack
Tennispl.
Borchshöher
Feldstraße
Hammersbecker
Am Rabenfeld
Aumunder
Martinsheide
Behinderten-werkstätten
Bauamt Br.-Nord
Heerweg
Zur Vegesacker Fähre
Friedrich-Klippert-Str.
Tidemanstr.
Fahrgastanleger Vegesack
Schwerlast-fähre
18 km
19 km
Yacht-hafen
Lesum
Kirchheide
Fährgrund
Gerhard-Rohlfs-Str.
Koringstr.
Gardes-
Werft

Die Oase in der bremischen Wüste

Vegesack/Grohn/Schönebeck

von Volkmar Leohold

Ausgangspunkt:	*Sedanplatz (Busse vom Bahnhof Vegesack: 70/71, 74, 76)*
Endpunkt:	*Ökologiestation (Bus zum Bahnhof: 78)*
Dauer:	*2 1/2 Stunden*

»Uns fehlen *andere* Tafeln«, schrieb Kurt Tucholsky in einer Polemik gegen Kriegergedenkstätten 1925. Ein solches *anderes* Denkmal steht in Vegesack. Bremer Kriegsdienstverweigerer hatten den Stein, einen Männerkopf mit schiefsitzendem Stahlhelm, kurz nach dem Ostermarsch 1986 auf dem Ansgarikirchhof enthüllt und dem *»Unbekannten Deserteur«* gewidmet. Der Vegesacker Bürgerverein stimmte der Aufstellung des Gedenksteins zu — und zog sich damit den Zorn eifriger Landesverteidiger zu; ein öffentlicher Streit entzündete sich. Sehen die einen in dem Denkmal eine »Verhöhnung des Soldatenstandes«, verstehen die anderen es als Ehrung derjenigen, die sich befohlenem Morden entziehen und dabei ihr eigenes Leben riskieren. In Nachbarländern Westdeutschlands registrierte die Öffentlichkeit den »Unbekannten Deserteur« als erstaunliches Mahnmal gegen deutschen Militarismus; namhafte europäische Zeitungen berichteten darüber und Fernsehreporter kamen bis aus Ungarn. Von massivem Druck von rechts hat sich der Verein bisher nicht einschüchtern lassen: Der Stein des Anstoßes bleibt im Bürgerhaus.

Der unbekannte Deserteur: Stein des Anstoßes für eifrige Landesverteidiger

Vor dem Konflikt um das pazifistische Denkmal war Vegesack wohl nur durch seinen Hafen bekannt. Als erster künstlicher Seehafen in Deutschland hatte er 1619 dem Ort zur Geburt verholfen. Um Hafen und Schiffbau drehte sich in Vegesack denn auch fast alles, besonders im 19. Jahrhundert, in dem die Großwerft Bremer Vulkan entstand. Immerhin nannte noch *Friedrich Engels* Vegesack wegen seiner ländlichen Umgebung eine Oase in der bremischen Wüste und seine Zeitgenossen sprachen von der Vegesacker Schweiz, als Flachländer beeindruckt von den dortigen »60 Fuß hohen Bergen«.

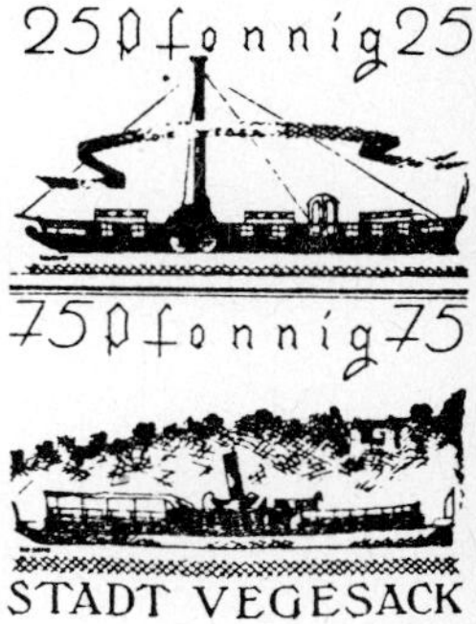

Erst kürzlich ist das Jahrhundertprojekt der Vegesacker Stadtsanierung abgeschlossen worden, die eine ausgedehnte Fußgängerzone und das neue »Fährquartier« hervorbrachte. Das Sanierungsprojekt gilt als beispielhaft, besonders was die Integration neuer, aber baulich dem alten Stadtbild angepaßter Wohnhäuser betrifft.

Die Bemühungen um ein »kommerzielles Mittelzentrum«, das mit der Einkaufsattraktivität Bremens und Oldenburgs konkurrieren kann, schaffen neue Probleme in umliegenden Stadtteilen wie Blumenthal und Grohn.

Grohn, ehemals ein Fischer- und Bauerndorf, entwickelte sich seit Ende des vorigen Jahrhunderts mit der Gründung mehrerer Fabriken zu einem Industrieort mit überwiegend proletarischer, zu erheblichen Teilen polnischstämmiger Bevölkerung.

Türkischer Honig und Karussellmusik: Upp'n Väsacker Markt

In Schönebeck dagegen ist der ländliche Charakter größtenteils erhalten geblieben. Schloß Schönebeck, heute ein Museum, war Sitz eines Zweiges der Blumenthaler Ritter von Aumund, später der Adelsfamilie von Borch. Schönebeck war ein Zentrum des Feudalismus in der Region. Im Schloßpark legten von 1980 bis 1984 Naturschützer eine Ökologiestation an.

Am Sedanplatz
❶

1895 entstand der Sedanplatz, an dem das *Gustav-Heinemann-Bürgerhaus* liegt. Seit 1977 will es Vegesacker Gruppen, Arbeitskreisen oder Einzelpersonen ein Forum für die Auseinandersetzung mit Massenarbeitslosigkeit, Jugendproblemen, Umweltzerstörung, Ausländerfeindlichkeit oder den Auswirkungen der neuen Technologie sein. Das Piccolo-Kindertheater wie die Shakespeare Company treten hier auf, 1984 wurde ein ausländisch-deutscher Gesprächskreis gegründet, 1986 veranstaltete der antifaschistische Arbeitskreis eine Italienfahrt, um Stätten nationalsozialistischer Verbrechen aufzusuchen. Neuerdings gibt es auch Kabarett im Bürgerhaus.

Unter dem Sedanplatz, gleich neben der Tiefgarage, haben fürsorgliche Behörden den einzigen, öffentlichen Atombunker Bremen-Nords eingerichtet. In zwei gleich großen, separat arbeitenden Bunkerhälften können jeweils 2.000 Menschen aufgenommen werden. Ist die Zahl 2.000 erreicht, werden im Ernstfall die Hydrauliktüren automatisch geschlossen. Bremen-Nord hat übrigens über 100.000 Einwohner...

Jahr für Jahr verschönert im Herbst der Vegesacker Markt den Platz mit dem militärischen Namen; bunt reiht sich Bude an Bude bis zum Aumunder Marktplatz. Solange die Vegesacker zurückdenken können, begann der Markt am ersten Septembersonntag und erfüllte den Ort fünf Tage lang mit Duft von türkischem Honig und Karussellmusik.

Der 1. Mai 1950 in Vegesack; in der Mitte: Willy Dehnkamp, 1965 — 1967 Bremer Bürgermeister

Am 1. Mai versammeln sich auf dem Sedanplatz die Teilnehmer der Kundgebung des DGB Bremen-Nord. Sieht man sich das Häuflein an, das dort zum Abschluß »Brüder zur Sonne, zur Freiheit« mehr summt als singt, ist es eine Erinnerung wert, daß am Tag der Arbeit 1950 11.000 Menschen unter den Losungen »Völkerverständigung, Frieden, Mitbestimmung, Recht auf Arbeit« durch Bremen-Nord demonstrierten. Auf dem Sedanplatz vereinte sich die erste Marschsäule Grohner und Lesumer Betriebe mit den bereits Versammelten, dann ging es weiter nach Blumenthal.

Als Versammlungsort der Arbeiterbewegung hat der Platz eine lange Tradition. So wußte der Blumenthaler Landrat 1919 seiner vorgesetzten Dienststelle zu berichten, auf dem Sedanplatz habe eine Volksversammlung mit mehreren tausend Menschen stattgefunden. Eine Abordnung habe sich zunächst zum Stadtdirektor, sodann zu ihm begeben. In der einige 100 Köpfe starken Gruppe habe sich eine größere Anzahl »bewaffneter Proletarier« befunden. »Gegenüber dem Eingang des Landratsamtes wurde ein Maschinengewehr aufgebaut. Die Abordnung des neugebildeten Arbeiterrates verkündete mir die Auflösung des Stadtrates und der Stadtverordnetenversammlung in Vegesack sowie meine Absetzung und die Auflösung des Kreisausschusses und der Gemeindevertretungen.« (NStA Stade)

Nicht weit vom Sedanplatz stand bis 1938 die *Vegesacker Synagoge*. Sie war klein, enthielt aber ein Klassenzimmer für den Religionsunterricht zweimal wöchentlich. Der Betsaal bot 50 Männern

An der Aumunder Kirche/Friedrich-Lürssen-Straße
❷

Raum. Die Empore für die Frauen hatte ebenfalls 50 Plätze. Die Gemeinde begrub ihre Toten auf dem Friedhof in Schwanewede. Eine Anwohnerin erzählte, was sie am Morgen des 10. November 1938 erlebte: »Ich sah vor dem Geschäft einen Bäckerwagen stehen, drinnen klopfte es immer so seltsam, und man hörte Rufe. Als ich schauen wollte, was da los war, kamen zwei SS-Männer mit Gummiknüppeln auf mich zu, so daß ich verschwinden mußte.« (S. Schnatmeyer) In dem Wagen hatten die Nazis die Familie Wolff eingesperrt. *Sigmund Wolff* war Mitglied des jüdischen Gemeinderats. Die Synagoge wurde nicht in der Reichspogromnacht, sondern am Nachmittag des 10. November in Brand gesetzt. Da die NSDAP den örtlichen SA-Verbänden keinen Enthusiasmus bei der Zerstörung des jüdischen Gotteshauses zutraute, beorderte sie Bremer SA nach Aumund, um das schmutzige Werk zu vollenden. Rund 60 Juden aus Vegesack, Aumund und Blumenthal starben 1942 in den Konzentrationslagern Minsk und Theresienstadt. Den Platz der Vegesacker Synagoge bezeichnet seit dem 40. Jahrestag ihrer Zerstörung eine Gedenktafel.

Weserstraße 75
❸

Die Weserstraße, mit einer Vielzahl schöner erhaltener Villen, war das »Millionenviertel«. Hier hatten Bremer Senatoren ihren Landsitz, wohnten Reeder und Großkaufleute. Auch heute noch gilt die Straße als »bessere Adresse«. Das Ortsamt, 1876 erbaut, erwarb die Stadt 1920 von den Erben des Senators Fritze. Dahinter befindet sich der 1930 angelegte Stadtgarten. Die Aussichtsplattform über der Anlage erlaubt einen schönen Fernblick in die oldenburgische Wesermarsch. In den 70er Jahren hatte von dem Park die »Stadtgartenbande« Besitz ergriffen, die zechenderweise Sommer für Sommer das Gelände für sich in Anspruch nahm.

Ulrichs Helgen
❹

Die Actiengesellschaft *Bremer Vulkan* entstand 1893 aus den Werften Lange und Ulrich. Das Schwergewicht lag zunächst auf dem Bau von Fracht-, Post- und Passagierdampfern. Kriegsschiffe und in jüngerer Zeit Tanker kamen hinzu.

Die »Vulkanesen«, von denen ein großer Teil hochqualifizierte Facharbeiter waren, stellten den ausgeprägt klassenbewußten Kern des nordbremischen Proletariats. 1902 wurde in Bremen-Nord der 1. Mai zum ersten Mal richtig gefeiert. 2.200 Arbeiter der Werft verließen mittags die Schicht, um mit ihren Familien und Freunden und Genossen die Frühjahrssonne zu genießen. Nachmittags ging es in die Ausflugslokale der Umgebung; abends war man vereint im Tivoli zur Massenkundgebung. Die Werftleitung antwortete mit Aussperrung.

1920 berichteten die Bremer Zeitungen von »linksradikalen Unruhen« in Vegesack. 3.000 Arbeiter hatten sich vor dem Verwaltungsgebäude der Vulkan versammelt, einige waren eingedrungen. Die Vulkanesen setzten damals bessere Arbeitsbedingungen und eine Lohnerhöhung durch. Auch nach dem Scheitern der Räterepublik bestand in der Werft ein Arbeiterrat. In den zwanziger Jahren wiederholten sich Streiks und spontane Arbeitsniederlegungen. Aussperrungen beantworteten die Werftarbeiter 1923 mit Betriebsbeset-

Fracht-, Post- und Passagierdampfer, Kriegsschiffe und Tanker: der Bremer Vulkan — trotz des hoch subventionierten Bremer Werftverbundes bleiben zusätzliche Arbeitsplätze Zukunftsmusik

zung. Trotz ihrer kämpferischen Haltung hielten die Vulkanesen die Produktion aufrecht. Allein 1923 und 1924 schickten sie drei große Schiffe für den Norddeutschen Lloyd vom Stapel. Bei den Arbeitskämpfen um 1930 nahmen die meisten Vulkanarbeiter auch gegen die Gewerkschaftsbürokratie eine radikale Haltung ein.

Die Nationalsozialisten ergriffen gleich nach ihrer Machtübernahme Maßnahmen, um die Einbindung der Werft in die Rüstungspolitik zu sichern. Sie köderten Arbeiter mit allerlei Vergünstigungen und modernisierten das »Umfeld« der Produktionsstätten. Wehrmacht und Deutsche Arbeitsfront »betreuten« den Betrieb mit Marschmusik, Sport und Propaganda. Millionen wurden in die Umstellung auf den U-Boot-Bau ab 1938 investiert. Dienstverpflichtete aus Süd- und Westdeutschland deckten den verstärkten Arbeitsbedarf. Dann, im Krieg, holten die Nazis sich ausländische Zwangsarbeiter. *Franz Gevel*, damals Tischler auf der Vulkan, hat noch den Drahtkäfig vor Augen, in den russische Kriegsgefangene gesteckt wurden, die am U-Boot-Bau mitschufteten:

»Nur mittags wurden sie rausgezogen zum Essen, ›Kohlrübensuppe‹, und abends wurden sie wieder eingesperrt. — Später wurde das mit dem Hunger immer schlimmer. Einmal, das muß im Oktober 1943 gewesen sein, da war mal wieder Bombenangriff. Aber die meisten Bomben sind in die Weser gefallen. Und von den Detonationen waren die toten Fische an die Oberfläche gekommen. Aber die Russen, die waren schon so ausgehungert, die armen Hunde, daß die sich trotz der Kälte ausgezogen haben und ins eiskalte Wasser stürzten, um sich die Fische aus dem Wasser zu holen. An Land haben sie die dann — so roh wie sie waren — aufgegessen. Das haben wir selbst gesehen.«

In der Nachkriegszeit ging es mit der Vegesacker Werftindustrie bergab. Auch diejenigen Vulkanesen, die sich auf ihre revolutionäre Vorkriegstradition besannen, konnten daran nichts ändern. Mißtrauen gegenüber den Gewerkschaftsfunktionären war weiterhin angesagt.

Noch im Jahr 1974, beim großen Streik der Bremer Metallarbeiter, spielte die Vulkan-Belegschaft eine tragende Rolle. Am 27. März, dem Tag der Streikabstimmung, sprach »Emil, der Brenner« vor dem Werkstor und bekam für seine Ausführungen donnernden Applaus. »Ich möchte nur betonen, ich habe Vertrauen gehabt in die IG Metall, ich habe gedacht, die können uns ja nicht nochmal bescheißen, ich habe gedacht, die werden uns 14% geben, ich höre das Geschrei von Bremen noch, wie Herr Otto v. Steeg sagte, unter 14% ist überhaupt nichts drin ..., dann werden wir's schaffen! Und was haben wir geschafft?« (Der Streik der Metallarbeiter ...) Die Arbeiter schafften damals tatsächlich 11%. Was die Aktionäre schafften, war das Überleben der Bremer Vulkan — auf Kosten von rund 2.000 Arbeitern der AG-Weser, die bei Schließung der Gröpelinger Werft auf der Straße standen.

Die Vulkan ist heute Teil eines »Bremer Werftenverbundes«. Das bedeutet staatlich subventionierte Kapitalkonzentration, Verlust weiterer Arbeitsplätze und trotzdem — ungeachtet aller unternehmerischen Beteuerungen — eine ungewisse Zukunft.

Am Utkiek
❺

Am Utkiek in der Nähe des Anlegers der Fähre Vegesack—Lemwerder ballt sich maritime Symbolik. Auf einem großen Bodenkreis zeigen Pfeile in alle Himmelsrichtungen und geben Entfernungen an, z.B. 8.620 km bis Schanghai. Früher gab es eine sinnreich postierte Steinbank, und Fritz Overbeck sinnierte: »Auf einem der markierten Pfeile kann dann der Vegesacker oder die Vegesackerin Platz nehmen, in die angegebene Richtung schauen und denken: Dort fährt nun mit seinem Schiff mein Sohn, mein Bruder, mein Mann oder mein Liebster!«

Milchhändler in Lemwerder: vor der Fähre »Frieda« Richtung Vegesack

Der große Walkiefer, den 1963 ein norwegischer Reeder stiftete, ist inzwischen verrottet und abgebrochen worden, er wurde durch einen bronzenen Nachfolger ersetzt, größtenteils aus Spendengeldern finanziert.

Die Heuer ist ausgegeben

Schon 1557 soll der Wirt eines Gasthauses »thom Fegesacke« den Matrosen das Geld aus der Tasche gelotst haben. Noch prangt an einer Gaststätte die volkstümliche Interpretation des Ortsnamens, das Bild des »Vegesacker Jungen«, der seine Hosentaschen nach außen kehrt: Die Heuer ist ausgegeben. Das *»Fährhaus«* konnte man lange Jahre als Mittelpunkt der nordbremischen *Scene*, sprich: Zien,bezeichnen. In der Kneipe tummelten sich in den Sechzigern Exis — deutsche Ableger der parkatragenden britischen Mods — Rocker, Maoisten, Jusos, Originale und Trinker jeglicher Couleur. Manche hoch staatsgefährdende Aktion fand hier ihren bierseligen Abschluß oder wurde beim soundsovielten Halben ausgeheckt. Alas! Die Rocker und Maoisten sind nicht mehr. Konnie, der Wirt, residiert immer noch, die Sturm- und Drangzeit des Lokals ist jedoch vorbei.

Karikatur während der Bremer Straßenbahnunruhen

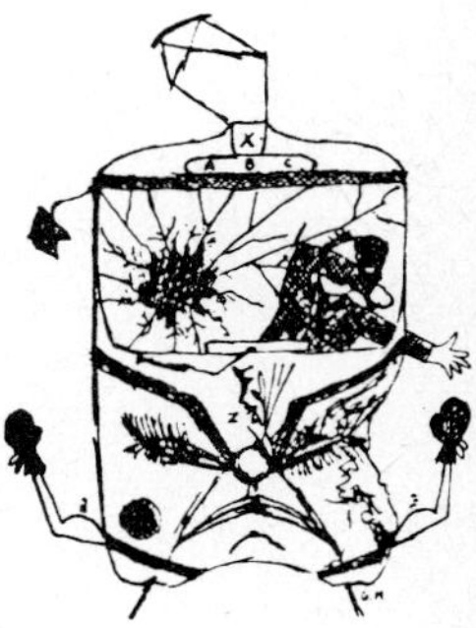

Das *»Havenhaus«*, gleich gegenüber, ist freilich älter. Es wurde 1645 als Residenz des Hafenmeisters erbaut, der auch eine Schenke errichten durfte. 1781 erfolgte ein Neubau mit Hilfe der bremischen Kaufmannschaft; das Haus steht unter Denkmalschutz. 1868 wurde das Amt des Hafenmeisters von der Bewirtschaftung des »Havenhauses« getrennt, letzteres war fortan reine Gaststätte. Lange Zeit auch dies ein Mittelpunkt, wenn auch einer anderen Szene.

Im Januar 1968 erschütterten Bremen die Straßenbahnunruhen. Angesichts drastischer Fahrpreiserhöhungen legten damals Tausende von Schülern und Lehrlingen den öffentlichen Nahverkehr in der Innenstadt lahm. Es gab harte Konfrontationen mit der Polizei, deren Präsident *von Bock und Pollach* — »Draufhauen!« — zurück-

Havenhaus-Honoratioren am Stammtisch

Vegesacker Bahnhofsplatz
6

treten mußte. Auch am Vegesacker Bahnhof demonstrierten Nordbremer Jugendliche und blockierten Busse. Für nicht wenige wurden die Ereignisse zum politischen Schlüsselerlebnis.

»Aus Aumund, Grohn und Fähr,da kommt nichts Gutes her!« Der Spruch über die proletarischen Nachbarorte entspringt Vegesacker Bürger-Dünkel. Jenseits des Bahnhofs grüßt »Klein-Manhattan«, das Hochhausviertel Grohner Düne. Anfang der 70er Jahre wurde es erbaut. Heute wird bereits laut über die Möglichkeiten eines Abrisses oder »Rückbaus« nachgedacht. Die nach Grohn führende Friedrich-Klippert-Straße trug ehemals den Namen Spinnereiberg. Die dortige Baumwollspinnerei ist aber 1904 abgebrannt, nachdem sie nie recht auf die Beine kam. Erfolgreicher war die benachbarte Norddeutsche Steingutfabrik, die entlang der Hermann-Fortmann-Straße Koloniehäuser für ihre Arbeiter errichtete, Kamerun genannt. Auch andere Grohner Arbeitersiedlungen hatten Kolonienamen: Kiautschou und Neuholland. Die beiden Fabriken hatten ihre Gelände dort, wo heute die Grohner Düne die Landschaft verschandelt. In der Norddeutschen Steingut errangen bei den Betriebsratswahlen 1930 die Kommunisten die absolute Mehrheit. Wie bei vielen Betrieben mit klassenbewußter Arbeiterschaft sorgten die Nazis dann dafür, daß sich Wehrmacht und DAF besonders gut um die Belegschaft kümmerten.

Friedrich-Klippert-Straße

Friedrich-Klippert-Str. 22
7

Der Zuzug polnischer Katholiken bewirkte den Bau der alten katholischen Kirche, an deren Stelle jetzt der eindruckheischende Neubau auf dem Grohner Markt tritt. Die Anwerbung polnischer Arbeiterinnen und Arbeiter Ende des 19. Jahrhunderts veränderte Grohn nachhaltig. Die Gemeinde wurde beinahe zu einem Bollwerk des polnischen Nationalismus. Der zuständige Landrat klagte 1904, daß der katholische Gottesdienst in Grohn dem in polnischen Kirchen immer ähnlicher werde. Hierzu gehöre das Präsentieren von Fahnen mit polnischen Inschriften durch den Verein St. Vincent a Paulo und den Kirchenverein.

»Daß die Beschaffung und Führung der Fahnen unter religiösem Deckmantel lediglich politische Zwecke, das ostentative Zurschautragen der polnischen Farben und das Erwecken des polnischen Nationalismus verfolgt, erhellt deutlich aus der in den Statuten des katholischen Kirchenvereins aufgenommenen Bestimmung, daß die Fahne jederzeit auch von Nichtmitgliedern gegen Zahlung von 1 Mark geführt werden kann.« (NStA Stade)

Der deutsche Seelsorger der Gemeinde sah das Nationalbewußtsein seiner polnischen Schäflein nicht gern, im Gegenteil. Die Opposition gegen ihn war entsprechend: Wie der Landrat weiter berichtete, pflegten Mitglieder des St.-Vincent-Vereins sich ostentativ aus der Kirche zu entfernen, sowie der Kaplan die Kanzel betrat. Noch in den zwanziger Jahren war für Fußballduelle zwischen Grohn und Vegesack die scherzhafte Bezeichnung Länderspiel Polen-Deutschland üblich. Und daß sich in Grohn nach wie vor eine starke katholische Gemeinde zu ihrem Glauben bekennt, liegt vor allem an der großen Anzahl von deutsch-polnischen Aussiedlern.

Am Grohner Markt holten sich früher die Anleger von einer Gemeinschaftspumpe Wasser. Der Volksmund nannte den Ort deshalb »Grohn bei Pumpe«. Zur Erinnerung soll neben dem Neubau des katholischen Gemeindezentrums wieder eine Pumpe aufgestellt werden.

Grohner Markt

An der Lesum, vor dem Gelände der Lürssen-Werft, legten am Löschplatz die Heringsfänger der »Bremen-Vegesacker Fischereigesellschaft« an. Dort wurden die Kutter gelöscht, und die Heringstonnen türmten sich am Kai. Der verbliebene Rest des Betriebes zog inzwischen nach Bremerhaven, das Fabrikgebäude verschwand. Im benachbarten Fischereilager Grohn der Lürssen-Werft waren im 2. Weltkrieg die russischen Zwangsarbeiter des Unternehmens eingepfercht:

Am Wasser
8

»Gleich hinter dem Grohner Hafen, zur Weser zu, war so ein feuchtes Wiesengelände. Auf diesem Gelände stand damals ein rohes, halbfertiges Gebäude, in dem waren Russen untergebracht. Junge Burschen, kahlgeschoren, in zerlumpten, alten Kleidern. Barfuß, auch wenn es kalt war.« (Haneberg)

Auch dienstverpflichtete Arbeiter anderer Nationen waren in Grohn untergebracht. Ihre Behandlung durch die Nazis war geringfügig besser als die der Russen.

Oberhalb des Geländes des Wassersport-Vereins lädt der Grohner »Utkiek« mit Bänken und Aussicht über Lesum, Werderland und Weser zum Verweilen ein. An der Fritz-Tecklenborg-Straße haben die BTF-Textilwerke, ehemals Bremer Tauwerk-Fabrik, ihr Haupttor. Der erste Vorläufer des Unternehmens wurde 1793 gegründet. Mit der Umwandlung in eine AG wurde es 1892 zum industriellen Herzstück von Grohn. Der »Tauwerk«, wie sie heute noch heißt, verdankt der Ort, daß er eine Straße mit dem klangvollen Namen »Grohner Reeperbahn« besitzt. Im Streik bremischer Textilar-

Fritz-Tecklenborg-Straße 3
9

Reepschläger auf der Tauwerk um 1912

beiter, der mit Hartnäckigkeit von Dezember 1958 bis April 1959 durchgehalten wurde und mit einer respektablen Lohnerhöhung endete, war auch die Tauwerk dabei. Der Streik entsprach ganz der Tradition eines Ortes, der sich von jeher des Rufs erfreute, rot zu sein. Bei den Reichstagswahlen 1930 hatte die KPD rund 35% errungen; die NSDAP bekam gerade 5%. Drei Jahre später gewannen KPD und SPD beide knapp über 29%, während die Nationalsozialisten 23,4% für sich verbuchten.

Eine Anekdote aus dem roten Grohn weiß die Festschrift zum 75. Jahrestag der evangelischen Kirche zu vermelden:

Friedrich-Humbert-Straße/ Grohner Bergstraße ⑩

»Am Ostersonntagmorgen wehte jählings von St. Michaels Turmspitze eine blutrote Sowjetfahne. Schlichte Gemüter wollten darin nur ein prosaisches Inlet erkennen. Gleichviel: Das Ding weht jedenfalls in 50 Meter Höhe. Und obwohl Grohn als Industrieort schon lange durchaus sozialdemokratisch geprägt ist — dies geht nun doch zu weit! Und dann noch Ostern!«

Wer heute einen Blick auf den Turm wirft, der den Ort unübersehbar überragt, weiß die Leistung des nächtlichen Kletterers zu würdigen.

Grohn war links und arm. Im Jahr des berichteten Vorfalls, als die Weltwirtschaftskrise auf ihrem Höhepunkt stand, zählte der Ort 40% Arbeitslose, der Hunger grassierte. Wo heute ein Parkplatz für die BTF-Belegschaft ist, befand sich das Büro des Gemeindevorstehers *Friedrich Humbert*, nach dem die Grohner Hauptstraße benannt wurde. Humbert, später von den Nazis abgesetzt, war ein sozialdemokratischer Politiker mit USPD-Vergangenheit. Ein von ihm überlieferter Bericht aus dem Jahre 1931 schildert die Verzweiflung der hungernden Einwohnerschaft. Eine größere Menge von »Unterstützungsbeziehern« hatte sich vor der Dienststelle Humberts versammelt:

Massenbewegung erzwingt Zurücknahme der Kürzung der Wohlfahrtsunterstützung

Der Abzug wird nachgezahlt

»Etwa um 9 3/4 Uhr kamen sie geschlossen ins Rathaus, dessen Büros sich schnell füllten. Sie drangen auch zu mir ins Büro, und zwar so schnell, daß es in weniger als einer Minute überfüllt war... Ich verschaffte mir Gehör und bat, sie möchten durch einen vortragen lassen, was ihre Wünsche wären. Abwechselnd sagten hintereinander mehrere Frauen und Männer, daß sie für sich und ihre Kinder kein Brot mehr zu Hause hätten. Mit der ihnen am vorigen Sonnabend gezahlten Unterstützung könnten sie nicht die ganze Woche auskommen... Nein, sie wollten jetzt, sofort, Geld haben! Sie hätten heute noch nichts gegessen. Eine Frau holte ihre Brüste heraus, legte ihr Kind an und schrie, daß sie keine Milch mehr habe. Sie habe schon zwei Tage kein Mittagessen mehr gehabt. Andere Frauen schrieen und weinten. Kinder auch. Männer schrieen mich an: ›Rührt Sie das nicht? Kinder trinken Blut!

Wenn Sie kein Herz für uns haben, dann erbarmen Sie sich doch der Frauen und Kinder!‹ Ein Mann hielt mir die Faust vor das Gesicht und meinte, daß ich in die Buche, die vor dem Rathaus steht, zu hängen komme.«

Schönebecker Straße 53
⑪

Der Sportverein Grohn spielte lange eine zentrale Rolle im Freizeitleben der Bevölkerung. Obwohl der Traditionsclub die moderne Bezirkssportanlage auf dem Oeversberg nutzt, gilt die Liebe der Vereinsmitglieder dem Platz an der Schönebecker Straße, der ehemaligen »Ziegenwiese« gleich beim Vereinsheim. Fußballsport in Grohn: Das weckt Erinnerungen an Spielernamen wie Kreitz und Lowatz, die jedem Grohner »Butscher« geläufig waren und die in den 50er Jahren als Idole kaum hinter Fritz Walter oder Max Morlock zurückstanden. Sie lockten zu den Lokalderbys gegen den Blumenthaler SV bis zu 6.000 Zuschauer an die Schönebecker Straße, und der Torschrei hallte durch den ganzen Ort.

26. Februar 1950: 5.000 Zuschauer verfolgen das Lokalderby SV Grohn gegen Blumenthaler SV

Während der Weimarer Republik spielten in Grohn zwei konkurrierende Vereine: »Frisch Auf Grohn«, dem Arbeiter-Turn- und Sportbund ATUS zugehörig, und der »Ballspielverein«. Ab 1933 gab es dann nur noch den gleichgeschalteten »Ballspielverein«; »Frisch Auf« war, wie alle Arbeitersportvereine, aufgelöst worden. Aber schon vorher hatten sich die Gegensätze zugespitzt: Als es im Jahre 1932 einmal keine Abstimmung zwischen den Spielplänen gab, holte ein Funktionär des »Ballspielvereins« kurzerhand die SA herbei, die die Arbeitersportler vom Platz trieb. Eine Folge davon war, daß sich nach der Auflösung von »Frisch Auf« dessen Mannschaft fast geschlossen dem entfernteren Club Marßel anschloß. Zu groß waren die Ressentiments gegen den NS-freundlichen Verein. Nach dem Krieg erlebte Grohn eine Fußballbegeisterung, die eigentlich nur als ruhrpottähnlich zu charakterisieren ist. Auch die Szenerie erinnert ans »Revier«: Gleich hinter dem Sport-

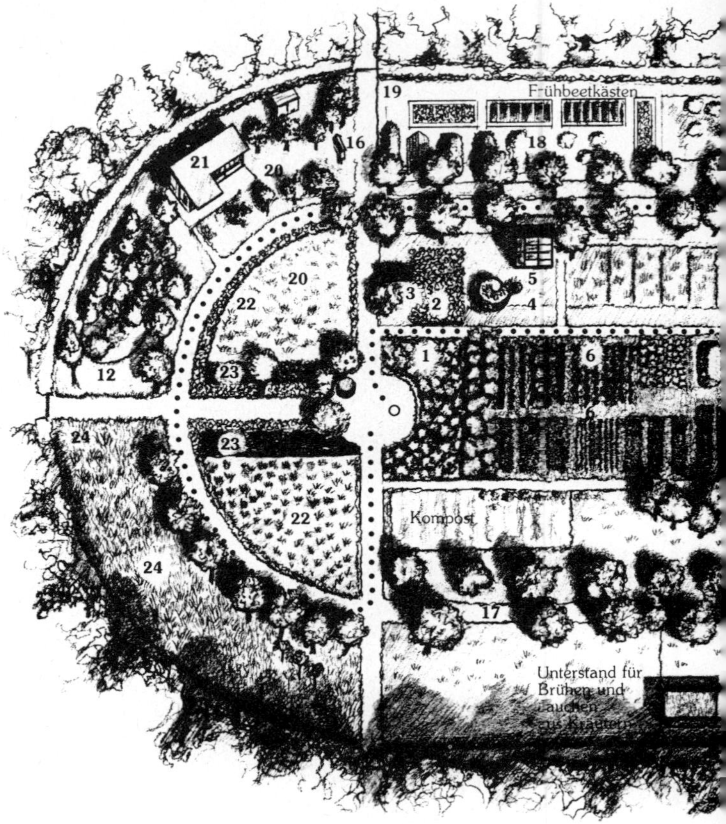

platz erheben sich Fabrikschornsteine. Es sind die der Steingutfabrik, die ihren Betrieb heute an der Schönebecker Straße konzentriert hat.

Im Dorfe 3 ⑫

Schönebeck ist erst seit 1939 bremisch. Um 1354 bauten die Ritter von Oumünde und Schönebeck ihre erste Burg. 1950 kaufte die Stadt Bremen das Gebäude und brachte darin schließlich das Heimatmuseum für Vegesack und Umgebung unter, wo jetzt gelegentlich Konzerte stattfinden. Mit der Stadt Bremen fehdeten sie häufig wegen Grenzstreitigkeiten. Bis 1852 bestand noch das grundherrliche »Dammgericht«. Daß auf dem »Freien Damm«, zu dem Aumund, Schönebeck, Grohn, Platjenwerbe und Leuchtenburg gehörten, Herrenrecht galt, machte den Bauern notfalls der Galgen in Grohn klar. 1717 beschwerten sich die Grohner Bauern und Fischer beim Landdrosten zu Stade darüber, daß der »Cammerherr« von Schönebeck, damals bereits ein von der Borch, sich ihre Arbeitsgeräte aneignen wollte. Einer der ihren, *Arendt Meyer*, habe ihm dies verwehrt:

»Darauf der Cammer H. Arendt Meyer außscholt du rebeller und hunßfort. Arendt Meyer geantwortet hat Er wehr kein rebeller und Hunßfort, Er wehre sowohl ein Ehrlicher Mann, wie ein ander. Darauf Jaget er uns in Johann von Lübkes Hauß mit dem Pferde, und die Dieners auch mit dem

Die Ökologie-Station in Schönebeck:

1 Kräuterbeet, 2 Experimentierflächen, 3 Nisthilfen für Wildbienen und Hummeln, 4 Kräuterspirale, 5 Solargewächshaus, 6 Mischkultur nach Gertrud Franck, 7 Hügelbeet, 8 Aktion Schwalbenschwanz/Gartenmöhre, 9 Mischkulturen, 10 Staudenbee, 11 Wildblumenwiese für Schmetterlinge und Hummeln, 12 Beerenobst, 13 Naturgarten, 14 Teich, 15 Schmetterlingskäfige, 16 Bienenschaukästen, 17 Alte Obstbäume, 18 Kompost, 19 Hekke, 20 Bienenweide, 21 Bienenhaus, 22 Leguminosen/Luzerne, 23 Obstbaumkindergarten, 24 Brache — Wildplanzen

Blanken Degen, und Flienten, und nahm die Pistole und zog dem Hamer auf 2 Mahl, und wolte sie Todtschießen. der Dampf solte den Hunden auß dem Halse gehen, und schlug Arendt Meyer mit dem Reitstock über die Ohren, darauf mußten wier mit Gewalt zu forken und starken greifen das wir noth gewehr thaten sonsten hetten sie uns Todt geschossen und geschlagen, und Arendt Meyer sein Pferd un Hause im Zügel grief, sonsten hätte er auch welche übergerietten mit dem pferde.« (F. Müller)

Am Güthpol 9/11
⑬

Nicht mehr und nicht weniger als Deutschlands erster Umwelt-Park soll die *Ökologie-Station* in Schönebeck sein 100 Jahre lang hatte eine Bremer Kaufmannsfamilie das 15 ha große Wald- und Wiesengebiet von den Borchs gepachtet. 1980 erwarb es die Stadt Bremen, nachdem sich ein Verein nachdrücklich für die ökologische Betreuung der bereits als Landschaftsschutzgebiet ausgewiesenen Fläche eingesetzt hatte. Die Öko-Station beschäftigt sich mit Landwirtschaft, Bienenzucht, Gewässer- und Bodenkunde und Solarenergie im Garten. Seit 1983 existiert ein Kooperationsvertrag mit dem World Wildlife Fund, der an überregional angesiedelten Programmen wie dem »Projekt Wattenmeer« arbeitet. Der Park eignet sich ideal für biologische und ökologische Lehrzwecke. Ein Naturlehrpfad ist angelegt, und auf Wunsch werden Führungen durch das Gelände organisiert.

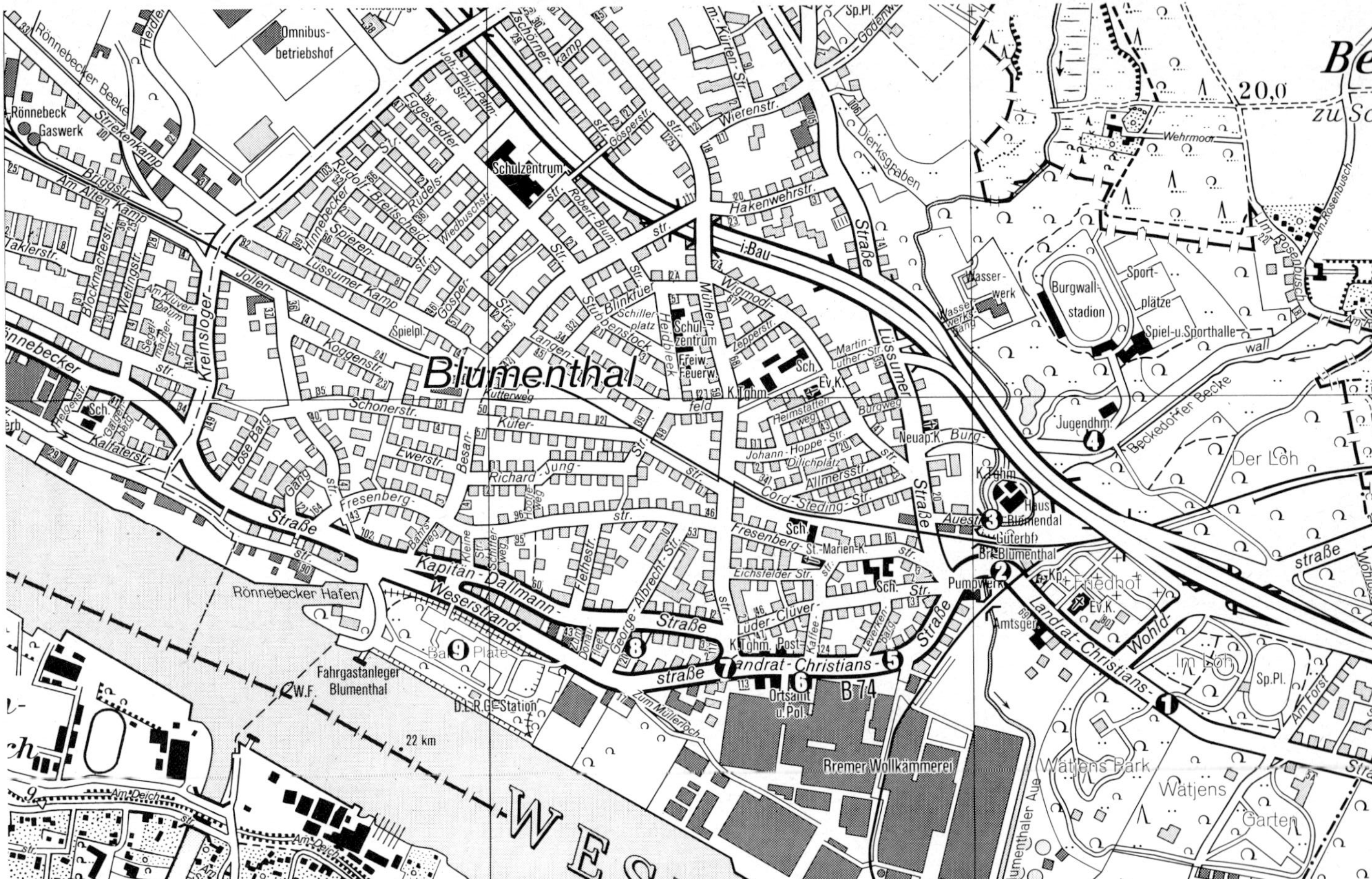

Blumenthal
Landrat-Christians-Straße
B 74
Lüssumer Straße
Mühlenstr.
Heidbleek
Burgwallstadion
Spiel-u. Sporthalle
Sportplätze
Jugendhm.
Wasserwerk
Der Löh
Beckedorfer Becke
Im Rosenbusch
Am Rosenbusch
Wehrmoor
Dierksgraben
Haus Blomendal
Güterbf.
Bf. Blumenthal
Pumpwerk
Friedhof
Ev. K.
Amtsger.
Wohldstr.
Wätjens Park
Wätjens Garten
Im Löh
Am Forst
Sp.Pl.
Blumenthaler Aue
Bremer Wollkämmerei
Ortsamt u. Pol.
Kapitän-Dallmann-Straße
Weserstrand-straße
George-Albrecht-Str.
Fresenberg
Cord-Steding-Str.
Allmersstr.
Dilichplatz
Johann-Hoppe-Str.
Martin-Luther-Str.
Burgweg
Wigmodi-
Schulzentrum
Robert-Blum-Str.
Zschörner-Kamp
Joh.-Phil.-Palm-Str.
Eggestedter
Wiedbuschstr.
Rudolf-Breitscheid-Str.
Rönnebecker Straße
Lüssumer Kamp
Spieren-
Gosper-Str.
Schonerstr.
Koggenstr.
Ewerstr.
Kutterweg
Besan-
Richard-Jung-
Jollen-
Lose Barg
Kreinsloger
Rönnebecker Hafen
Fahrgastanleger Blumenthal
W.F.
22 km
Plate
D.L.R.G. Station
Zum Müllerloch
Omnibus-betriebshof
Rönnebecker Beeke
Striekenkamp
Rönnebeck
Gaswerk
Am Alten Kamp
Briggstr.
Blockmacherstr.
Wetingstr.
Am Kluverbaum
Kalfaterstr.
Heidlerstr.
Hakenwehrstr.
Wierenstr.
Stubbenstock
Blinkfüer
Schillerplatz
Schulzentrum
Freiw. Feuerw.
Heimstättenweg
Eichsfelder Str.
Lüder-Clüver-Str.
Kaffee-
Am Deich
Neuap.K.
Zepperstr.
Fresenberg
St.-Marien-K.
Flethestr.
i.Bau
20,0
WES

»Es lebe Polen!«

Blumenthal

von Manfred Haneberg

Ausgangspunkt: *Wätjens Park (Buslinien 70, 71, 74)*
Endpunkt: *Bahrs Plate*
(Exkurs entlang der Weser bis Rekumer Siel: Linien 70, 71)
Dauer: *2 Stunden*

Blumenthal — das ist die Kämmerei. »Sollte die Kämmerei den Betrieb einstellen, so ist das der Ruin des Ortes.« So heißt es in einem Protokoll des Blumenthaler Gemeinderats aus dem Jahre 1892. Und es stimmt nach wie vor. Die Wollkämmerei ergriff Besitz von Blumenthal und prägt es noch immer. Das stürmische Wachstum der Fabrik machte aus dem idyllischen Bauern- und Fischerdorf in wenigen Jahrzehnten einen »aufblühenden« Industrieort. In hundert Jahren stieg die Einwohnerzahl von 2.400 auf jetzt mehr als 35.000.

Der Merinobock »Sir Charles«; lange stand er vor dem BWK-Verwaltungsgebäude, jetzt dürfen die Blumenthaler ihn beim »Ständer« bewundern

Von allen Stadtteilen liegt Blumenthal am weitesten vom Bremer Rathaus entfernt. Spätestens in Vegesack hört stadtbremisches Gefühl auf. Blumenthal, von Stadtbremern meist unter das etwas technokratische »Bremen-Nord« subsumiert, gehört seit 1939 zu Bremen. Zwar war es im Mittelalter schon einmal bremisch, aber 1741 meißelten die Hannoveraner den Bremer Schlüssel aus dem Sandsteinwappen an der Wasserburg. Mit dem Fall des Königreichs Hannover 1866 wurde Blumenthal preußische Landgemeinde.

Als Bremer Kaufleute 1880 begannen, in den Randgebieten der Stadt zu investieren, fehlte es an Arbeitskräften. So wurden Menschen aus den Regionen herbeigeschafft, in denen Armut und Not besonders groß waren. Wanderarbeiter aus Oberschlesien und Posen, die zur Erntezeit bei Magdeburg arbeiteten, waren die ersten, die sich von der Beschäftigung in einer Fabrik in Bremen ein besseres Leben versprachen. 1912 erreichte der Zustrom polnischer Arbeitskräfte seinen Höhepunkt: 7.000 Polen zählten die Behörden im Kreis Blumenthal. Im Ort selbst betrug ihr Anteil 33%, ein Prozentsatz, den selbst die Städte im Ruhrgebiet nur selten erreichten.

Das Leben zwischen Alteingesessenen und Zugewanderten war voller Spannungen. Die Polen wollten keineswegs ihre nationale Identität aufgeben, ihren Glauben, ihre Sprache, ihre Kultur. »Um den Frieden des Dorfes zu sichern«, erhielten die Blumenthaler ein eigenes Gerichtsgefängnis und ein Amtsgericht. Den Polen gestand man eine katholische Kirche und eine katholische Schule zu.

Landrat-Christians-Straße
1

Noch vor der Ortseinfahrt winkt ein Spaziergang im ehemaligen Wätjens Park. Zum Eingang gelangt, wer dem Hinweisschild »Vulkan-Werft — Blumenthaler Tor« folgt. Der Zufahrtsweg endet bei einem der ältesten und eindrucksvollsten Kulturdenkmäler Blumenthals: Wätjens Schloß. Es ist zwar nicht mehr ganz im Originalzustand — bei einer Siegesfeier amerikanischer Soldaten ging der Dachstuhl in Flammen auf — aber immer noch imponierend in seinem Weser-Renaissance-Stil.

Als der größte Tabakhändler Bremens, der Konsul und Reeder Christian Heinrich Wätjen hier 1864 seinen Sommersitz bezog, hatte er einen freien Blick nach der Weser hin. So konnte er beobachten, wenn eins seiner stolzen Segelschiffe heimkehrte oder auslief. Ob »der Chef« anwesend war, erkannten die Kapitäne leicht an der am Turm wehenden Reedereiflagge, einem weißen »W« auf blauem Grund. Die gleiche Flagge ließen sie dann von einem Matrosen »dippen« — und der Alte freute sich über diesen Gruß.

Weißes W auf Blauem Grund: Wätjens Schloß

Dieser Teil des Parkgeländes gehört seit 1916 der Bremer Vulkan-Werft. Die Schloßbewohner, heute meist Angestellte der Vulkan-Werft, können die Weser nur noch vom achteckigen Schloßturm aus wahrnehmen. Die Werfthallen versperren ihnen die Sicht. So dicht haben sie sich an das Schloß herangeschoben. Die Nordhälfte des Parks kaufte die Bremer Woll-Kämmerei auf. Wer dorthin gelangt, stößt — zwischen Bäumen ganz versteckt — auf ein anderes architektonisches Kleinod in der Form eines griechischen Rundtempels mit korinthischen Säulenkapitellen.

An eine der acht Säulen hat mit Ölkreide eine Frau geschrieben: »Ich liebe dieses Paradies — it's fantasy. Annette.«

Bis zum April 1987 stand in diesem Teil des Parks eine Villa im sog. »Schweizer Stil«. Wätjen hatte sie für seinen Sohn bauen lassen. Später überließ die BWK das Haus als repräsentativen Wohnsitz ihren Direktoren. Als der letzte Bewohner der Villa im Februar verstarb, fiel im Vorstand der Woll-Kämmerei das endgültige Urteil: Abriß aus Kostengründen. Der Ortsamtsleiter hielt die Nacht- und Nebelaktion »für einen ganz normalen Vorgang«. Der Landesdenkmalschützer sah sich machtlos. Die Woll-Kämmerei ließ einen neuen festen Zaun ziehen. Mit ihrer Großkläranlage schiebt sie sich von Norden her in den Park hinein. So fressen sich von beiden Seiten Bremer Großbetriebe in ein Stück Blumenthal, um es unwiederbringlich zu zerstören.

Christian Heinrich Wätjen

Auf dem Weg in den Ort sprechen zwei steinerne Zeugen von der Bedeutung der Familie Wätjen für Blumenthal. Beide haben den Wandel der Zeiten fast unverändert überstanden: die über hundert Jahre alte »neue« Kirche mit dem benachbarten Gemeindehaus und am Ende des Friedhofs der kleine alte Turm aus dem Jahre

»Und immer noch diese Wachslust des Ortes« (Tami Oelfken): Ausgrabungen für die Abwasserkanalisation

1604. Er ist der Rest der ersten Blumenthaler Kirche, der »Ol Kark«.

Daß der Turm nicht längst abgerissen worden ist, verdankt er Christian Heinrich Wätjen. *Der hatte nämlich 1875 dem hiesigen Kirchenvorstand ein verlockendes Angebot gemacht. Anstelle der viel zu klein gewordenen altersschwachen Kapelle wollte er der Gemeinde eine große Kirche mit Pfarrhaus bauen lassen, wenn ihm dafür ein Stück Pfarrgarten überlassen würde, das an seinen Besitz angrenzte. Der Kirchenvorstand lehnte ab. Darauf entstand in der Gemeinde große Unruhe, die sich nicht legen wollte. Zwei Jahre später erschien bei Wätjen eine Abordnung Blumenthaler Bürger, um ihn zu bewegen, sein Angebot zu wiederholen. Wätjen sagte zu: etwa 200.000 Goldmark soll ihn das gekostet haben.*

Vielen alten Blumenthalern wird ihre alte Kirche lieber gewesen sein als der große kalte Backsteinbau, auch wenn er eine Unmenge gekostet hatte. Die in Blumenthal geborene und aufgewachsene *Ta-*

mi Oelfken schreibt in ihrem lokalhistorischen Roman »Maddo Clüver«:

»Und in der alten Kirche hatte es kleine bleigefaßte Fenster gegeben, ganz von Efeu umwuchert; von ihnen konnte man nur handgroße Stücke öffnen. Die Schwalben hatten in der Ecke genistet oben im Bogenbalken, und wie oft hatten selbst während der Predigt Poppelbaum von seiner Kanzel und Kunrad Holtmann aus seinem Gestühl Blicke fröhlicher Genugtuung getauscht, wenn sie mitten in der Predigt das helle Jauchzen der davonsirrenden Schwalben gehört hatten!«

Die Ol Kark

Als später der Wind durch die Ritzen der Ol Kark pustete, brach man sie 1877 ab. Nur der Turm mußte stehen bleiben; diese Bedingung hatte Wätjen gestellt. 1934 machten die Nazis daraus ein »Ehrenmal« für die »Gefallenen«. Heute dient der Turm als Mahnmal für die Toten beider Weltkriege. Im Innenraum befindet sich ein eindrucksvolles Holzrelief des Künstlers *Walter Wadepuhl.* Eine Spendenaktion engagierter Blumenthaler Bürger sorgte 1987 für ein neues Dach.

Erst ein Gefängnis. Dann ein eigenes Amtsgericht. Und beides der Kirche gegenübergestellt. So schufen sich die Blumenthaler um die Jahrhundertwende eine fragwürdige Attraktion. »Ein Gefängnis für die Polaken wäre gut«, war die Ortsmeinung. Von »Unruhe im Ort«, »wilden Trinkgelagen und nächtlichen Schlägereien« war die Tagespresse voll.

Die ständig steigende Zahl von »Ostarbeitern« sowie die sich verschärfende Wohnungsnot, Anpassungsprobleme und sicher auch Konkurrenz zwischen »etablierten« Polen und neuankommenden »Lohndrückern« aus Gallizien oder Kongreßpolen waren verantwortlich für die Probleme. Drei Jahrzehnte später mußte eine Blumenthaler Amtsperson in das Gefängnis. Die Nationalsozialisten verhafteten Landrat *Ludwig Christians.* Nach ihm wurde in der Nachkriegszeit die Langestraße umbenannt. Ebenfalls unter den Verhafteten befand sich der spätere Bürgermeister *Willy Dehnkamp.*

Bahnhof Blumenthal ❷

Eine Gedenktafel bezeugt die Gesinnungsjustiz der damaligen Zeit. Nach 1945 war hier lange das Frauengefängnis untergebracht. Heute wird das ehemalige Gefängnis von ganz anderen »Opfern« genutzt: Ein Arbeitslosenzentrum bietet Kaffee oder Tee zu günstigen Preisen an.

Bahnhöfe wie der Blumenthals sind allenthalben vom Abbruch bedroht. Aber nicht nur deswegen müßte eigentlich dieser winzige Bahnhof unter Denkmalschutz gestellt werden: Er hatte für die Entwicklung des Ortes entscheidende Bedeutung. Denn wäre nicht 1883 die Genehmigung für »die Anlage einer Eisenbahn untergeordneter Bedeutung von Vegesack nach Farge« zugesagt worden, die Gründungsväter der Kämmerei hätten sich für einen anderen Standort ihrer Fabrik entschieden als für das damals noch preußische Blumenthal.

Warnende Stimmen fehlten nicht, als die Eisenbahnstrecke nach erheblichen Verzögerungen am 4. Dezember 1888 eingeweiht wer-

Der Blumenthaler Bahnhof heute: gehört unter Denkmalschutz

den sollte: Viel fremdes Volk und Proletariat würde mit der Eisenbahn einziehen. Das wußte die Tagespresse zu berichten. Und sie kamen, mit nichts als »einem Bündel Armut in den Händen«. *Tami Oelfken* beschreibt die Aufregung, mit der die Eröffnung des Bahnhofes von den Blumenthalern aufgenommen wurde:

»Tine erinnerte sich noch sehr genau, daß vor einem Jahr hier an dieser Stelle Ol Kark gestanden hatte, und daß sie in Wirklichkeit hier alle miteinander auf Gräbern herumtrampelten. Der Bahnhof war voll von Menschen...«

Noch am gleichen Tag traf, vom Bremen über Vegesack kommend, der erste Transport junger polnischer Frauen und Männer ein. Die radikale Lehrerin schildert, wie eine kranzgeschmückte Lokomotive mit einer schier unendlichen Reihe von Personenwagen im Schlepptau mit weitem Schwung aus dem Wald in den Bahnhof einfuhr:

»Die legte sie wie ein gehorsames großes wildes Tier den Wartenden zu Füßen mit einer ordnungsgemäßen Fracht von 250 Polen, die hier abzuliefern waren. Der Zug stand. Sofort quoll aus dem Inneren der Wagen eine Menge fremdes Volk heraus, junge Männer und Frauen in wildem Durcheinander. Sie redeten, gestikulierten und machten sich in einer fremden Art unverständlich und lebhaft bemerkbar. Ihre Augen nahmen in wilder Neugier den Bahnhof, die Gegend und die Menschen in sich auf, um sich dann nach hinten zu wenden, ob auch die Freunde folgen würden.«

Auestraße
❸

Wer am Bahnhof durch den kleinen Eisenbahntunnel hindurchgeht, trifft auf Blumenthals Geburtsstätte: die Wasserburg *»Haus Blomendal«*. Man hat das Gefühl, in eine andere Zeit einzutauchen, so beeindruckend ist der Gegensatz zwischen der geschäftigen Welt vor dem Tunnel und dem Frieden um die Burg herum. Dabei hatten die Bremer von Anfang an nur Ärger mit der Wasserburg, denn sie war gegen den Willen der Stadt erbaut worden. Schon die erste Burganlage oberhalb des Auetals war ihnen ein Dorn im Auge gewesen. Ihre Bewohner, mehrere adlige Familien, darunter die *Stedinge* und die von *Oumünde*, lebten hauptsächlich von der Wegelagerei. Für die Bremer Kaufleute, deren Handelswege entlang der Weser hier vorbeiführten, muß die erste Burg ein wahres Räubernest gewesen sein.

Während des 2. Weltkrieges wurden im Hauptgebäude Leichtbauwände eingezogen, um Evakuierten und später Flüchtlingen eine Unterkunft zu bieten. Erst 36 Jahre nach Kriegsende erfuhren viele Blumenthaler zum ersten Mal, daß Haus Blomendal auch Lager für sogenannte Badoglio-Italiener war. So wurden italienische Soldaten beschimpft, die sich nach der Absetzung Mussolinis durch Marschall Badoglio weigerten, unter deutscher Führung weiterzukämpfen. In der nationalsozialistischen Gefangenenhierarchie rangierten diese Italiener auf der untersten Stufe — gleich neben den sowjetischen Kriegsgefangenen.

Einer dieser Italiener, *Attilio Buldini*, berichtet über die Leiden der Internierten, die Luftschutzstollen am Lesum- und Weserufer ausheben mußten und entsetzlich unter Hunger litten.

»Ich hielt mich mit Haarschneiden über Wasser. Den deutschen Wachleuten habe ich die Haare geschnitten... Einer, er hieß Schubert, ein Österreicher, hat sich einmal von mir die Haare schneiden lassen. Als Bezahlung hat er mir sein Eßgeschirr mit einem Rest Suppe gegeben. Bevor er sie mir gab, hat er in den Napf gespuckt und gesagt: Da fressen! Du Badoglio-Schwein! Ich habe die Spucke mit dem Löffel abgehoben, die Suppe gegessen und gedacht: Ich muß nach Hause! Ich muß nach Hause!«

Attilio Buldini bei seinem Besuch in Bremen

Attilio Buldini erinnerte sich an eine *Frau Neumann* mit ihren zwei kleinen Kindern. Sie wohnte damals in der Wasserburg und hatte den hungernden Gefangenen heimlich Eßbares durch den Stacheldrahtzaun hindurch zugesteckt. Einmal hatte sie ihn in ihre Wohnung gerufen, damit er den Kindern die Haare schnitt. »Sie hat mir, als ich damit fertig war, in der Küche zu essen gegeben: Kartoffeln mit Soße. Es war das einzige Mal in meiner Gefangenschaft, daß ich an einem deutschen Tisch etwas gegessen habe.« Vor einigen Jahren besuchte Attilio Buldini Blumenthal; nach fast vier Jahrzehnten saß er wieder in der Küche der Neumanns, um sich für deren Hilfsbereitschaft noch einmal zu bedanken.

1969 und 1971 entdeckten Handwerker in der Wasserburg beim Entfernen von Deckenputz zwei Holzdecken mit dekorativen Malereien aus dem späten 16. und frühen 18. Jahrhundert. Dargestellt sind die sieben Tugenden und die vier Elemente; daneben wurden Portraits des Bremer Bürgermeisters *Erich Heuer* und seiner Familie freigelegt. Sowohl die »Tugenddecke« als auch die Portraits wurden restauriert und sind Kunstwerke von einigem Rang.

Burgwall 2
❹

Der *Sattelhof* ist Blumenthals ältestes Gebäude und gehörte schon zum ersten Haus Blomendal. Wahrlich abenteuerliche Zeiten hat er hinter sich, der »freye sedelhoff, geheten der Borchwall.« Burgwall wurde der Sattelhof nach seinen Besitzern auch genannt.

Wer den Hof als »Freibauer« bewirtschaftete, brauchte nicht mit dem Grundherrn an dessen Kriegszügen teilnehmen, sondern hatte lediglich ein gesatteltes Pferd und einen Knecht zu stellen. Auch mußte er dafür sorgen, daß die Rittersleut nebenan in der Burg immer das nötige Fleisch und Brot auf den Tisch bekamen. Das wurde dann mit erbeutetem bremischen Bier begossen.

Der Sattelhof Burgwall hat die Jahrhunderte als bäuerliches Anwesen überstanden. Der letzte Sproß der Familie — ein Johann Burgwall — starb als Junggeselle 1874. Danach hat einer seiner Verwandten, so wird berichtet, neben der Landwirtschaft eine kleine Brauerei und Gastwirtschaft betrieben. Damals galt es wohl als »chic«, sonntags mit Kutschwagen einen Ausflug nach »Burgwall« zu machen, um »bei Hinrich Krudop *an den einfach gezimmerten Tischen unter den Kronen knorriger Bäume dicke Milch zu verzehren.«*

Auch dem Sattelhof drohte Mitte der fünfziger Jahre der Verfall, hätte sich nicht eine Initiative Blumenthaler Bürger dafür stark gemacht, aus dem heruntergekommenen Gehöft ein Freizeitheim zu machen. Um eine drohende Schließung im letzten Jahr zu verhindern, gründeten wieder Blumenthaler eine Vereinigung »Freunde des Sattelhofes«, die die Trägerschaft des Heimes übernahm. Was sich Blumenthaler in den Kopf setzen, das ertrotzen sie sich mit der Hartnäckigkeit ihrer Vorfahren aus dem »Räubernest«. Seit über 30 Jahren ist nun die alte Diele Mittelpunkt internationaler Begegnungen. Im Fachwerkfeld der Außenfront versinnbildlichen ein Wandrelief aus Ton — Josef und Kaleb bei der Rückkehr aus dem gelobten Land — den regen Jugendaustausch mit der südfranzösischen Stadt Lezignan / Corbières. Neben Franzosen gaben sich bisher junge Rumänen, Holländer und Chilenen, ebenso wie Polen, Tschechen, Russen und Israelis, im Sattelhof ein Stelldichein.

Bufobufo — die Erdkröten kommen! In jedem Frühjahr, wenn die Laichwanderungen der Erdkröten beginnen, treffen sich Jugendliche, um praktischen Tier- und Umweltschutz zu leisten. Ab Mitte März etwa wird die Straße Am Burgwall gesperrt, damit die Kröten zu ihren Laichplätzen im Teich des Wasserwerks ziehen können.

Landrat-Christians-Straße 95 ❺

Blumenthal hat sich um die *Kämmerei* herumgerankt. Sie ist die größte Steuerzahlerin und die größte Arbeitgeberin. Sie ist sogar — prahlt eine Jubiläumsschrift — größer als der Vatikanstaat. Was zeigt man einem Besucher Blumenthals von der Kämmerei? So wenig wie der normale Sterbliche in den Vatikan gelangt, ebenso wenig hat er Zutritt zum Fabrikgelände. Zwar stehen da keine Schweizer Gardisten mit Hellebarde, dafür aber uniformierte »Wachführer« der Werksfeuerwehr, die jeden abweisen, der unangemeldet hinein will.

Was geschieht eigentlich in einer Woll-Kämmerei? Wer es einfach haben möchte, dafür aber auch leicht verständlich, lese bei Tami Oelfken nach. Dort erklärt Fiete der Tine: »Sie werden Wolle anlaufen lassen aus Australien und Südamerika, und die wird hier gekämmt, und dann geht sie nach Mitteldeutschland, und dort wird sie gesponnen und gewebt. Wenn sie gewaschen und gekämmt wird, kommt viel Fett heraus, daraus machen sie auch noch irgend etwas. Vor uns dort auf der Luhner Plate soll eine chemische Fabrik gebaut werden für Seife und Salben!«

Die Bremer Wollkämmerei veredelt das Material für jedes zweite Kleidungsstück aus Kammgarn oder Wolle, das in der BRD hergestellt wird. Ex-

perten der BWK und der Rohwollimporteure, in deren Auftrag die Kämmerei arbeitet, stellen Wollen von gleicher Qualität zusammen. Das sind Verarbeitungspartien bis zu 1.000 Ballen und mehr. Die Ballen werden geöffnet und auf ein Transportband entleert. Von hier läuft alles vollautomatisch über fünf Stationen ab: Waschen, Krempeln, Vorstrecken, Kämmen, Fertigstrekken.

»Aus dem Fett machen sie auch noch was«, sagt Fiete. Bei der Wäsche der Rohwolle fällt Wollfett an; daraus wird Lanolin gewonnen. Das Wollfett ist die Ursache dafür, daß bei Westwind ganz Blumenthal von einem penetranten Gestank überzogen wird. Lanolin dient der Kosmetik-Industrie zur Herstellung von Handsalben, Sonnencremes, Lippenstiften und sogar Stillsalben.

Anfang 1987 präsentierte die BWK der Öffentlichkeit ein neues Projekt, das alle Probleme mit dem Wollwaschwasser lösen soll: eine Eindampf- und Feuerungsanlage. Allein das Modell, das gezeigt wurde, kostete rund 100.000 Mark. Die Bundesregierung ist von dem neuen Umweltschutz-Projekt so beeindruckt, daß sie sich mit 40% daran beteiligen wird.

Arbeiten auf der Baumwollkämmerei

Auf dem Dachboden des Bremer Polizeihauses wurden Anfang der achtziger Jahre Akten der Gestapo über Ausländerlager auf dem Gelände der Kämmerei gefunden. Es waren vor allem Evakuierungslisten für den sogenannten SS-Fall beim Herannahen der Front. Eines der Lager wurde mit »Langestraße 101« bezeichnet.

Landrat-Christians-Straße ❻

Ab 1942 waren in diesem Haus 98 polnische Jungen untergebracht, die mit einem Transport aus Posen zwangsweise hierher verschleppt worden waren. Sie sollten fehlende Arbeiter in der BWK ersetzen. Hinter dem Gebäude hatten früher die Stallungen für die Reitpferde von Direktoren der Kämmerei gelegen. Das Haus selbst ist einmal die Wohnung des Stallmeisters gewesen. Heute wird es nach beträchtlichen Umbauten von leitenden Angestellten der BWK bewohnt.

Einer der polnischen Jungen, der damals 14jährige Julian Nowak, *berichtet in dem Buch »Hungern für Hitler«:*

»Im Frühjahr 1942 wurden wir in ein kleines, einstöckiges Haus verlegt, das wir ›Betlejemka‹, das Bethlehemhäuschen, getauft haben... Die ›Betlejemka‹ lag bei der Langestraße, und es ging uns dort besser, weil wir jetzt eine richtige Waschküche hatten, die wir auch benutzen durften. Hier haben wir uns immer gewaschen — zwei bis vier Jungen gleichzeitig. Nach dem Waschen haben wir dann Jagd auf die Wanzen in den Kleidern gemacht, aber es war hoffnungslos.« Julian Nowak wurde bei der Verarbeitung von Leinen eingesetzt. Die Jungen arbeiteten in zwei Schichten, jede zwölf Stunden lang. Julian war »Auflader«; er mußte erst die Krempelmaschine mit Rohfasern beschicken und dann das fertige Band von der Maschine nehmen. Zwölf Stunden in völlig verstaubter, stickiger Luft ohne Entlüftungs- oder Entstaubungsanlage — das wäre auch für einen Älteren eine unmenschliche Quälerei gewesen.

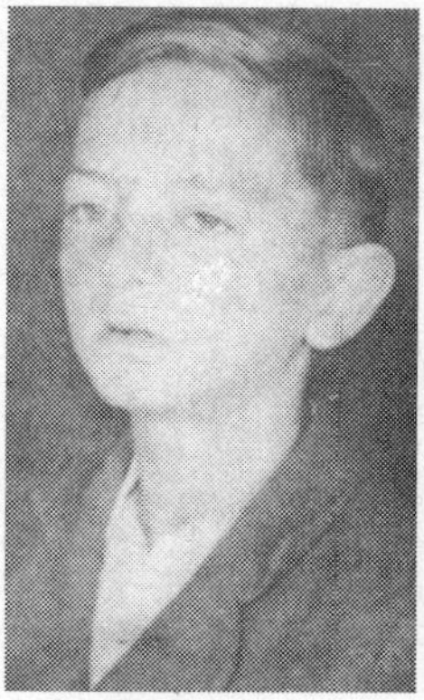

Julian Nowak

Landrat-Christians-Straße/ Westerstrandstraße

7

Tami Oelfken wuchs in einem Doppelhaus in der Nachbarschaft des Rathauses auf. Sie wurde 1888 geboren, besuchte die Vegesakker Mädchenschule und anschließend das Seminar der Klippenbergschule. Als Lehrerin kam sie politisch in Konflikt mit den Behörden und quittierte den Schuldienst, um in Berlin eine private »Elternschule« zu betreiben. Die Spuren ihres bewegten Lebens sind nahezu verwischt; ihre Bücher fast vergessen. Wer heute etwas von ihr lesen will, muß in einem Antiquariat stöbern oder in eine Bibliothek gehen. Längst wäre es an der Zeit, die Bücher dieser mutigen und streitbaren, von den Nazis verfemten Frau neu zu verlegen. Sie selbst nannte sich einmal eine »aktenkundige Salonbolschewistin«. Sie haßte jede Art von Unrecht, vor allem »diese braune Verlogenheit«. Aus ihrem schriftstellerischen Werk spricht eine Heimatliebe, die nicht verklärt, die unbequem ist und kritisch. Als Spartakistin wurde sie von ihrer Familie und ihrer Umwelt, wie sie es nannte, »mit Grauen ausgeschwitzt«. In der Nazizeit war sie als »staatsgefährdende« Person unter die Aufsicht der Gestapo gestellt. Ihr Roman »Maddo Clüver« entstand Ende der dreißiger Jahre, durfte aber nach ihrem Ausschluß aus der »Reichsschrifttumskammer« nicht in Deutschland erscheinen.

Das Geburtshaus von Tami Oelfken

Tami Oelfken sah in dem Roman eher eine sozialwissenschaftliche Studie als eine literarische Arbeit. Maddo Clüver war eine Blumenthalerin, die unweit vom Haus der Oelfkens einen Ladenbetrieb, heute die Bäckerei neben dem Postgebäude, betrieb. »... Da lag ihr Haus, tief im Schatten von vier alten Linden. Es hatte eine dunkelgrüne Barocktür, an deren linker Seite ein Schnörkelschild in Messing mit dem Namen Maddo Clüver angebracht war. Zwei Stufen führten hinunter in den immer kühlen, etwas dämmerigen Laden. Die roten Fliesen auf dem Boden waren wie geölt, sie waren vor kurzem mit Biestermilch gewischt. Maddo selbst, klein und runzelig, stand hinter dem dunkelgrünen Tresen und war dabei, die Messingschalen ihrer Waage zu putzen. In der Mitte des Tresens war ein Schlitz, durch den das eingenommene Geld verschwand. Rund um diesen Schlitz hatte sich im Laufe der Jahre eine Vertiefung gebildet wie ein Tal, so daß das Geld von selbst dort landete, wohin es gehörte, nämlich in den Bauch dieses grünen Ungetüms ...«

Tami Oelfken starb — kaum beachtet — am 17. April 1957 und wurde im Familiengrab auf dem Friedhof der reformierten Kirche in Blumenthal beigesetzt.

Auch französische Kriegsgefangene mußten auf der BWK schuften

Georg-Albrecht-Straße
8

Im Volksmund heißen sie heute noch »Kasernen«, die Wohnheime der BWK. Sie stehen in der Georg-Albrecht-Straße, genannt nach einem der Gründungsväter der Kämmerei. Mit ihrem Bau begann man Anfang 1885. Wo die neue Straße ans Weserufer stieß, reichte ein eisernes Geländer bis zum Fluß hinunter. Der Weg war mit Schlacken aufgefüllt. Zwei Kantinen offerierten dürftige Freizeitmöglichkeiten. In dieser Umgebung sollten die unverheirateten Arbeiterinnen und Arbeiter nach Geschlecht getrennt wohnen. 1888 bezogen 336 Frauen und 132 Männer ihre jeweiligen Flügel. Im Mittelbau, der die beiden Flügel trennte, war eine Küche mit zwei großen Speisesälen eingerichtet: im Parterre für die Frauen und im ersten Stock für die Männer. Ein Arbeiter mußte an Miete 14tägig 2,20 Mark, eine Arbeiterin 1,80 Mark bezahlen. Für das Essen wurden 14tägig 3,20 Mark berechnet. Bedenkt man, daß eine Arbeiterin zu der Zeit etwa 12,60 Mark in der Woche verdiente, so mußte sie für Kost und Logis rund ein Fünftel ihres Verdienstes aufbringen.

Für ihre Meister hatte die BWK zweistöckige Wohnhäuser errichtet. Sie stehen noch heute im unteren Teil der Georg-Albrecht-Straße. Es sind großzügig angelegte, in sich abgeschlossene Wohnungen. Die Meister der Kämmerei zahlten dafür nur ein rundes Sechstel ihres Einkommens. Ein halbes Jahrhundert später zogen erneut Polen in die »Kasernen« ein. Diesmal als Zwangsarbeiter. In seinen Erinnerungen an die »Kaserne Nr. 5« in der Albrechtstraße berichtet *Julian Nowak*:

»Gogol, der Lagerführer, hatte im Keller des Lagers in der Albrechtstraße eine Art Strafkammer eingerichtet. Dort wurden die Prügelstrafen vollstreckt, die uns wegen jeder Pflichtverletzung zudiktiert worden waren. Ausgeführt wurden die Strafen in der Regel von Poradczik, wobei ein genaues Strafsystem mit unterschiedlichen Härtegraden ausgeklügelt war. Die Zahl der Hiebe mit der Reitpeitsche wurde nach der Schwere der ›Verfehlungen‹ bemessen. Wenn Gogol gute Laune hatte, erlaubte er dem Delinquenten,

sich selbst die Peitsche auszusuchen. Davon hing eine reiche Kollektion an der Wand... Manchmal ließ er auch den ›Verbrecher‹ auf dem Weg vom Büro in die Strafkammer alle Ecken zählen. Dann gab es Schläge, soviel Ecken vorhanden waren.«

Heute werden die »Kasernen« von Arbeitsemigranten bewohnt. Sie wohnen in 2-Bett-Zimmern oder Einzelzimmern. Das Einzelzimmer kostete 1986 140 Mark. Auch in den inzwischen in der Albrechtstraße entstandenen Neubauten wohnen hauptsächlich Ausländer.

Bahrs Plate
⑨

Der ahnungslose Besucher des Erholungsparks *Bahrsplate* würde schaudern, wüßte er, was sich im Laufe der Geschichte auf diesem Terrain abgespielt hat. Dabei sind die Erzählungen über den Blumenthaler Fuhrmann und Gastwirt *Philipp Bahr*, nach dem die Bahrs Plate benannt worden ist, bereits Anekdoten. Er bewirtete Ende des 19. Jahrhunderts, als Napoleon gegen England die »Kontinentalsperre« verhängt hatte, nicht nur Schiffer, Bauern und Handwerker. Zu seinen Stammgästen gehörten auch Zöllner, die nach ihren Kontrollgängen bei ihm einkehrten. Kaum waren sie wieder fort, zeigte Bahr mit einer brennenden Sturmlaterne den Schmugglern, die in den Schilfgräben der damals völlig unwegsamen Plate warteten, daß die Luft rein war. Schmuggeln war damals so etwas wie eine patriotische Notwendigkeit.

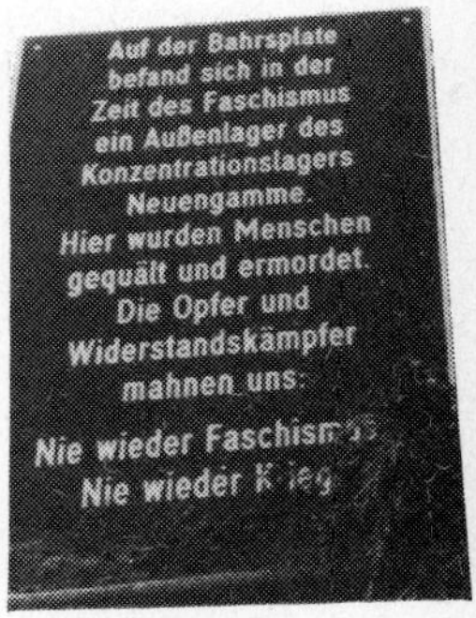

Schrifttafel auf der Bahrsplate

Keine Anekdoten, sondern grausame Realität sind die erschütternden Berichte über das Geschehen in den Lagern auf der Bahrs Plate während des letzten Krieges. Sie stammen nicht von Blumenthaler Anliegern, die die nächtlichen Schreie gehört oder die Galgen mit den Erhängten gesehen haben müssen. Die Mechanismen des Verdrängens und des Rückzugs in eine heile Welt funktionierten hier ebenso gut wie anderswo. Die Berichte stammen von überlebenden Opfern.

Zu den ersten Opfern auf der Bahrs Plate gehörten russische Kriegsgefangene. 1943, mit Baubeginn des Bunkers Valentin, wurde auch das Lager gebaut. Ab September 1944 kam ein Außenkommando des KZ Neuengamme dazu. Etwa 350 männliche und über 150 weibliche Häftlinge waren in 10 Baracken untergebracht. Sie mußten für die Deutsche Schiffs- und Maschinenbau AG und die AG Weser arbeiten.

Das Leben der Häftlinge in Blumenthal beschrieb der Pole Tadeusz Smolinski *in »Mai45: Die Tragödie der Häftlinge von Neuengamme«.*

»Als ich in das Außenlager kam, waren dort rund 1.000 Häftlinge. Die Sterblichkeit war sehr hoch. Jeden Monat wurden für die Abgänge 200 bis 300 neue Häftlinge geschickt. Die Lebensbedingungen waren ähnlich wie in anderen Lagern. Die Baracken waren mit drei Reihen Drahtverhauen umgeben, mit Scheinwerfern an den Ecken und außerhalb aufgestellten Posten. In den Baracken eine enorme Anzahl von Wanzen...«

Für geringe »Vergehen« bestrafte die SS die Häftlinge mit Erhängen, etwa wenn sie sich Stücke abgenutzter Transmissionsriemen unter die Schuhe nagelten. Als man dem Häftling Wojtcak den Strick um den Hals legte, rief er seiner Frau und den Kindern Abschiedsworte zu. Ein anderer Häftling rief: Es lebe Polen!

Von einer anderen Hinrichtung durch Erhängen berichtete *Zbyszko Matuszewski.* Aus sämtlichen Blumenthaler Lagern mußten die polnischen Männer in Kolonnen zum Russenlager Bahrs Plate marschieren. Dann sei ein LKW der SS gekommen, darauf ein gefesselter Pole. Auf einem zweiten LKW habe man eine junge Deutsche gebracht mit kahlgeschorenem Kopf und einem Sack als Kleid. Dann sei von einem SS-Führer das Urteil verlesen worden.

»Und selber ist der Pole dann auf den Schemel gestiegen. Hat nix gesagt. Und ihm wird die Schlinge um den Hals getan. Und sind doch alle Polen da und stehen und müssen anschauen. Und ihm wird doch keiner helfen. Stehen und schauen. — Wie viele SS? Zehn Mann oder zwölf? Mit Gewehre. Und 200 Polen. Ohne Waffen. Was wirst machen? Schreist als erster: ›Nu, helft ihm doch!‹ So ist der aufgehängt. Und das Mädel steht daneben. Hat ihm keiner geholfen. Ja. Solches war auch in Blumenthal. Paar hundert Meter weg von die Häuser. Und bei euch — da weiß keiner nix davon? Keiner in Blumenthal? Und keiner in Bremen? Niemand hat was gehört? Und nix gesehen? No, haben wir solches vielleicht nur geträumt. Solch bösen Traum. Megen sich nicht erinnern die Leute? Und ist nichts übergeblieben von solchem Traum? Schon alles vergessen? Ganz und gar?«

Mahnmal vor dem U-Boot-Bunker »Valentin« in Farge. In 12 Sprachen (Französisch, Russisch, Polnisch, Dänisch, Englisch, Griechisch, Italienisch, Niederländisch, Serbo-Kroatisch, Spanisch, Tschechisch, Ungarisch) steht darauf folgender Text: »Von 1943 bis 1945 wurden an diesem Ort Menschen aus vielen Ländern unter dem ›Nationalsozialismus‹ gefangengehalten und vernichtet. Mit ihrem Widerstand gegen die nationalsozialistische Unterdrückung kämpften sie für die Freiheit und die Achtung der menschlichen Würde.«

Eine Gedenktafel am Rande eines Rosenbeetes im Park ist geblieben. Wenigstens das.

Rekumer Siel

Als gigantischer Betonklotz oder als achtes Weltwunder wurde er von der Nachkriegspresse bezeichnet: der 120 Millionen Reichsmark teure U-Boot-Bunker mit dem Tarnnamen »Valentin« in Bremen-Farge. Das beim Bau verbrauchte Material hätte ausgereicht, um für 50.000 Menschen eine Stadt zu errichten. In ihm sollten von Bremer Werften U-Boote an einem kilometerlangen Fließband hergestellt werden. Der Bau begann 1943 und wurde Anfang April 1945 unterbrochen. Er wurde nie fertig.

Die Arbeitsbedingungen waren hart. Schlimmer jedoch waren die Lebensumstände, denen die 35.000 Zwangsarbeiter, KZ-Häftlinge, Arbeits- und Erziehungslager-Häftlinge, Kriegsgefangene ausgesetzt waren. Der KZ-Häftling Nr. 25925, der Sowjetbürger A.N. Machnew *berichtet:*

»Viele unserer Kameraden am Bunker Valentin konnten den Hunger nicht ertragen und rannten in die verbotene Zone, wo sie entweder erschossen oder erschlagen wurden. In unserem Bunker befand sich eine Luke, aus der viele vor Verzweiflung hinuntersprangen und zerschmettert liegen blieben.«

Die SS nannte das systematische Morden bürokratisch kurz »Vernichtung durch Arbeit«.

Eine Gruppe Franzosen, die überlebt hatte, traf sich 38 Jahre später am Bunker. Regelmäßig besuchten sie — lange unbemerkt von den Einheimischen — Farge als ehemalige Häftlinge des KZ-Außenlagers. Im Herbst 1983 wurde in ihrem Beisein ein Mahnmal vor dem Bunker eingeweiht.

Seit 1965 nutzt die Bundeswehr den Bunker als Depot. Den vom Antifaschistischen Arbeitskreis des Gustav-Heinemann-Bürgerhauses unterstützen Vorschlag, den Betonklotz von der Weserseite her — gut sichtbar für die internationale Schiffahrt — in vier Sprachen mit der Aufschrift »Nie wieder Krieg — Nie wieder Faschismus« zu versehen, lehnte die Bundeswehrführung bisher ab.

KZ-Häftlinge beim Bau des Bunkers »Valentin«

Eine der Rundbunker-Ruinen, die den KZ-Häftlingen als Unterkunft diente, ist von der Bundeswehr umzäunt und mit einer Hinweistafel versehen worden. Die Errichtung einer Mahn- und Gedenkstätte lehnte man ab.

Lagerstraße

Kurz vor der Befreiung der Häftlinge durch britische Einheiten sollten alle noch lebenden Zeugen der »Vernichtung durch Arbeit« verschwinden. In Farge wurden Gefangene aus Meppen/Ems, aus Blumenthal sowie aus verschiedenen anderen Lagern eilig zusammengezogen. SS trieb die erschöpften Häftlinge im Gewaltmarsch nach Bremervörde. In Meyenburg wurden schon die ersten Ermatteten erschossen. Von Bremervörde aus ging es im Zug über Neuengamme zur Lübecker Bucht. Die Verschleppung endete in der Lübecker Bucht auf den Schiffen Cap Arcona, Thielbeck und Athen. Die Schiffe waren tödliche Fallen. Die RAF bombardierte sie und beschoß sie mit Maschinengewehren. Nur wenige Gefangene überlebten.

40 Jahre später ist im Rahmen einer Gedenkveranstaltung eine Gruppe von 60 Menschen aus Bremen-Nord den Spuren dieses Todesmarsches nachgegangen.

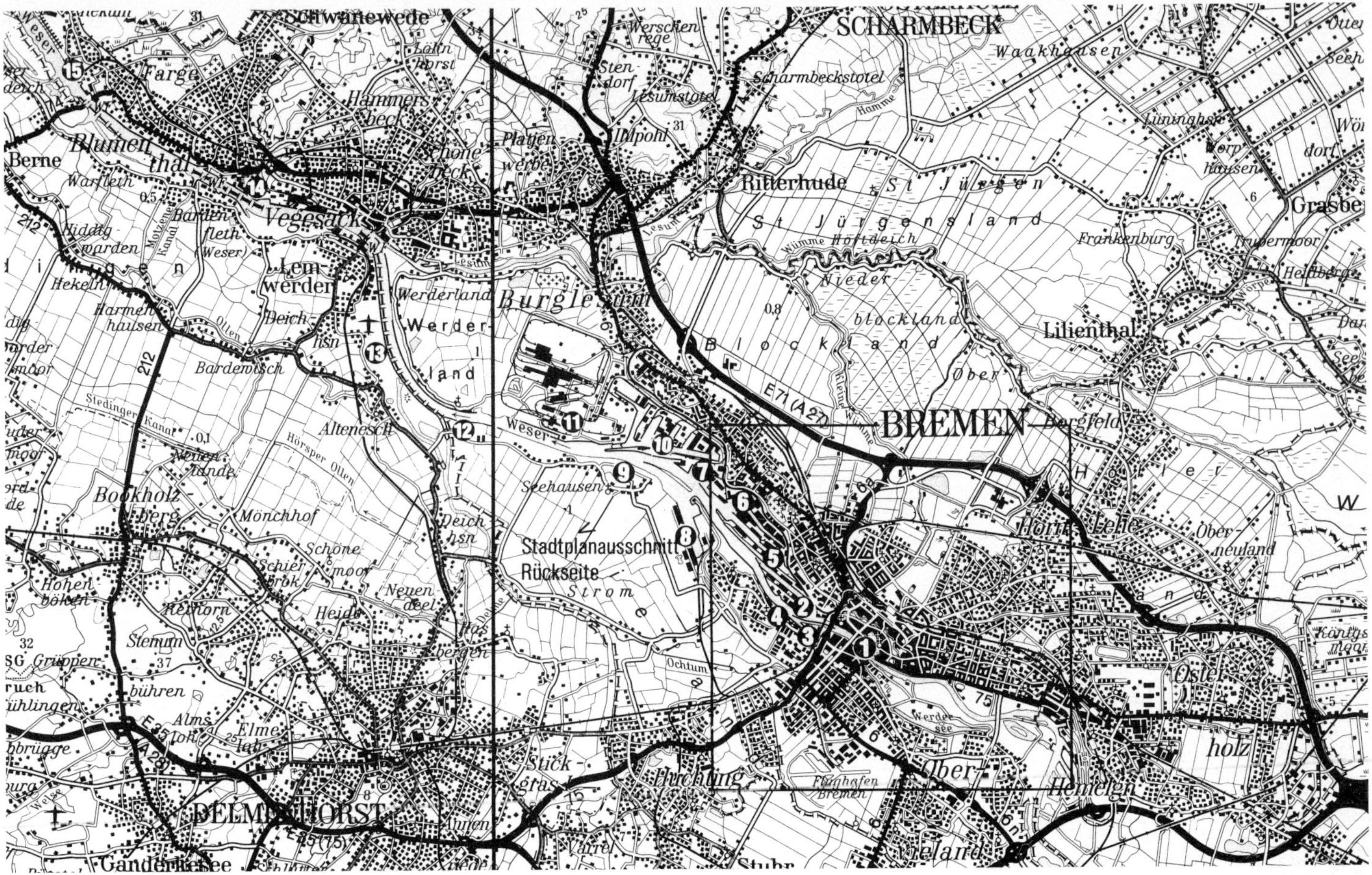
SCHARMBECK
BREMEN
Stadtplanausschnitt
Rückseite
Vegesack
Burglesum
Ritterhude
Lilienthal
Blumenthal
Farge
Berne
Lemwerder
Werderland
Blockland
Niederblockland
St Jürgensland
Seehausen
Strom
Alteneschi
Bardewisch
Bookholzberg
Mönchhof
Stenum
Huchting
Oberneuland
Osterholz
Hemelingen
Flughafen Bremen
E71 (A27)
Ochtum
Weser
1
2
3
4
5
6
7
8
9
10
11
12
13
14
15

»Leider von mir ist gar nichts zu sagen...«

Eine Weserfahrt

von Frank Thomas Gatter und Mechthild Müser (nach Materialien von Willy Hundertmark und Achim Saur)

Ausgangs- und Endpunkt:	*Weserfahrt Bremen - Farge - Bremen (Dauer ca. $4^1/_2$ Stunden); über die Dinge, auf die es ankommt, informieren Robin Wood, Greenpeace und VVN-BdA auf gesondert angebotenen Rundfahrten (siehe auch praktische Tips am Schluß des Buches)*

Martinianleger
❶

Im August 1841 legte an der Schlachte ein Dampfschiff nach Bremerhaven ab. Mit von der Partie ein Chronist, dessen Bericht seine Mitreisenden — Kaufleute, kleine Handwerker, Küper und Bauern — sicher mit unterschiedlichem Vergnügen gelesen hätten:

»Heute war eine sonntägliche Lustfahrt nach Bremerhaven veranstaltet, und zwar zu herabgesetzten Preisen, wobei dann jeder die Gelegenheit nutzte, der See ein wenig näher zu kommen und dabei einige große Schiffe zu sehen. Es war mir merkwürdig, daß die Gewinnsucht, die sonst fortwährend auf eine Geldaristokratie hinarbeitet, hier auch einmal der Demokratie einige Konzessionen machte. Die Preiserniedrigung machte den Unbemittelten die Teilnahme möglich, und dazu war der Unterschied zwischen erster und zweiter Kajüte aufgehoben, was in Bremen, wo die höheren Stände nichts mehr scheuen als gemischte Gesellschaft, sehr viel sagen will.«

Berichterstatter für das »Morgenblatt für gebildete Leser« war der 21jährige *Friedrich Engels*, der damals in Bremen lebte. Der neue Seehafen Bremens, Bremerhaven, zog in jenen Jahren Neugierige in Scharen an. Die starke Weserversandung, bedingt durch Raubbau an den vormals bewaldeten Weserufern, hatte zur Aufrechterhaltung des überseeischen Handels sowohl Bremerhavens Gründung als auch ständiges Ausbaggern des Flusses — die Weserkorrektion — nötig gemacht. »Sorgt vor allem für die Tiefhaltung der Weser«, mahnte der Senator *Arnold Duckwitz* 1848. Zu seinen Lebzeiten war die Ankunft eines größeren Schiffes noch ein Ereignis an der Schlachte — heute laufen allein jeden Monat 400 in bremische Häfen ein. Doch unabhängig von der Zahl ankommender Schiffe und unabhängig vom Hafen, in dem sie anlegten — das Wissen um die Bedeutung des Flusses als Lebensnerv der Stadt war Bremen immer präsent, bei den Passagieren »Erster Kajüte«, den Kaufleuten, wie auch bei denen »Zweiter Kajüte«, den Küpern, Kranführern, Seeleuten, Bootsausrüstern und Schiffszimmerern. Aus ihrer Sicht stimmt nicht, was Schiller 1797 in den »Xenien« die

Weser sagen ließ: »Leider von mir ist gar nichts zu sagen, auch zu dem kleinsten Epigramme, bedenkt! Geb ich der Muse nicht Stoff!«

Den Zusammenhang von Seefahrt und Stadtbild erlebte jeder Reisende des 19. Jahrhunderts, dessen Boot noch am Weserufer anlegte. Links und rechts des alten Hafens wie auf dem gegenüberliegenden Teerhof erhoben sich die Packhäuser der Handelsfirmen und rahmten die Bürgerhäuser hinter den Liegeplätzen ein.

Hinter dieser Kulisse trennten sich allerdings die Wege der Hafenarbeiter und der Kaufleute. Die Hafenarbeiter strebten in dies Armeleutequartier um die Stephanikirche oder in den hochwassergefährdeten Schnoor. Die Kaufleute lenkten ihre Schritte in die benachbarten Kontore an der Langenstraße oder in die repräsentablen Bürgerhäuser der Obernstraße, in unmittelbarer Nähe des Marktplatzes, dem politischen Zentrum der Stadt. Einem Zentrum, das sie als Eigentum ihrer Klasse ansehen durften, denn bis zur Revolution von 1918 war die vielbeschworene hanseatische Liberalität ein Privileg der Herren mit Zutritt zur Handelskammer.

Sie war daher in der Tat ein besonderes Ereignis, die von Friedrich Engels beschriebene Vermischung »höherer Stände« mit dem »gemeinen Volk«, verursacht durch das Gewinnstreben eines findigen Reeders. Kein unerklärliches Ereignis gleichwohl: Wo das bremische Handelskapital ein Geschäft riecht, da ist ihm gleichgültig, was transportiert wird. Ob Lustreisende nach Bremerhaven oder Auswanderer in die Neue Welt, Tabak oder Baumwolle, Rüstungsgüter in eindeutiger oder verschleierter Form, stets sind findige Unternehmer zur Stelle, die einen Profit aus der transportierten Ware zu schlagen verstehen.

Eine dieser Firmen residiert heute an der Wilhelm-Kaisen-Brücke, die Spedition *Kühne & Nagel.* Nach Berichten des »Spiegel« war sie 1980 bei einem illegalen Waffentransport von 1000 Mauser-Gewehren an das Apartheid-Regime von Südafrika beteiligt. Dafür wurden in Großbritannien drei Londoner Waffenhändler zu Haftstrafen bis zu 9 Monaten verurteilt. Kühne & Nagel, die den Transport der heißen Ware übernommen hatte, blieb unbehelligt. Ein Jahr später war die Firma in einen illegalen Waffentransport von Panzerabwehrwaffen in den Iran verwickelt. 1984 dann

Die aufgrund von Aktivitäten einer Bürgerinitiative wieder in Betrieb genommene Sielwallfähre »Hal Över«

handelte es sich um eine nicht genehmigte Lieferung von Elektronik der Firma Siemens an Namibia. Daneben unterhält die Firma geschäftsträchtige Verbindungen zum Chile des Generals Pinochet; das chilenische Konsulat befindet sich praktischerweise im Haus des Unternehmens. Hier logierten auch die chilenischen Offiziere, die bei der Bremer Firma Elektro Spezial U-Boot-Krieg spielen durften.

Oberhalb der Wilhelm-Kaisen-Brücke überspannen zwei weitere Brükken die Weser: weit draußen, schon auf niedersächsischem Gebiet, die Autobahnbrücke und die 1970 fertiggestellte Werderbrücke, im Volksmund wegen der Erdbeerfelder drüben in Habenhausen Erdbeerbrücke genannt. Zwischen ihnen ist noch ein Übergang über die Weser möglich: Beim alten Wasserwerk kreuzt der Radwanderweg in die Habenhauser Gemarkung den Fluß. Das Kraftwerk ist ein Paradebeispiel gründerzeitlichen Zweckbaus: 1912 nahm es den Betrieb auf und produzierte 75 Jahre lang ökologisch sauberen Strom. DGB und Grüne treten für seine Erhaltung ein. Dadurch bliebe auch ein bei Bremer Familien und Wohngemeinschaften gleichermaßen beliebter Spaziergang erhalten: mit der Fähre »Hal Över« auf den Werder, durch das Parzellengebiet um den Werdersee, unter der Erdbeerbrücke hindurch zum Kraftwerk und über das Weserwehr zurück; mit Rückweg die Wehrpromenade entlang macht das zweieinhalb Stunden.

Wer am Samstag nach dem 6. Januar in der Gegend des Osterdeichs drei orientalisch anmutende Herren in Begleitung eines

Ein Schneider und drei Könige: Die Eiswette

schmächtigen, mit Bügeleisen bewaffneten Schneiders antrifft, soll sich nicht wundern. Sie kommen soeben von der *Eiswette*, einem bis 1829 zurückgehenden Brauch, demzufolge der Kleidermacher mit dem Plätteisen in Anwesenheit der Heiligen Drei Könige festzustellen hat, ob die Weser zugefroren ist, ob »sie geht oder steht«. »Sie geht«, lautet seit vielen Jahren das Urteil, denn die Weser friert ob ihres hohen Salzgehaltes und wegen der Weserkorrektion nicht mehr zu.

Weserabwärts fährt das Boot unter der Bürgermeister-Smidt-Brücke, der Stephanibrücke und der Eisenbahnbrücke hindurch. Die erste der drei hieß früher Kaiserbrücke und war bei der Verteidigung der Sozialistischen Republik Bremen im Februar 1919 einer der schwer umkämpften Punkte der Stadt. Die Stephanibrücke hatte ebenfalls eine Vorgängerin, die 1939 errichtete Adolf-Hitler-Brücke, für deren Bau ein Teil der westlichen Altstadt abgerissen worden war. Die Eisenbahnbrücke schließlich entstand 1866 in Zusammenhang mit dem Bau der Bahnstrecke nach Oldenburg. Schon einige Jahre vorher war unterhalb dieser Brücke der Weserbahnhof entstanden. Eisen und Stahl machten den alten Verkehrsmitteln Segelschiff und Pferdefuhrwerk in jenen Jahren Dampf.

Stephanitorsbollwerk/Weserbahnhof ❷

Seit den 20er Jahren des 19. Jahrhunderts liefen die ersten Dampfschiffe in die Weser ein; Bremer Reeder stiegen auf das neue Transportmittel um. Typisch für den Wandel der Geschäftsformen war der steile Aufstieg des Kaufmanns *Dietrich Wätjen.* 1809 nach Bremen zugezogen, begann er 1920 einen Handel mit Rohtabak, einer der profitabelsten Handelsbranchen seiner Zeit. 1827 besaß er bereits vier Schiffe, 1831 waren es elf und 1869 bestand seine Handelsflotte aus 25 Schiffen. Nach zwanzig Geschäftsjahren war sein

Vermögen von 150 000 Talern auf 1 Million gestiegen. Wätjen legte es in zwei Zukunftsbranchen an: Eisenbahn und Dampfschiffahrt. 1846 beteiligte er sich mit 200 000 Talern an einer Eisenbahnlinie, und ein Jahr darauf zeichnete er eine Anleihe zur Finanzierung einer Dampfschiffahrtslinie in Höhe von einer Million Taler. Eine weitere Säule seines Geschäftes war die Auswandererbranche.

Vor allem verarmte Bauern und Landleute waren es, die vom Traumland jenseits des Ozeans ihr Glück erhofften. In der ersten Auswanderungsphase über Bremen nahm das Geschäft mit diesen Hoffnungen mitunter den Charakter eines Sklavenhandels an. Die Auswanderungswilligen bekamen für ihre Überfahrt Reisekosten und Verpflegung vorgeschossen. Angekommen, durfte sie der Kapitän für einige Jahre in die Dienstherrschaft eines Amerikaners verkaufen. Diese Transaktion fand während der Liegezeit in amerikanischen Häfen statt und geschah auf einer öffentlichen Versteigerung. Wer nicht losgeschlagen werden konnte, bekam den Freipaß. Diese bis 1820 praktizierte Form der Auswanderung erbrachte pro verkauftem deutschen Auswanderer zwischen 20 und 26 Pfund. Ab 1830 entwickelte sich das Auswanderergeschäft zu einem festen Bestandteil der bremischen Wirtschaft. Clevere Makler hatten das Geschäft der Rekrutierung übernommen. In Städten wie Frankfurt, Würzburg, Nürnberg errichteten sie Agenturen, die den Transport der Angelockten nach Bremen organisierten. In der Blütezeit des Geschäftes zwischen 1830 und 1880 bestiegen 1,8 Millionen Auswanderer Schiffe nach den Vereinigten Staaten. Eines dieser Auswandererschiffe hat auch der junge Engels in seinem anonym erschienenen Artikel beschrieben: »Um das ganze Zwischendeck läuft eine Reihe Betten herum, mehrere nebeneinander und je zwei übereinander. Eine drückende Luft herrscht hier, wo Männer, Weiber und Kinder wie die Pflastersteine auf der Straße aneinander gepackt liegen, Kranke neben Gesunden, alles zusammen. Man stolpert jeden Augenblick über einen Haufen Kleider, Geräte und dergleichen; hier schreien kleine Kinder, dort hebt sich ein Kopf aus dem Bette. Es ist ein trauriger Anblick; und wie mag es erst sein, wenn ein anhaltender Sturm alles übereinander wirft und die Wellen übers Verdeck jagt, so daß die Luke, die allein noch frische Luft herein läßt, nicht geöffnet werden kann!«

Am alten Sicherheitshafen
❸

An Bord gingen die Auswanderer im alten Sicherheitshafen am linken Weserufer. Er zweigte dort, wo das Segelschulschiff noch einen Eindruck einer Atlantiküberquerung mit dem Segelschiff vermittelt, rechtwinklig ab. 1877 konnte nur noch jedes dritte nach Bremen bestimmte Schiff die Stadt anlaufen: Selbst bei Hochwasser waren nur 2 Meter Tiefgang sicher. Die kleinen Schiffe, denen diese Verhältnisse keine Probleme bereiteten, faßten aber nur 5 % der anlandenden Waren. Mit der Weserkorrektion sollte Bremen auch für

Hohentorshafen
❹

Schiffe mit 5 Meter Tiefgang wieder zugänglich werden. Verwirklicht wurde dieses Ziel durch den Ausbau der Weser zu einem trichterförmigen Kanal ohne Inseln und Seitenarme. Die dadurch vor allem bei Ebbe erhöhte Strömung sollte das versandete Flußbett räumen und vertiefen. Die veranschlagten Kosten von 30 Millionen Reichsmark überstiegen jedoch die finanziellen Möglichkeiten der Stadt. So war der Senat von einer Hilfe des Reiches abhängig, was weitreichende Folgen haben sollte. Er mußte den bis dahin hartnäkkig aufrecht erhaltenen Widerstand gegen einen Beitritt in das deutsche Zollgebiet aufgeben.

Mit den damals in Walle enstehenden neuen Häfen waren die Vorraussetzungen für eine Bremer Beteiligung an der allgemeinen Expansion der Weltwirtschaft geschaffen. Zwanzig Jahre nach dem Freihafen war der heutige Überseehafen in Betrieb; die Industriehäfen entstanden. Zwischen beiden Häfen liegt — Symbol für die vollzogene Industrialisierung der ehemalig reinen Handelsstadt — die Großwerft der AG Weser. Auf ihr liefen die Dampfschiffe der Bremer Reedereien vom Stapel. Die neuen Seefahrerhelden waren Industriearbeiter. Zu einem Drittel bestand die Besatzung der Schnelldampfer aus Maschinenpersonal, vor allem Feuerleute, d.h. Heizer und Kohlenzieher. Die Arbeit dieser Leute war so hart, daß in der bremischen Bürgerschaft der Ruf nach dem Fabrikeninspector und dem Schwurgericht laut wurde. Ein Abgeordneter führte Klage, daß »auf den großen Dampfern des Norddeutschen Lloyd die Kohlenzieher durch Dampf und Qualm gemordet werden«. Selbstmorde von Arbeitern vor den Kesseln wurden bekannt: allein von 1889 bis 1914 224 Fälle, fast alles Kohlenzieher.

Ein Dampfschiff des Norddeutschen Lloyd der Linie Bremen-New York, Anfang der 20er Jahre

Die Kohlenzieher oder Trimmer mußten die Kohlen aus den Bunkern vor die Kessel schaffen. Nach Berichten des Seeamtes hatte ein Kohlenzieher auf einer vierstündigen Wache 60 bis 80 Körbe, umgerechnet an die 4 Tonnen, vor die Kessel zu schleppen. Diese Arbeit fand auf engstem Raum statt ohne Schutz vor der Hitze der Kessel. Je nach Wetterverhältnissen und Klimazone betrug die Temperatur am Arbeitsplatz zwischen 25 und 60 Grad Celsius, doch war die untere Grenze eher Ausnahme als Regel. 1889 rekonstruiert das Bremerhavener Seeamt den Selbstmord eines solchen Kohlenziehers. Nach 20tägiger Reise war ein fast 18jähriger Kohlenzieher aus Verzweiflung über die unerträglichen Belastungen über Bord gesprungen.

»Busch arbeitete bei Beginn der Reise und auch noch nach der Abfahrt des Schiffes von Antwerpen gut. Bald darauf äußerte er aber schon auf seinem Zimmer, er könne die Hitze im Heizraum nicht aushalten. Wie der Zeuge Mager bekundet, entzog sich auch Busch zwei Tage vor seinem Tod der Arbeit in der Weise, daß er sich während seiner Wache an Deck versteckt hielt. Zur Strafe hierfür mußte er auf Anordnung des zweiten Maschinisten Neumann zwei Stunden lang auf der zweiten Wache nacharbeiten. Nach diesem Vorfall erklärte Busch noch mehrmals während der Woche, er könne die Arbeit wegen der Hitze nicht aushalten. Auch wurde er sehr lässig und mußte wiederholt vom Maschinisten Neumann zur Arbeit angehalten werden. Nunmehr äußerste er mehrfach die Absicht, sich das Leben zu nehmen. Auch sagte er zu seinen Arbeitsgenossen während der Wache, sie möchten ihn mit der Kohlenschaufel vor den Kopf schlagen, damit er todt sei.« An einem besonders warmen Tag leidet er noch stärker. Seine Krankmeldung wird wegen eines fehlenden Ersatzmannes aber abgewiesen und er erhält von seinem Maschinisten eine »leichte Ohrfeige«. Was dieser Seemannsjargon zu bedeuten hat, läßt sich ahnen. Als er zum Wasserholen an Deck geschickt wird, schwingt er sich auf die Reling und springt. Das Rettungsboot kann ihn nicht mehr erreichen. »Ein heruntergekommener Mensch, dem am Leben nichts liegt, war Busch offenbar nicht«, schließt der Bericht, »vielmehr schien er gut veranlagt, strebsam und tüchtig im Beruf, dabei moralisch von guten Grundsätzen gewesen zu sein; auch körperlich war er nach Aussagen der Zeugen im übrigen kräftig und gesund.«

Die Verzweiflungstat ist nur vor dem Hintergrund der brutalen Disziplinierungen an Bord verständlich. In einem vertraulichen

Schreiben an den Reichskanzler berichtete ein überseeischer Konsul über die Verhältnisse auf den Schiffen der bremischen Reederei Rickmers. »Degradation, Beschränkung der Rationen, Tätlichkeiten und Einsperrungen sind an der Tagesordnung.« Als Ursache vermutete er das Bestreben der Reederei, die Kosten für eine ausreichende Besatzung einzusparen. Zur Unterdrückung des so provozierten Unmuts blieb letztlich nur Gewalt.

In einem ähnlichen Schreiben nach Berlin unterrichtete 1884 ein empörter Passagier den Kanzler über Mißhandlungen an Bord der »Elbe«, einem Dampfer des Norddeutschen Lloyd. »Ungefähr auf der Höhe von Cap Sable wurde der Kohlenzieher Wilhelm Graf... von dem Heizer Plänk mit Beihülfe von anderen ermordet. Protegiert wurde der Mord vom zweiten Maschinisten Sander. Am Abend desselben Tages sprang der Kohlenzieher Peter Henniger... über Bord, nachdem er vergeblich 100, 200, zuletzt 300 Mark geboten hatte, man solle ihn von der Arbeit, da er seekrank, dispensieren und am Leben lassen. Ich selbst sah am Nachmittag des 29. Juli, wie vier Feuerleute den Peter Henniger unter unsäglichen Mißhandlungen in den Feuerraum schleppten.«

Überseehafen ❺

Der gesamte Umschlag in den Bremer Häfen wird seit 1906 von der Bremer-Lagerhaus-Gesellschaft organisiert. Da der Senat in der BLG die Mehrheit der Aktien hält, wäre er in der Lage, zahlreiche der heute in Bremen abgewickelten Rüstungsgeschäfte zu blokkieren. Seit Jahren bemüht sich die *Arbeitsgruppe gegen Rüstungsproduktion und Waffenhandel* Licht in das Dunkel dieser Geschäfte zu bringen. So ist die 1857 gegründete Firma Dauelsberg eines der ältesten Maklerbüros Bremens. Das Unternehmen begann ursprünglich im Auswanderergeschäft, heute ist es vorrangig Vertreter zahlreicher wichtiger Reedereien, darunter auch der Deutsch-Afrika-Linie. Über diese Reederei war die Firma an illegalen Waffentransporten nach Südafrika beteiligt. Mit der Lieferung von Siemens-Computern für die namibische Rössing-Mine und den Transport von Namibia-Uran verstieß sie gegen ein geltendes UNO-Dekret. Im gleichen Gebäude wie der Makler Dauelsberg befindet sich die Reederei D. Sander. Sie vermietete 1978 das Boot »Moon River« an einen Dänen, der damit 12 000 Geschoßhülsen illegal nach Südafrika transportierte. Diese Geschoßhülsen für ein Artilleriesystem von dem bekannten Rüstungskonzern Rheinmetall produziert, können atomar bestückt werden. Der Mieter des Schiffes wurde von der kanadischen Zollpolizei gestellt und in seiner Heimat zu einer Geldstrafe von rund 10 000 Mark verurteilt.

Umfangreiche Militärlieferungen verließen die Bundesrepublik über Bremen in den Irak, obwohl es sich damit um Waffenlieferungen in ein kriegführendes Land handelte. Geliefert wurden nach Angaben der Arbeitsgruppe: 500 Panzertransporter, Militärlaster und Unimogs der Firma Daimler-Benz, Range-Rover-Fahrzeuge mit Militärelektronik von AEG. Die Fahrzeuge der Firma Mercedes wiesen eindeutige militärische Kennzeichen auf, Tarnanstrich, Schießluken, Nato-Anhängerkupplungen sowie Leitkreuze an der Hinterachse für das Kolonnefahren im Dunkeln. Die Aufmerksamkeit der Medien veranlaßte die beteiligten Firmen zu Stellungnahmen, in denen sie von »ganz normalen, zivilen Gütern« sprachen. Die Schießluken verwandelten sich in den Dementis in Belüftungsschächte. Da auch das Bundeswirtschaftsministerium diese Definition übernahm, endeten die Verfahren gegen die beteiligten Firmen mit Einstellung.

Die Beispiele sind wahrscheinlich nur die Spitze eines Eisberges. Ein Großteil des Waffenexports der Bundesrepublik, mittlerweile Abonnent eines Spitzenplatzes in der Weltrangliste des Rüstungsexports, wird offenbar über Bremen abgewickelt. Ausgezeichnet läuft auch — ungeachtet des UNO-Handelsembargos gegen Südafrika — der Handel zwischen Bremen und dem Apartheid-Regime. Nach 1970 erhöhte sich innerhalb von 12 Jahren das Handelsvolumen von 250 000 auf 580 000 Tonnen. Im Dezember 1983 reiste der südafrikanische Konsul in Bremen, hier übrigens Vorsitzender des Vereins der Exporteure und auf Spitzentreffen Bremer Wirtschaftskreise stets vertreten, mit einem Repräsentanten der Lagerhausgesellschaft ans Kap, um die bisherigen Beziehungen zu intensivieren. Angesichts politischer Schwierigkeiten im Rotterdamer Hafen erblickt die Bremer Wirtschaft mögliche Umsatzsteigerungen. Ähnlichen Zwecken dürften Gespräche Bürgermeister Koschniks mit dem südafrikanischen Botschafter und der Handelskammer im März 1984 gedient haben.

Zur Ehrenrettung, wenn nicht der Bremer Wirtschaft so doch des Senats, sei nicht verschwiegen, daß Bremen das einzige Bundesland ist, in denen Vertreter von Befreiungsbewegungen wie der SWAPO Namibias nicht nur freundlich empfangen, sondern punktuell durch konkrete Zusammenarbeit und finanzielle Förderung von Projekten auf sozialem und kulturellem Gebiet unterstützt werden. So versuchen einzelne Bremer Beamte und Politiker durch ihr Engage-

Der Überseehafen in den 50er Jahren

ment einen Teil dessen wiedergutzumachen, was im Hafen geschieht.

Das Bremer Handelskapital war von jeher in Kolonialismus und Imperialismus tief verstrickt. Nicht zufällig war der Vorsitzende der Bremer Abteilung in der deutschen Kolonialgesellschaft ein Kaufmann, *Eduard Alfred Achelis.* Es war sein Vater, damals Präsident des Norddeutschen Lloyd, der die Abteilung gegründet hatte. Das Credo der Bremer Kaufmannschaft in bezug auf die Weser kam 1909 in einem Beitrag zur Diskussion der Bürgerschaft über eine eventuelle Brücke zwischen Woltmershausen und Walle plastisch zum Ausdruck: »Die Bürgerschaft hat Millionen hineingesteckt in die Vertiefung der Weser. Die Bürgerschaft hat Millionen in die Häfen gesteckt und steckt sie noch hinein, und nun kommt aus unseren Kreisen der Antrag, hier diese freie Weser zu verstopfen, gewissermaßen der Henne, die uns goldene Eier legen soll, den Hals umzudrehen.«

Bei dieser »Eierproduktion« waren weder bremische Unternehmen noch Hafenverwaltung je sonderlich wählerisch in ihren Mitteln. Das belegt auch der Umgang mit Zwangsarbeitern im nationalsozialistischen Bremen. In und um die Hafenbetriebe herum waren Tausende von Zwangsarbeitern im Einsatz. Im Getreidehafen lag das Schiff »Admiral Brommy«, auf dem während des 2. Weltkrieges über 1000 Zwangsarbeiter unter unmenschlichen Bedingungen lebten. Nicht weit davon entfernt befand sich ein Barackenlager für Frauen. Auf dem Fabrikenufer waren die Schuppen 9 und 10 in Zwangsarbeiterlager umfunktioniert worden. Hier hausten insgesamt über 1600 Gefangene. Daneben gab es noch eine Reihe kleinerer Lager, so an der Straße »Am Holzhafen«.

Getreidehafen
❻

In unmittelbarer Nähe des Werfthafens ragt eine Halbinsel in die Weser. Dort steht wie auf einer Anhöhe das Bürohaus des Spediteurs »Lexau, Schabau & Co«. Die Anhöhe wird erzeugt durch den U-Bootbunker »Hornisse«, in dem U-Boote ausgerüstet bzw. repariert werden sollten. Auch zum Bau des Bunkers mußten Zwangsarbeiter herhalten. Als die Lagerstärke von 440 auf 240 Mann gesunken war, sorgte die SS-Baubrigade dafür, daß KZ-Häftlinge aus dem Hamburger Konzentrationslager Neuengamme hergeschafft wurden. Auch wenn der Bunker vor Kriegsende nicht fertig wurde, erreichte die Werft AG Weser mit den Rüstungsaufträgen der NS-Kriegsmarine und aufgrund der Ausbeutung der Zwangsarbeiter Produktionsrekorde. War die Zahl der in der Werft Beschäftigten nach Fertigstellung des Luxusdampfers »Bremen« 1929 von 9.000 auf 670 gesunken, so hatte sie um 1940 16.000 erreicht.

Werfthafen
❼

In unmittelbarer Nähe von Werft und Bunkerruine ereignete sich nach Kriegsende ein Zwischenfall, der die Bremer Machtverhältnisse in der Zeit der amerikanischen Besatzung charakterisiert. Die beiden SED-Vorsitzenden *Otto Grotewohl* und *Wilhelm Pieck* hatten mit dem Senat und der amerikanischen Militärregierung Gespräche geführt, bei denen es in der Hauptsache um die Behandlung der vier Besatzungszonen als einheitliches Ganzes ging. Die Gespräche verliefen ergebnislos. Als eine Delegation mit den beiden SED-Politikern zu einer Hafenbesichtigung in das Wendebecken vor dem Überseehafen einlaufen wollte, feuerte ein US-Kanonenboot einen Schuß vor den Bug des Schleppers ab. Damit war die vorher erteilte Genehmigung für die Besichtigung der Häfen aufgehoben.

Neustädter Hafen/Container-terminal ❽

Nicht weit vom Überseehafen liegt der Neustädter Hafen mit dem Container-Terminal. In ihm versank Anfang der 60er Jahre das Dorf Lankenau sowie ein Teil von Seehausen. Mit dem Bau des Neustädter Hafens verlor das Fährschiff Gröpeln seine Funktion. Auf Anregung eines SPD-Politikers schenkte Bremen das Boot der jungen Republik Nicaragua. Bei der Überführung zum Nicaraguasee lief die Gröpeln auf eine Sandbank und konnte wegen der starken Contra-Operationen in dem Gebiet lange nicht geborgen werden. Erst Ende 1986 erreichte sie ihren Bestimmungsort.

Klärwerk Seehausen ❾

Verschwunden ist auch der einstige kilometerlange Sandstrand am linken Weserufer. Er begann ursprünglich hinter dem Hohentorshafen und zog sich bis Hasenbüren hin. Die Verwandlung des Flusses erst in einen Schiffahrts-, dann noch in einen Abwässerkanal, hat dieses Badeufer für Besucher des Bremer Westens und aus Woltmershausen in Vergessenheit gebracht. Die fortwährenden Weservertiefungen, die jüngste in den siebziger Jahren auf 10,5 m, haben die alte Uferpartie zerstört. Heute gilt mehr denn je der prophetische Satz des Gründers des Norddeutschen Lloyds, H. H. Meier, der über die Begradigung und Vertiefung der Weser zu seiner Zeit äußerste, durch sie werde der Fluß »schon eher eine künstliche Wasserstraße«. Vor allem der letzte Ausbau vernichtete einen großen Teil der ursprünglichen Flußlandschaft. Von dem verästelten Flußbett mit Sanden, Inseln, Nebenarmen und Wattflächen ist wenig geblieben. Besonders im Uferbereich und an den Stellen, wo früher flaches Wasser floß, sind Lebensbereiche für Pflanzen und Tiere verlorengegangen und hat die Selbstreinigungskraft des Flusses gelitten. Der Sauerstoffhaushalt steht Kopf.

Die zahlreichen in den Fluß geleiteten Abwässer werden durch Bakterien und andere Organismen abgebaut, ein Vorgang, der Sauerstoff benötigt. Die bei diesem Umwandlungsprozeß entstehenden Stoffe, Nitrate und Phosphate, schaffen beste Lebensbedingungen für Algen, die sich dank dieser »hervorragenden« Ernährungssituation stark vermehren. Auch wenn Algen absterben, verringern sie den Sauerstoffgehalt. Kommt zu diesen Faktoren im Sommer noch ein niedriger Flußpegel dazu, so erhöht sich die Flußtemperatur und vermindert sich erneut die Aufnahme von Sauerstoff. Sinkt der Sauerstoffgehalt des Wassers auf diese Weise unter 4 Milligramm pro Liter, so können Fische nicht mehr überleben. Bisher sind solche »Luftlöcher« in der Weser noch nicht zu beobachten gewesen. Ein massives Fischsterben wie in Elbe oder Rhein hat noch nicht stattgefunden. Aber das Wasserwirtschaftsamt registriert seit Jahren einen Abfall des Sauerstoffgehaltes in der Weser. An heißen Sommertagen können Spaziergänger am Hemelinger Weserwehr mitunter Weißfische beobachten, die anscheinend possierliche Luftsprünge vorführen. In Wirklichkeit handelt es sich dabei um »Luft schnappen«.

Noch schwerwiegender als der sinkende Sauerstoffgehalt ist die kontinuierliche Vernichtung von Laichplätzen. Alse und Stör zum Beispiel können sich nur in flachen, sandigen oder kieseligen Uferpartien vermehren. Andere Arten sind auf Pflanzenarten angewiesen, die allein in strömungsarmen Gebieten gedeihen. In den verbliebenen Flachgewässern schädigt der Schraubensog der immer größeren Schiffe die Wasserpflanzen durch seinen harten Wellenschlag. Dazu verstärken die häufigen Übertretungen der vorgeschriebenen Schiffsgeschwindigkeiten die Wucht des erzeugten Wellenschlags. Heute leben noch 6 Berufsfischer an der Unterweser vom Fischfang, um die Jahrhundertwende betrug ihre Zahl immerhin 200.

Als das Baden in der Weser noch ein Vergnügen und kein Selbstmordunternehmen war: Der Woltmershauser Strand

Industriehäfen ⑩

Hinter der Oslebshauser Schleuse liegen die Industriehäfen. Auch die dort angesiedelten Firmen setzten fast sämtlich Zwangsarbeiter in ihren Betrieben ein. Die AG-Weser-eigene »Weser-Flug« beschäftigte allein 900 von ihnen. Sie waren in Baracken an der heutigen Riedemannstraße, früher Wiehenstraße, untergebracht.

Neben den Eingriffen in die Flußlandschaft haben die Abwässereinleitungen zur Dezimierung des Fischbestandes beigetragen. Unterhalb der Oslebshauser Industriehäfen liegt einer der größten Verschmutzer des Weserwassers, die Klöckner Hütte. Als ein Greenpeace-Schiff im Juli 86 in Höhe des Stahlkonzerns halt machte, nagelten die Umweltschützer ein Transparent auf eine Flußdalbe. Dort stand dann zu lesen: »Verantwortlich Senatorin für Umwelt Eva Maria Lemke — Hier darf die Firma Klöckner pro Jahr behördlich genehmigt mit 48,2 t Cyanide, 48,2 t Phenole, 48 200 t CBS (sauerstoffzehrend), 481 Millionen Kubikmeter Schmutzwasser die Weser vergiften.« Die eingeleiteten Phenole stehen im Verdacht, krebserzeugend zu wirken.

Klöckner-Hütte ⑪

KZ-Häftlinge auf dem »Lloyd-Kahn« in Ochtum-Sand: Fluchtversuche aussichtslos

Ochtum-Mündung ⓬

In der Ochtum-Mündung am linken Weserufer waren ab September 1933 eine Zeitlang Häftlinge aus dem Konzentrationslager Mißler auf einem Boot des Norddeutschen Lloyd gefangen. Vor dem Boot lag ein schmaler Landstreifen zwischen Weser und Ochtum. Ein Gefangener erinnert sich: »Dieser Landstreifen war eine Distelwüste, ein meterhoher Distelwald, wunderschön anzusehen. Aber wir sollten die Schrecken dieser ›Schönheiten‹ noch kennenlernen. Alle ›Neuen‹ wurden am Tag der Einlieferung ›eingewöhnt‹, wie die SA-Leute das nannten. Wir Neuankömmlinge erlebten einige unserer bis dahin schwersten Stunden. Wie später beim Kommiß lernten wir ›robben‹. Stundenlang. Marsch in die Distelfelder. Dann das Kommando: ›Hinlegen!‹ Immer wieder aufstehen, laufen, hinlegen, robben. Die Distelstacheln gingen durch alle Kleider, zumal wir wegen der Wärme leicht angezogen waren. Tagelang haben wir nach diesen Torturen immer noch Stacheln am Körper gesucht.«

MBB-Flugplatz ⓭

Weiter flußabwärts sind gegenüber der Lesum-Mündung die ehemaligen Weserflug-Werke, heute MBB. Es handelte sich um die 1934 mit der Weser-Flugzeugbau-Gesellschaft fusionierte Rüstungsfirma Rohrbach-Metallflugzeuge. Im Krieg arbeiteten hier etwa 550 Zwangsarbeiter. Messerschmidt-Bölkow-Blohm ist mit Werken in München und Hamburg das größte deutsche Luft- und Raumfahrtunternehmen, mit Fingern in vielen dunklen Rüstungsgeschäften. In Lemwerder befindet sich ein Flugzeugwartungszentrum der Firma.

Die Bremer Wollkämmerei spart gegenwärtig mit einem Versprechen Geld. 1988 endlich soll eine Verdampfungs- und Abfall-

verbrennungsanlage ihre Abwässer klären. Bisher fließen aus 12 unter der Wasseroberfläche liegenden Röhren stündlich 5 400 Kubikmeter Wasser mit konzentrierten Fettgemischen und Waschmitteln. Die Stoffe fallen beim Reinigen der verarbeiteten Wolle an. Das Versprechen für den Bau einer Kläranlage machte das Wasser zwar nicht sauberer, verringerte aber die Abwassergebühr schon im voraus. Als eine Art Anerkennungsvorschuß für die gute Absicht fiel die zu zahlende Summe plötzlich von 900 000 DM auf ein Fünftel davon. Eigentlich sollte die Anlage schon 1986 fertig sein, doch kurz vor dem Stichtag ersuchte die BWK um eine Verlängerungsfrist. So konnte sie noch zusätzliche Subventionen kassieren. 8 Millionen steuert nun das Bundesumweltministerium dem Bau der Anlage zu. Bis zur angekündigten Klärung der Abwässer gilt damit die auch vor diesem Betrieb angebrachte Greenpeace-Tafel: »Hier darf die Firma Bremer-Woll-Kämmerei seit fast 100 Jahren unkontrolliert Abwässer einleiten. Das Abwaser vergiftet mit großen Mengen DDT, Lindan und HCH die Weser.«

Mit der Unterweser-Korrektion (um 1890) beginnt die ökologische Belastung der Weser, die bis heute anhält

Bremer Wollkämmerei
⓮

In dem Roman »Maddo Clüver« schildert Tami Oelfken die Weserverschmutzung in den Gründerjahren der Wollkämmerei. »Neben dem Bollwerk mündete ein dickes Rohr, das die Abwässer der zukünftigen Fabrik gleich in die Weser leiten sollte. Einstweilen waren es trübe, übelriechende, ölige Wässer, die in einem dünnen Strahl aus dem Rohr herausplätscherten und sich wie eine schillernde Wolke auf dem Wasser verbreiteten. Die Wolke, von der anderen Seite grau anzusehen, war von einem infernalischem Lila hinüber bis zu einem bläulichen Grün. Die Fische wurden davon krank, sie starben und trieben ans Land. Dort wurden sie von den Ratten abgeholt. Die dem Tod entkamen, wanderten weserabwärts.«

Doch nicht aller Weserschmutz ist bremischen Ursprungs. Der »deutscheste aller Ströme« ist eigentlich ein Salzwasserfluß. Das Salz hat bis Bremen einen langen Weg zurückgelegt. Zehn Kaliwerke in der BRD und DDR verarbeiten 35 Millionen Tonnen Salz jährlich, daran sind Hessen, Niedersachsen und die DDR in gleichem Maße beteiligt. Die Salzeinleitungen schwanken zwischen 17 und 160 Kilo pro Sekunde in der DDR. Um diese Masse per Bahn abzutransportieren, müßte alle 36 Minuten ein Güterzug mit 40 Waggons im Schlepp abfahren. Ein Abkommen zwischen Preußen und Sachsen legte bereits 1913 für den Weserabschnitt Bremen einen Grenzwert von 350 Milligramm pro Liter fest. Doch noch heute liegt das Bremer Jahresmittel bei 1000 mg/l. Schon deshalb wäre eine Trinkwasserentnahme aus der Weser ungesund.

In einem normalen Süßwasserfluß beträgt der Salzanteil weniger als ein Zehntel der Bremer Belastung. Nähert sich das Weserwasser jedoch einmal ausnahmsweise solchen lieblichen Werten an, z.B. bei mehreren aufeinanderfolgenden Feiertagen, dann hat auch diese Normalisierung paradoxe Folgen. Die plötzliche Umstellung auf »Süßwasser« kann die mühsam an die hohen Salzbelastungen angepaßten Organismen der Fische so belasten, daß sie nun am sauberen Wasser zugrunde gehen.

Im Arbeitserziehungslager zu Tode gearbeitet: Exhumierungen in Farge nach der Befreiung 1945

Ölumschlaganlage Farge
⑮

Die Ölumschlaganlage Farge war der Ausgangspunkt für ein 1934 geplantes riesiges unterirdisches Tanklager für Benzin, hochwertige Schmieröle, Alkohol und Kerosin. Dazu hatte der Reichswirtschaftsminister die »Wirtschaftliche Forschungsgesellschaft m.b.H.« (Wifo) gegründet. Geplant waren 100 unterirdische

Bunker jeweils mit einem Fassungsvermögen von 10 000 bis 20 000 Kubikmetern in der Heide von Farge-Reckum bis Schwanewede. Begonnen wurde mit 1000 dienstverpflichteten deutschen Arbeitern der Organisation Todt, die besonders auf Erdarbeiten spezialisiert war. 1939/40 errichtete die Bremer Gestapo gemeinsam mit der DAF ein »Arbeitserziehungslager«, in dem zunächst 150, später 500 Menschen gefangengehalten wurden. Ihnen wurde »Arbeitsbummelei« vorgeworfen. Erst waren es deutsche Häftlinge, später auch ausländische Zwangsarbeiter und Kriegsgefangene.

»Leider von mir ist wenig Gutes zu sagen«, ließe sich Schillers Weser-Epigramm abwandeln. Geschäftemacherei mit Auswanderern, Arbeitsbedingungen an Bord, Zwangsarbeit im Faschismus, Zerstörung einer Flußlandschaft und Verwandlung der Weser in einen Abwasserkanal, da blättert der Glanz der vielbesungenen Hafenstadtidylle. Am Ende der Auseinandersetzung mit der Weser in Bremen steht eine Ernüchterung, wie sie *Joseph Conrad* 1902 im »Herz der Finsternis« beschrieben hat. Sein Held kehrt aus den Tiefen der afrikanischen Kolonien zurück, hinter sich die Erfahrung der hemmungslosen Ausplünderung der fremden Länder im Namen vom Fortschritt und Moral. Sein ursprünglich euphorisches Bild des heimatlichen Hafens verdunkelt sich, die Flußmündung ist

von »einer schwarzen Wolkenwand verhängt, und die ruhige Wasserstraße, die bis an die äußersten Grenzen der Erde führt, strömte düster unter einem bewölkten Himmel dahin — schien hineinzuführen ins Herz einer unermeßlichen Finsternis«.

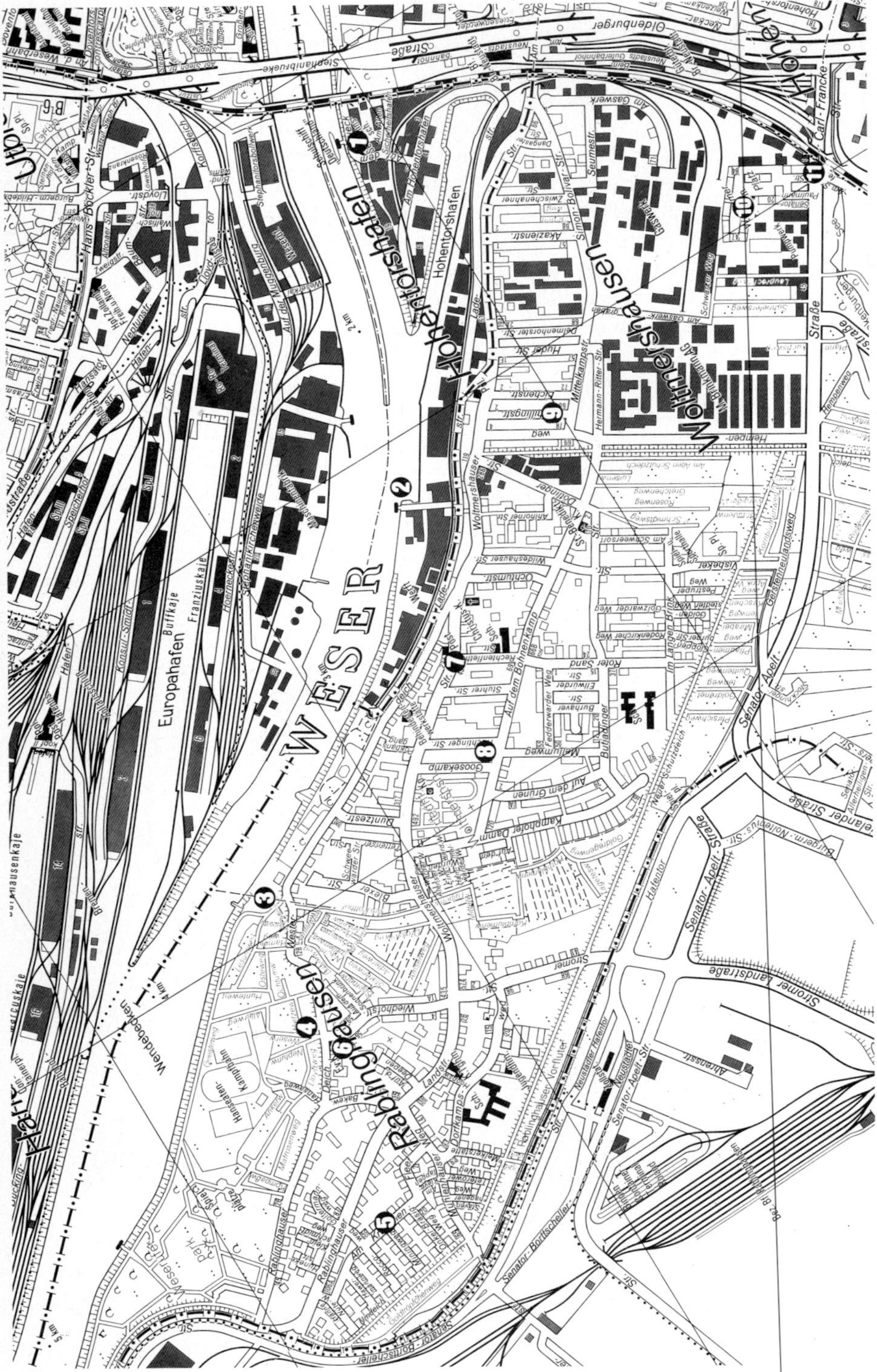

WESER
Europahafen
Buffkaje
Franziuskaje
Hohentorshafen
Woltmershausen
Rablinghausen
Stephanibruecke
Neustadts Güterbahnhof
Senator-Apelt-Straße
Stromer Landstraße
Wendebecken
Konsul-Smidt-Str.
Hansator
Carl-Francke-Str.

Hinter dem Tunnel, wo der Wind pustet

Rundgang 13

Woltmershausen, genannt Pusdorf/ Rablinghausen — eine Radtour

von Achim Saur

Ausgangspunkt: *Tunnel am Hohentorsplatz*
Endpunkt: *Tunnel Senator-Apelt-Straße*
Dauer: *2 Stunden*

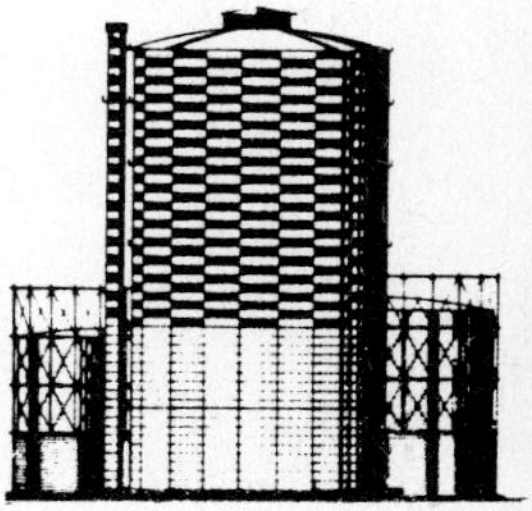

»In einem Tunnel standen wir, und über uns rollte die Eisenbahn, und an der feuchten Wölbung der Wand klebten vergilbte, von Blasen aufgetriebene Anschläge.« Dieser unheimliche Ort, den *Peter Weiss* in Erinnerung an seine Kindheit beschreibt, war lange Zeit der einzige Zugang zu den Ortsteilen Woltmershausen und Rablinghausen. Nach dem Bau der Oldenburger Bahn 1867 konnte man die beiden damaligen Landgemeinden nur durch dieses Nadelöhr betreten. Erst nach dem Krieg entstand mit der Senator-Apelt-Straße ein weiterer Verkehrsweg. Das Gebiet ist heute eingekeilt zwischen Bahn, Weser und der Straßentrasse zum Neustädter Hafen. Sollten die Maximalplanungen zum Ausbau des Niedervielandes realisiert werden, dann verschwindet mit der Stromer Straße die einzige Verkehrsverbindung ins Niedervieland, nach Seehausen und Hasenbüren. Woltmershausen und Rablinghausen werden dann wie ein Sack abgeschnürt.

Hinter dem Tunnel entstanden in der zweiten Hälfte des 19. Jahrhunderts an der Dorfstraße wie in den abzweigenden Stichstraßen kleine eingeschossige Arbeitersiedlungen. Von rund 700 Woltmershauser Häusern zur Jahrhundertwende besaßen weniger als hundert zwei Geschosse. Die lediglich drei Häuser mit drei Stockwerken fielen hier in die Kategorie der Hochhäuser. Dafür besaßen die zwei Dutzend Bauern noch rund 100 Pferde und 250 Rinder, bevölkerten die Ställe auf den Hinterhöfen der Arbeiterhäuser über 700 Schweine, 400 Ziegen und 4.000 Hühner, die einen Rest von ländlichem Eindruck vermittelten. Obwohl die zugezogenen Arbeiter längst die Mehrheit stellten, gaben die Bauern den Ton an, da ihnen das bremische Klassenwahlrecht in den Landgemeinden noch immer die Hälfte aller Sitze im Gemeindeausschuß garantierte. 1902 zog der bremische Senat die Konsequenzen aus der längst vollzogenen Umwandlung Woltmershausens in einen Arbeitervorort, es wurde eingemeindet.

Die Woltmershauser Arbeiter arbeiteten nicht in ihrem Stadtteil — und darin unterschied er sich von anderen Vorstädten. Sie mußten zur anderen Weserseite in die Werften und Häfen. In Woltmershausen entstanden Großbetriebe wie das Gaswerk oder die Tabakfabrik Brinkmann erst nach 1900.

So entwickelte sich ein Arbeiterquartier, das hauptsächlich dem Wohnen diente; immer neue Wohnstraßen mit kleinen Arbeiterhäusern zweigten von der alten Dorfstraße ab. Auf dem Deichvorland, dem »Groden«, erstreckten sich dagegen noch die Parzellen der Deichbewohner sowie ein kilometerlanger Sandstrand. Angesichts der unzugänglichen Ufer im Bremer Westen wurde Woltmershausen zum Ausflugsziel der Waller und Gröpelinger. Dieses Nebeneinander von Wohnquartier und Freizeitgelände prägte den Stadtteil, von seinen Bewohnern liebevoll-ironisch Pusdorf genannt. Die häufigste Erklärung besagt, das käme vom Wind, der hinter dem Tunnel besonders pustet.

Am alten Sicherheitshafen
❶

Wer den Woltmershauser Tunnel durchquert, gelangt nach wenigen Metern über eine steile Steintreppe in das Gebiet des Hohentorshafens. Dort erinnert ein kleines Sträßchen mit dem Namen »Am alten Sicherheitshafen« an den Anfang der Pusdorfer Hafengeschichte. Wo heute noch das letzte Relikt alter Seglerromantik, das Segelschulschiff »Deutschland« liegt, zweigte früher der Sicherheitshafen ab. Hier machten Segelschiffe fest, um die eisfreie Fahrt im Frühjahr abzuwarten. Ab 1840 entlastete der Woltmershauser »Canal« den alten Hafen an der Schlachte. Im Gegensatz zum zugeschütteten Sicherheitshafen ist er unverändert erhalten, vermittelt jedoch einen reichlich verschlafenen Eindruck. Das war einmal anders, als hier die *Bremer-Lagerhaus-Gesellschaft*, das bremische Monopolunternehmen für die gesamte Hafenorganisation entstand.

Die BLG kombinierte als erstes Unternehmen Lagerung und Umschlag. Vorher hatte ein buntes Nebeneinander von Kranmeistern mit ihren Hilfskräften, Trägern zu den Packhäusern, Küpern und anderen geherrscht. Im Gründungsjahr der BLG, 1877, gab es noch rund 400 private Packhäuser in der Stadt. Als nun die Schlachte durch die neuen Brückenbauten von Bahn und »Kaiserbrücke« für größere Schiffe unzugänglich wurde, schlug die Stunde des Sicherheitshafens und der BLG. Die Gesellschaft errichtete direkt am Hafenbecken fünf massive Packhäuser, besorgte den Umschlag vom Schiff, lagerte die Ware und lieferte sie an die Kunden aus. Damit entfiel der lästige Transport von einem zum anderen Packhaus bei Verkauf einer Ware. Die Konzentration der bisher getrennten Hafenarbeiten entwickelte sich unter der Regie der BLG so rapide, daß die Gesellschaft nicht nur hervorragend verdiente, sondern bei der Eröffnung des Freihafens auf dem rechten Weserufer 1888 nicht ignoriert werden konnte. Der Senat schloß mit ihr 1906 einen Vertrag, welcher der Gesellschaft das Monopol für Umschlag und Lagerung im gesamten Hafen übertrug. Darauf verlegte die BLG ihren Sitz in das Hafenhaus auf der anderen Weserseite.

Ladestraße Neptun-Werft
❷

Etwas versteckt zwischen zwei Hafenbetrieben liegt der Überrest des alten Woltmershauser *Fähranlegers.* Das Wartehäuschen ist abgerissen, der Zuweg kaum noch zu erkennen. Lediglich eine Blinkleuchte markiert die Stelle, wo bis 1981 das Fährschiff »Pusdorp« anlegte. Hier trafen sich die Ströme der Woltmershauser zu ihren

Arbeitsplätzen im Bremer Westen und der Waller zu ihrem Freizeitgelände in Pusdorf. Betriebsstillegungen und Rationalisierungen im Hafen, Motorisierung und die Verbauung des alten Woltmershauser Strandes haben diese Verbindung überflüssig gemacht. Die Einrichtung der Linie, 1901 nach langem Ringen durchgesetzt, schuf die erste staatlich betriebene Fährverbindung.

Vorher pilgerten die Woltmershauser Arbeiter, von denen nach Polizeischätzung 80% auf der anderen Weserseite arbeiteten, über die Eisenbahnbrücke. Eine Etage tiefer überquerten morgens, mittags und nach Feierabend an die tausend Arbeiter in 100 — 150 Ruderbooten die Weser. Die Bremer Nachrichten berichteten, daß fast alle kleinen Boote, in denen die zahlreichen Arbeiter vom Freihafen und der Werft aus herüberruderten, regelmäßig überfüllt seien und daß die Leute nicht selten tollkühn zwischen einem Schleppdampfer und dem von ihm an der Trosse gezogenen Kahn hindurchführen. Wiederholt passierten Unfälle und Arbeiter ertranken. Die Sache wurde in der Bürgerschaft beraten, doch es geschah zunächst nichts. Nun benötigte der Norddeutsche Lloyd zu der Zeit ein öffentliches Grundstück zur Erweiterung seines Waller Betriebsgeländes dringlich genug, um dem Senat ein kleines Präsent zu offerieren. Er sonderte einen kleinen Dampfer aus und stellte ihn großzügig für die neue Fährverbindung zur Verfügung. Es klappte dann auch mit dem Erweiterungsgelände. Die Fähre brachte den Ruderbootverkehr aber nicht zum Verschwinden. Wer selber ruderte, sparte schließlich das Fährgeld und konnte sich dazu den Fahrplan nach eigenen Wünschen einrichten. Die Hartnäckigen benutzten auch dann noch das Ruderboot, als ab 1906 die Fähre kostenlos verkehrte. Auch dieser erste Nulltarif eines öffentlichen Bremer Ver-

Blick vom Fähranleger bei den Atlas-Werken auf Woltmershausen, links im Hintergrund »Timmermanns Badeanstalt« mit den hölzernen Umkleidekabinen, anschließend der frei zugängliche Sandstrand

kehrsmittels kam nicht zufällig zustande. Auf Drängen von Reedern und Kaufleuten war die Fußgängerbrücke abgerissen worden, über die die Pusdorfer durch den Hohentorshafen in die Innenstadt gelangen konnten. Um die unpopuläre Maßnahme schmackhaft zu machen, fuhr die Fähre hinfort gratis. Der Service bestand bis 1981.

Ladestraße

Die alte Woltmershauser *Badeanstalt*, nach ihrem Pächter *Timmermann* benannt, begann direkt hinter dem Anleger, wo sich heute die Holzstapel türmen. Der im übrigen freie Badestrand zog sich kilometerweit stromabwärts bis nach Hasenbüren. Zu dem Schwimmvergnügen gehörten mancherlei Mutproben:

»Die Schiffe hatten alle hinten ein Beiboot. Vom großen Strand, der war ja unkontrolliert, da schwammen die jungen Burschen raus in die Strommitte und ließen den Schlepper an sich vorbeiziehen. Der war nicht so schnell, hat aber trotzdem noch gute Fahrt gehabt. Und dann haben sie sich in das Beiboot gehangelt. Wenn sie Pech hatten, war das gerade frisch geteert und dann hatten sie den Schmier an den Händen. Mit einem Klimmzug raufgezogen, ins Boot gesprungen und eine Ecke mit stromaufwärts gefahren. Zum Teil bis zu den Brücken und von da wieder zurückgeschwommen.«

Allmählich wurden Strand und Badeanstalt verbaut. 1912 wollten sich eine Holzhandlung und ein Sägewerk auf dem Gelände zwischen Deich und Badeanstalt ansiedeln und drohten eine Barriere zwischen Stadtteil und Strand zu schaffen. Der Woltmershauser Bürgerverein brachte die Empörung des Stadtteils zum Ausdruck. Die Planung wurde kritisiert als »Eingriff in die natürlichen Rechte mehrerer Stadtteile, deren Bevölkerung dadurch die Gelegenheit genommen wird, das für ihre Gesundheit zu tun, was bei der heutigen hastenden und nervenerregenden Zeit unbedingt erforderlich ist. Während andere Städte darauf bedacht sind, Spiel- und Badeplätze für das Volk, das sich eine teure Badereise nicht erlauben kann, zu reservieren oder für teures Geld zu schaffen, soll für Bremen die billige Möglichkeit versäumt werden, solche zu erhalten.« Die Kritiker befürchteten realistisch, daß dieses Projekt nur der Anfang sei. Bereits die ehemalige Landgemeinde Woltmershausen hatte sich vertraglich gegen die Industrialisierung des Groden abzusichern versucht. Mit der Eingemeindung besaßen die senatorischen Planer wieder freie Hand. So siegte im Stadtteil zum ersten Mal das Holzhandelsinteresse: 50 Millionen Reichsmark Handelsumsatz wogen schwerer als die Wünsche der 50.000 Badegäste bei Timmermann.

Westerdeich
❸

Gespielt wurde »überall auf dem Woltmershauser und Rablinghauser Groden, wo es keine übermäßigen Kuhlen gab.« So berichtet *Franz Gerber*, ein alter Fußballer und Sportfunktionär aus den Reihen des Arbeitersportes, über die Anfänge des Pusdorfer Fußballbetriebes. Einen festen Sportplatz gab es im ersten Jahrzehnt des Bestehens selbst des bürgerlichen »Fußballvereins Woltmershausen von 1900« noch nicht. Zu jedem Match brachten die Spieler die Torstangen von zu Hause mit. Auch reichte das Geld vorerst nur zu einem Gummiball. Der Kauf eines Lederballs zum Preis von 13 Reichsmark — er wurde in Berlin bestellt — löste der Chronik zufol-

Der Laufsteg von »Timmermanns Badeanstalt«; im Hintergrund die Industrieanlagen im Bremer Westen

ge einen »unbeschreiblichen Jubel« aus. Trotz der bescheidenen Anfänge demonstrierten die Fußballer stolz ihre Zugehörigkeit. Als Zeichen trugen sie sonntags eine Schärpe in den Vereinsfahnen über der Weste. Der erste reguläre Platz entstand in mühseliger Eigenarbeit. Ein Zimmermeister und die Inhaberin eines Ausflugslokals vom Westerdeich stellten ihre Parzellen zur Verfügung, weshalb die Platzgröße auch nicht dem strengen Reglement entsprach. Das wurmte zwar, störte aber nicht sonderlich.

Hier spielten später bis zum Bau eines eigenen Platzes auch die Fußballer des Woltmershauser Arbeitersports. 1896 waren politisch denkende Arbeiter aus dem bürgerlichen Turnverein ausgetreten und hatten ihren Verein aufgezogen. 1902 hatten sie 780 Reichsmark gesammelt, immerhin fast das Jahreseinkommen eines Arbeiters. Davon kauften sie eine Vereinsfahne. Zur Fahnenweihe fand vom Grünenkamp in der Neustadt aus ein Festumzug nach Woltmershausen statt, der über 2.000 Teilnehmer hatte, ein Mehrfaches der Zahl der Vereinsmitglieder. Der Weg des Umzuges war »mit vielen Ehrenpforten« festlich geschmückt. Die ausgelassenen Teilnehmer bereiteten der »kopflos gewordenen Polizei viele Schwierigkeiten«, kolportierte Franz Gerber mit Vergnügen. 1933 wurde der Arbeitersportverein aufgelöst und in den bürgerlichen Verein eingegliedert, aus dem er sich einst entwickelt hatte. Vor seiner Turnhalle hatte der Verein 1920 einen Gedenkstein für seine im 1. Weltkrieg umgekommenen Vereinsmitglieder errichtet. Die Inschrift lautete: »Dem Zwange folgtet ihr. Eure Mörder klagen wir an.« Unbekannte meißelten 1933 die Buchstaben heraus. Die Polizei nahm in der Turnhalle und auf dem Gelände zwei Haussuchungen vor, um versteckte Waffen zu finden. Der Verein hatte nämlich eine freiwillige Arbeitersport-Schutzorganisation im Verein, die ASSO. Sie sollte mögliche Überfälle der Nationalsozialisten auf die vereinseigene Turnhalle abwehren.

Über den Gründer der Truppe finden sich in den Aufzeichnungen Gerbers folgende Erinnerungen: »Um uns aber vollends zu treffen, teilte man uns nach 33 in die unterste Kreisklasse ein. Das war zuviel und traf unseren damaligen Spielleiter an der empfindlichsten Stelle. Er vermochte das nicht zu überwinden und schickte sich spontan an, im Kreise weiterer Freunde jetzt illegal gegen die Nationalsozialisten vorzugehen ... Irgendwie müssen die Schergen der Nationalsozialisten aber Wind davon bekommen haben, jedenfalls wurde Heini verhaftet und mit ihm eine ganze Reihe weiterer Getreuer ... Eineinhalb Jahre saß Heini L. in Untersuchungshaft und wurde dann später in Berlin vom Volksgerichtshof für die gleiche Zeit verurteilt.«

Sportler des Woltmershauser Arbeitersports vor ihrer vereinseigenen Turnhalle an der Woltmershauser Straße. Rechts im Hintergrund der Gedenkstein für die Toten des 1. Weltkrieges

Die Erfahrung von Terror und Verfolgung konnte der Woltmershauser Arbeitersport lange Zeit nicht vergessen. Obwohl die Tradition einer eigenständigen Sportbewegung von der SPD nach 1945 aufgegeben wurde, hielten die Pusdorfer noch lange daran fest. Erst 1974 fanden sie sich mit der Vereinigung der beiden großen Sportvereine aus bürgerlichem Lager und der Arbeiterbewegung ab.

Westerdeich

In Pusdorf gab es welche, »die nix hatten und trotzdem segelten.« Der weiße Sport war für die Arbeitersportbewegung lange kein Thema. 1928 jedoch entstand in Woltmershausen der »Freie Wassersportverein«, sogar ein Jahr vor der Gründung des bürgerlichen Segelvereins, der »Hanseaten«. Nach einem Jahr mühseliger Arbeit brachten die Segler einen Anleger zwischen den Buhnen zu Wasser und stellten einen Flaggenmast als Vereinssymbol auf. 1932 besaßen die Vereinsmitglieder 32 Segelboote, die überwiegend eigenhändig konstruiert und gebaut waren. Das fiel ihnen leicht: Sie waren ja meistenteils Schlosser, Dreher oder Schiffszimmerer.

»Die hatten kein Geld, das wurde alles vom Munde abgespart. Anders war das nicht drin! Da mußte die ganze Familie drunter leiden. Wenn die Frau keine Lust gehabt hätte oder wär nicht einverstanden gewesen, wäre das nicht gegangen. Vor dem Krieg fuhren wir jedes Jahr nach Helgoland. Im Frühjahr und im Herbst, um den Tabak da wegzuholen, der war da ja zollfrei. Bißchen Zucker mitbringen für zu Hause. War ja billig da. Ob es im Herbst zu stürmisch war? Das machte nichts. Wir paßten das Wetter ja ab. Wir waren ja auch arbeitslos. Da konnten wir das machen.

Inzwischen wurde der Verein ans Ortsende von Hasenbühren verlegt. An die Stelle des Heimwegs über den Deich zum Mittag ist eine lange Autofahrt getreten, die Boote sind von der Stange gekauft.

1922 entwarfen Beamte der bremischen Senatskanzleien Pläne für ein neues Hafen- und Industriegelände auf dem linken Weserufer. Nach langen Debatten scheiterte das Projekt zunächst an Inflation und mangelnden Finanzen. In den 50er Jahren jedoch wurde es realisiert. Die Leidtragenden waren die Lankenauer: Ihr Dorf verschwand. Die Drohung mit einem Enteignungsverfahren hatte sie eingeschüchtert, so daß sich nur wenig Widerstand regte.

Der »Freie Wassersportverein« durchbrach die bürgerliche Exklusivität des weißen Sports. Hier segelten vor allem Woltmershauser Arbeiter, die durch ihren Beruf etwas vom Schiffbau verstanden

Mit den Häusern des Dorfes Lankenau und einem Teil der Häuser in Seehausen riß der Abbruchbagger auch das *»Fährhaus Lankenau«* nieder, ein in ganz Bremen beliebtes Ausflugslokal. Seit Mitte des 18. Jahrhunderts hatte sich hier ein »Fährkrog« befunden, zu dessen Bauernwirtschaft auch ein Fährknecht gehörte. Hier setzten die Lankenauer zum Kirchgang nach Gröpelingen über, da das Dorf lange Zeit auf der anderen Wasserseite eingepfarrt war. Während der Weserkorrektion kampierten auf der Diele des reetgedeckten Hauses bis 1883 die polnischen Arbeiter, welche die Stromschleife der langen Bucht begradigten und damit die fortschreitende Versandung der Weser eindämmten. Über die Jahre wurde aus dem Fährkrog das *Fährhaus Wähmann.* Der Blick auf den Riesenhelgen der AG Weser und die vorbeiziehenden Schiffe zog zahlreiche Besucher an, und für die Inhaberin bedeutete jeder Stapellauf ein Sonntagsgeschäft. Als die »Bremen«, das berühmteste Schiff der Werft, auf Stapel lag, wuchs der Umsatz so stark, daß Mutter Wähmann zur Kontrolle des Personals eine Registrierkasse anschaffte. Vierzig Jahre lang führte die legendäre Inhaberin allein das Geschäft und sorgte über lange Zeit auch für das Leuchtfeuer vor dem Haus. Arbeitersportler erzählten, daß sie in den Hinterräumen des Lokals in den 30er Jahren Swing-Musik duldete, die die Nazis als Negermusik verboten hatten.

Abrißbagger vor dem Lankenauer Hof des Bauern Vagt. Die neuen Höfe der alteingesessenen Bauern entstanden verstreut in der Wesermarsch

Rablinghauser Deich
4

Der Uferpark entstand 1973. Aus welchen Gründen auch immer hatte der Stadtteilbeirat empfohlen, die Rablinghauser mit einem Kunstwerk zu beglücken, das sie an Hafen und Schiffahrt erinnern sollte. Das *Lankenau-Monument* — von Pusdorfern als Schrottkiste bezeichnet — ist das größte Objekt des Ensembles. Es läßt Dockteile oder Portalkräne erahnen, obgleich der Hannoveraner Künstler *Breuste* es nicht als Technik-Modell konzipiert hat. Er habe lediglich auf eine der Technik eigentümliche Ästhetik verweisen wollen, eine Ästhetik, die von ihrem Nutzen unabhängig sei. Diesen Schritt vermochten viele der Anwohner, die im Hafen ihrem Tagewerk nachgehen, nicht nachzuvollziehen. Kunst im öffentlichen Raum ist anscheinend nicht so einfach, wie es klingt.

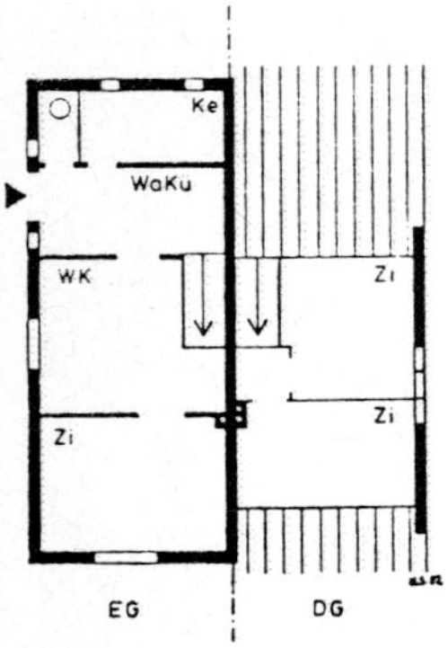

Grundriß eines Siedlungshauses im Krummen Fleet. Im Aufriß sind Erd- und Dachgeschoß zu sehen

Das ehemalige Dorf Rablinghausen wurde 1921 nach Bremen eingemeindet. Der Ort bewahrte seinen ländlichen Charakter weitaus länger als Woltmershausen. In den 30er Jahren beschrieb der Rablinghauser Schulleiter und plattdeutsche Erzähler *Hinnerk Gronau* das frühere Dorfleben und die Beziehung zu den »Fremden« aus Bremen aus eigener Anschauung:

»Winterdags Klock fief un sommers Klock teihn leegt dat Dörp in'n Düstern, blot dat weke Licht hier un dar ut de Finstern wies, dat dar noch Leben wör. Man öwer de Stadt leeg en hellen Schien, as wenn en Füer an't Verglösen ist. Een Schoster geew dat blot in Nahwerdörp, un de harr noch Last, dat he sien Familje satt kreeg. Solang det jichens güng, löpen wir barft, un erst, wenn de Wind al lang öwer den Haberstoppel weih un Kantuffeln un Röben in'n Keller wörn, kömen de Holschen vörtüg. Blot sönndags un to Freemarkt quälden wi us in den Schuh rin. War guntsied de Werser passeer, dat güng us meist nich mehr an, as wat opstunns in Amerika un China geschüht. De' Bremer Krintenschieters', de hier sönndags öwerlang dörkömen, harrn wi as ›feindliche Ausländer‹ gar to geern verwallackt, wenn de Öllern da nich bi wesen wörn. Ne, wi wullen nicks van de groten Stadt weten.«

Am krummen Fleet ❺

Die Siedlung verbindet städtisches Wohnen und ländliche Idylle. Den Siedlern standen aus Reichsmitteln Darlehen zur Verfügung. Die schlichten Häuser wurden ausschließlich in Eigenarbeit erstellt. Zu jedem Haus gehörte ein Stall für Kleinvieh sowie 1.000 Quadratmeter Gartenland.

1935 herrschte infolge des Bremer Rüstungsbooms Wohnungsknappheit. Mit Siedlungsprojekten in Eigenarbeit — wie am krummen Fleet — war den Nazis nicht mehr gedient.

Postkarte vom früheren Rablinghauser Dorfzentrum mit Blick auf den calvinistischen Kirchenbau

»Im Nordfeld« ist die erste und mit 192 Häusern größte Siedlung dieser neuen Phase des Siedlungsbaus. Die Anlage war für sogenannte »Minderbemittelte und kinderreiche Familien« geplant. Anstelle der üblichen 1.000 gab es hier nur 400 Quadratmeter »Landzulage«. Statt des Torfklos gab es den Anschluß an die Kanalisation. Da die Häuser nicht in Selbsthilfe errichtet wurden, hatten sich die Baukosten mit circa 5.000 Reichsmark im Vergleich zu früheren Siedlungen fast verdoppelt. Dennoch wohnten hier kaum Angestellte, anders als in späteren nationalsozialistischen Musterprojekten für »verdiente Volksgenossen«.

Rablinghauser Deich 3 ❻

Bis in die Mitte des 18. Jahrhunderts besaßen die Dörfer des Niedervielandes mit Ausnahme von Seehausen keine eigene Kirche. Die Bewohner von Strom, Rablinghausen und Woltmershausen zogen nach Bremen in die Martini-Kirche, die Lankenauer setzten nach Gröpelingen über. 1746 beschloß der Rat der Stadt Bremen die Gründung eines neuen Kirchspiels in Rablinghausen. Damit wurde das Dorf politisches Zentrum der umliegenden Landgemeinden. Die neue Kirche als Saalbau nach holländischem Vorbild entsprach bis ins erste Drittel des nächsten Jahrhunderts dem Bremer Kirchenstil. Reiche Bauern und Grundherren bekamen ihre Gräber auf dem Kirchhof in unmittelbarer Nähe zur Kirche zugeteilt, die kleineren Grabstellen der restlichen Dorfbewohner waren in größerer Entfernung vom geweihten Ort angesiedelt. In der Kirche selbst mußten sich die Gemeindemitglieder auf festgelegte »Stühle« einkaufen, die größten, teuersten und reich geschnitzten der Wohlhabenden befanden sich direkt unter der Kanzel.

Die Kirche brachte aber nicht nur den Glauben der bremischen Kaufleute ins Dorf, sondern auch die Machtsymbolik der Stadt und die Selbstherrlichkeit des Rates. So zeigt die Sandsteinkartusche in der Kirchenfront sechs weltliche Wappen, mit denen sich Bremer Ratsherren ein Denkmal setzten. Selbst die Wetterfahne mit Bremer Schlüssel und Wappenlöwen demonstrierte die städtische Macht vor den Toren der Stadt.

Kinderreiche Familie vor einem der typischen kleinen Arbeiterhäuser in der Woltmershauser Seitenstraße, hier eine Aufnahme aus der Eichenstraße (Nachbarstraße der Schillingstraße — Kinnermakerstraat)

Woltmerhauser Straße/Rechtenfletherstraße
7

Gegenüber der früheren Rablinghauser Schule entstanden 1942 auf einem alten Bauernhof Baracken für 350 russische Zwangsarbeiter, darunter 50 junge Frauen im Alter zwischen 15 und 21 Jahren. Die meisten von ihnen arbeiteten in den Atlas-Werken auf der anderen Weserseite. Besonders gefürchtet waren die Razzien von SS-Leuten im Lager. Häufig reichte ein beliebiger Diebstahl im Stadtteil für eine Denunziation, die eine solche Aktion zur Folge hatte. Zu dem Leben in ständiger Unsicherheit kam die Trennung von den Familien. Nur alle halbe Jahre war eine Postkarte nach Hause und eine Rückantwort zugelassen. Bei Bombenangriffen starben Pfingsten 1943 sieben Gefangene in einem notdürftigen Erdbunker an der Wiedhofstraße.

Huchtinger Straße/Auf dem Bohnenkamp
8

Etwas abseits liegt in Woltmershausen, in der Huchtinger Straße/Ecke Bohnenkamp, der *Kulturladen Pusdorf.* Er entstand 1982, um die kulturelle Benachteiligung des Stadtteils zu verringern, war aber nur ein Trostpflaster für die vergebliche Forderung nach einem Bürgerhaus. Charakteristisch war für den Kulturladen von Beginn an die Verbindung von Stadtteilkultur und -geschichte. In enger Zusammenarbeit versuchten alte Woltmershauser und Aktive des Kulturladens, vergangene Erfahrungen zu vergegenwärtigen und der Sicht »von oben« die Sicht »von unten« entgegenzusetzen. Als allerdings auch aktuelle Themen und Zukunftsfragen diskutiert wurden, entstand in den »Erbhöfen« von Kommunal- und Parteipolitik Entrüstung. Die Aktionsgemeinschaft »Rettet das Niedervieland« versuchte, die geplanten Hafenerweiterungen und Gewerbeansiedlungen zu stoppen. Das brachte den Kulturladen als »grüne Geschäftsstelle« ins Gerede.

Kulturladen Pusdorf

Schillingstraße
9

»Kinnermakerstraat« nannte der Pusdorfer Volksmund einst die Schillingstraße. Mit dem benachbarten Hempenweg und der Eichenstraße gehört sie zu den ersten Woltmershauser Stichstraßen, die für den Bau von Arbeitersiedlungen von der früheren Dorfstraße ins Hinterland abzweigten. Obwohl jedes dritte Haus im Besitz eines der Bewohner war, war die Belastung in der Regel so hoch, daß Untermieter aufgenommen werden mußten. Doch auch die ga-

ben in jedem zweiten Fall noch einen oder gar zwei Räume an einen »Aftermieter« ab und erhöhten so noch das Gedränge im Haus.

Dem Bahnreisenden von Oldenburg fiel bei der Fahrt nach Bremen der Woltmershauser Gasometer wie das Zigeunerlager am Stadtrand in den Blick. Das veranlaßte auch den Maler Franz Radzivill 1960 zu seinem Bild

Wartumer Platz
⑩

Was der Bürger nicht gern sieht, das verlegt er an den Stadtrand — zum Beispiel das explosionsgefährdete und Dreck verbreitende Gaswerk, die Siedlung der »Asozialen« und das Lager für das umherziehende Volk, die »Zigeuner«. *Franz Radzivill* malte sein Bild »Der bunte Gasometer« 1960 vom Standort der Außenseiter, vom Gelände der Roma und Sinti. Nur wenige Meter hinter dem Bahndamm führt ein Feldweg auf das Gelände, das die Stadt ihnen einst als Aufenthalt zuwies.

Das Gaswerk lag seit 1854 hinter dem Bahnhof. Statt der ursprünglichen zwei ragten 20 Jahre später sechs Gasometer vis à vis des neuangelegten großbürgerlichen Parkviertels auf und bildeten ein Ärgernis. Eine ganze Reihe von Explosionen hatten der Gasindustrie in der ersten Hälfte des 19. Jahrhunderts zu schaffen gemacht und lenkten die Ängste des Publikums auf die Gasometer als sichtbare Zeichen einer ansonsten unsichtbaren Gefahr. So verlegte die Stadt das Gaswerk 1901 nach Woltmershausen. Hier bot sich genügend Fläche. Mit dem Neustadtsbahnhof und Hohentorshafen standen bequeme Umschlagplätze für die benötigten Steinkohlemassen zur Verfügung. Für die Bewohner des vorderen Woltmershausen war die Nachbarschaft des Gaswerks allerdings kein Vergnügen. Bevor Mitte der 60er Jahre Erdöl den Energiemarkt eroberte und die Stadtgaserzeugung aus Kohle durch Fern- und Erdgas ersetzt wurde, verdunkelten die Schwaden vom Ofenhaus in regelmäßigen Abständen den Stadtteil und verpesteten die Luft. Mit der Versorgung aus Erdgas verlor der Gasometer seine Funktion und wurde 1984 abmontiert.

Weniger vermißt wird die nationalsozialistische »Wohnungsfürsorgeanstalt« am Warturmer Platz. Eingeschlossen vom Bahndamm und dem Gaswerk ist sie für den flüchtigen Passanten kaum wahrzunehmen. Der Charakter der ehemaligen Internierungsanlage geht aus den Äußerungen eines nationalsozialistischen Vordenkers für die Asozialenpolitik hervor:

»Die bisherige Methode der Städte ist mit dem Bemühen einer unordentlichen Hausfrau, die zwar ihre Wohnung sauber hält, jedoch den Staub und Schmutz nur in einer Ecke zusammenfegt, zu vergleichen. Eine ordentliche Hausfrau besitzt einen Kehrrichteimer, in den sie den häuslichen Schmutz versorgt, damit er nicht die Wohnung verpestet.« Dieser »Eimer« sollte in Bremen der Warturmer Platz sein. Mit seiner Fertigstellung 1936 war die erste nationalsozialistische »Asozialenkolonie« des Dritten Reiches in Bremen verwirklicht.

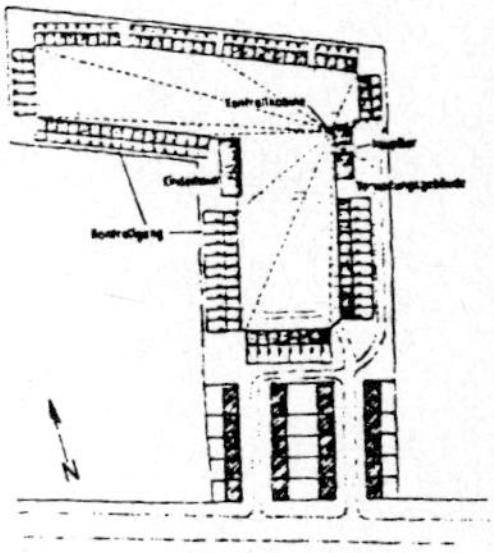

Die Siedlung Warturmer Platz war so angelegt, daß von der Kontrollkabine der Zugang zur Anlage und jedes einzelne Haus von den Aufsehern eingesehen werden konnte

Die Kolonie mit 84 Einfamilienhäusern war nach außen mit einem Doppelzaun abgeschlossen, zwischen dem ein Kontrollgang verlief. Auch im Innern herrschte eine gefängnisähnliche Ordnung. Ab sechs Uhr morgens mußten alle Wohnungstüren offenstehen, die Aufseher hatten jederzeit Zutritt zu allen Häusern. Eine Kontrollkabine bot aufgrund der speziellen Architektur der Aufsicht jederzeit den Überblick. Kinder mußten zum Schulgang »antreten«, ebenso wie die zu Notstandsarbeiten eingeteilten Männer. Im Sommer mußte das Licht um 23 Uhr gelöscht werden, im Winter bereits um 22 Uhr. Eine Stunde vorher durfte keiner mehr sein Haus verlassen. Mit Kriegsende entlud sich der aufgestaute Haß der Bewohner: Das Verwaltungsgebäude wurde gestürmt, mit allen greifbaren Akten und Möbeln ein Feuer entzündet. Da sich der Architekt bemüht hatte, den Entwurf für die Kolonie ungeachtet ihrer Funktion nicht so »zuchthausmäßig« erscheinen zu lassen, bietet die Anlage dem unbefangenen Auge das Bild einer heilen Welt.

Auf dem Warturmer Platz fand 1976 eine für die Bewohner wichtige Sendung Radio Bremens statt. Sie gab ihnen die Möglichkeit, ihre Forderung an den Wohnungseigentümer öffentlich zu machen. Resolut klagten sie den Einbau von Bädern, Duschen, neuen Fenstern und Heizungen ein. »Sie können ja die Kinder nicht in die Spüle setzen und baden!«, beschrieb eine Mutter die Mängel im Haushalt mit Zinkbadewanne als Wannenersatz. Die Vertreter der Baugesellschaft gerieten in der Folge unter Druck und es entstand eine Mieterinitiative am Warturmer Platz. In langwierigen Auseinandersetzungen erreichten die Mieter viele Verbesserungen. Sie pflanzten Bäume und nahmen Umbauten selbst in die Hand. Heute gehört jedes zweite Haus den Bewohnern. So hat sich das ehemalige Internierungslager in ein Wohnquartier verwandelt.

Die Senator-Apelt-Straße führt unter der Oldenburger Bahn hindurch in die Neustadt. Bis Anfang der 60er Jahre gab es diese Trasse zum Neustädter Hafen nicht. Die Pusdorfer Rundfahrt endet, wo sie begonnen hat: an einem Tunnel. ⓫

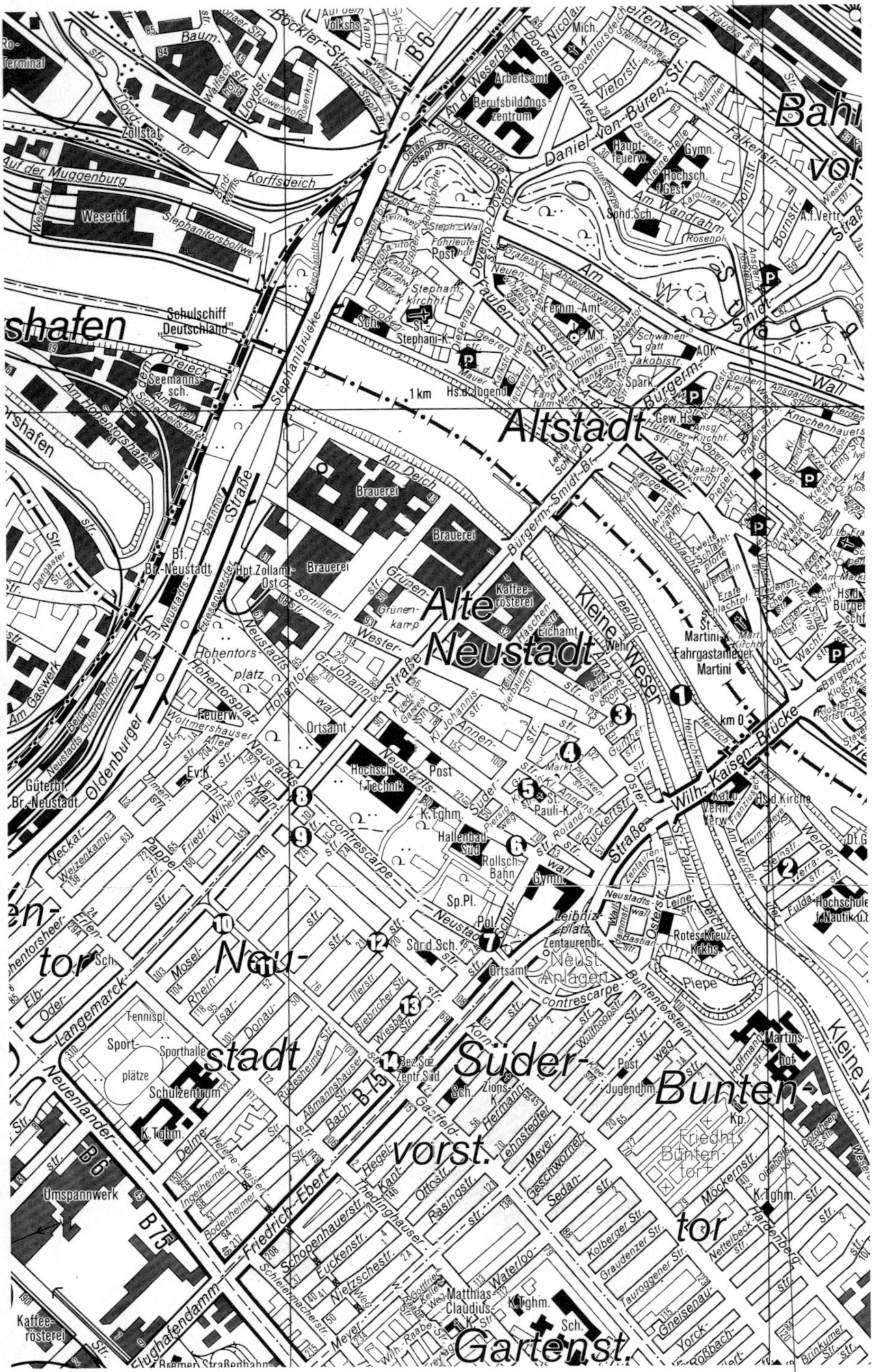

Ro-Terminal
Baum-str.
Lloydstr.
Zollstat.
Auf der Muggenburg
Korffsdeich
Weserbf.
Stephanitorsbollwerk
Arbeitsamt
Berufsbildungszentrum
Doventorsteinweg
Daniel-von-Büren-Str.
Haupt-feuerw.
Gymn.
Hochsch. f.Gest.
Am Wandrahm
Sond.Sch.
Falkenstr.
Bornstr.
A.f.Vertr.
Bahnhofsvorstadt
Post
Stephani-kirchhf.
St. Stephani-K.
Fernm.-Amt
Schwanengatt
AOK
Jakobistr.
Spark.
Am Wall
Schulschiff "Deutschland"
Seemanns-sch.
Hs.d.Jugend
1 km
Altstadt
Gew.Hs.
Bürgerm.-Smidt-Str.
Martinistr.
Knochenhauerstr.
Am Deich
Brauerei
Bürgerm.-Smidt-Br.
Bf. Br.-Neustadt
Hpt.Zollamt Ost
Kaffee-rösterei
Alte Neustadt
Eichamt
Kleine Weser
Grünenkamp
Hohentorsplatz
Feuerw.
Ortsamt
Hochsch. f.Technik
Post
St. Martini-K.
Fahrgastanleger Martini
km 0
Wilh.-Kaisen-Brücke
Güterbf. Br.-Neustadt
Oldenburger Str.
Am Gaswerk
Neuenlander Str.
K.Tghm.
Hallenbad Süd
Rollsch.-Bahn
St. Pauli-K.
Gymn.
Sp.Pl.
Pol.
Sond.Sch.
Ortsamt
Neust. Anlagen
Leibnizplatz
Zentaurenbr.
Rotes Kreuz Krkhs.
Piepe
Hochschule f.Nautik
Neustadt
Hohentor
Tennispl.
Sport-plätze
Sporthalle
Schulzentrum
K.Tghm.
Umspannwerk
Bez.Soz. Zentr.Süd
Zions-K.
Post
Jugendhm.
Süder-vorst.
Buntentor
Friedhf. Buntentor
Martinshof
Kleine Weser
K.Tghm.
Friedrich-Ebert-Str.
Matthias Claudius-K.
K.Tghm.
Sch.
Kaffee-rösterei
Flughafendamm
Bremer Straßenbahn
Gartenst.
B 6
B 75

Links der Weser liegengelassen

Die Neustadt

von Carsten H. Meyer

Ausgangspunkt: *Teerhof, Haltestelle: Wilhelm-Kaisen-Brücke; (Straßenbahn: Linien 1, 5; Bus: Linie 24)*
Endpunkt: *Leibnitzplatz (Linien 1 und 5)*
Dauer: *ca. $2^1/_2$ Stunden*

Packhäuser und Wohnhäuser auf dem Teerhof

Die Neustadt fängt auf einer Insel an. Der Eindruck entsteht jedenfalls bei der Straßenbahnfahrt über die Wilhelm-Kaisen-Brücke. In Wirklichkeit ist der Teerhof eine Halbinsel, die westliche Spitze des Stadtwerders. Lange wurde der Stadtteil links der Weser von Planern und Politikern links liegen gelassen, war er doch während des Dreißigjährigen Krieges lediglich zum Schutz Alt-Bremens angelegt worden, nicht zur Besiedlung. Im 17. Jahrhundert mit dem Bau der südlichen Wallanlagen gegründet, ist die sog. Alte Neustadt längst nicht mehr neu, auch wenn heute Nachkriegsarchitektur diesen Ortsteil innerhalb des alten Festungsgürtels prägt: Das Inferno des Bombenkrieges ließ als Spuren Neustädter Geschichte nur noch Namen und einige Relikte übrig. Außerhalb der alten Neustadtswallanlagen liegt das *»Karbonadenviertel«* — offiziell der *Orts*teil Neustadt —, ein mittelständisches Quartier, das Ende des 19. Jahrhunderts entstand. Mit seinen Dissonanzen bietet es interessante Einblicke in bremische Mentalität und Lebensweise, in verheerende Resultate städtebaulicher Modernisierung, aber auch in Ansätze sensibler Reparatur, Erhaltung und Ergänzung des noch Vorhandenen. Ein bewußter Gang durchs Karbonadenviertel ist ein *Umwelt-Lehrpfad*, eine anschauliche Illustration der Widersprüche, die die bundesdeutsche Nachkriegsgesellschaft wie keine andere europäische Gesellschaft prägen.

Teerhof **❶**

Auf dem Teerhof wurden im Mittelalter Schiffe gezimmert und geteert. Mit Anbruch der Industrialisierung verschwanden die Schiffswerften und Teermagazine. Spitzgiebelige Wohn- und Geschäftshäuser, auch Packhäuser traten an ihre Stelle. Flaschenzüge unter den Dachgiebeln hievten Kaffee und andere Waren aus den vertäuten Kähnen nach oben.

Im Zweiten Weltkrieg wurden alle Gebäude bis auf zwei kleine Häuser zerstört. Sie wurden abgetragen und erwarten in Lagerhallen der Denkmalpflege ihre neue Bestimmung.

Auf dem Teerhof war 1778 bei der Herrlichkeit — so der Name der Straße — das *Bremer Arbeitshaus* eröffnet worden. Ein Chronist fragte sich angesichts seiner wohlgestalteten klassizistischen Fassade, »warum der Jammer der Menschheit, Armuth — ja wohl gar Laster — in einem so gleißenden, imponirenden Gewande dem rastlos thätigen Kaufmann, dem fleißigen Handwerker, dem schwer arbeitenden Tagelöhner vor Augen« gestellt worden sei. Die Arbeitsanstalt war in zwei Teile aufgegliedert: »Die eine — eine Versorgungs-Anstalt für Verarmte, welche gern, so weit ihre Körperkräfte reichen, sich durch Arbeit nützlich machen wollen, — die andere für liederliches, dem Gemeinwohl schädliches, arbeitsscheues Gesindel, welches nur durch Zwang angehalten werden kann, die trägen Glieder zu rühren.«

Zu diesen frühen »Arbeitsbeschaffungsmaßnahmen« zählten Flachs- und Wollespinnen, Weben, Nähen von Säcken und Kleidern, Bearbeiten von Holz und Steinen und Körbeflechten. Die Leitung des Arbeitshauses vermied es, »durch den Verkauf der Producte desselben, fleißigen, hartarbeitenden, redlichen Handwerkern zu nahe zu treten.«

Teerhof 21

Die in der Nachkriegszeit gebauten Büro- und Lagerhäuser erinnern mit ihren Giebeln an die alten Packhäuser. Das Kulturzentrum ›*Weserburg*‹ an der Bürgermeister-Smidt-Brücke lockt Kunstinteressierte gelegentlich mit sehenswerten Ausstellungen auf die karge Halbinsel. Hier befindet sich auch die 1975 gegründete Graphothek, wo rund 2.000 Exponate zeitgenössischer Kunst entliehen werden können wie Bücher in einer Bibliothek — ein Service des bremischen Kulturförderprogramms. Kulturbehörden und zahlreiche Kulturinitiativen haben in der Weserburg Arbeits- und Ausstellungsräume: darunter der Landesjugendring, der Berufsverband bildender Künstler, die Kommunale Galerie, das Schnürschuh-Theater, die Musikerinitiative Bremen. Der Name ›Weserburg‹ scheint angesichts des 1949 erbauten, unscheinbaren Gebäudes recht hoch gegriffen. Er ist eher eine Reminiszenz an das burgartige Vorgängergebäude, das 1897 für die Kaffeefirma Hagens & Co. errichtet, 1944 durch Bomben geschädigt und nach dem Krieg abgerissen wurde.

Kommunale Galerie

Zirkus oder Feste geben gelegentlich Anlaß, die unwirtlichen Weserbrücken zum Teerhof zu überwinden. Die Diskussion um neue Nutzungsmöglichkeiten für diesen attraktiven Ort wurde zu einem Dauerbrenner für Planer, Politiker, Bürger und die Bremer Presse. Interessierte Betrachter mögen selber beurteilen, was bei diesem Zankapfel herausgebraten ist. Vielleicht ist auch, echt bremisch-drömelig, immer noch nichts passiert?

Stadtwerder
❷

Nicht jedem dürfte bekannt sein, daß ein ›Werder‹ — außer Bremens sportlichem Hoffnungsträger Nr. 1 — eine Flußinsel bzw. der Landstrich zwischen einem Fluß und einem stehenden Gewässer ist. Nur wenige der alten Häuser auf dem *Stadtwerder* zwischen Fulda- und Steinstraße überstanden den Zweiten Weltkrieg. Das Wasser- und Schiffahrtsamt, das Kataster- und Vermessungsamt und die Hochschule für Nautik fanden hier in den fünfziger Jahren eine

Vogelschau des Teerhofs vom Südwesten aus um 1934

neue Bleibe. Auf dem achteckigen Turm der Seefahrtsschule, heute nicht mehr zu sehen, wurde 1924 die Sternwarte eröffnet.

Am Deich

Wer den letzten Abschnitt der Wilhelm-Kaisen-Brücke überquert hat, kann einen wehmütigen Blick in die Straße Am Deich werfen, die mit ihren im französischen Renaissance-Stil angelegten Bürgergärten im 17. und 18. Jahrhundert ein beliebtes Ausflugsziel für Bewohner der Altstadt war. Jetzt präsentiert sie sich als nüchterne Gewerbestraße mit einzelnen Wohnhäusern. Der Straßenname ›Papagayenboom‹ erinnert an das mittelalterliche Bürgerschießen, bei dem die Mitglieder der Bürgerwehren einmal im Jahr mit scharfer Munition trainieren durften. Geschossen wurde nicht auf eine Scheibe, sondern auf einen bunten Vogel, den Papagayen.

Brautstraße
❸

Die betont unromantische Brautstraße verdankt ihren Namen nicht der Jungfrau im weißen Kleid, sondern einem der drei zur Verteidigung Bremens im 16. Jahrhundert gebauten Befestigungstürme. Diese wehrhafte Braut mit einem Durchmesser von 30 Metern und Wandstärken, die mit 4 bis 5 Metern jedes Atomkraftwerk in den Schatten stellen, stand auf der Herrlichkeit und fand 1739 an einem schwülen Septembertag ein jähes Ende: Ein Blitz entzündete das in ihr gelagerte Schießpulver, die Braut barst mit gewaltigem Getöse. 31 Bremer, die in der Nähe des Pulverfasses gewohnt hatten, bezahlten dieses ›Restrisiko‹ mit dem Leben.

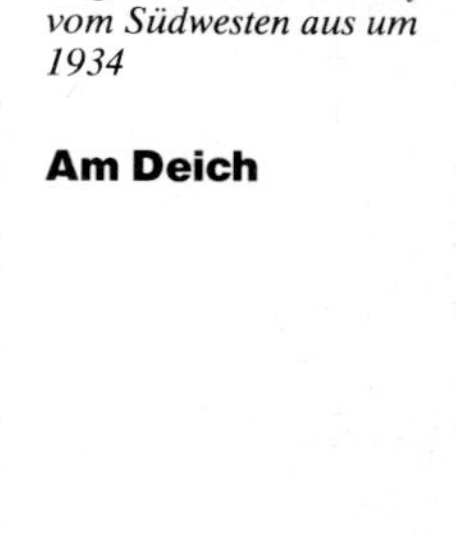

Vielleicht halfen die wenige hundert Meter weiter hergestellten trinkbaren Drogen nicht nur, die Bremer Wirtschaft, sondern auch die kriegszermürbten Bremer nach ’45 wieder flottzukriegen: Bier half, die Schrecken zu vergessen, und Kaffee, morgens wieder schwungvoll die Ärmel aufzukrempeln, zuzupacken, aufzubauen. Hier wird nämlich in mehreren Großröstereien ein großer Teil des in der Bundesrepublik getrunkenen Kaffees verarbeitet, und ein prosperierender Bierkonzern produziert für den heimischen Markt und den Export. Neustädter Bier war bereits im 12. Jahrhundert der wichtigste, vor allem bei Holländern und Skandinaviern geschätzte Exportartikel Bremens. Die industrielle Nutzung der Alten Neustadt konzentriert sich auf den Nordwesten, während im südöstlichen Teil Kleingewerbe und Wohngebäude dominieren.

Hatten dort 1939 noch 11.150 Menschen gelebt, so waren es 1945 zwischen den tiefen Kratern, die die bis zu zehn Tonnen schweren Bomben der letzten Kriegstage gerissen hatten, nur noch wenige hundert. 1980 wurden hier wieder 5.300 Bewohner gezählt.

Am neuen Markt
❹

Ein lebendiges Zentrum der alten Neustadt war der *Neue Markt*, der 1785 ohne Konsultation der Bevölkerung zum Schweinemarkt bestimmt wurde, da die Ratsherren Gestank, Gegrunze und Gequieke des Borstenviehs auf dem Domshof in ihrer unmittelbaren Nähe nicht mehr ertragen mochten. *Anton Wagschal*, Jahrgang 1891, ist der wohl einzige Neustädter, der Veränderungen in diesem Stadtteil als Chronist wachen Auges über fast ein Jahrhundert verfolgt hat. Er kennt diesen Platz noch als Schweinemarkt:

Arbeiterhäuser im Prallengang 1906

»Wenn die Bauern da am Markt angekommen waren und luden ihre Tiere ab, dann kriegten sie 'n Schwein bei einem Ohr und beim Schwanz zu fassen und hoben das Tier vom Wagen runter, und dann kam das in ein sogenanntes Rickel hinein, das war so'n kleiner Holzverschlag.« Beim anschließenden Verkauf wurde dann natürlich lauthals gefeilscht.

Brautstraße 16

Friedrich Ebert: Vom Kneipier zum Reichspräsidenten

An der Ecke des Marktes, Brautstraße 16/Westerstraße, unterhielten Luise *Ebert* und ihr Mann *Friedrich*, der spätere Reichskanzler und -präsident, eine ›Restauration und Bierhalle‹. Das Gebäude wurde im Krieg zerstört; im jetzigen Haus Nr. 15 sitzt heute der Landesverband der Gartenfreunde Bremen e.V.

Von seinen Gästen erhielt Ebert den Namen ›Rechtsanwalt‹, weil er ihnen oft mit fachkundigem Rat zur Seite stand. Über der Gaststätte hielt er einen Saal für sozialdemokratische Versammlungen und »sonstige Zusammenkünfte« bereit. 1896 erhielt Ebert ein Bürgerschaftsmandat, das er bis zu seiner Übersiedlung nach Berlin im Jahre 1905 — zeitweise parallel zu seiner Kneipierstätigkeit — innehatte. Das Bremer Klassenwahlrecht benachteiligte Neustädter Bürger, und so war er lediglich Vertreter der vierten Klasse. Er engagierte sich in Bremen vor allem für die Obdach- und Arbeitslosen und setzte sich für die Erweiterung des Koalitions- und Streikrechts und die Errichtung einer Arbeiterkammer ein. Sozialen Sprengstoff gab es genug. So waren z.B. die Wohnverhältnisse der unteren Schichten zum Teil haarsträubend. Auch links der Weser wohnten Menschen in ›Gängen‹, in Gassen, deren Breite oft weniger als zwei Meter betrug. Die Häuser mußten nach hinten meist ganz ohne Tageslicht auskommen, da sie direkt an die dahinterliegende Häuserreihe herangebaut waren. Tuberkulose, Diphterie, Lungenentzündung und vor allem eine Choleraepidemie im Jahre 1834 forderten infolge der schlechten hygienischen Verhältnisse zahlreiche Todesopfer.

Eberts Engagement in Bremen löste kaum zwei Jahrzehnte später bei den in USPD und KPD organisierten revolutionären Arbeiter- und Soldatenräten keine loyalen Gefühle mehr aus. Man hatte ihm unter anderem nicht verziehen, daß er 1914 zusammen mit anderen Sozialdemokraten die Bewilligung von Kriegskrediten befürwortet hatte. In ihrer Begründung zur Ausrufung der Sozialistischen Räterepublik hieß es:

»Das Bremer Proletariat, empört über das Blutregiment der mit dem Ausbeutertum verbündeten Ebert-Regierung, hat sich heute, am 10. Januar 1919, losgesagt von jeder Gemeinschaft mit dem Blutterror der Bourgeoisie, der sich in Berlin im Kampfe gegen das Proletariat offenbart. Das Bremer Proletariat hat sein Geschick in die Hand einer eigenen proletarischen Volksregierung gelegt.«

Grünenstraße 23

Peter Weiss

Am 4. Februar 1919 schlugen auf Befehl des Sozialdemokraten Noske die Reichstruppen der Division Gerstenberg, unterstützt durch das Freikorps Caspari, die Revolution blutig nieder. In der Grünenstr. 23 lebte damals als Zweijähriger der Schriftsteller *Peter Weiss.* Sein Vater, der auf der Seite der Revolutionäre kämpfte, erzählte ihm später über die blutigen Auseinandersetzungen in der Neustadt. Peter Weiss schildert sie in seinem Buch ›Ästhetik des Widerstandes‹, für das er den Bremer Literaturpreis erhielt.

»... ich... hörte die Fabriksirenen vom Hafen her unaufhörlich rufen zur Ermutigung der Kämpfenden... Bei St. Pauli, am Neuen Markt, in der Johannis Straße wurde geschossen, aus den Seitenstraßen, über die Dächer, die Gartenmauern, kamen die Aufständischen, die abgeschnittenen Revolutionäre... mein Vater war unter denen, die dort über die Schindeln krochen, in den Schneeböen... und als er beschrieb, wie sie sich von der Uferfeste langsam vorschoben zur Großen Allee, zum Ansatz der Brücke, wie sie sich am Geländer entlangdrückten, gedeckt vom Feuer der Cuxhavener Matrosen, hingen über mir die genieteten Brückengewölbe... Minen schlugen in den Boden ein, eine blaue Stichflamme schoß aus einer zersprengten Gasleitung hervor, die Arbeiter drüben auf der Weserbrücke, sagte mein Vater, waren überwältigt worden...«

Am neuen Markt

Am Neuen Markt entdeckt der Besucher auf einem Brunnen vor der neuen St.Pauli-Kirche den etwas pummeligen, kleinen Bruder eines alten Bekannten, den ›*kleinen Roland*‹. Ihn spendierte 1737 die Neustädter Bürgerkompanie, denn die Neustädter wollten sich eben nicht damit abfinden, daß » de Neestadt usen Rat sin Stiefkind« war, und so mußte ein eigener Verteidiger bürgerlicher Freiheiten her. Dabei war klein Roland aber nicht sehr erfolgreich — vielleicht waren seine Knie nicht spitz genug — jedenfalls erlitten die Neustädter mit ihren Emanzipationsbestrebungen Rückschläge. Auf der anderen Flußseite nämlich war man vor Forderungen nach Gleichstellung auf der Hut: »Wohr di vor'n Neestädter!«, hieß es. Hatte der Rat 1814 noch gnädigst das große altstädtische Bürgerrecht und Zutritt zum Konvent gewährt, so wurden diese Rechte wenig später wegen des zu forschen Auftretens der Neustädter kurzerhand wieder aufgehoben. Immerhin hat Roland, inmitten einer einzigen Trümmerwüste, wie durch ein Wunder den Zweiten Weltkrieg unbeschadet überstanden. Am Standort der 1967 fertiggestellten St.Pauli-Kirche befand sich früher der Gasthof ›Zur Stadt Baltimore‹. Sein Name erinnert an die Möglichkeit, von Bremerhaven aus in eine neue Welt aufbrechen zu können. Es stiegen dort aber meistens Schweinehändler und Fuhrleute ab, um im wahrsten Sinne des Wortes auszuspannen. In der Wester-, Oster- und Johannisstraße gab es mehrere solcher ›Ausspannhöfe‹, die alle außer mit den üblichen Schank- und Schlafräumen mit Pferdeställen samt Stallburschen und mit Lagerräumen für die Fracht der Fuhrleute ausgestattet waren.

Osterstraße 60

Johann Heinrich Knief wurde 1880 geboren. Er wuchs in der Neustadt auf und wurde seinen Eltern zuliebe Lehrer. In den zehn Jahren seiner Tätigkeit an verschiedenen Bremer Schulen kam er in

Kontakt mit Schulreformern wie *Wilhelm Scharrelmann.* Gleichzeitig schrieb er Beiträge für verschiedene linke Zeitschriften, z.B. die Bremer Bürgerzeitung und *Clara Zetkins* »Gleichheit«. Seine Kollegen nannten ihn »Marat«. 1911 bat er um seine Entlassung aus dem Schuldienst und arbeitete als Redakteur bei der Bremer Bürgerzeitung. In den Jahren unmittelbar vor und während des Ersten Weltkrieges bildete sich eine radikale Bremer Linke heraus, deren Motor Knief war. Nach einem Aufruf zu Lohnstreiks auf der AG Weser 1916 verlor die Bremer Linke auf den Druck der Reichs-SPD ihren Einfluß auf die Bremer Bürgerzeitung. Daraufhin gaben Knief und seine Genossen die Zeitschrift »Arbeiterpolitik« heraus. Wenig später beschoß der Ortsverband der Bremer SPD auf Anregung der Linken, keine weiteren Mitgliederbeiträge an den Parteivorstand in Berlin zu zahlen, und wurde aus der Partei ausgeschlossen. Das war der Beginn der USPD in Bremen. Während der Novemberrevolution versuchte Knief die Radikalisierung der Arbeiter voranzutreiben, wobei er in Widerspruch zu gemäßigteren Sozialdemokraten und USPD-Leuten geriet. Er forderte die Bewaffnung durch Arbeiterräte. Zwei Monate nach der Zerschlagung der Bremer Räterepublik starb Knief an den Folgen einer Blinddarmoperation. »Verlaßt mir meine Arbeiter nicht«, soll er noch kurz vor dem Tod gesagt haben.

Der kleine Roland

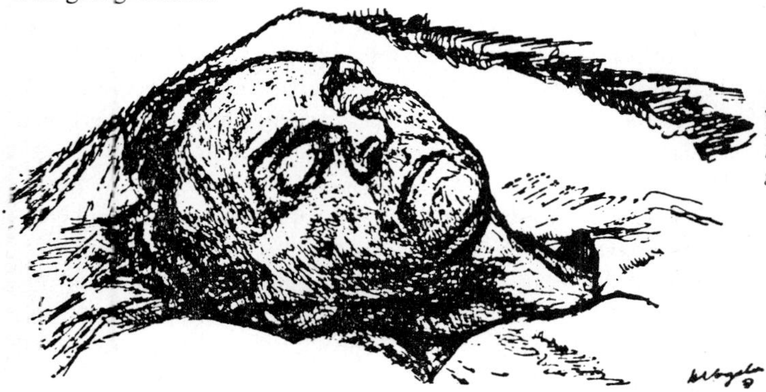

Johann Heinrich Knief, Zeichnung auf dem Sterbebett von Heinrich Vogeler

Große Krankenstraße ❺

An der ›Große Krankenstraße‹ öffnete 1692 das erste Neustädter Kranken- und Siechenheim seine Pforten — ausgerechnet in einem alten Ballhaus. Es ersetzte das ursprünglich für diese Zwecke eingerichtete St.Johanniskloster in der Altstadt.

Rückertstraße 1–7

Allemal sehenswert ist noch die nahegelegene Rückertstraße, 1906/1907 äußerst zügig von dem Bauunternehmer und Bauherren *Friedrich Lüthke* im Heimatstil errichtet. Heute steht sie größtenteils unter Denkmalschutz.

Rückertstraße 12b

In der Rückertstraße hatte der auf Reichsebene 1889 gegründete *Kaufmännische Verband für Weibliche Angestellte* ab 1916 seine Auskunftsstelle. Die angestellten Frauen rekrutierten sich damals hauptsächlich aus nicht ganz unvermögenden Bürgerschichten. Das mag ihr zwiespältiges Selbstverständnis erklären. Zwar verstand sich der Verband ab 1906 als Gewerkschaft, setzte sich jedoch gleichzeitig scharf von der Sozialdemokratie ab. So wurde in der Programmdiskussion ausdrücklich das Kampfmittel des Streiks gegen die Unternehmer verworfen. Die weiblichen Angestelltenorganisationen waren mit erbitterten Konkurrenzkämpfen der Verbände ihrer männlichen Kollegen konfrontiert. Insbesondere der »Deutschnationale Handlungsgehilfenverband« (DNHV), und der »Verein für Handlungscommis von 1858« u.a. liefen jahrzehntelang Sturm gegen die Frauenbeschäftigung in den Kontoren, Büros und im Handel. Der DNHV begründete wortreich, daß Frauen sich als Verkäuferinnen nicht eigneten: »Das ohnehin mangelhafte Interesse der Verkäuferin an ihrem Beruf erlahmt, je länger sich die stille Hoffnung bei Gelegenheit ihrer geschäftlichen Obliegenheiten einen Mann zu erwischen, als verfehlt herausstellt.«

Neustadtswall ❻

Der Neustadtwall war als südliches Pendant der Straße »Am Wall«, einmal eine attraktive Wohnlage. Auch hier hatte es eine Befestigungsanlage gegeben, die von 1623–27 während des Dreißigjährigen Krieges nach einem Entwurf des niederländischen Ingenieurs *Johan van Valckenburgh* angelegt worden war, um die verwundbare Flußseite der Altstadt besser vor Angreifern zu schützen. Die gewählte Kombination aus Gräben, Wällen, Mauern und spitzen Bastionen galt bei damaliger Waffentechnik als uneinnehmbar. Das Bunte Tor und das Hohe Tor gestatteten Durchlaß — allerdings nur bei Tage. 1802 wurde mit der Entfestigung der zu Verteidigungszwecken unwirksam gewordenen Brustwehren und Wälle begonnen. Im Gegensatz zur Altstadt, für die Landschaftsgärtner *Altmann* eine Parklandschaft mit sich schlängelnden Wasserzügen schuf, behandelte man die Neustadt auch hier stiefmütterlich: die Wassergräben wurden, zum Teil erst Anfang des 20. Jahrhunderts, zugeschüttet. Die Piepe ist als letztes Rudiment übriggeblieben.

Das Schauspielhaus

Neustadtswall 12b

Der Szene-Tempel *»Modernes«*, findet seine Anhänger mittlerweile über Bremens Grenzen hinaus. Tags betrachtet, macht die platte Nachkriegsfassade dem Namen keine Ehre, doch ist dies nachts vergessen, wenn hier die frühe und gestandene Jugend ihren Kult zelebriert: Kino, Disco, Rock- und Pop-Konzerte. Ursprünglich als Vergnügungs-Etablissement »Neustädter Tonhalle« mit Tanzsaal, zwei Konzerträumen und einer Schank- und Speisewirtschaft gebaut, wurde das Haus 1909 unter der Ägide von *E.H. Ichon* und *J. Wiegand* als »Modernes Theater« für überwiegend leichte Muse gestaltet. Nur zehn Jahre später verwandelten es *F. Heiligers* und *F. Luedtke* in ein Lichtspielhaus, das schließlich auch den Nazis als Propagandaforum diente. Nach Kriegsende wiederaufgebaut, wurde es von 1952 bis 1959 erneut als Kino genutzt. Das Fernsehen machte ihm schließlich den Garaus, wenn auch die Sexwelle ein schlaffes Revival als PAM-Kino brachte. Doch Voyeure schalteten um auf Video, und das Moderne schloß erneut seine Pforten, bis zwei findige Bremer den gegenwärtigen Volltreffer im postmodernen Zeitgeist landeten. Noch immer funktioniert ein architektonischer Clou: ein Kuppeldach, das geöffnet werden kann.

Kaserne II und IV um 1903: Exerzieren für Kaiser und Vaterland

Neustadtscontrescarpe/Schulstraße ❼

Am Neustadtswall hinter dem Hallenbad, wo heute die Polizei residiert, gab im November 1918 die erste Meuterei Bremer Soldaten den Auftakt zur Revolution. In den Kasernen am Neustadtswall wurde der Soldatenrat gegründet, Maurer *Bernhard Ecks* war einer seiner Sprecher.

Wenig weiter, am *Hohentorsplatz*, wüteten 1933 selbsternannte Bekämpfer einer vermeintlich dekadenten Moral: Hier verbrannten Nazis die Werke frei denkender und fortschrittlicher Geister. In der nahen Hohentorstraße, Nr. 32–38, haben heute Verfolgte des Nazi-Regimes, die immer noch auf Entschädigung warten, eine Anlaufstelle: der Sinti-Verein vertritt hier die Interessen dieser weltweit diskriminierten Volksgruppe unter anderem durch Beratung, Bildungsförderung und Öffentlichkeitsarbeit. Hier fand auch die IAF, die Interessengemeinschaft der mit Ausländern verheirateten Frauen e.V., ein Domizil.

Hohentorstraße 32–38

Am Neustadtsbahnhof

Westlich der Hohentorstraße war 1867 der alte Neustadtsbahnhof und mit ihm die Eisenbahnverbindung nach Oldenburg eingeweiht worden. 1931 wurde er durch den neuen Bahnhof ersetzt, um dem verstärkten Transport- und Reiseverkehr Rechnung zu tragen.

In der Nähe der Weser lag der *Grünenkamp*, ursprünglich eine Weide, von 1890 bis 1933 für den Freimarkt genutzt, für den es in der Altstadt zu eng geworden war.

Langemarckstraße ❽

Ein Abschnitt der Langemarckstraße hieß früher Meterstraße; weiter Richtung Weser trug sie den Namen Große Allee und Kleine Allee. Bürgermeister *Johann Heinrich Böhmcker*, als ›schlagkräftiger‹ SA-Führer unter dem Spitznamen ›Latten-Heini‹ bekannt, hatte noch im Jahr seines Amtsantrittes 1937 die Umbenennung erwirkt. So sollte die Schlacht bei dem belgischen Dorf Langemarck 1914, die fast alle kriegsfreiwilligen deutschen Studenten das Leben kostete, als vorbildliche, heroische Tat gerühmt werden. 1983 wurde in einer öffentlichen Diskussion an der Hochschule die Umbenennung der Langemarckstraße gefordert.

Das Karbonadenviertel ist ein kleinbürgerliches Quartier, das wegen seiner teilweise sehr attraktiven Wohnstraßen und seinem intakten, überschaubaren sozialen Gefüge zum Inbegriff der gesamten Neustadt geworden ist. Es erstreckt sich von der Neustadtcontrescape bis zur Neuenlander Straße, quer dazu von der Langemarckstraße bis zur Friedrich-Ebert-Straße. Eine Neustädterin erzählt, wie der Volksmund den Namen »Karbonadenviertel« prägte:

Obacht, Freunde von Vexierrätseln: Wo thront hoch über dem Verkehrsfluß zwischen Langemarck und Mosel die Neustädter Burg, die ihren Namen einem Nebenfluß des Rheins verdankt?

»Hier waren ja früher überwiegend Einfamilienhäuser, und meist von Beamten. Und das war zu einer Zeit, wo ja noch die Beamten mittags nach Hause zum Essen kamen. Und die Frauen hielten morgens auch mal ein Schwätzchen, und manchmal über Gebühr, und auf einmal war es dann Zeit, daß Mittag gemacht wurde; dann gingen sie schnell zum Schlachter und holten eine Karbonade. Und von der Zeit heißt es hier das Karbonadenviertel. Da haben die Frauen dann schnell für ihren Mann ein Kotelett in die Pfanne gehauen!«

Neustadtscontrescarpe

Das französische Wort ›Contrescarpe‹ bezeichnet die äußere Böschung an einem zu Verteidigungszwecken angelegten Wallgraben. Wie Pappel-, Lahn-, Erlen- und Delmestraße und die vierspurigen Hauptverkehrsachsen Friedrich-Ebert-Straße, Neuenlander Straße und Langemarckstraße wurde die Neustadtcontrescarpe vom bremischen Staat angelegt. Die übrigen Wohnstraßen wurden von Bauunternehmern gebaut. Die Häuser der Neustadtcontrescarpe stammen größtenteils aus der Zeit zwischen 1885 und 1890 und zeigen bereits Elemente des Jugendstils. Wenn auch nicht so repräsentativ angelegt wie an der altstädtischen Contrescarpe, so standen hier doch ausschließlich aufwendig und abwechselungsreich gestaltete Bremer Häuser mit einer stuckverzierten, meist hellen Klinkerfassade und zahlreichen Veranden und Wintergärten.

Den alten filigranen Glasvorbauten wurde in den Nachkriegsjahren wenig Wert beigemessen. Ein Bewohner dieser Straße z.B. hatte aus der damaligen Wohnraumnot heraus seinen Wintergarten abgerissen und ›schwarz‹ ausgebaut. Schritt für Schritt änderten sich die Nachbarhäuser in gleicher Weise, nahmen Wintergärten ungehindert die Gestalt kalkweiß oder quittengelb verfliester Festungen an. Abrisse schufen Platz für profitträchtigen Mietwohnraum.

Mainstraße/ Moselstraße ❾

»Sie sollen alles lernen: Wer durch's Leben sich frisch will schlagen, muß zu Schutz und Trutz gerüstet sein.« Dieses emanzipatorische Motto prangte an der *Mädchenschule Mainstraße*, die *Anna Waetge* 1903 auf dem Grundstück Ecke Moselstraße hatte errichten lassen. Sie wollte Mädchen zu besseren Chancen im Berufsleben verhelfen. Nach der Schließung der Schule wurde das Gebäude unter anderem als Jugendzentrum genutzt, um dessen Erhaltung in Selbstverwaltung es 1976 heftige Auseinandersetzungen gab. Nach Angaben des Hochbauamtes hätten Umbau und Wiederherstellung ca. 400.000 DM gekostet. Preisgünstigere Alternativen wurden nicht gesucht, und das Gebäude 1978 abgerissen. Ein Jahr zuvor war dem gegenüberliegenden Wohnhaus aus dem Jahre 1895 das gleiche Schicksal widerfahren. Die Genehmigung für dessen Abriß war erst erteilt worden, nachdem das Architektenteam bezüglich ihres Neu-Entwurfes versichert hatte: »Bei der Fassadengestalt wurde sehr viel Wert darauf gelegt, daß durch die Ausbildung von Balkonen und Loggien eine Plastizität erreicht wird, die der noch teilweise vorhandenen Altbaustruktur entgegenkommt.« Aber was geschah mit dem alten Vorgarten, seinen Hecken und Bäumen? Die Vorgärten haben, abgesehen von ihrem ästhetischen Reiz, auch einen ökologischen Wert. Jede Lücke in der Versiegelung städtischen Bodens durch Straßen, Plätze und Gebäude bedeutet, daß etwas mehr Regenwasser ins Grundwasser sickern kann. Der sinkende Grundwasserspiegel, hervorgerufen vor allem durch hemmungslose Bautätigkeit, ist eine der größten Bedrohungen für die Stadtökologie. Außerdem produziert jedes Blatt in einem Vorgarten Sauerstoff, bindet Staub und Schadstoffe und hilft das Straßenklima zu regulieren. Es ist ein Privileg der meisten Bremer Häuser, im Gegensatz zum Massenwohnungsbau anderer Städte über Vorgärten zu verfügen. Allerdings wurden viele von ihnen als Garagenzufahrten zubetoniert, wo Hausbesitzer ihrem Auto in der ehemaligen Souterrainküche ein warmes Plätzchen einräumten.

Ecksituation Main-/Moselstraße nach dem Krieg

und heute (rechts die alte Mädchenschule von Anna Waetge)

Die in den neunziger Jahren gebauten Bremer Häuser von Rhein- und Moselstraße wurden noch im historischen Stil dekoriert. In der Rheinstraße wohnten ursprünglich zahlreiche Beamte in großbürgerlichen Reihenhäusern, die alle im Krieg zerstört wurden. Die aufwendig mit Stuck und Schmuckklinker gestalteten Fassaden in der Moselstraße lassen nicht ahnen, daß der rückwärtige Abstand der Häuser zur Bebauung der Rheinstraße nur ca. 15 Meter beträgt. Tatsächlich ist dieser Ortsteil mit 174 Einwohnern pro Hektar viel dichter besiedelt als etwa die im Stil der Vahr mit Hochhäusern und »Abstandsgrün« bebaute Gartenstadt Süd. Auch in der Moselstraße wurde einiges modernisiert, und durchaus nicht immer zur Freude der Auftraggeber. Noch bis Ende 1986 schmückte Haus Nr. 28 eine der schönsten historischen Veranden im Viertel, ein kunstvoll schmiedeeisernes Einzelstück. Hier und da hatte sich Rost gebildet und einige Scheiben gesprengt. Also mußte ein Handwerker her. Die Hausherrin wandte sich statt an einen Bauschlosser an einen Maurer. Sein schnelles Urteil: Nicht zu retten — weg damit! Trotz einer aufwendigen Isolierung der Terrasse, die jetzt mehr durch den Glasvorbau geschützt ist, hatte die Besitzerin im letzten Winter erstmals Feuchtigkeitsprobleme in der Souterrainküche. Außerdem beklagt sie die häßliche Abrißnaht, die den Verlauf der alten Veranda verrät.

Moselstraße 28

Moselstraße/ Pappelstraße ⑩

Bis 1942 standen an der Stelle, wo sich jetzt der Hochbunker befindet, noch Sielers Festsäle, der letzte Teil des großen Schützenhofes. Über 12.000 Arbeiterinnen und Arbeiter zogen im August 1890 zu einem Gewerkschaftsfest zum Schützenhof. Im Saal und auf der Wiese feierten sie die bevorstehende Aufhebung des Sozialistengesetzes mit politischen Reden, Musik und Tanz. 35 Einzelgewerkschaften waren vertreten, 20 Kapellen und mehrere Arbeiter-

Der Schützenhof: hier feierten Bremer Sozialdemokraten die Aufhebung des Sozialistengesetzes

gesangvereine nahmen teil. Wenige Wochen später wurde der Sozialdemokratische Verein Bremens gegründet. Bis in die Weimarer Zeit wurden in Sielers Festsälen nicht nur Tanzbeine geschwungen, sondern auch viele politische Versammlungen abgehalten. Unterhaltung wurde großgeschrieben: Bürgervereine mieteten hier für ihre Feste Säle an, und auf der Bühne gaben Sportler der Bremer Turngemeinde, die Brothers Rollos und andere Artisten akrobatische Kunststücke und Varieté-Nummern zum besten. Der größte Teil des Schützenhofes fiel der Stadterweiterung zum Opfer. Schon 1893 war ein Teil seiner Gebäude für die Anlage von Rhein- und Moselstraße abgerissen worden.

Klara Reichelts Elternhaus in der Rheinstraße

Clara Reichelt, 1908 als Schulmädchen in die Rheinstraße gezogen, kann sich noch gut an das damalige Leben im Schützenhofviertel erinnern:

»Das war eine Kameradschaft unter den Bewohnern! Wir gehörten zusammen. Die waren alle zu der Zeit, 1909/10 und so weiter, eingezogen, und hier hinter waren ja noch alles Parzellen. Es war früher so Usus: also, an der Ecke wurde ein halber Liter geholt, und dann wurde sich auf die Veranda hingesetzt, und von hüben nach drüben haben wir dann ›Prost‹ gesagt. Das gibt's nicht mehr, das war einmal!«

Der Krieg veränderte die Nachbarschaft nachhaltig. Bewohner waren gefallen oder starben in den Trümmern, Bremer aus anderen Stadtteilen und Heimatvertriebene zogen in die neugebauten und instandgesetzten Häuser. Haus Nr. 52 ist eines der ersten in der Neustadt aus Trümmersteinen wiedererrichteten Häuser. Reichelts Haus wurde dreimal ausgebomt, wobei die Fassade wie durch ein Wunder verschont blieb.

»Das waren Phosphor-Bomben, die fielen oben rein und wir sahen hier alles wegbrennen. Innen war ja viel Holz. Wir haben dann 1946 im Keller ge-

Klönschnack vor Freese's Krämerladen

wohnt, mit einem Notdach drüber. Fenster und Türen waren kaputt. Mein Mann war gestorben, und da mußte ich mit meinen Kindern und meinem Vater hier hausen. Das war unheimlich. Zwischendurch wurde ich mit meinen kleinen Kindern nach Sachsen evakuiert. Für den Wiederaufbau bekamen wir Unterstützung von der Post und von einer Erbengemeinschaft, sonst hätten wir das Haus gar nicht wieder hochgekriegt, wir hatten alle kein Geld.«

Isarstraße 57, 63, 66, 68 ⑪

Die Isarstraße bietet besonders schöne Beispiele bürgerlichen Wohnens. Diese zwischen 1905 und 1910 im Heimatstil angelegte Straße besticht vor allem im Abschnitt zwischen Pappel- und Erlenstraße durch kunstvoll gearbeitete Haustüren und Fenster, abwechslungsreich gestaltete Eingänge, Erker und Wintergärten sowie einige launige Dacherker und Zwerchgiebel. In der Donaustraße: die besterhaltene Häusergruppe der Neustadt, ein für den Heimatstil typisches spielgelsymmetrisches Ensemble. In dieser Straße befinden sich noch einige weitere Beispiele für gelungene Wiederaufbauarchitektur der 50er Jahre.

Bemalung des Bunkers Moselstraße im 2. Weltkrieg: eine Stadtsilhouette sollte den Feind irreführen

Die Lahnstraße ist ein wenig zur Straße der Neustädter Szene geworden. Auf einem der noch provisorisch genutzten Trümmergrundstücke residiert in einer Baracke der Neustädter Buchladen, in dessen Café man Kultur mit Kaffee kombiniert. Das ›Klöntje‹ in einem schönen Heimatstilhaus Ecke Illerstraße dient als regionales Kommunikationszentrum, im ›Baguette‹ kann der Hamburgern und Currywürsten abgeneigte, alternative Fast-Food-Fan was futtern, während die Freunde gesünderer Kost sich bei ›Grünkern‹ mit Körnern oder in dem türkischen Laden ›Kardesler Gida Pazari‹ Ecke Langemarckstraße mit Obst und Gemüse versorgen können. Alle diese Läden befinden sich in Eckhäusern: Der von der Straßenecke her zugängliche Laden ist ein Charakteristikum der Lahnstraße. Der einzige bis heute in seinem Originalzustand erhaltene Eckladen

Lahnstraße/ Delmestraße ⑫

ist der des inzwischen verstorbenen Kolonialwarenhändlers *Johann Freese.* Freeses Geschäft ist einer der beiden schönsten Krämerläden Bremens. Es stand unter eingeschränktem Denkmalschutz, an die Lebenszeit des Besitzers gekoppelt. Hoffentlich bleibt das einzigartige Fluidum des Ladens mit seiner hölzernen Inneneinrichtung bei einer neuen Nutzung erhalten.

Wie in der Zeit der Auto-Mobilität und der Verbrauchermärkte mit alten Eckläden häufig verfahren wird, ist an den Kreuzungen der Moselstraße mit Lahn- und Mainstraße beispielhaft abzulesen: Umbau zu Wohnraum, wobei die reizvollen Eckeingänge zugemauert wurden. Übrigens sind das Freese-Haus und die Nachbarhäuser Lahnstraße 27 bis 33 die einzigen Wohnhäuser, die im gesamten Ortsteil Neustadt unter Denkmalschutz stehen — die einzigen! Die in den Jahren 1905—1908 gebaute Gruppe ist ein sehenswertes Beispiel für eine späte Variante des Jugendstils, bei der geometrische Ornamente und die Verwendung von Rauh- und Riffelputz dominieren.

Lahnstraße 27—33

Die Pappelstraße mit ihrem reichhaltigen Warenangebot ist die Haupteinkaufsstraße der Neustadt. Sie hieß ursprünglich Gastfeldstraße, wie heute noch ihre südöstliche Verlängerung. Der Neustädter Bürgerverein erwirkte 1905 beim Senat die Übernahme des Namens Pappelstraße, den vorher nur der kurze Abschnitt zwischen der Eisenbahn und der heutigen Langemarckstraße getragen hatte, um das Image der Straße bis zur Bachstraße aufzuwerten. Ansiedlungswillige Kaufleute und andere Bürger sollten diese Adresse nicht mit den benachbarten proletarischen Vororten, sondern mit dem feineren Hohentorsviertel in Verbindung bringen.

Delmemarkt

Soziales Zentrum für Klönschnack und den kleinen Lebensmitteleinkauf ist der *Delmemarkt.* Der Betonkasten zwischen Rüdesheimer und Delmestraße, der eine würdelose Kulisse bildet, wurde 1974 nach dem Abriß eines intakten Wohnhauses dort hingestellt. In jenem 1911 gebauten Haus war noch ein Jahr vor seinem Abbruch eine Zentralheizung installiert worden. Seit Mitte der 80er Jahre ist der Neustädter Beirat bemüht, die städtebauliche Situation hier durch Baumbepflanzung, Bänke, Plasterung und die Skulptur ›Marktschreier mit Fisch‹ des Bildhauers *Knapp* zu verbessern.

Biebricher Straße, Wiesbadener Straße, Illerstraße

Die spätesten Bremer-Haus-Straßen im Karbonadenviertel sind die Biebricher, die Wiesbadener und die Illerstraße. Sie wurden kurz vor und zum Teil noch nach dem Ersten Weltkrieg bebaut. Die Illerstraße war zunächst nicht vorgesehen und wurde noch kurz vor dem Ersten Weltkrieg in die vorhandene Bebauung ›reingequetscht‹. Da sie aus Platzmangel nur einseitig bebaut werden konnte, bietet sich hier die ungewöhnliche Möglichkeit, Bremer Häuser von hinten zu betrachten, ohne den typischen geschlossenen Innenhof zu betreten.

Die meisten der späteren Häuser in diesem Bereich sind, der wirtschaftlichen Not der Zeit gehorchend, mit ca. sechs Metern Breite um etwa einen Meter schmaler als die mehr zum Hohentor

hin gelegenen. Sie weisen kaum noch Stuck auf, sind aber durch Zwerchgiebel, Wintergärten und überdachte Eingangsbereiche plastisch gegliedert. Vergleiche ehemals identischer Doppelhäuser, wie Wiesbadener Str. 16/18 und 19/21, machen auf krasse Weise deutlich, wie Veränderungen am eigenen Haus die Nachbarschaft mitbetreffen. Das umfrisierte Haus trotzt dabei nicht nur Bedürfnissen nach einem stimmigen Straßenbild, sondern kann auch bauphysikalische Probleme für den jeweiligen Nachbarn aufwerfen. Seitdem in den 70er Jahren z.B. der Wintergarten von Nr. 18 abgerissen wurde, dringt in den nunmehr seitlich ungeschützten Wintergarten des Nachbarhauses Feuchtigkeit ein. Dessen Besitzer zieht daher seinerseits einen Abriß in Erwägung, Haus Nr. 20 hingegen, ursprünglich auch radikal modernisiert, wurde vom jetzigen Eigentümer als eines der wenigen in der Neustadt weitgehend rekonstruiert. Er erhielt dafür einen Preis von der Landesbausparkasse Bremen.

Durch kaum eine Maßnahme wurde die städtebauliche Harmonie in Bremen häufiger zerstört als durch Fenstermodernisierungen. Vor allem die später gebauten schlichteren Häuser lebten von der Struktur der Fenstersprossen, die die Fassade über das sonst als Loch wirkende Fenster hinweg fortsetzen

Wiesbadener Straße 16/18, 19/21
⑬

Die Bachstraße ist die letzte Station im Karbonadenviertel. Die Häuser dieser ab 1875 angelegten Unternehmerstraße standen zunächst allein auf weiter Flur, umgeben von Parzellen und Bauernland. Charakteristisch für die Bachstraße ist, neben der relativ alten Bebauung in historischer Manier, die Vermischung von Wohnen, Handwerk und Gewerbe. Das 1899 gebaute Brandtsche Bürohaus wird schon seit 1903 als Wohnhaus genutzt, blieb aber in seiner alten Pracht erhalten. Schlechter ging es der Hutfabrik Balke, 1890 erbaut, erst 1984 im Auftrag der Erben abgerissen und durch ein unbedeutendes Wohngebäude ersetzt. Das Gebäude Bachstraße 51-59, ursprünglich Sitz der Franke Motorenwerke, wurde von verschiedenen Firmen genutzt, u.a. der Mineralölfabrik Diersch & Schröder.

Bachstraße 112–116

Bachstraße 78/80
⑭

Zur Erholung von den Strapazen des Rundgangs bieten sich bei schönem Wetter die *Neustadtsanlagen* an. Der Zentaurenbrunnen lädt zum Verweilen ein, der bis 1959 auf einem Platz vor der Zentauren-Apotheke Außer der Schleifmühle stand und einer Stadterweiterung weichen mußte — eines der wenigen Beispiele, wo die oft in ihrer Entwicklung links liegengelassene Neustadt von Besitzständen rechts der Weser profitieren konnte.

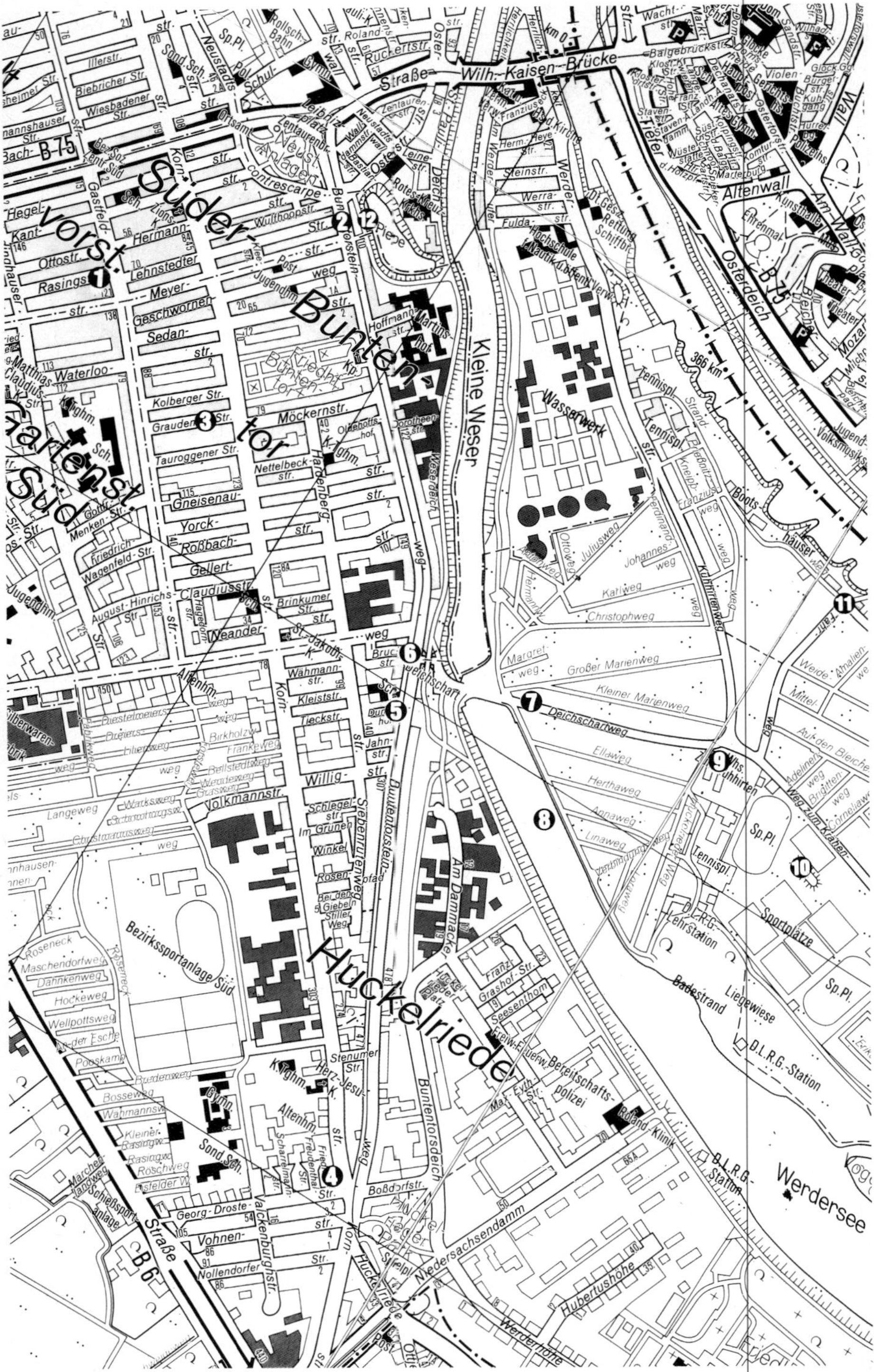

Wilh.-Kaisen-Brücke
Balgebrückstr.
Straße
Altenwall
Am Wall
Osterdeich
Tiefer
Kunsthalle
Theater
Neust. Anlagen
contrescarpe
Süder-vorst.
Buntentor
Gartenst. Süd
Huckelriede
Kleine Weser
Wasserwerk
Hochschule f. Nautik
Hoffmanns Hof
Friedhof Buntentor
Möckernstr.
Nettelbeckstr.
Hardenberg-str.
Meyer-str.
Geschworner-str.
Sedan-str.
Waterloo-str.
Kolberger Str.
Graudenzer Str.
Tauroggener Str.
Gneisenau-str.
Yorck-str.
Roßbach-str.
Gellert-str.
Claudiusstr.
Neander-str.
St.-Jakobi-weg
Lehnstedter str.
Hermann-str.
Ottostr.
Rasingstr.
Kantstr.
Hegelstr.
Wiesbadener Str.
Biebricher Str.
Illerstr.
Neustadtswall
Leibnizplatz
Buntentorsteinweg
Deichschart
Deichschartweg
Großer Marienweg
Kleiner Marienweg
Christophweg
Karlweg
Johannesweg
Juliusweg
Ottoweg
Kuhhirtenweg
Ellaweg
Herthaweg
Annaweg
Linaweg
Tennispl.
Bootshäuser
366 km
Werdersee
Badestrand
Liegewiese
D.L.R.G.-Station
Sportplätze
Sp.Pl.
Weg zum Krähen-
Niedersachsendamm
Hubertushöhe
Werderhöhe
Buntentorsdeich
Bereitschafts-polizei
Roland-Klinik
Am Dammacker
Grashof-Str.
Seesenthom
Bezirkssportanlage Süd
Kornstr.
Siebenrüsenweg
Willig-str.
Schlegel-str.
Volkmannstr.
Langeweg
Georg-Droste-str.
Vohnen-str.
Nollendorfer Str.
Hackenburgstr.
Straße
B 6
B 75
km 0
Osterstr.
Rückertstr.
Wachtstr.
Violenstr.
1
2
3
4
5
6
7
8
9
10
11
12

Gelbe Beine — Blauer Montag

Die Aufmüpfigen vom Buntentor

von Carsten H. Meyer

Ausgangspunkt: *Haltestelle Pappelstraße/Gastfeldstraße; Straßenbahnlinie 5, Buslinie 26*
Endpunkt: *Leibnitzplatz, Straßenbahnlinien 1 und 5*
Dauer: *ca. 2 Stunden*

Rasingstraße
❶

Südervorstadt und *Buntentor* — zwei ehemalige Bremer Vorstädte, wo einst die Zigarrenmacher ihrer Ausbeutung auf besondere Art ein Schnippchen schlugen. Jenseits dieser beiden Arbeiterviertel setzt sich der überwiegend proletarische Teil der Neustadt in der *Gartenstadt Süd* fort, ein etwas blumiger Name für eine phantasielos gebaute Wohnblocksiedlung, die zwar über viel ›Abstandsgrün‹ verfügt, wie es in der Planersprache heißt — aber über Gärten? Erbaulicheres als eine Besichtigung dieser Nachkriegssiedlung verspricht ein Abstecher auf den *Stadtwerder*, wo richtige Gärten zu beschauen sind und genügend Orte zum Verweilen einladen.

Typisch für die Südervorstadt ist die Rasingstraße mit ihren Bremer Häusern in proletarischer Minimalausführung. 1880 lebten hier 18% Handwerker, 27% Zigarrenmacher und 40% andere Industriearbeiter. Am Beispiel der Südervorstadt wird deutlich, daß das gepriesene Bremer Haus durchaus nicht für alle Bevölkerungsschichten ideale Wohnbedingungen bot. Wenn auch Bremen um die Jahrhundertwende den in deutschen Städten höchsten Anteil an Hauseigentum hatte, so waren doch viele der ärmeren Hausbesitzer darauf angewiesen, Logiergäste aufzunehmen. Während z.B. im Bürgerparkviertel durchschnittlich ca. 200 m^2 von einer Familie bewohnt wurden, mußten sich in 56% der Arbeiterhäuser in der Südervorstadt zwei oder drei Familien den Wohnraum von durchschnittlich 60 m^2 teilen. Die hohe Wohndichte wird noch verstärkt durch das enge rückwärtige Aneinanderbauen der Häuser, so daß für die Hinterhöfe pro Haus nur ca. 45 m^2 verbleiben , oft noch verringert durch Anbauten und Schuppen. Der Mindestabstand der Hausrückseiten wurde erst ab 1900 gesetzlich festgelegt. Die Verbindung von dichter Besiedlung, schlechter Ernährung und miserablen sanitären Bedingungen führte dazu, daß die Südervorstadt die höchste Kindersterblichkeit Bremens hatte. Vergleichende Untersuchungen zwischen 1901 und 1910 zeigen, daß in den armen Wohngebieten Bremens 28% der Kinder das sechste Lebensjahr nicht erreichten; in den Häusern wohlhabender Eltern waren es da-

Die Rasingstraße vor 1962, bevor Modernisierungen ihr Gesicht radikal veränderten

gegen ›nur‹ 5%. Magen-Darm-Erkrankungen waren die häufigste Todesursache bei den Proletarierkindern.

Im Widerspruch zur Ärmlichkeit in den Häusern stand die aufwendige Gestaltung der Fassaden. Daß zumindest architektonische Dekoration und Schönheit kein Privileg der Mittel- und Oberschicht war, zeigt z.B. das Haus Lehnstedter Str. 57. Andere Häuser in dieser Straße sind verfliest. Milieu und proletarischer ›Stallgeruch‹, die Arbeiterviertel in anderen Großstädten attraktiv und spannend machen, konnten sich auf solchen sterilen Pflegeleicht-Fassaden allerdings nicht halten.

Lehnstedter Straße 57

Wie andernorts in der Südervorstadt finden sich auch in der Lehnstedter Straße noch Spuren landwirtschaftlicher Nutzung. Die Kriegsruine mit der Hausnummer 62 ist Überbleibsel eines Milchgeschäfts, das zu einem dahinterliegenden Bauernhof gehörte. In seinen ehemaligen Ställen und Scheunen leben und arbeiten jetzt junge Künstler, die dort gelegentlich auch ihre Arbeiten ausstellen. Eine Auseinandersetzung avantgardistischer Kunst mit traditionellen Lebensweisen bot 1986 eine Ausstellung zum Thema ›Zeitmaschine Bodenraum‹: Fundstücke von Dachböden in der Nachbarschaft wurden in neue inhaltliche und ästhetische Zusammenhänge gestellt. Nebenan, zur Kornstraße hin gelegen, befanden sich Remisen, wo die Geschäftsleute der umliegenden Straßen ihre Pferde und Kutschen unterbrachten. Heute parken hier die PS-starken Nachfahren der alten Pferdekutschen. Meist werden solche Innenhöfe jetzt von Industriebetrieben oder als Garagenhöfe genutzt; nur selten findet man dort, wie bei der ›Künstlerkolonie‹, noch ökologische Nischen.

Lehnstedter Straße 62

Südöstlich der Lehnstedter Straße beginnt der Stadtteil Buntentor. Neben dem Herdentor war das *Bunte Tor*, wohl nach seiner bunten Holzbrücke benannt, eines der wichtigsten Bremer Stadttore, da von hier die vielbefahrene Fernstraße über Brinkum gen Süden führte. Sie heißt heute Buntentorsteinweg.

Lehnstedter Straße/ Buntentorsteinweg ❷

Bis 1766 wurden die Bremer Stadttore bei Dunkelheit geschlossen, wodurch im Winter die Passierbarkeit auf zehn Stunden beschränkt war. Verspätete Postkutschen oder ›Estafetten‹, berittene Kuriere, die ihr Pferd in Bremen wechseln wollten, mußten so die Nacht über außerhalb bleiben. Beanstandungen deutscher Landesfürsten führten schließlich 1767 zu dem Kompromiß, daß die Tore gegen ein Entgelt im Sommer bis elf, im Winter bis zehn Uhr nachts zum Passieren geöffnet werden konnten. 1849 wurde die Torsperre ganz aufgehoben. Genau wie das Hohe Tor war das Bunte Tor ein architektonisches Kleinod; es wurde bereits im neunzehnten Jahrhundert für eine Straßenerweiterung abgerissen. Waren, die die Stadtgrenze passierten, mußten damals noch verzollt werden. So waren an beiden Neustädter Toren, wie in der Altstadt auch, ›Zolletablissements‹ gebaut worden. Während die Zollschranken für den innerdeutschen Handel und damit für die Industrialisierung Bremens ein großes Hindernis waren, verschafften sie andererseits vielen Bremern eine lukrative Erwerbsquelle: durch Schmuggel.

Das Buntentor war in Bremen vor der Jahrhundertwende auch als *›de Schapstall‹* bekannt, weil so viele Menschen dort mit vollendet unschuldiger Miene zu schmuggeln verstanden. Vor dem Anschluß des Gebietes um den Buntentorsteinweg an das Bremer Stadtgebiet im Jahre 1875 ging der Schmuggel vor allem in Richtung Altstadt, wo Lebensmittel und andere Güter mit einer ›Konsumptionsabgabe‹ besteuert wurden. Nach dem Anschluß waren Südervorstadt und Buntentor, von Bremen aus betrachtet, immer noch Zollausland, in Bremen gelöschte Ware mußte also verzollt werden, wenn sie dorthin ›exportiert‹ wurde. Beispielsweise boten sich aus Übersee eingeführte Güter wie Kaffee und vor allem Tabak für den diskreten Transport über die Zollgrenze an. Die Tabakverarbeitung, zuvorderst das Herstellen von Zigarren, war in Bremen neben dem Schiffbau Mitte des 19. Jahrhunderts der stärkste Industriezweig, in dem jeder zwölfte Bürger tätig war.

Schmuggeln war bei den Buntentorschen so etwas wie ein Volkssport, an dem auch Frauen und Kinder teilhatten. Den Damen kam dabei die Mode entgegen: Bis gegen 1850 galt die Krinoline als chic, ein weiter bauschiger Reifrock, der über ein Gestell gezogen wurde und somit viel Stauraum bot. Im Anschluß daran kam der ›Cul de Paris‹ in Mode, ein Kissen, das sich die Damen unterhalb der Taille über den Po banden, um ihn möglichst groß erscheinen zu lassen. So gelang es etlichen Frauen ungestraft, vor manch begierigen Zöllner-Augenpaaren ihren Sex-Appeal mittels Tabakbündeln oder Schweinespeck zu steigern. In Ermangelung solch modischer Accessoires banden die Männer die Tabakblätter unter der Hose um die Beine. Sie verfärbten sich durch den Tabaksaft gelb, was den Buntentorschen bald den allbekannten Spottnamen *›Geelbeene‹*

— Gelbbeine — einbrachte. Meist wurden von dem aus Amerika importierten Tabak die Stengel entfernt. Bei den Tabakmanufakturen waren sie ohnehin Abfallprodukt. Von den ›kleinen Leuten‹ aber wurden sie zerhackt und in der Pfeife geraucht. So war im Bremer ›Courier‹ im März 1880 zu lesen: »Scharen von neun- bis zehnjährigen Kindern, jedes mit ein bis zwei Pfund Stengel unter der Kleidung, ziehen Abends durch das Buntenthor. Ein Händler in der Neustadt soll den Kindern die Stengel in kleinen Quantitäten verkaufen.« Wie es weiter heißt, erhielten zwei elfjährige Mädchen für den Schmuggel von ein paar Pfund Tabakstengeln eine Strafe von zwölf Mark oder drei Tagen Haft. Da die Kinder die Stengel aber für das Doppelte des Einkaufspreises jenseits des Buntentors wieder verkaufen konnten, hatten sie eine solche Summe schon in wenigen Tagen zusammen. Auf einer Sitzung des Neustädter Bürgervereins im Frühjahr 1880 wurde beklagt, daß manche Arbeiter ihren Job für das lukrativere Schmuggeln an den Nagel gehängt hätten. Ein Redner schätzte, daß jährlich Waren im Wert von 600.000 Mark unverzollt die Neustädter Grenze passierten. 1888 war es infolge des Anschlusses Bremens an das deutsche Zollgebiet mit dem Schmuggel vorbei. Etwa zur gleichen Zeit wanderte die Zigarrenindustrie wegen geringerer Lohnkosten nach Westfalen, Thüringen, Baden und in andere Produktionsgebiete ab.

Durch den Hafen war Bremen als Standort für die tabakverarbeitende Industrie bis dahin günstig gewesen. Die erste Zigarrenfabrik nahm in Bremen um 1820 die Produktion auf. Rund drei Viertel der Bremer Zigarrenmacher lebten und arbeiteten links der Weser, rund 60% von ihnen in Kleinbetrieben mit bis zu zehn Beschäftigten. Heimarbeit war verbreitet. Die Zigarren konnten nur per Hand hergestellt werden, was viel Geschick erforderte. Qualifizierte Zigarrenmacher waren zeitweise knapp. Sie selber beschäftigten ihre Frauen oder Hilfsarbeiter, die ihnen zuarbeiteten und zum Teil wesentlich schlechter entlohnt wurden: Wickelmacher, Abstrieper und Sortierer. Die Arbeiter in der Zigarrenindustrie waren die ersten Beschäftigten in Bremen, die sich in einem reinen Lohnverhältnis befanden: ohne soziale Sicherung, ohne Bindung an den Arbeitgeber oder an den Arbeitsort. Im Gegensatz zu dem Verhältnis von Meister und Gesellen in den Zünften hatte der Arbeitgeber gegenüber seinen Beschäftigten keinerlei Verpflichtungen. So wurden Arbeitsverträge jeweils nur über eine Woche abgeschlossen.

Zunächst gab es auch keine Schutzvorschriften gegen Kinderarbeit, vielmehr wurde sie von manchen als Möglichkeit gepriesen, schon Siebenjährige zu »nützlichen Mitgliedern der Gesellschaft« zu machen: »Es ist gewiß ein Segen Gottes, daß durch die hiesigen Zigarrenfabriken der größere Teil der Jugend der unteren Klassen in Verdienst gelangt … Denn wo ist die erwähnte Klasse der Jugend am besten aufgehoben? Wenn sie sich nach der Schulzeit auf der Straße herumtummelt oder in Fabriken, wo sie arbeiten lernt? (Bremer Unterhaltungsblatt, 23. 2. 1833) Die Antwort ist klar: Nur in den Fabriken werden die Kinder vor Sünden bewahrt. 1844 wurde die Fabrikarbeit für Kinder unter zehn Jahren, 1849 auch für unter Fünfzehnjährige verboten.

Ohne Marx, Engels und Bebel: im Zigarrenmachersaal

Die Zigarrenmacher waren weit davon entfernt, sich einem vermeintlich von außen auferlegten Schicksal zu fügen. Um ihre Situation als Lohnabhängige besser verstehen und fundierter für ihre Interessen kämpfen zu können, beschäftigten sie Vorleser, die sie aus eigener Tasche bezahlten. Während der Arbeit ließen sie sich dann überwiegend aus Arbeiterliteratur, Abhandlungen von Marx, Engels und Bebel oder aus Reden von Arbeiter- und Gewerkschaftstagen vorlesen. Viele Zigarrenmacher konnten selber nicht lesen und schreiben: die allgemeine Schulpflicht wurde in Bremen erst 1844 eingeführt. Um ihre Bildungsdefizite auszugleichen, gründeten sie 1846 den Arbeiter-Bildungsverein ›Vorwärts‹, der ein Jahr später bereits 700 Mitglieder zählte. In dem Verein wollten sie, als Alternative zu Tanzlokalen und Wirtshäusern, »für ihre gegenseitige geistige und sittliche Ausbildung Sorge tragen«. Ab 1849 wurden im Rahmen des Zigarrenmacher-Vereins verschiedene Versicherungs-Kassen eingerichtet, um sich gegenseitig im Krankheitsfall, bei Invalidität, bei Sterbefällen etc. zu unterstützen. Der Fachverband der Zigarrenmacher ist, gemeinsam mit dem der Buchdrucker, Keimzelle des Deutschen Gewerkschaftsbundes. Am *Buntentorsteinweg, Ecke Kirchstraße*, wurde den Zigarrenarbeitern ein Denkmal gesetzt, das ihre politische Vorreiterrolle würdigt.

Der Widerstand der Zigarrenmacher und ihrer Hilfsarbeiter trug oft umstürzlerische Züge. So verkürzten sie ohne Absprache mit dem Fabrikbesitzer ihre Arbeitszeit, indem sie für sich einen »blauen Montag« einführten, der dann manchmal in einen »blauen Dienstag« überging. Allerdings wurde damals noch an Sonnabenden, gelegentlich auch sonntags, gearbeitet. Nicht zuletzt stellten die Zigarrenmacher das Hauptkontingent der Revolutionäre von 1848. Wegen ihres oft durch Branntwein inspirierten aufmüpfigen Verhaltens galten sie generell als »gewandt, lustig und liederlich«, wie die Bremer Nachrichten 1856 schrieben, und amüsierten ihre Mitmenschen nicht selten durch Konflikte mit der Staatsgewalt.

Graudenzer Straße
❸

Daß manche Formen des Widerstandes gegen staatliche Kontrolle auch heute nicht einer gewissen Komik entbehren, wurde vor einigen Jahren in der Graudenzer Straße demonstriert. 1982 sollte dort eine Wohngemeinschaft, vermeintliche Staatsfeinde, vom Bremer Verfassungsschutz observiert werden. Zu diesem Zweck bezogen eine Handvoll von beamteten Schützern und Schützerinnen unserer Demokratie allzu auffällig in einer gegenüberliegenden Wohnung Quartier. Videokamera, -rekorder und sonstiges Spähgerät waren schon in Observierungsstellung, als eine junge Dame von gegenüber klingelte und sich mit dem Vorwand, dort einen Freund besuchen zu wollen, unerkannt Zutritt verschaffen konnte. Gleich darauf öffnete sie ihren WG-Mitbewohnern, die die teure Aushorch-Elektronik kurzerhand oben aus dem Fenster warfen. Diese beherzte Aktion zerstörte nicht nur kostbare Bespitzelungsmaschinen, sondern auch manche Hoffnung auf eine Geheimdienstkarriere beim Verfassungsschutz.

Wer Ende der Gastfeld- oder Kornstraße angelangt ist, sollte vielleicht einen Abstecher zur alten Silberwarenfabrik *Koch & Bergfeld* im Kirchweg 200 machen. Sie stammt aus den 80er Jahren des letzten Jahrhunderts und ist eine der ältesten noch bestehenden und in Betrieb befindlichen Industrieanlagen Bremens. Vor wenigen Jahren wurde ein großer Teil, Fertigungsanlagen eingeschlossen, unter Denkmalschutz gestellt. Der Kirchweg ist nicht nach der St.-Jacobi-Kirche benannt, die dort 1876 eingeweiht wurde. Vielmehr geht der Name auf den sonntäglichen Kirchgang der »zwölf Apostel« zurück, die durch diese Straße zur St. Paulikirche in der Osterstraße gingen. Zwölf Apostel nannte der Volksmund die zwölf Bauern, denen das Land hier gehört hatte.

Besteckfertigung: Der Schmied planiert die Laffe

Dammacker 26

Am Dammacker 26 befand sich ab 1941 ein Lager für russische Kriegsgefangene, die in der umliegenden Rüstungsindustrie Zwangsarbeit leisten mußten, etwa in der VFW-Flugzeugschmiede auf dem Neuenland, heute MBB. Viele überlebten die inhumanen Lebens- und Arbeitsbedingungen nicht. MBB ist ein Ausgangspunkt für die Ostermärsche der Friedensbewegung. Antifaschisten bildeten 1983 eine sieben Kilometer lange Menschenkette vom »Russenlager« am Dammacker bis zum damaligen Konsulat der USA am Kennedy-Platz als Protest gegen die Stationierung amerikanischer Atomraketen auf deutschem Grund.

Niedersachsendamm

In den Pferdeställen der *Huckelrieder Kasernen* am Niedersachsendamm befand sich ein Nebenlager des KZ Neuengamme. Ein Teil der Kasernen wird von der Bundeswehr genutzt, ein anderer Teil wurde 1947 zur Amtszeit von Bremens erster Senatorin, *Käthe Popall* (KPD), in Wohnungen umgewandelt. In diesen um einen großen Hof gruppierten Blocks westlich des Niedersachsendamms leben jetzt ausschließlich Türken. Ein Bewohner: »Wir haben drei Zimmer mit nur einem Kohleofen, weder Bad noch Dusche, für 363 Mark. Gerade gab es eine zehnprozentige Mieterhöhung — die zweite im Jahr 1987.« Die Türken müssen sich gut bewacht vorkommen: von den preußischen Generälen, deren Köpfe über den Eingängen ihrer Wohnhäuser prangen, und von den Soldaten der gegenüberliegenden Scharnhorst-Kaserne.

Umstrittene Bunkerbemalung in der Kornstraße

Kornstraße/Georg-Droste-Straße ❹

Am Ende der Kornstraße befindet sich eine der zahlreichen politischen *Bunkerbemalungen* in Bremen. Wie andere solcher Wandgemälde war das von dem Bremer Hochschullehrer *Rolf Thiele* 1981 entworfene Werk bei den Anwohnern heftig umstritten. Allzugerne würden viele jeden Gedanken an den letzten oder einen möglichen kommenden Krieg aus ihrer Alltagswelt verbannen. Ein Panzer neben einem zerrissenen Bild mit türkischen Kindern wurde von dem Künstler im nachhinein »malerisch verpackt« wodurch er an Bedrohlichkeit eher noch gewonnen hat. Durch ein Koordinatennetz wird der Betrachter in die Position eines Bomberpiloten versetzt, der einen Neustädter Kaffeegarten anfliegt. Der Bunker selbst wird in dem Bild dargestellt, und es drängt sich die beunruhigende Frage auf, ob man nicht schon selbst Teil dieses Geschehens ist.

Buntentorsteinweg 389/387

Der Buntentorsteinweg stellt eine bunte Mischung gewerblicher und privater Nutzungen dar. Dies ist der Ort der Zigarrenmanufakturen. In der Nähe des ehemaligen Holzhafens — der jetzigen Piepe — lagen bis zum Ersten Weltkrieg viele holzverarbeitende Betriebe.

In den kleinen klassizistischen Häusern Nr. 389/387 mit ihren unmotiviert wirkenden Holzvorbauten wohnten einst ein Zigarrendreher und ein Nähmaschinen-Mechaniker. Die Häuschen werden jetzt zusammenhängend genutzt. Hoffentlich bleiben diese Zeugnisse proletarischer Lebensweise im 19. Jahrhundert erhalten. Der benachbarte Mietsblock und der dazugehörige Bebauungsplan lassen schlimmes befürchten. Denkmalschutz ist nicht vorgesehen: Für den Lebensraum der »Kleinen Leute« hat sich die Bremer Denkmalpflege außerhalb des Schnoors noch nicht sonderlich interessiert.

Dunkakshof
5

Der 1847 angelegte *Dunkakshof* ist der letzte erhalten gebliebene Neustädter »Gang«. Nur einseitig bebaut, sind ihm die hygienischen und sozialen Zustände dieser alten, nicht befahrbaren Gassen kaum noch anzusehen.

Buntentor-steinweg 245

Die *Grundschule* am Buntentorsteinweg 245 ist eine der ältesten Freischulen Bremens. Anfang des 18. Jahrhunderts als kirchliche Schule gegründet, wurde sie 1875 dem städtischen Schulwesen einverleibt. »Freischule« bedeutete Finanzierung durch eine allgemeine Steuer statt durch ein ausbildungsbezogenes Schulgeld wie an einer »Geldschule«. 1807 wurde durch einen Senatsbeschluß jeder »Eingesessene am Steinweg«, ganz mittellose Bürger ausgenommen, verpflichtet, zur Unterhaltung der Schule

»sowohl mit Handdiensten und Spanndiensten, als auch aus einem Vermögen und zwar in dem Verhältniß beyzutragen, daß: wann wer drei oder vier Pferde zu seinem Landbau unterhält, Einen Thaler beyzutragen haben wird, wer denselben mit zwey Pferden oder mit einem betreibt, einen halben Thaler, wer ohne Pferde zu halten neben seiner Wohnung Land besitzet, achtzehn Grote, und jeder Bewohner einer Bude sechs Grote zu erlegen haben soll.«

Im selben Jahre prüften »Hochverehrliche Herren Visitatoren der Kirchen und Schulen« die Eignung des Lehrers *Johann Ostermann* für eine vakante Lehrerstelle an dieser Schule. Eine geregelte Lehrerausbildung gab es damals nicht, und so beschränkte sich die Prüfungskommission auf die Examinierung des vermeintlich Unentbehrlichen: Rechtschreibung, Rechnen und »Religions-Erkenntniß«.

Die Schreibprobe bestand aus zwei Sätzen, die der Kandidat mit vielen Schnörkeln und Schwingen zu schreiben wußte. Der mathematische Teil der Prüfung bürdete dem wackeren Prüfling unter anderem folgende Kniffeleien auf: »Welches ist der Nenner von 3/5 und 5/6? Wie nimmt man 2/3 von 5/5? Was ist zwei Groten vor ein Theil vom Reichsthaler?« Der hohe Prüfungsausschuß kam schließlich zu folgendem Resultat:

»Man fand nehmlich zwar 1. seine Handschrift, wie sie angebogen hiebei kömmt, und wie sie sich, da ihm das Geschriebene dictirt wurde, in calligraphischer und orthographischer Hinsicht empfiehlt; 2. ziemliche Fertigkeit im Lesen; 3. größere noch im Buchstabiren, bei welchem er, in zweifelhaften Fällen, fast immer orthographische Gründe anzugeben im Stande war; 4. gute Gewandheit im Rechnen... 5. In der Religions-Erkenntniß aber bestand er zum Befremden unwissend, welches sich denn beim Catechisiren, worin man ihn mit einigen ihm bekannten Schulkindern einen Versuch machen ließ, nur noch mehr darthat. Ja aus dieser seyn sollenden Catechisir-Probe ging überdem noch 6. zweifellos hervor, daß es ihm für dieses Fach nicht nur, sondern auch für jedes andere, an Lehrfähigkeit leider gänzlich fehle.«

Die erwiesene Unsicherheit in der »Religions-Erkenntniß« konnte also von den sonstigen Qualitäten des Kandidaten, der immerhin schon an der Neustädter Kirchspielschule unterrichtet hatte, nicht aufgewogen werden: er war durchgefallen.

Drei Männer, zwei Frauen und ein Buch: Das Zigarrenmacher-Denkmal im Buntentorsteinweg

Buntentorsteinweg/Bruchstraße/Kirchweg ❻

Das bereits erwähnte *Zigarrenmacher-Denkmal* von Holger Voigts, 1984 zwischen Kirchweg und Bruchstraße errichtet, erinnert mit seinem aufgeschlagenen Buch an das politische und kulturelle Engagement der alten Zigarrenmacher. Der Name Bruchstraße bezieht sich auf den Deichbruch 1845. Als der parallel zum Buntentorsteinweg verlaufende Weserdeich den Fluten nicht mehr standhielt, wurden vom Stadtwerder her weite Teile des Buntentorgebietes überschwemmt.

Deichschartweg ❼

Der *Stadtwerder* war einstmals eine Insel zwischen zwei Weserarmen. Mit Ausnahme der Anhöhe beim Kuhhirten und dem Krähenberg ist er besonders hochwassergefährdet. Neben dem Haus Buntentorsteinweg 236 oder durch die Öffnung beim Deichschartweg gelangt man auf der anderen Seite dieses Winterdeiches in eines der schönsten stadtnahen Erholungsgebiete Bremens. Der schlauchförmige Verlauf des jetzt ca. 3 km langen *Werdersees* läßt noch vermuten, daß hier einst ein Flußarm verlief; beim Teerhof trägt seine Verlängerung denn auch den Namen »Kleine Weser«. Im Bereich des Werdersees befand sich der Seessenthom oder Seessendamm, der seinen Namen den Seissen genannten Lachsnetzen verdankte, die die Weserfischer zum Trocknen am ehemaligen Uferrand ausbreiteten. In der Weser wurden damals überreichlich Lachse gefangen. Eine Klausel in vielen Verträgen mit Bremer Dienstmädchen verbot zu deren Schutz vor einseitiger Ernährung, daß dieser heute rar gewordene Fisch mehr als zweimal die Woche auf den Tisch kam!

Der Werdersee wurde 1959 als Hochwasserabflußrinne angelegt. Beim Hochwasser im März 1981 kam es zum Durchbruch der Weser südlich des Weserwehres; der Strom bahnte sich einen Weg jenseits des ihm zugedachten kanalähnlichen Verlaufs und schwemmte etliche Parzellenhäuschen weg. Erst 1987 waren die Reparatur- und Umgestaltungsarbeiten beendet, bei denen neben dem Hochwasserschutz vor allem Freizeitbedürfnisse berücksichtigt wurden. Der Werdersee kann jetzt wieder als Badesee und als Regattastrecke genutzt werden. Von der ursprünglich geplanten ökologischen Gestaltung ist zumindest ein Teil realisiert worden, wie etwa die naturnahen Uferzonen in der Erweiterung des Sees östlich der Werderbrücke. Letztere nennen Bremer »Erdbeerbrücke«, da sich hier ein ausgedehntes Kleingartengebiet befindet. Anders als im Krieg, wo solche Kleingärten eine wichtige Nahrungsmittelreserve bildeten, sind sie heute oft überwiegend als Ziergärten angelegt. Durch Verordnungen 1929 und 1933 wurde versucht, die weitere Ausbreitung des im 1. Weltkrieg entstandenen Parzellengebietes zu verhindern. Im Dritten Reich fanden in einigen der »Landbuden« Widerstandskämpfer Schlupfwinkel. Wurden sie bei Razzien dennoch entdeckt, brannten die Nazis die Häuschen häufig nieder.

Werdersee
8

Zum Kuhhirten
9

Ein Ehrenmal in Sparausführung vor dem *»Kuhhirten«* gedenkt der in den Kriegsgefangenen- und Arbeitslagern im Buntentor und in Huckelriede Malträtierten und Umgekommenen. Aufgestellt wurde dieses unscheinbare Eisendreieck 1985 von der IG-Metall-Jugend anläßlich des vierzigsten Jahrestages der Befreiung vom Hitlerfaschismus. Leider ist es bei dem Parkplatz neben den Altglascontainern kaum zu entdecken. Das Gebäude des Kuhhirten wird seit 1961 von der IG Metall und der Bremer Arbeiterkammer als Jugendfreizeit- und Bildungsstätte genutzt. Die Arbeiterwohlfahrt führt hier eine Altentagesstätte, und auch die Jüngsten kommen mit einem Spielplatz zu ihrem Recht. Ein Minigolfplatz liegt etwas versteckt. Ansonsten ist der Kuhhirte eine ganz normale Gaststätte, die sich die schöne Umgebung und das »rustikale Ambiance«, wie es am ehemaligen Kuhstall edelnostalgisch heißt, kommerziell zunutze macht. Tatsächlich ist dies ein historisch interessanter Ort. Die umliegenden Weiden wurden bereits 1433 zum Gemeindeeigentum erklärt, wo die Bürger des Buntentors ihr Vieh hintreiben konnten. 1662 findet sich ein erster Hinweis für die Bestellung eines Kuhhirten. 1867 wurde für einen seiner Nachfolger das im Kern heute noch bestehende Wohngebäude errichtet, wegen des »malerischen Ausdrucks« mit einem Turm, damit »der Hirt von demselben aus einen Überblick über das weite, seiner Obhut anvertraute Terrain hat«. Der Kuhhirte erhielt eine Lizenz, ein »Local für den Milchverkauf« zu betreiben, das sich allmählich zu einer Schankwirtschaft und Speisegaststätte entwickelte.

Weg zum Krähenberg
10

Eine ähnliche Entwicklung wie bei dem »Kuhhirten« gab es auf dem benachbarten *Krähenberg* — der Name für ein Erdhügelchen, der einem Besucher aus Süddeutschland nur ein Schmunzeln abverlangen kann. Auch hier stand ein Hirtenhaus, das Anfang dieses Jahrhunderts durch einen Gasthof ersetzt wurde. Seit einigen Jahren ist dieses schöne schlichte Gebäude einer allgemeinen Nutzung allerdings entzogen, wenn auch ein Zigarettenautomat und die in großen Lettern prangende Inschrift »Gaststätte Krähenberg« anderes erwarten lassen. Hier hat sich der ehemalige grüne Politiker *Olaf Dinné* zurückgezogen. In der Kleingartenidylle hat er sich einen grünen Traum von Schöner Wohnen erfüllt: city-nah, doch gänzlich unbehelligt von störenden Gebäuden und Verkehr. Dinné war prominentes Gründungsmitglied der Bremer Grünen Liste, die 1979 als erste Grüne Partei in ein deutsches Landesparlament einzog.

Badespaß in der Weser nach dem 1. Weltkrieg; im Hindergrund die umgekehrte Kommode, noch mit alten Ecktürmen

Beim Blick in Richtung Innenstadt fällt ein klobig wirkendes Gebäude ins Auge: die *»umgekehrte Kommode«*. So nennt der Volksmund das 1873 fertiggestellte Wasserwerk auf dem Stadtwerder. Ursprünglich waren die Ecktürme des von *J. G. Poppe* entworfenen Industriemonuments höher und konnten wohl die Assoziation von Kommodenfüßen auslösen; sie wurden wegen Baufälligkeit teilweise abgetragen. Offiziell heißt dieses unter Denkmalschutz stehende Gebäude »Wasserkunst«, wie es in Anerkennung der konstruktiven Leistung von Ingenieuren und Technikern früher bei solchen Anlagen Usus war. Das Kunststück, Weserwasser in Trinkwasser zu verwandeln, will heute allerdings nicht mehr gelingen. Nachdem die »Trinkwassergruppe« der Bremer Universität stark krebserregende chlorierte Kohlenwasserstoffe im Trinkwasser nachgewiesen hatte,

Sollten der Mozarttrasse weichen: Die Häuser am Buntentorsteinweg 212-224

wurde 1982 die Aufbereitung von Weserwasser endgültig eingestellt. Jetzt zapft Bremen die Grundwasserreserven des niedersächsischen Umlandes an. Die Wasserkunst dient nun primär als Pumpwerk; unter dem Dach ist noch ein Reservoir zur Notversorgung installiert. Eine Besichtigung der umgekehrten Kommode und der Genuß der Aussicht von oben sind der Öffentlichkeit leider nicht gestattet.

Kuhhirtenweg/ Strandweg

Zwischen Kuhhirten und Wasserwerk befanden sich die Bleichen, wo die Bürgerinnen früher ihr Leinen in der Sonne ausbreiteten. Im Jahre 1904 wurde hier auf Betreiben des Naturheilvereins Prießnitz das sogenannte *Licht-Luftbad* eingerichtet, ein Bad ohne Wasser. Vor dem Ersten Weltkrieg wurde nahe der Sielwallfähre auch eine Badeanstalt mit echtem Weserwasser eröffnet — exklusiv für Damen. Heute wagen sich nur noch Todesmutige gelegentlich in die verdreckte Brühe; ihnen vermag vermutlich auch die benachbarte Deutsche Lebensrettungs-Gesellschaft nicht mehr zu helfen.

Fährweg ⓫

1736 erlangten zwei Bürger erstmals eine Konzession zur Errichtung eines Fährbetriebes *Sielwallfähre* an dieser Stelle. Mehr oder weniger regelmäßig hielten zahlreiche Fährgenerationen die Verbindung zwischen dem Sielwall und dem Stadtwerder aufrecht. Als die traditionsreiche Personenfähre 1984 wegen Fahrgastmangels und zu hoher Betriebskosten eingestellt werden sollte, bildete sich eine Bürgerinitiative, um für ihren Erhalt zu kämpfen. Sie gründete den Verein »Hal över«; mit diesem plattdeutschen Ausruf wurde einst der Fährmann herbeordert. Der Verein ließ der Fähre mit frechen Pinselstrichen ein frisches Aussehen verleihen und betreibt sie nun mit gutem Erfolg und zur Freude aller, die auf dem Stadtwerder Erholung suchen.

Über den Deichschartweg zurück zum Buntentorsteinweg. Die sehr schmalen Reihenhäuser Buntentorsteinweg 169—165 sind, wie viele Häuser im Buntentor, Landarbeiterhäuser. Auftraggeber waren die Bauern, denen das Land gehörte. Daß die gegenüberliegenden Häuser 212-224 weitgehend im originalen Zustand erhalten geblieben sind, verdanken sie nicht den Bemühungen der Denkmalpflege, sondern skurrilerweise den Planungen für die sogenannte *Mozarttrasse.* Diese Trasse, die vierspurig das Ostertorviertel durchschnitten hätte, um via Remberti-Kreisel eine Verbindung zwischen Östlicher Vorstadt und Neustadt zu schaffen, sollte hier in den Buntentorsteinweg münden. Während im Ostertor schon zahlreiche Häuser in Vorbereitung des Straßenbaus abgerissen worden waren, wurde im Buntentor in Erwartung des baldigen Abrisses eine Veränderungssperre verhängt. Da die Mozarttrasse aufgrund von massiven Protesten und Geldmangel im Bremer Etat dann doch nicht gebaut wurde, behielten hier die Häuser ihr altes Gesicht.

Fassadenschmuck am 1903 erbauten Haus eines Wagenschmieds im Buntentorsteinweg 178

Wenn heute die Großraumwagen der Straßenbahnlinie 1 am *»Hannoverschen Roß«* Richtung Arsten vorbeirauschen, erinnert nichts mehr daran, daß dies einmal die Endstation der gemächlichen Pferdebahn war, der Vorläuferin der »Elektrischen«. Das Gasthaus am Buntentorsteinweg 159, 1880 gebaut, wurde zwar 1943 durch Bomben beschädigt, blieb jedoch einschließlich seines alten Perückengiebels bis 1956 äußerlich unversehrt. Dann wurde es aufgestockt und präsentiert sich jetzt ebenso geschichts- wie gesichtslos.

Buntentor-steinweg 149

Die Stiftung *Martinsclub e. V.*, Buntentorsteinweg 149, bietet Freizeitangebote und Unterweisung in lebenspraktischen Dingen wie Kochen und Werken für geistig behinderte Jugendliche an. Wo jetzt im Buntentorsteinweg 147 die Zeugen Jehovas Andacht halten, befanden sich vormals die Buntentor-Lichtspiele mit ihrer Ankündigungstafel Ecke Gellertstraße, die aber mit dem großen Kinosterben der Fernseh-Ära ihr Leben aushauchten. Nebenan vergnügten sich bereits um die Jahrhundertwende die Buntentorschen beim Kegeln. Als einziger holzverarbeitender Betrieb hat das Furnier- und Sägewerk Arend Kastens, Haus Nr. 131/133, noch nicht aufgegeben. Lager und Werkstatt sind in der Yorckstraße 8 und 14 untergebracht und allein schon wegen des schönen alten Firmen-Schriftzuges sehenswert. Die Ladenfront zeigt, wie zurückhaltend Schaufenster um die Jahrhundertwende gestaltet wurden. Heute dagegen versuchen Ladenbesitzer, durch möglichst große und grelle Präsentation ihres Firmen-Logos Kunden zu ködern. Besonders kraß ist dabei oft der Kontrast zwischen in historischen Stilen gestalteten Wohnetagen und einem verhunzten Ladengeschoß, wie z.B. beim Haus Nr. 178. Es gehörte ehemals einem Schmied — daher das Zunftzeichen in Zementguß — und war während des Nationalsozialismus Sitz der Deutschen Arbeitsfront.

Buntentorsteinweg 95

Der Stempelladen war einstmals als »Rotes Haus« Sitz der KPD. Die Partei erwarb das Haus 1924. Dort waren die Bezirksleitung Nord-West und die Verlagsgenossenschaft Nord-West untergebracht, die die »Arbeiter-Zeitung« druckte. Anfang der 30er Jahre hatte auch der Kampfbund gegen den Faschismus ein Büro in diesem Haus.

Blick in den Buntentorsteinweg nach Osten um 1925

Im Buntentorsteinweg wohnte auch die Kommunistin *Hanna Reiter*, Leiterin der Bremer Gruppe des »Roten Frauen- und Mädchenbundes«, den *Clara Zetkin* 1925 gegründet hatte. Die »roten« Frauen und Mädchen kämpften vor allem gegen den Abtreibungsparagraphen. So führten sie 1929 das Theaterstück »Paragraph 218/219« auf.

Zwischen Tür...

Im März 1933 wurde die Parteizentrale nach einer Polizeirazzia geschlossen. Vorher schon hatte es ein Verbot der im Hinterhaus gedruckten »Arbeiter-Zeitung« und Durchsuchungen gegeben, bei denen unter anderem die Druckmaschinen konfisziert worden waren. Das beschlagnahmte Rote Haus wurde der SA zur Verfügung gestellt und nach einem Bremer SA-Sturmbannführer in »Gossel-Haus« umbenannt. In denselben Räumen, in denen noch kurz vorher die Kommunisten antifaschistische Arbeit geleistet hatten, wurden sie jetzt von SA-Leuten gefoltert.

Wilhelm Schäfter (KPD) wurde 1933 zum Verhör ins Gosselhaus geholt und dort mehrfach bis zur Besinnungslosigkeit zusammengeschlagen: » Und dann habe ich gesehen, wie unten die SA saß an einem langen Tisch und ihre Mittagsmahlzeit einnahm. Und dieses Gelächter von denen, dieses höhnische, das hat mich so erschüttert, da hab ich mir gesagt: aus dir können sie nur den Tod herausholen und sonst gar nichts.«

Das alle anderen Häuser überragende Gebäude, Nr. 120, ist das ehemalige Sudhaus der *Remmer-Brauerei.* Hier wurde geschrotetes Malz mit Wasser zur Maische gemischt. Von der 1824 gegründeten Brauerei Wilhelm Remmer sind nur ein paar Gebäude und eine Erinnerung übriggeblieben: Ein Alt-Bier wird von einer Bremer Großbrauerei unter Verwendung des Namens Remmer abgefüllt. Am Buntentorsteinweg 110 befand sich die alte Villa der Familie Remmer; auf ihren Grundmauern wurde nach dem Krieg das jetzige Mehrfamilien-Wohnhaus gebaut. Das Firmengebäude dient der Stadtreinigung als Remise und Werkstadt für ihren Fuhrpark.

Buntentorsteinweg 94

Im Gegensatz zum oben erwähnten Martinsclub ist der *Martinshof,* Werkstatt für Behinderte (Buntentorsteinweg 94), eine dem Sozial-Ressort unterstellte öffentliche Einrichtung. Er liegt auf dem Gelände eines ehemaligen Sägewerkes, das, wie fast alle holzverarbeitenden Betriebe hier, mit der Schließung des Holzhafens dicht machte. In den Häusern 74 und 29 wurden ortstypische Industrien betrieben: In ersterem, heute Foto Dose, wurden Zigarrenkisten hergestellt, in letzterem, heute Ringtunatus, produzierten bis Mitte der 50er Jahre die »Bremer Zigarrenfabriken«. Das Wohnhaus mit Tankstelle, Buntentorsteinweg 53, Baujahr 1966, hatte als Vorläufer einen Pferdeausspann und ab 1923 ein Hotel. Zusammen mit einer benachbarten Gärtnerei mußten sie einer ›zeitgemäßeren‹ Nutzung weichen. Die rückwärtigen Garagenhöfe erstrecken sich hier bis zur Kornstraße.

Buntentorsteinweg/Lehnstedter Straße ⓬

Der Name der Kneipe *»Zur alten Buntentorspost«*, Ecke Lehnstedter Straße, erinnert daran, daß auf dem Platz gegenüber bis zum Krieg ein Postamt stand. Es war in das ehemalige Zolletablissement eingezogen. Nur wenige Meter weiter muß sich auch die Bunte Brücke und das Stadttor befunden haben, das diesem vielgestaltigen und lebendigen Quartier seinen Namen gab.

Ungefähr an der Stelle des Wandgemäldes *»Zwischen Tür und Angel«* an der Friedrich-Ebert-Straße, zwischen Osterstraße und St. Pauli-Deich, stand bis zur Zerstörung bei einem Fliegerangriff die älteste Kirche in der Neustadt mit einem idyllischen Kirchengarten. »Zwischen Tür und Angel« der Künstler *Schmiedekampf* und *Mönster* bezieht sich nicht nur auf die Tür zum Buntentor. Zu sehen ist die Gartenpforte einer Parzelle, an der eine Frau »zwischen Tür und Angel« einen Klönschnack mit einem Angler hält — Freizeitidylle auf dem Stadtwerder, 1984 gestiftet von einem Bremer Brauereikonzern. Auf die Brandwände von zwei belanglosen Häuserzeilen der Nachkriegszeit gemalt, davor ein unansehnlicher Parkplatz, Neonwerbung für eine Spielhalle, zwischen beiden Bildhälften klafft eine häßliche Lücke, die durch keinerlei Gestaltung überbrückt wird.

... und Angel (leider ist der Spruch so rum richtiger)

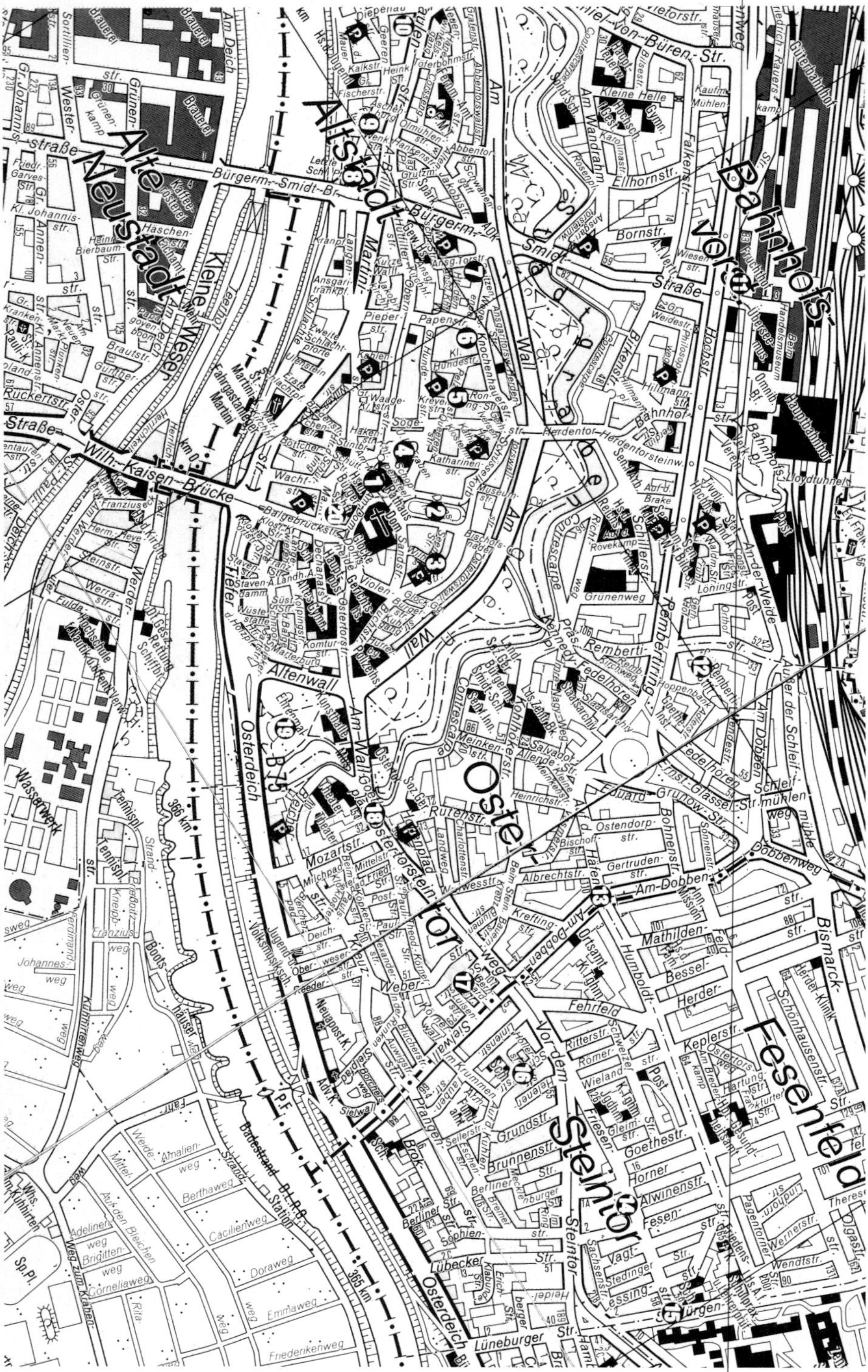

Alte Neustadt
Altstadt
Bahnhofsvorstadt
Ostertor
Steintor
Fesenfeld
Kleine Weser
Weser
Bürgerm.-Smidt-Str.
Bürgerm.-Smidt-Br.
Wilh.-Kaisen-Brücke
Osterdeich
Am Wall
Altenwall
Wallanlagen
Contrescarpe
Bahnhofstr.
Hochstr.
Rembertiring
Humboldt-
Vor dem Steintor
Lüneburger Str.
Bismarck-
Güterbahnhof
Hauptbahnhof
Wasserwerk
365 km
366 km

»Sind denn die Weiber nur des Magens wegen da?«

Rundgang 16

Eine frauenbewegte Radtour

von Susanne Schunter-Kleemann

Ausgangspunkt: *Marktplatz*
Endpunkt: *Marktstraße*
Dauer: *ca. 2 1/2 Stunden*

Was muß eine Frau tun, um in die Geschichte der Stadt Bremen einzugehen? Die sicherste Gewähr, um als Frau in dieser Stadt, in der sich kaufmännischer Eifer und sozialdemokratische Provinzialität höchst sonderbar mischen, Aufmerksamkeit und Beachtung zu finden, ist der Mord. Der raffinierte, kaltblütige, am besten der wiederholte Mord. Benötigt man ein Beispiel einer Frau aus Bremens Vergangenheit, wer muß herhalten? Wer erfährt die ausführlichste Würdigung in den einschlägigen Werken männlicher Geschichtsschreibung? Die bedeutsamste weibliche Figur in der bremischen Geschichte ist ohne Zweifel die furchtbare *Gesche Gottfried*, die 15 Menschen mit arsenhaltiger Mäusebutter vergiftet hat.

Hausmädchen: Auch stolze Bremerinnen?

Und die anderen Bremerinnen? Sie sind verdrängt, aus der Geschichte gelöscht. Aber es soll sie gegeben haben: Schriftstellerinnen, Pädagoginnen, Malerinnen, Politikerinnen, Wissenschaftlerinnen, Sängerinnen! Die Stadt der Bierbrauer und Rüstungsmagnaten, der Reeder, Kapitäne und Schaffer hat sich mit ihnen geschmückt, aber hat sie dann rasch vergessen.

Im folgenden sollen — ohne jeden Anspruch auf Vollständigkeit — einige der Plätze aufgesucht werden, an denen sich weibliche Geschichte demonstrieren läßt. Ich will versuchen, einzelne Frauen, aber auch Organisationen der bürgerlichen und der proletarischen Frauenbewegung in ihren Taten und Schriften in die Erinnerung zurückzurufen.

Marktplatz
❶

Seit November 1981 stehen sie jeden Donnerstagnachmittag auf dem Marktplatz, die *»Mahnwachefrauen«* der Evangelischen Frauenhilfe. Sie stehen hier für den Frieden. »Wir handeln als Christinnen, aufgehetzt hat uns das Neue Testament und zwar mit Sprüchen wie: Gott hat uns nicht einen Geist der Verzagtheit gegeben, sondern den Geist der Kraft, der Liebe und der Besonnenheit.« Viele der Mahnwachefrauen sind auch noch in anderen kirchlichen Gruppen aktiv: in der »Abrüstungsinitiative Bremer Kirchengemeinden«, »Frauen gegen Apartheid«, »Frauen für den Frieden« und bei den »Christinnen und Kommunistinnen«. Insge-

Mahnwachefrauen am Rathaus: jeden Donnerstag nachmittag Argumente für den Frieden

samt ist es ein Kreis von über 100 Bremer Christinnen, die mit vielfältigen Mitteln — wie Briefen an die Parteien, an die Regierungen in Ost und West, mit ihren Stellschildern und Unterschriftensammlungen — gegen die Stationierung von Mittelstreckenraketen und weitere Aufrüstung eintreten.

Rathaus

»Schaffen, schaffen, unnen un boven! Unnen un boven, schaffen!« wurden auf mittelalterlichen Segelschiffen die Leute unter Deck und an Deck zum Essen gerufen. Die »unter Deck« sind heute nicht mehr geladen — jedenfalls nicht beim jährlichen Schaffermahl im oberen Rathaussaal. Es ist ein Mahl unter Männern. Die Bremer Damenwelt ist seit eh und je zu diesem glanzvollen Fest nicht zugelassen. Lediglich gedacht wird ihrer in einer Damenrede. Eine historische Schrift über das Schaffermahl im 19. Jahrhundert — damals noch im Haus Seefahrt — beschreibt, welcher Part den Frauen zugedacht war, und hat sich daran viel geändert?

» Während der Schaffermahlzeit war die Weiblichkeit ein Stockwerk unter dem Festsaal eifrig am Wirken. Diese trefflichen deutschen Hausfrauen, die altem Brauch gemäß erst nach der Mahlzeit beim Kaffee erscheinen durften, waren unterdessen unter den Füßen der tafelnden Herren in den weitläufigen Souterrains des Rathauses in der aufopferndsten Weise tätig gewesen. ...Später machen sich die Küchenfeen dann hübsch. Jetzt haben sie die Holzpantoffeln und Schürze beiseite gelegt und stehen nun hinter der Kaffeekanne, um den Herrn, die des Treibens im Saale müde sind, eine Tasse Mocca nebst der gemütlichen Pfeife zu servieren und sie mit anmutiger Unterhaltung zu erfreuen.« (zitiert im Weser-Kurier v. 12.2.83)

Domshof
❷

An Lucies Fischstand gibt es den besten Fisch, das ist seit über 100 Jahren in Bremen verbürgt. *Lucie Flechtmann* war ein Original unter den Fischhändlern. So wird von ihr berichtet, daß sie gelegentlich einen stabilen Fisch als Schlagwerkzeug benutzte, wenn jemand die Frische ihrer Ware anzweifelte. Für frische Ware sorgte sie tatsächlich. Dafür hatte sie sich ein eigenes Boot angeschafft. Einmal soll sie ihren männlichen Konkurrenten ein Schnippchen geschlagen haben. Noch vor Tagesanbruch fuhr sie mit ihrem Boot die Weser hinunter, den einlaufenden Kuttern entgegen. Mit den Kutterführern verhandelte sie gleich an Ort und Stelle über den Verkauf des Fangs. An das letzte Boot hängte sie ihres an und ließ sich zurück zur Schlachte ziehen. An diesem Morgen soll sie zwanzig Fischern den gesamten Fang abgekauft haben. Die Konkurrenten erhielten nur die knappe Antwort: »An Lucie verkofft!« Sie alle mußten nun von Lucie kaufen: die Fischhändler, einige Fischgeschäfte und die Kleinverkäufer, die aus ihrem Wagen in den Straßen der Stadt Fisch verkauften und mehrmals am Tag Nachschub holten.

Spuckstein

An die letzte öffentliche Hinrichtung in der Hansestadt erinnert — nicht weit vom Brautportal des Doms entfernt — ein quadratischer Stein mit eingemeißeltem Kreuz. Noch heute bezeichnet der »Spucksteen« — so genannt, weil jeder ehrbare Bremer durch Spukken seinen Abscheu vor der Giftmischerin *Gesche Gottfried* kundzutun hatte — die Stelle, auf die ihr Kopf gerollt war. 15 Menschen hatte sie ermordet.

Gesche Gottfried

Gesche Margarete Timme wurde in der Pelzerstraße 23 als Tochter eines geizigen Schneidermeisters geboren. Sie galt als zarte Schönheit, ehrbar und fleißig. Mit zwanzig heiratete sie auf Druck des Vaters den aus einem wohlhabenden Hause stammenden Witwer Miltenberg, der, wie sich bald herausstellte, faul, liederlich und außerdem geschlechtskrank war. Von den Kindern starben einige aufgrund der syphilitischen Infektion des Vaters. Gesche Gottfried berichtete, daß sie von ihrem Mann aufs grausamste mißhandelt wurde. Ungeliebt und einsam litt sie schon bald an tiefen Depressionen. Als die jahrelange Krankheit ihres Mannes in einer Paralyse zu enden begann, beschloß sie, die unangenehme Krankenpflege zu verkürzen. Sie gab ihrem Mann Arsenik, das gegen Mäuse ausgelegt war. Nach dem Tode Miltenbergs, der ihr 10.000 Taler hinterlassen hatte, hoffte sie den Weinreisenden Gottfried heiraten zu können. Als dieser zögerte, erinnerte sich die Verzweifelte an die Aussage einer Wahrsagerin, das Glück werde ihr erst dann beschieden sein, wenn ihre Familie nicht mehr lebe. Daraufhin vergiftete sie binnen weniger Monate ihre ganze nahe Verwandtschaft: Vater, Mutter, Schwiegervater und Bruder, schließlich ihre vier Kinder.

Als sie von ihrem Geliebten Gottfried schwanger wurde und dieser sie trotz ihrer furchtbaren »Vorleistungen« immer noch nicht heiraten wollte, fällte sie auch über ihn ihr Urteil. Sie vergiftete ihn allmählich mit kleinen Giftdosen. Kurz vor seinem Tode hatte sie ihn endlich soweit: Der Pastor wurde gerufen und traute den bereits im Sterben Liegenden mit Gesche, die nun Gottfried hieß. Nach seinem Tode mordete sie zunächst mehrere Jahre nicht. Dann, 1823, brachte sie ihren nächsten Verlobten um. Es folgten in immer kürzeren Abständen und wahllos weitere Vergiftungen. Als ihr Tun schließlich aufgedeckt wurde, verurteilte sie das Gericht nach einem dreijährigen Prozeß zum Tode. 35.000 kamen zur Hinrichtung.

Nachdem die Bremer Gesche Gottfried nicht nur mit dem Tode bestraft, sondern auch eineinhalb Jahrhunderte herzhaft bespuckt hatten, wandelte sich Ende der siebziger Jahre in der autonomen Frauenbewegung in Bremen die Faszination gegenüber jener Frau vom Abscheu zum historischen Interesse. Eine in den achtziger Jahren herausgegebene Bremer Frauenzeitung wurde nach »Gesche« benannt. Deren Herausgeberinnen unterstrichen, daß »sie sich keineswegs mit der Giftmischerin identifizieren«, sie aber als Opfer der herrschenden Gerichtsbarkeit sehen, die ihr trotz des hervorragenden Plädoyers ihres Verteidigers ein psychiatrisches Gutachten verweigerte (GESCHE Nr. 1).

»Ein gewisses Maß an Unwissenheit ist die Garantie häuslicher Tugenden.« Es gab in Bremen zwei private Bildungsanstalten, denen seit Mitte des letzten Jahrhunderts die Aufgabe zukam, den Töchtern des Bürgertums genau dieses Maß an Bildung zu vermitteln. Gemeint ist die »Höhere Mädchenschule von A. Kippenberg« am Wall 102/103 und das »Lyceum Janson«. Beide Häuser wurden im Krieg zerstört. Unter dem Leitgedanken »Lerne Wertvolles und halte Maß« sollte den Mädchen eine solche »sittlich-religiöse Charakter- und Gemütsbildung gegeben werden, daß sie mit Klarheit ihren Platz im Leben erkennen und mit freudiger Hingabe und Pflichttreue ihn auszufüllen bestrebt sind.« (Vorwort von der Vorsteherin A. Kippenberg zum Lehrplan für die höhere Mädchenschule). Der Platz im Leben konnte durchaus verschieden ausfallen. Immerhin war *Paula Becker-Moderssohn* Absolventin des Kippenbergschen Lehrerinnen-Seminars.

❸
Wilhadistraße 1/2

Paula Becker-Modersсohn auf einem Foto von 1900

Die 1859 gegründete »Bürgertöchterschule« übernahm 1860 der Lehrer *A. M. Janson*, danach seine Tochter Ida. Der später »Lyceum Janson« genannten Schule wurde 1863 ein Lehrerinnenseminar angegliedert, das bis 1912 bestand. Im Jahre 1901 besuchten ca. 100 »höhere Töchter« im Alter von 6–9 Jahren die Mädchen-Vorschule, etwa 350 Mädchen zwischen 9 und 16 Jahren die höhere Mädchenschule. Das Lehrerinnenseminar hatte etwa 70 Schülerinnen, deren Eltern jährlich die stattliche Summe von 144 Mark für die standesgemäße Ausbildung aufbringen mußten. Bis 1922 blieb die höhere Mädchenschule in privater Trägerschaft, der Staat übte nur die Schulaufsicht aus.

Sara Agnes Heineken

Das Schicksal einer begeisterten Pädagogin ist eng mit der Geschichte des Janson-Lyceums verflochten. *Sara Agnes Heineken* (1872–1954), Tochter des angesehenen Bremer Wasserbauingenieurs Werner Friedrich Heineken, löste zunächst einen Familienkonflikt aus, als sie nach der höheren Mädchenschule auch noch das Lehrerinnenseminar von A. M. Janson besuchen wollte. Mutter und Tochter gemeinsam gelang es jedoch schließlich, die väterlichen Bedenken und Vorbehalte zu überwinden.

Nachdem Agnes, 18-jährig, die Prüfung für den Unterricht an Volksschulen und an höheren Mädchenschulen bestanden hatte, unterrichtete sie zwei Jahre lang die unteren Jahrgänge an »ihrer« Schule. Dann konnte sie ihren größten Wunsch realisieren. 1899 begann sie ein Studium in Göttingen in den Fächern Deutsch, Geschichte und Philosophie. Das Studium bewirkte bei ihr eine Politisierung. Wichtige Anstöße erhielt sie von Friedrich Naumann, dem späteren Mitbegründer der Deutschen Demokratischen Partei. In der Weimarer Zeit schloß sich auch Agnes Heineken dieser Partei an. Sie wurde sogar als eine der Kandidatinnen der DDP in die Bremische Bürger-

Schon Mädchen stehen ihre Frau: auf dem Schulhof des Lyceum Janson im Jahr 1910

schaft gewählt. Nach Abschluß ihrer Studien kehrte Agnes Heineken nach Bremen an das Lehrerinnenseminar von Janson zurück. Sie verzichtete auf Heirat und Familie und unterwarf sich dem »Lehrerinnenzölibat«. Immer mehr erkannte sie, daß die Benachteiligung der Frauen aus ihnen vorenthaltener Bildung entspringt. Sie nahm den Kampf auf für das Recht auf Bildung und für die volle politische Gleichstellung der Frau, engagierte sich im Bremer Verein für das Frauenstimmrecht und arbeitete im Vorstand des Vereins Bremer Lehrerinnen. Sie wollte für Mädchen den freien Zugang zur höheren Schulbildung erreichen. 1907 wurde Agnes Heineken fristlos gekündigt. Sie hatte in einem Leserbrief angeprangert, daß es in Bremen sechs höhere staatliche Schulen für Jungen gab, aber keine für Mädchen.

Nach dem Ende des Ersten Weltkriegs erschloß sie sich als Direktorin des Frauen-Erwerbs- und Ausbildungsvereins (FEAV) ein neues Tätigkeitsfeld. Sie war die überragende Persönlichkeit, die den FEAV in 13 Jahren mit ungeheurer Energie und großem Weitblick zu einer anerkannten Ausbildungsstätte für soziale Frauenberufe ausbaute. Von den Nationalsozialisten erhielt Agnes Heineken schon im Jahre 1933 ihr zweites Berufsverbot. Ihr Ziel der vollen Gleichstellung der Frauen in Beruf und Politik kollidierte mit der NS-Mutterschaftsideologie. Agnes Heineken wurde beurlaubt und mit gekürzter Pension in den Ruhestand geschickt.

Domshof/ Schüsselkorb

Im Januar 1914 äußerte Oberlehrer *Obersoren* vom »Deutschen Bund gegen die Frauenemanzipation« bei einer Versammlung im »Museum« am Domshof markige Worte:

»Nicht darauf kommt es an, die Frau im Erwerbsleben zu erhalten und für dasselbe noch mehr heranzuziehen als bisher, sondern darauf, daß die wirtschaftlichen Tatsachen so geändert werden, daß die Frau wieder werden kann, wozu sie bestimmt ist, die veredelte Trägerin der Nation. Bekämpfen will der Bund gegen die Frauenempanzipation mit aller Schärfe auch die Verwendung der Frau in obrigkeitlichen Stellungen. Heute und für alle Zeit muß daran festgehalten werden, daß wir mit einem ausgesprochen männlichen Staat zu rechnen haben, und daß daher alles vermieden werden muß, was geeignet ist, einen femininen Einschlag herbeizuführen.«

Obersoren und seine gleichgesinnten Zuhörer zogen gegen Frauenerwerbstätigkeit und politische Gleichstellung zu Felde. Für genau diese Ziele trat aber der *Deutsche Frauenstimmrechtsbund* ein, dessen Bremer Sektion sich am gleichen Tag konstituiert hatte. Den fortschrittlichen Frauen in Bremen in der Zeit vor dem 1. Weltkrieg schlug die Ablehnung durch autoritär-patriarchalische Verbände entgegen.

Liebfrauenkirche ❹

In der 48er Revolution predigte in der Liebfrauenkirche der freisinnige Pastor *Rudolph Dulon.* Die vielen Zeichen bürgerlicher Gunst, die Dulon anfangs zuteil wurden, ließen rasch nach, als unabweisbar wurde, daß er sich für die unteren Stände einsetzte und schließlich sogar auf der Liste der Demokraten für die erste Bürgerschaft kandidierte. Bei den Arbeitern und kleinen Handwerkern dagegen knüpfte sich an den Namen Dulon die Hoffnung auf eine schönere Zukunft. Die Verehrung für diesen Mann äußerte sich in Fackelzügen, Ständchen und Blumengebinden an seinem Haus. Obwohl mit der bremischen Verfassung die Trennung von Staat und Kirche proklamiert worden war, wurde Dulon am 1. März 1852 durch den politischen Senat vom Predigeramt suspendiert. Daraufhin bekannten sich über 5.000 Frauen in einer Petition, die sie im Laufe nur einer Woche gesammelt hatten, zu Dulon. Eine Abordnung der Frauen versuchte erfolglos, während der Senatssitzung am 17.3.1852 dem Präsidenten des Senats, Schumacher, die Petition zu übergeben, während zwischen Ratshaus und Börse eine Menschenmenge versammelt war. Als *Marie Rogge, Meta Claussen* und *Anne Knigge* Schumacher die Eingabe in seiner Wohnung überreichen wollten, wies dieser sie zurück, weil sie nicht auf Stempelpapier geschrieben war. Die drei Frauen baten schließlich Bürgermeister Smidt — der sie als »wohlgekleidete und sich sehr anständig benehmende Frauenzimmer« schilderte — unter Tränen, Dulon nicht abzusetzen. Sie hatten keinen Erfolg. Bürgermeister Smidt ließ nichts unversucht, um die Stadt »von der Herrschaft des Gesindels zu befreien.« Im Zuge der von Smidt angeordneten Repressionsmaßnahmen wurde die frei gewählte Bürgerschaft aufgelöst und die Verfassung außer Kraft gesetzt. Die Familie Dulon mußte fliehen. Wie die Frau eines Zigarrensortierers, *Margarete Kramer*, in einem Brief schrieb, setzte in Bremen eine Phase der Reaktion ein, in der »alle demokratisch gesinnten mit einer Trauer und Verzweiflung einherschritten, wie sie es vor dem Jahre 1848 nicht thaten.«

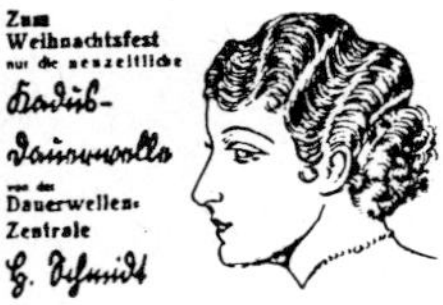

Pelzerstraße/ Carl-Ronning-Straße ❺

Das 1952 wiederaufgebaute Haus an der Ecke Pelzerstraße/ Carl-Ronning-Straße ist das Domizil des Bremischen Erwerbs- und Ausbildungsvereins (BEAV); es ist an der gleichen Stelle errichtet worden, wo seit 1898 die Wirtschaftsschule dieses berühmten bremischen Vereins stand. Anfang der 60er Jahre des letzten Jahrhunderts wurde in Bremen — wie in Berlin und Leipzig — die Frage nach qualifizierten Erwerbschancen für Frauen verstärkt diskutiert. Damals waren nur etwa 50% der Frauen im Alter zwischen 20 und 50 Jahren verheiratet. Die Familien des Bürgertums schafften es immer weniger, ihren weiblichen Angehörigen einen standesgemäßen Lebensunterhalt zu sichern. Frauen schlossen sich zusammen, um ihre Gleichstellung im wirtschaftlichen Leben zu erkämpfen. In Bremen nahmen *Marie Mindermann, Ottilie Hoffmann* und *Lucie Lindhorn* den Kontakt zum bremischen Gewerbe- und Industrieverein auf, um für die Gründung eines »Bremischen Vereins zur Erweiterung der weiblichen Arbeitsgebiete« Unterstützung zu bekommen. Der Verein wurde tatsächlich gegründet: im Vorstand saßen vier Herren und acht Damen. Ein Mann wurde erster Vorsitzender.

Marie Mindermann

1867 begann im Vereinshaus am Geeren der Unterricht in kaufmännischen Fächern. Der nun in »Frauenerwerbs- und Ausbildungsverein« umbenannte Verein expandierte in den folgenden Jahren rasch, aber Frauen wurden immer weniger in qualifizierten »Männerberufen« ausgebildet. Statt dessen integrierte der Verein immer neue hauswirtschaftliche Berufszweige in das Ausbildungsprogramm. Mitte der 90er Jahre zog die Schule vom Geeren in die Pelzerstraße um.

Im Ersten Weltkrieg wurde die pädagogische Arbeit auf »Samariterhilfe« umgestellt. Volksspeisungen und die Erprobung »kriegsmäßiger Rezepte« wurden von der Wirtschaftsschule übernommen. Nach Kriegsende wurden in Erwerbslosenkursen Mädchen auf hauswirtschaftliche Berufe umgeschult, denn die Männer rückten wieder in die Kontore ein. In der Weimarer Zeit expandierte der FEAV erneut. Dem gesellschaftlichen Bedarf entsprechend wurden weitere hausfrauliche Tätigkeiten professionalisiert. Unter der Leitung der herausragenden Pädagogin Agnes Heineken eröffneten ein sozialpädagogisches Seminar für Kindergärtnerinnen und -hortnerinnen, eine höhere Handelsschule, eine Kinderpflegerinnenklasse und ein Seminar für Gewerbelehrerinnen. Gleichzeitig wurde jedoch, in Zusammenarbeit mit dem »Vaterländischen Frauenverein« eine »Mütterschule« eingerichtet. Große politische Anpassungsbereitschaft charakterisierte den Verein, als die Nazis Agnes Heineken entließen. 1935 sicherte sich der FEAV durch neue Verträge die Hauswirtschafts- und Nähkurse.

Es verwundert nicht, daß von der ursprünglichen Zielsetzung, die Arbeitsgebiete des weiblichen Geschlechts zu erweitern, heute wenig übrig geblieben ist. Als eine Aufgabe sieht es der Verein nun an, junge Frauen und Mädchen, die berufstätig sind, in die Hausarbeit einzuführen.

Carl-Ronning-Straße 2

1946 vereinigten sich die antifaschistischen Bremer Frauenverbände zum *Bremer Frauenausschuß.* 1974 verlegten die Frauen ihr Versammlungszentrum in die Carl-Ronning-Str. 2. »Wir rufen euch Frauen!«, so war vor vier Jahrzehnten zur Organisierung von Bremer Frauen aufgefordert worden. Helfend, beratend, aufrüttelnd und mobilisierend sollten sie wirken, damit sich Krieg und Menschenmord nie wiederholen. Zu den erklärten Zielen von damals gehörten: Schulspeisung für alle Bremer Kinder, Beschaffung von Wohnungen für Flüchtlinge und Ausgebombte, Sammlung von Babywäsche, Gleichstellung der Frauen in allen Gebieten des praktischen Lebens, Öffnung aller Berufe für Frauen und gesellschaftliche Anerkennung der Hausfrauenarbeit. Das Echo auf den ersten Aufruf war unerwartet groß. Die Frauen bildeten Arbeitskreise zu den Themen, die ihnen am meisten unter den Nägeln brannten.

Als im Herbst 1946 die Bürgerschaftswahl anstand, berief der Frauenausschuß eine Wählerinnenversammlung ein. Drei von den Frauen vorgeschlagene Kandidatinnen, *Käthe Popall* (KPD), *Irmgard Enderle* (SPD) und *Elisabeth Lürssen* (FPD), wurden prompt gewählt. Der Ausschuß war 1950 Mitbegründer der Landesstelle gegen Suchtgefahren. 1951 half er, die Bremer Mütterschule wieder zu begründen. 1948 stellte der Bremer Frauenausschuß den Antrag, das Recht auf Kriegsdienstverweigerung in das Grundgesetz aufzunehmen. 1958 protestierte er gegen die Lagerung von Atomwaffen und die Einrichtung von Atomabschußrampen. 1969 lehnte er die Aufnahme einer NPD-Frauengruppe ab.

Starken Zulauf hat heute noch der staatsbürgerliche Arbeitskreis, der sich in monatlichen Zusammenkünften mit aktuellen Problemen aus Politik und Gesellschaft beschäftigt. Besonderes politisches Gewicht hat der Arbeitskreis »Funk- und Fernsehbeobachtung«. Der Bremer Frauenausschuß nimmt als Dachverband von fast 30 Frauenorganisationen zwei Sitze im Rundfunkrat ein. Seine Vertreterinnen beobachten die Medien unter frauenpolitischen Gesichtspunkten. Durch Eingaben an den Senat und die Bürgerschaft versucht der BFA dazu beizutragen, daß die frauenpolitischen Anträge einzelner Verbände mehr Gewicht bekommen. Heute gibt der BFA vor, parteipolitisch neutral zu sein. Zum Beleg wird die eindrucksvolle Liste der Namen der bisherigen Vorsitzenden präsentiert, unter denen die SPD-Bürgerschaftsabgeordnete genauso vertreten ist wie die Parlamentarierin der CDU oder FDP. Dennoch ist nicht zu verkennen, daß sich in jüngster Zeit ein merkwürdig verengtes Demokratieverständnis offenbart, wenn der BFA sich dagegen sperrt, Frauenorganisationen aufzunehmen, die im politischen Spektrum »links« einzuordnen sind, wie z.B. die gewerkschaftlichen Frauenverbände. 1984 wurde gar die Bitte einer Studentin abgelehnt, Zugang zum Archiv zu bekommen, »weil ihr Bekenntnis zur DKP die Befürchtung bestätigt, daß sie die Arbeit des Bremer Frauenausschusses von einem Standpunkt beurteilen würde, der der Arbeit des Bremer Frauenausschusses nicht gerecht werden würde.«

Knochenhauerstraße
❻

Ein Foto aus dem Jahr 1944 zeigt ungarische Jüdinnen bei Aufräumungsarbeiten. Die Frauen gehörten zu rund 800 jüdischen Frauen, die am 26. September 1944, von Auschwitz kommend, in das KZ-Lager Stuhr-Obernheide gebracht wurden und in Bremen Zwangsarbeit leisten mußten. Nur wenige von ihnen überlebten. Anfangs mußten die Frauen zu Fuß bis zum Stuhrer Bahnhof gehen. Dort wurden sie in Sonderwaggons untergebracht, die an den normalen Personenzug nach Bremen angehängt wurden. Später transportierte man sie in offenen LKWs. Ganz zum Schluß mußten die Frauen, in dürftigen Sommerfetzen und allesamt unterernährt, den langen Weg nach Bremen und zurück zu Fuß bewältigen. Die Frauen wurden geprügelt, gepeitscht und getreten, nicht nur im Lager, sondern — je nach Einstellung der Firmenpoliere — auch bei der Arbeit. Wer krank wurde, war verloren. Als sich Ende März 1945 englische Truppen näherten, räumte die SS das Lager. Nach einem langen qualvollen Weg trafen die Frauen schließlich in Bergen-Belsen ein. Überlebende schätzen, daß die Hälfte der Frauen dort umgekommen ist.

Ungarische Jüdinnen bei Aufräumungsarbeiten Papenstraße/Knochenhauerstraße

Außer bei der Abbruchfirma Rodieck waren polnische und russische Zwangsarbeiterinnen auch in der Jutefabrik in der Nordstraße und bei der Firma Borgward eingesetzt. Über ihr Leben und Leiden wissen wir so gut wie nichts. *Albert Oltmanns*, ein kommunistischer Arbeiter, berichtete von einem denkwürdigen Internationalen Frauentag: Am 8. März 1944 seien weit über 100 sowjetische Zwangsarbeiterinnen morgens bei Arbeitsbeginn die breite Treppe heruntergekommen, alle mit roten Kopftüchern, wie eine rote Welle.

❼
Ansgaritorstraße 4/Spitzenkiel

Wenn wir von Bremens großen Töchtern sprechen, gebührt *Betty Gleim* (1781–1827) sicher der erste Rang. Daß »Bildung nicht das Privilegium einiger besonders Begünstigter, sondern Gemeingut der Menschheit ist«, bedurfte für die Tochter einer gutsituierten Bremer Kaufmannsfamilie keiner besonderen Begründung. Sie war 25 Jahre alt, als sie in einem Hause am Spitzenkiel eine »Schule für die Töchter der höheren Stände« eröffnete. Durch ihre eigene Lehrtätigkeit und mehrere großartige pädagogische Schriften ging Betty Gleim geradewegs gegen das den Frauen vorgezeichnete Schicksal an: »Sind denn die Weiber etwa nur des Magens wegen da? Zur Abfütterung des Thiers im Menschen? Gar nur des Mannes wegen da?« Sie plädierte für das Recht der Frau, sich von den »wechselnden Launen des Geschicks unabhängig zu machen, sich in jedem Verhältnisse ihres Lebens freier bestimmen zu können.«

Bremisches
Koch- und Wirthschaftsbuch
enthaltend
eine sehr deutliche Anweisung
wie man Speisen und Backwerk für alle Stände gut zubereiten könne
und
wie man von verschiedenen Früchten die besten Weine, Liqueure und Essige verfertigen lernt.

Für junge Frauenzimmer
welche
ihre Küche und Haushaltung selbst besorgen und ihre Geschäfte mit Nutzen betreiben wollen.

Titelblatt des Kochbuchs von Betty Gleim

Um zu beweisen, daß sich geistige Interessen durchaus mit hausfraulichen Tätigkeiten harmonisch verbinden lassen, veröffentlichte sie 1808 ein »Bremisches Kochbuch«. Es wurde ein unglaublicher Erfolg und erlebte eine Auflage nach der anderen. Bremen kochte und buk nach Betty Gleim. So

Betty Gleim

sehr sie mit ihren Rezepten bei Bremens Weiblichkeit ankam, so wenig Resonanz hatte sie mit ihren pädagogischen Vorstellungen. Sie war ihrer Zeit zu weit voraus. Mit der Schrift »Erziehung und Unterrichtung des weiblichen Geschlechts« (1810), zahlreichen Veröffentlichungen zur Grammatik und zur Einführung der Literatur in den Unterricht machte sie sich einen Namen als Wissenschaftlerin. Ihre politische Prosa »Über die Bildung der Frauen und die Behauptung ihrer Würde in den wichtigsten Verhältnissen ihres Lebens« (1814) und das nach der Vertreibung Napoleons publizierte »Was hat das wiedergeborene Deutschland von seinen Frauen zu fordern?«, in der sie gegen Heuchelei und geistige Lethargie aufruft, fanden nicht nur positiven Widerhall. Die von ihr 1819 gegründete »Lithographische Anstalt« war der erste gewichtige Schritt, eine gewerbliche Fachschule für Frauen in Deutschland einzurichten. Im Jahre 1819 eine kühne, verwegene Tat.

Mit vierzig Jahren war Betty Gleim am Ende ihrer Kraft. »Weil die Anfeindungen fort und fort dauern«, erkrankte sie an einem nervösen Leiden. Sechs lange Jahre siechte Betty Gleim dahin, umsorgt von ihrer Freundin *Sophie Lasius*, einer Lehrerin aus Oldenburg.

Langenstraße 116
8

Hier wohnte in den Jahren 1915–1921 die Sozialdemokratin *Gesine Becker*. Sie gehörte zu den Bremer Linksradikalen und war engagiert in der antimilitaristischen Bewegung der sozialdemokratischen Bremer Frauen. Diese organisierten Widerstand gegen die Bewilligung der Kriegskredite durch die SPD. Bei Gesine Becker führte der Konflikt zum Bruch mit der Partei, sie wurde Gründungsmitglied der Internationalen Kommunistischen Partei Deutschlands (IKD) im Jahre 1918. In der Weimarer Zeit vertrat sie zehn Jahre lang (1920–1930) die Kommunisten in der Bürgerschaft. Seit 1920 war sie Leiterin der Frauenagitationskommission der KPD. Sie zeichnete verantwortlich für die Rote Hilfe, die im Jahre 1923 auf dem Barkenhof in Worpswede, dem Haus des Malers *Heinrich Vogeler*, ein proletarisches Kinderheim einrichtete.

Bei Gesine Becker liefen in den zwanziger Jahren auch nahezu alle kommunistischen Aktivitäten gegen den Abtreibungsparagraphen zusammen. Am 5. Juli 1923 stellte sie in der Bürgerschaft einen Antrag auf Amnestie für diejenigen Frauen und Männer, die wegen Verstoß gegen den § 218 verurteilt waren. Aus einem von der bremischen Staatsanwaltschaft angelegten Verzeichnis aus dem Jahre 1925 geht hervor, daß in Bremen wie im Reich immer mehr Frauen wegen »sog. Verbrechen wider das keimende Leben« verurteilt wurden, im Jahre 1924 allein 48 Fälle. In ihrer Begründung führt Gesine Becker aus, daß der § 218 »gerade in der jetzigen Zeit furchtbare Wirkungen im Gefolge hat, weil... die Familien heute eben nicht in der Lage sind, noch mehr Kinder zu ernähren.« Die Bestimmung sei »eine Ausnahmebestimmung gegen das weibliche Geschlecht.« (Verhandlungen der brem. Bürgerschaft 1923). Der Antrag auf Amnestie wurde von der Sozialdemokratin *Hanne Harder* unterstützt, während die Sozialpolitikerin *Minna Bahnson* von der Demokratischen Partei energisch widersprach:

»Ich selbst bin nach eingehendem Studium dieses schwierigen Problems dazu gekommen, daß es für die Frauen selbst ungünstig wäre, die ganzen Pa-

ragraphen aufzuheben. Denn wenn wir sie aufheben, dann fällt damit der Schutz, den die Frau jetzt hat, andernfalls wäre sie in ungezählten Fällen dem zügellosen Triebleben des Mannes einfach ausgeliefert.«

Der Antrag auf Amnestie wurde schließlich mit 53 gegen 45 Stimmen abgelehnt. Neben den parlamentarischen Auseinandersetzungen verstand es Gesine Becker, auch die Bremer Arbeiterinnen für die Beseitigung des § 218 zu interessieren. 1923 und 1928 übte sie mit einem neu gebildeten Bremer Spielkollektiv ein Theaterstück gegen den § 218 ein, das im Herbst 1923 vor rd. 2.000 Frauen aufgeführt wurde. Gesine Becker spielte selbst mit: sie übernahm — wie im Leben — die Rolle der kommunistischen Agitatorin.

Rote Frauen und Mädchen gegen die Schandparagraphen 218 und 219 im Jahr 1926

Geeren 6–8/ Fangturm
9

Im Haus der Sozialdemokratischen Partei, heute steht dort ein neuer roter Klinkerbau, fand am 27. April 1915 eine viel beachtete Mitgliederversammlung sozialdemokratischer Frauen statt: Zum erstenmal formulierten hier ca. 500 Frauen in Bremen in öffentlicher Form entschiedenen Widerstand gegen die Bewilligung der Kriegskredite. Nach einem einleitenden Referat von *Luise Zietz* zum Thema »Frauensorgen und Krieg« wurde aus der Zuhörerschaft der Antrag gestellt, sich mit der antimilitaristischen Haltung der von *Clara Zetkin* redigierten Frauenzeitschrift der Partei, der »Gleichheit«, solidarisch zu erklären. In der verabschiedeten Resolution hieß es:

»Wir... sprechen den Wunsch aus, daß sich alle Genossinnen Deutschlands uns anschließen mögen, um die Redaktion der ›Gleichheit‹ in ihrer jetzigen Haltung zu unterstützen. Wenn wir auch während des Krieges Abon-

nenten der ›Gleichheit‹ verloren haben, so ist das nicht der jetzigen Haltung der ›Gleichheit‹, sondern dem Umstand zuzuschreiben, daß die Proletarierin in dieser schweren Zeit mit jedem Groschen rechnen muß und nichts sehnlicher wünscht als den Frieden.« (Bremer Bürger-Zeitung vom 28.4.1915)

Gegen den Kurs des Parteivorstandes opponierten: *Helene Schweida* (1889–1973), die 1916 den späteren Bürgermeister *Wilhelm Kaisen* heiratete; *Elise Kettelbeck* (1870–1956), die die KPD 1919 in der bremischen Nationalversammlung und anschließend auch in der Bürgerschaft vertrat; *Käte Ahrens*, langjährige Funktionärin der Sozialdemokratischen Partei, die für die »Arbeiterpolitik« verantwortlich zeichnete und später Mitglied im Arbeiter- und Soldatenrat war, und *Anna Stiegler* (1881–1963), die für die USPD und später für die SPD als Abgeordnete in der bremischen Bürgerschaft saß.

Frauenarbeit: Wenn Männer im Krieg waren, mußten die Frauen mit ran — auch im Ausbesserungswerk der Eisenbahn in Sebaldsbrück

Faulenstraße 70
⑩

»Ich habe nichts von meinem jungen Leben«, beklagt sich ein Dienstmädchen in der Bremer Bürgerzeitung von 1907. Damals gab es in Bremen rd. 10.000 weibliche Dienstboten, fast ebensoviele wie Arbeiterinnen. Anfang 1907 wurde die Gründung eines Dienstmädchenvereins beschlossen. Seit dieser Zeit hatten sie im Gewerkschaftshaus ein eigenes Büro. Ihre Lebensbedingungen waren wenig beneidenswert. Die in der Gesindeordnung von 1829 festgelegten Pflichten der Herrschaft beschränkten sich darauf, eine »gesunde, genießbare und hinreichende Kost« zu geben, eine »den Umständen angemessene Schlafstelle mit Bett« anzuweisen, auch waren die Dienstboten »ohne Härte« zu behandeln. Seit 1903 unternahm die Sozialdemokratie in Bremen mehrere Versuche, die Gesindeordnung zu revidieren. Der von der SPD geforderte »freie Arbeitsvertrag« wurde von den bürgerlichen Abgeordneten einhellig abgelehnt. 1915 beschloß man, »die Sache wegen des Krieges bis auf weiteres ruhen zu lassen«. Aus der Bremer Dienstmädchenbewegung sind eine Reihe engagierter Sozialdemokratinnen hervorgegangen. *Elise Kettelbeck* hielt 1919 die Trauerrede für die Gefallenen der Räterepublik. Auch *Anna Pöhland* (1874–1919) arbeitete bis zu ihrer Verheiratung als Dienstmädchen. Sie engagierte sich in der Bremer Sozialdemokratie und starb unmittelbar nach Niederschlagung der Räterepublik, für die sie sich eingesetzt hatte.

Bürgermeister-Smidt-Straße/ Hochstraße/ Breitenweg ⑪

Am 23. September 1923 wurde in den heute nicht mehr existierenden »Centralhallen« das erste Theaterstück gegen den Abtreibungsparagraphen vor rund 2.000 Zuschauern aufgeführt. Es war von Hamburger Arbeiterinnen geschrieben worden. Die Frauenagitationskommission der KPD hatte es in Zusammenarbeit mit einem neu gebildeten Bremer Spielkollektiv erarbeitet. Sie erzeugte damit nicht nur bei dem vorwiegend weiblichen Publikum, sondern auch bei der Staatsschutzbehörde erhebliche Aufmerksamkeit. Eine für den 2. Oktober 1923 geplante Wiederholungsveranstaltung im Casino Auf den Häfen, für die *Käthe Kollwitz* ihr berühmtes Plakat »Nieder mit dem Abtreibungsparagraphen« entworfen hatte, wurde verboten. Die Polizei riß überall im Stadtgebiet geklebte Plakate ab und legte sie zu den Akten.

Frauen im Kommunistischen Jugendverband (KVJD) nach einer Demonstration an der Weser: Käthe Popall (2. v.l.), Emmi Matey (3. v.r.) und Liesbeth de Vries (6. v.r.)

Rembertistraße ⑫

Das St. Remberti-Stift war ein vornehmes Bremer Damenstift, in dem viele Frauen, die in der bürgerlichen Frauenbewegung Bremens eine Rolle spielten, ihren Lebensabend verbrachten. Eine der streitbarsten war *Marie Mindermann* (1808–1882), eine Bremer Drechslertochter. Da sie ihren Wunsch, Lehrerin zu werden, nicht erfüllen konnte, las und studierte sie abends nach der Arbeit im elterlichen Haushalt. Nach dem Tod ihrer Eltern zog sie mit ihrer Freundin *Caroline Lacroix*, einer Musiklehrerin, in deren Wohnung in die Westerstraße. Beide Frauen teilten engagiert die Freiheitsbestrebungen der 48er Bewegung.

Die Predigten des demokratischen Pastors Dulon fesselten sie sehr und veranlaßten sie, als die orthodox-konservativen Gemeindeoberen auf seine Absetzung drängten, für ihn Partei zu ergreifen. Sie schrieben ohne Namensnennung mehrere satirische Flugschriften, u.a. »An die 23 Streiter des Herrn«, »Briefe über Bremische Zustände«, die das ganze schändliche Spiel gegen Dulon beleuchteten. Da sich der Bremer Senat durch die zweite Schrift beleidigt fühlte, wurde die Polizei beauftragt, den Verfasser festzustellen. Nahezu alle kritisch engagierten Persönlichkeiten Bremens gerieten zeitweise in Verdacht. Schließlich wurde entdeckt: Es war Marie Mindermann, eine Frau ohne jede höhere Bildung und Herkunft. Das schlug nun dem Faß den Boden aus. Ihr sofortige Verhaftung wurde verfügt und sie wurde in die Ostertorwache eingeliefert. Marie Mindermann schilderte später die Erlebnisse ihrer Haft. Sie mokierte sich über das patriarchalische Denken ihres Richters, der einfach nicht glauben wollte, daß ein »Frauenzimmer« die anonymen Flugschriften verfaßt hatte. »Wie wäre es auch nur möglich, daß es unter Frauen ein bißchen Verstand geben könnte. Die Armen sind leer ausgegangen, als Zeus den Verstand austeilte«. Marie Mindermann hat sich nicht einschüchtern lassen. 1867, als nach den dunklen Jahren der Restauration die ersten Ansätze der Neuorganisation in der Gewerkschafts- wie in der Frauenbewegung zu verzeichnen waren, gründete sie den Bremer »Verein zur Erweiterung der weiblichen Arbeitsgebiete« mit. Die Emanzipation der Frau wurde ihr Hauptanliegen. Ihr schriftstellerisches Bekenntnis: »Ich habe geschrieben, weil es kein anderer tat. Es schien mir wichtig, ein Ding bei dem richtigen Namen zu nennen, eine Lanze einzulegen, für das was man zu allen Zeiten, mehr oder minder verschleiert, das Recht nannte.«

Auf den Häfen/ Am Dobben ⑬

In dem ehemals von Dienstboten besuchten Tanzlokal »Casino« fanden viele Veranstaltungen der bremischen Arbeiterbewegung statt. Im Sept. 1904 tagte hier die 3. Konferenz sozialdemokratischer Frauen in Deutschland. Unter den 35 Delegierten waren *Ottilie Baader, Luise Zietz* und *Clara Zetkin.* Diskutiert wurde über Stand und Entwicklung der proletarischen Frauenbewegung, Fragen des Kinderschutzes und der Arbeitszeitverkürzung. Den Höhepunkt der Konferenz bildete das Referat von Clara Zetkin über die Schulfrage, in dem sie sozialistische Grundsätze für das Volksbildungswesen entwickelte. Die Delegierten beschlossen, daß das Referat als Broschüre gedruckt werden solle.

Friesenstraße 12 ⑭

Seit 1979 hat der erste Bremer Frauenbuchladen in der Friesenstraße sein Domizil. Der Träger des jetzigen Frauenbuchladens »HAGAZUSSA« ist der gemeinnützige Verein zur Förderung von Frauenliteratur und -bildung e.V. Der Frauenbuchladen offeriert ein weitgespanntes Angebot, er verfügt über ein Antiquariat und hat ein Archiv von vergriffenen Frauenbüchern angelegt. Der Laden ist nur für Frauen geöffnet. In Zusammenarbeit mit dem Frauenkulturhaus und dem Frauentherapiezentrum wird monatlich der *»Bremer-Frauen-Kalender«*, ein Veranstaltungsprogramm der autonomen Frauenprojekte und Frauengruppen herausgegeben.

Die Frauen haben das altdeutsche Wort für Hexe »Hagazussa« gewählt, weil dieser Begriff »eine verschüttete Möglichkeit weiblicher Existenz« beschreibe. Hagazussa sei »diejenige, die auf dem Hag, der Hecke, dem Zaun saß, der hinter den Gärten verlief und das Dorf von der Wildnis abgrenzte, die Grenzgängerin also, die sowohl in der Zivilisation als auch der Wildnis oder dem Chaos existierte.«

»Die Aston saß auf einem Lehnstuhl in einem geräumigen Zimmer in sich gegebener non Chalance und war dann im Zustande, als wenn sie eben im Begriffe stand, auszugehen. Sie rauchte in jenem Augenblicke eine Zigarre. Auf dem Tische lagen eine Menge Bücher der neuen Literatur.« So heißt es im Polizeibericht eines Spitzels über *Louise Aston* (1840–1871), die als Ehefrau des Arztes *Daniel Eduard Meier* in dem gerade eröffneten *St. Jürgen-Krankenhaus* wohnte. Die Schriftstellerin Louise Aston war Demokratin. Sie hielt die Republik für die einzig glückliche Staatsform. In Brüssel erschienen 1846 ihre Texte unter dem Titel: »Meine Emanzipation«. Die Märzrevolution erlebte sie in Berlin, wo sie auf den Barrikaden mitkämpfte. Bereits die Ankündigung ihrer Verlobung mit dem Arzt führte zu mehrfachen Beratungen des Bremer Senats. Die Senatoren bedrängten Meier, sowohl sein Abgeordnetenmandat in der Bürgerschaft nicht anzunehmen als auch die geplante Eheschließung nicht weiter zu betreiben. Die beiden heirateten natürlich trotzdem; Meier pfiff auf die Stelle in Bremen. Der Förderverein »Allgemeines Bremer Krankenhaus von 1851« setzt sich für die Rehabilitation des Ehepaares Aston-Meier ein. Eine Idee ist, in dem historischen Teil des Krankenhauses eine Cafeteria einzurichten, die den Namen »Café Louise« tragen würde.

St.Jürgen-Straße **⑮**

Louise Aston verteilte Zigarren an die Männerwelt

Anläßlich des Muttertages 1984 fand in Bonn eine große bundesweite Protestaktion von Frauen unter dem Motto »Nicht nur Blumen — Rechte fordern wir« statt. »Muttertag Anders« feiern Bremer Frauen seither alljährlich in den Weserterrassen mit »Hexenpunsch und Torten und unerhörten Worten«. 1985 gründete sich die »Bremer Frauenrunde«, ein lockeres Bündnis, dem 1987

Osterdeich 69

über 40 Verbände und Gruppen angehörten. Neben Gewerkschafterinnen und Christinnen arbeiten hier Frauen, die für Frieden und Abrüstung eintreten, berufsständische Verbände, Frauen aus den Parteien und autonome Frauen schwesterlich zusammen.Sie fordern Arbeitsplätze für Frauen und verbindliche Frauenförderpläne, Rücknahme der Streichungen und Beitragserhöhungen im Kindergartenbereich, die sofortige Aufhebung des Einstellungstops, die Streichung des § 218 und den Erhalt von Pro Familia Bremen. Diese Forderungen haben sie während des »Haushaltsspektakels« im Parlament 1985 und 1986 mit großen Frauenversammlungen auf dem Marktplatz öffentlich gemacht.

Berliner Straße/ Auf den Kühlen/ Schmidtstraße 9
⑯

In der ehemaligen Armenfreischule an der Schmidtstraße hat seit 1986 die Bremische *Gleichstellungsstelle* ihre Büroräume. Seit ihrer Gründung im Jahr 1982 hat die staatliche Einrichtung mit dem schrecklichen Namen »Bremische Zentralstelle für die Verwirklichung der Gleichberechtigung der Frau« Projekte für arbeitslose Frauen und Mädchen gefördert, die seit 1984 geltenden »Richtlinien zur Förderung der Frauen im öffentlichen Dienst« durchzusetzen versucht und Schulbücher auf Rollenklischees überprüft. Trotz starker Resonanz und hoher Bekanntheit der »Zentralstelle« schätzt die Leiterin *Ursel Kerstein* die Erfolge selbstkritisch als bescheiden ein. »Wir haben ja auf keinem Gebiet irgendwelche Sanktionsmöglichkeiten«. Bußgeld-Sanktionen wünscht sich Ursel Kerstein z.B. bei nicht korrekten Stellenausschreibungen. An der überdurchschnittlich hohen Arbeitslosenquote der Frauen, niedrigen Arbeitseinkommen, fehlenden Ausbildungsplätzen für Mädchen und einer erschreckenden Zunahme von Gewalttätigkeiten gegen Frauen hat die Zentralstelle bisher nichts ändern können. Rund ein Drittel der 900 Beschwerden, die 1986 bei der Frauenbeauftragten eingingen, betrafen Diskriminierungen am Arbeitsplatz. Es waren vor allem ungerechtfertigte Versetzungen und Kündigungen. Ein weiteres Drittel der Beschwerden betraf soziale Benachteiligungen. Die Gleichstellungsstelle gibt das »Informations-Handbuch für Frauen in Bremen« heraus, in der alle Bremer Frauenverbände vorgestellt werden. Einmal im Jahr, im Mai richtet die Gleichstellungsstelle in der Unteren Rathaushalle die »Frauen-Info-Börse« aus.

Sielwall/Im Krummen Arm

Seit März 1982 existiert mitten im »Viertel« das bremische *Frauenkulturhaus*, ein wichtiger Treffpunkt der autonomen Frauenbewegung. Von Anfang an bot es neben dem Cafebetrieb ein vielfältiges Kulturprogramm für Frauen. In den Zentrumsräumen treffen sich verschiedene Theorie- und Selbsthilfegruppen.

Schildstraße 27
⑰

Ein 1986 im Ostertor eröffnetes Zentrum der autonomen Frauenbewegung ist der *»Beratungsladen-Bremer Frauenhaus«*. Er unterstützt und berät ehemalige Frauenhausbewohnerinnen, aber auch andere Frauen in familiären Konflikten und Krisensituationen.

Wie in Hamburg und Berlin hatten sich Mitte der siebziger Jahre auch in Bremen Frauen zusammengefunden, um eine Zufluchtsstätte für mißhan-

delte Frauen zu schaffen. Das zunächst angemietete Altbremer Haus erwies sich bald als zu klein, weil viele der geschlagenen Frauen ihre Kinder mitbrachten. Als jahrelange Verhandlungen mit dem Sozialsenator erfolglos blieben, besetzten rd. 20 Frauen zusammen mit ihren Kindern ein leerstehendes Haus, um auf die eklatante Überbelegung im Frauenhaus aufmerksam zu machen. Vordergründig dreht sich der Streit zwischen staatlichen Behörden und autonomem Frauenhaus um die Frage der Finanzierung. Ganz offensichtlich sind es aber auch unterschiedliche Konzeptionen, die autonomes Frauenhaus und Sozialsenat in einen Dauerkonflikt verwickelt haben. Da das Problem der Gewalt gegen Frauen kein individuelles Problem ist, sondern Folge gesellschaftlicher Macht- und Gewaltstrukturen, wird gefordert, daß staatliche Stellen für die Kosten des Frauenhauses aufkommen sollen. Beantragt wurde jahrelang immer wieder die Finanzierung über eine feste Haushaltsstelle. Der Bremer Senat ließ jedoch trotz starken öffentlichen Drucks nur eine Pflegesatzfinanzierung nach dem Bundessozialhilfegesetz zu. Die Pflegesatzfinanzierung reicht finanziell nur aus, wenn das Haus ständig voll belegt ist. Das heißt, es müssen immer genügend Frauen von ihren Männern geprügelt werden und im Haus Schutz suchen, damit es sich trägt.

1981 spitzte sich der Konflikt weiter zu, als bekannt wurde, daß der Sozialsenat ein Haus der Arbeiterwohlfahrt umbauen ließ, mit dem Ziel, auch dort mißhandelte Frauen unterzubringen. Die Befürchtung des autonomen Frauenhauses ging dahin, daß langfristig ihr Frauenhaus kaputtgemacht werden soll. Heute arbeiten beide Frauenhäuser ohne engere Kontakte nebeneinander. Das Haus der Arbeiterwohlfahrt verfügt über 54, das autonome Frauenhaus über 49 Plätze. Während im autonomen Frauenhaus das Prinzip egalitären Arbeitslohns gilt, werden die Mitarbeiterinnen des AWO-Hauses nach ihrer Qualifikation bezahlt.

Goetheplatz 4
⑱

In der Villa Ichon hat der *Frauen-Literatur-Verlag »Schreiben«* sein Büro. Interessierte Frauen treffen sich wöchentlich, um eigene Texte zu diskutieren. Seit 1977 publizieren sie die Literaturzeitschrift »SCHREIBEN«. Gelegentlich laden sie zu Lesungen ein.

Unter dem gleichen Dach tagt auch die Bremer Ortsgruppe der Internationalen Frauenliga für Frieden und Freiheit (IFFF). Sie wurde im April 1915 gegründet, im Anschluß an den internationalen Frauenkongreß in Haag, wo Frauen aus vielen europäischen Ländern sowie Kanada und den USA die schnelle Beendigung des Krieges forderten und Grundsätze für Friedensverhandlungen entwickelten. Ihre Beschlüsse verschickten sie an alle kriegsführenden Nationen.

Seither kämpfen die »Ligafrauen« über alle nationalen, politischen und weltanschaulichen Grenzen hinweg für den Frieden. Ihre Beratungen standen in den zwanziger Jahren unter ständiger Polizeiobservation. Das Ziel der Völkerverständigung und die aktive Friedensarbeit unterschied die linksbürgerlich-pazifistischen Frauen um die IFFF und den Bremer Bund für Mutterschutz sehr eindeutig von den Teilen der bürgerlichen Frauenbewegung, die sich ab 1922 in der sog. »Muttertagsbewegung« organisierten, immer stärker nationalistischen Stimmungen zuneigten und 1933 umstandslos von den NS-Mutterschaftspropagandisten in den Dienst genommen werden konnten. 1933 wurde die IFFF verboten. Viele Mitglieder haben während der Zeit des

Dritten Reiches Widerstandskämpfern und ihren Familien geholfen, vor allem jüdischen Bürgern wurden Hilfen bei der Emigration gewährt. 1949 wurde auch in der Bundesrepublik wieder eine deutsche Sektion der »Liga« ins Leben gerufen. International war sie bereits voll anerkannt, seitdem ihr im Wirtschafts- und im sozialen Rat der UNO, ebenso wie in der UNESCO eine beratende Stimme zugebilligt worden war.

Die Bremer Gruppe der IFFF setzt sich heute ein für völlige Abrüstung; als wichtige Voraussetzung für eine friedliche Entwicklung der Menschheit sieht sie die Durchsetzung einer neuen Weltwirtschaftsordnung im Interesse der Völker der »Dritten Welt«. Das wird ihrer Meinung nach jedoch nur dann möglich sein, wenn die verantwortliche und gleichberechtigte Mitarbeit von Frauen in allen gesellschaftlichen Bereichen gewährleistet ist.

»Die Mutter«: Teil der 1935 von den Nazis eingeweihten Gedenkstätte

Am Wall/ Altenwall ⑲

Die im Jahr 1935 von der NS-Wehrmacht, der SA und Kriegervereinen eingeweihte *Gedenkstätte auf der Altmannshöhe* wurde ab 1936 genutzt, um den faschistischen Muttertagsfeiern den rechten Rahmen zu geben. Um die Verbreitung der Idee des Muttertags bemühte sich seit Anfang der zwanziger Jahre die »Arbeitsgemeinschaft für Volksgesundung«, die eng mit zahlreichen bürgerlichen Frauenorganisationen zusammenarbeitete. Erklärtermaßen sollte der Muttertag helfen, den »Willen zur Mutterschaft« zu stärken; dies alles verbunden mit der Polemik gegen die »seelische und geistige Entmütterlichung der Frau und gegen die Zerstörung der Familie durch den Bolschewismus«. Im Dritten Reich erfuhr der Muttertag die besondere Aufmerksamkeit des faschistischen Staats.

Anfang 1934 wurden spezielle Richtlinien zur Gestaltung des Muttertages herausgegeben:

»In sämtlichen Kirchen muß an diesem Tag das Thema ›Mutterschaft‹ von der Kanzel besprochen werden, ... Beurlaubungen der etwa im Sonntagsdienst befindlichen Ehemänner, ferner bei SA und SS ... sind zu erwirken ... Die Empfehlungen wurden von den Deutschen Christen in Bremen schon bald darauf umgesetzt. »Auftragsgemäß teilen wir ergebenst mit, daß der Herr Landesbischof Lic. Dr. Weidemann am Sonntag den 10. Mai 1936 um 16 Uhr am Gefallenen-Denkmal auf der Altmannshöhe eine Feierstunde zu Ehren der deutschen Mütter veranstaltet.« Gegenüber der Öffnung des Ringhofes steht eine überlebensgroße Frauengestalt. Sie trägt im Arm ein Kind, ein Knabe steht vor ihr. Die Plastik wurde von Gorsemann, Professor für Bildhauerei an der »Nordischen Kunsthochschule« geschaffen, sie versinnbildlicht faschistisches Mutterglück. Die Gebärerin der nächsten Kriegergeneration sieht auf die Inschrift des Opfersteins, der lautet: »Niemand hat größere Liebe, denn die, daß er sein Leben lässet für seine Freunde.«

Marktstraße 13 ⑳

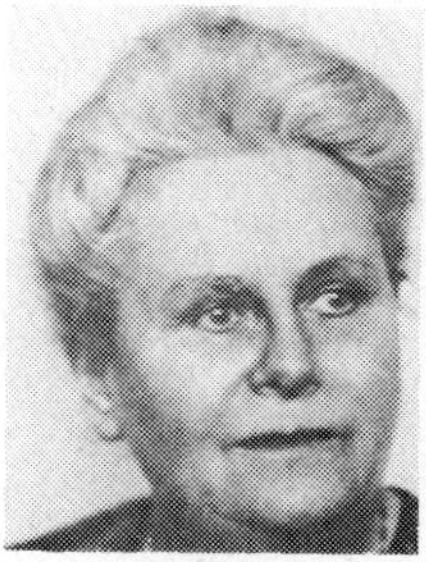

Auguste Kirchhoff

Rita Bardenheuer

Heute nicht mehr zu sehen ist das bereits einen Monat nach Ausbruch des Ersten Weltkrieges eröffnete Mutterschutzhaus des »Bremer Bundes für Mutterschutz und Sexualreform«, das gemeinsam mit dem »Bremer Frauenstimmrechtsverband« eingerichtet worden war. Ledigen schwangeren Frauen sollte eine Unterkunft geboten werden: als Ersatz für die Heime, die seit Kriegsbeginn Lazarettzwecken dienten. Im Vorstand des Bremer Bundes für Mutterschutz arbeiteten zwei Frauen, die als Vorkämpferinnen für die Rechte der Frauen auch weit über Bremen hinaus Bekanntheit erreichten: *Auguste Kirchhoff* (1867–1940) und ihre Freundin *Rita Bardenheuer* (1877–1943), die im Jahre 1907 die Bremer Sektion gegründet hatten. Beide hatten überaus engagiert an der von *Helene Stöcker* herausgegebenen Zeitschrift »Die neue Generation« mitgearbeitet. Ihr Plädoyer für Aufklärung und Verbreitung von Verhütungsmitteln als Voraussetzung für eine bewußte und frei gewählte Mutterschaft machte die Bestrebungen des Bundes bei vielen bürgerlichen Frauen suspekt. In der Weimarer Zeit traten die Frauen für staatliche Einrichtungen des Mutterschutzes und der Schwangerenfürsorge ein. Gleichzeitig versuchten sie angesichts der gravierenden Versorgungslücken eigene Anlaufstellen für in Not geratene Schwangere und unverheiratete Mütter aufzubauen und aufrechtzuerhalten. Die aus der parlamentarischen Arbeit gewonnenen Kontakte Rita Bardenheuers zu bremischen Behörden und das Renommee Bardenheuers und Kirchhoffs als Sozialpolitikerinnen bewirkten, daß der Bund den Ruch des Anstössigen und Unsittlichen verlor. Mit strikten behördlichen Auflagen versehen wurden ihm quasi-staatliche Funktionen in der Schwangerschaftsfürsorge übertragen.

Seit Mitte der zwanziger Jahre erhielt der Bund Zuschüsse aus dem Bremer Nothilfe-Haushalt. Das änderte sich allerdings schlagartig mit der Übernahme der politischen Macht durch die Nationalsozialisten. 1933 löste sich der Bremer Bund für Mutterschutz und Sexualreform auf.

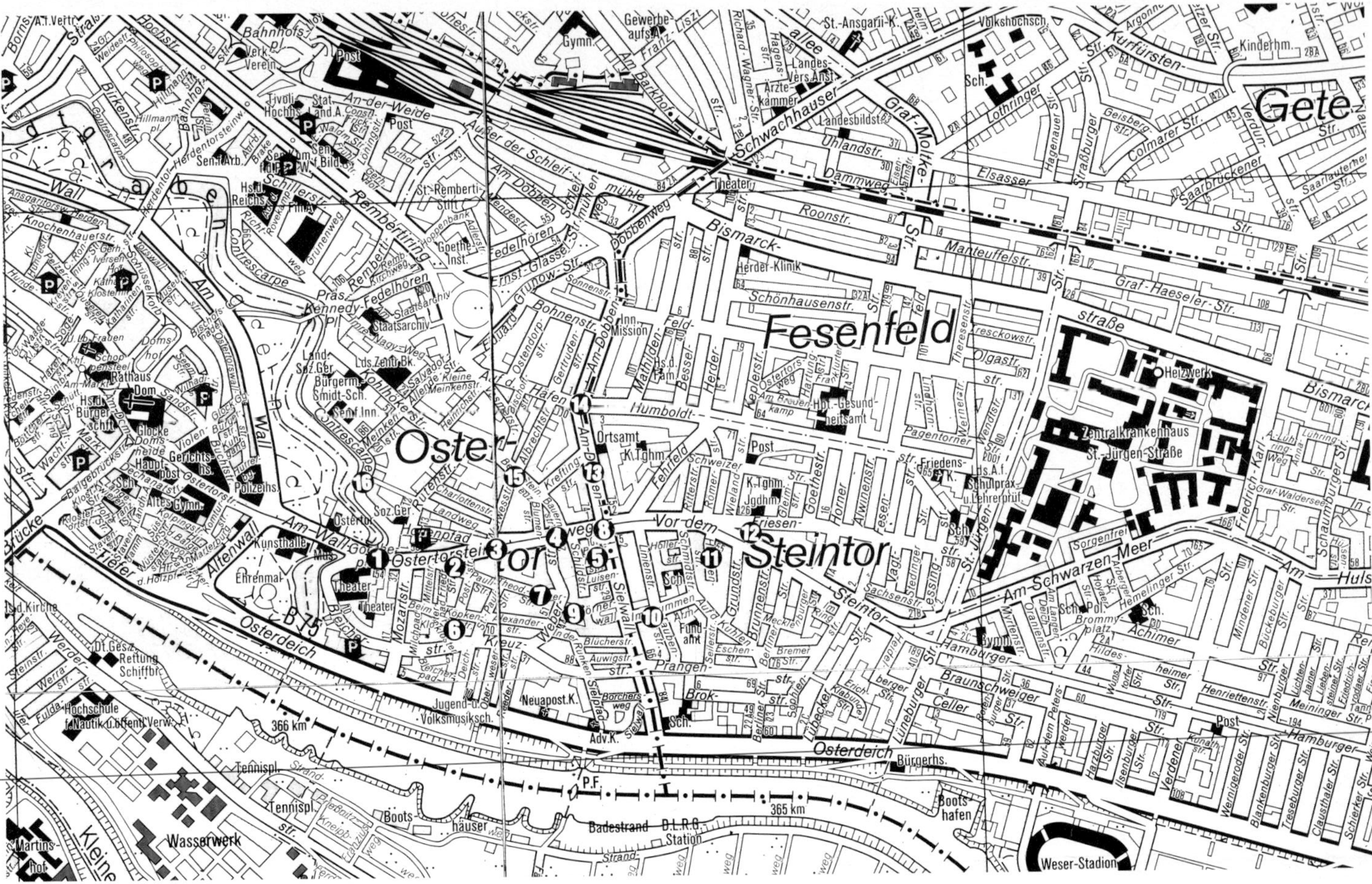
Fesenfeld
Steintor
Oster-
tor
Gete
Zentralkrankenhaus St.-Jürgen-Straße
Osterdeich
Weser-Stadion
Wasserwerk
Schwachhauser
Bismarck-
Humboldt-
Vor dem Steintor
Am Schwarzen Meer
Hamburger
Sielwall
Ostertorsteinweg
Rembertiring
Contrescarpe
Wall
Theater
Kunsthalle
Dom
Rathaus
Staatsarchiv
Herder-Klinik
Heizwerk
Badestrand D.L.R.G. Station
Bootshafen
365 km
366 km
Hochschule f. Nautik u. öffentl. Verw.
Bürgerhs.
Neuapost.K.
Post
Ortsamt
Martinshof
Kleine

Durchs wilde Boutikistan

Ostertor/Steintor

von Frank Thomas Gatter

Ausgangspunkt: *Goethetheater (Straßenbahnlinie 2 und 3)*
Endpunkt: *Contrescarpe (Straßenbahnlinie 2 und 3)*
Dauer: *2 Stunden*

Die »in« sein wollen, nennen es nur »das Viertel«, als ob es gar kein anderes gäbe. Ganz ohne Berechtigung ist das nicht: jedenfalls findet Homo faber im Ostertor und Steintor fast alles vor, was andere Stadtteile auszeichnet: Bremer Häuser, häßliche Wohnblocks, feudale Villen, Hauptverkehrsstraßen, Nebenverkehrsstraßen, enge Gäßchen, stille Plätze, Kneipen, Nachtbars, Supermärkte, moderne Geschäfte und vor allem Boutiquen. Läden für Plastikfans, Popper und Punks, New-Wave-Läden und New-Age-Läden, Kaufrausch und Trödel.

Die Alteingesessenen sprechen nicht namenlos vom »Viertel«. Daß im Universalangebot ihres Stadtteils Hochhäuser fehlen, geht auf ihre Kappe. Den Kampf gegen die Boutiquen haben sie in den siebziger Jahren allerdings verloren. Sie konnten zwar eine Sanierungspolitik abwenden, die alle gewachsenen Eigenheiten der beiden Torquartiere weggebügelt hätte. Viele sind aber überzeugt, daß inzwischen die Stadtplaner mit den Schickeria-Shops trotzdem erreicht haben, was sie wollten: die Durchsetzung eines City-Erweiterungsgebiets. Schon haben neue Hausbesitzer mit gehobenem Einkommen Straße um Straße erobert. Mehr Selbständige, Beamte und Angestellte sind dabei, als im Schnitt in der ganzen Stadt. Andererseits: Wo Licht ist, ist auch Schatten. Ebenso über dem Stadtdurchschnitt liegen die Zahlen der im städtischen Lebensraum meist Benachteiligten, der Sozialhilfeempfänger, der Rentner, der Ausländer. Keine optimale Nachbarschaft für Anwaltspraxen und Anlageberater.

Das Steintor ist noch stärker Wohnquartier, weiter draußen, mit City-Augen betrachtet also unattraktiver. Gerade das macht es anziehend für Nachwuchs-Jetsetter und Altfreaks. Viele Alleinstehende hausen im Steintor, aber auch Wohngemeinschaften, Akademiker und solche, die es werden wollen, junge Leute und Ausländer. Hier klopft aber auch das wunde Herz des Stadtteils, hier würgen die Absteigen im Morgengrauen besoffene Freier aus, kleben die Junkies in den Winkeln, stehlen sich Biedermänner zu den Prostituierten der Helenenstraße; hier ist der Babystrich. Das Steintor ist der Kiez Bremens.

Goetheplatz
1

Erfolg mit dem Freilufttheater Weserlust am Osterdeich machten dem Theaterkritiker Johannes Wiegand und dem Theaterwissenschaftler Eduard Ichon Mut, 1911 mit der Bremer Schauspielhaus-Gesellschaft ein neues Theater vor dem Ostertor aufzumachen. Sie gaben moderne Stücke von Hauptmann, Shaw oder Freytag und klassische Dramen von Shakespeare oder Calderon. Berühmtheiten wie Lil Dagover, Tilla Durieux, Fritz Kortner, Gustav Gründgens und Käthe Dorsch gaben Gastspiele. In den Goldenen Zwanzigern, deren Glanz nur im »neuen Schauspielhaus« — das alte am Neustadtwall firmierte inzwischen als »Modernes Theater« — nach Bremen strahlte, holten die beiden Theaterunternehmer sowjetische Ensembles, Tanzgruppen, Chöre und Orchester. In der Nazizeit abonnierte die NS-Organisation Kraft durch Freude die meisten Vorstellungen. Leider sahen die vielen Arbeiter, die dadurch das Schauspielhaus besuchten, nur harmlose Lustspiele und allenfalls etwas staatstragend Klassisches von Hebbel oder Lope de Vega. Die von Goebbels angeordnete Übertragung des Theaters auf die Stadt Bremen nach dem Tod der beiden Direktoren überdauerte das Haus nicht lange. 1944 brannte es aus und wurde erst 1950 als Theater am Goetheplatz wieder eröffnet.

Goetheplatz 4

Die Villa neben dem Theater, ab 1927 Wohnhaus von Johannes Wiegand und später im Besitz der Gebrüder Ichon, ist zum Stützpunkt einer ganzen Phalanx kultureller Aktivitäten geworden. 1982 zog ein Förderverein »Villa Ichon« ein. Das Literaturkontor vermittelte Räume für Lesungen, bringt Diskussionen zwischen Schreibenden und Lesenden in Gang und berät Nachwuchsautoren. Außerdem arbeiten in der Villa Ichon die Internationale Frauenliga für Frieden und Freiheit, der Bildungsverein Casa, die Volksbühne, amnesty international, die Bremer Friedensinitiative, der Demokratische Kulturbund und die Solidarische Psychosoziale Hilfe.

Spiel finanziert das Spiel: Mit Erlösen aus dem Bremer Casino wurde das Schauspielhaus neben dem Theater am Goetheplatz gebaut. Samuel Becketts »Katastrophe« war das Eröffnungsstück

Das unscheinbare Häuschen zwischen Goetheplatz und Gerhard-Marcks-Haus ist eine der letzten erhaltenen neoklassizistischen Bedürfnisanstalten Norddeutschlands. Vorn steht artig »Damen« und »Herren«, über den Türen nüchterner »Frauen« und »Männer« und an der Rückwand geradezu inbrünstig das Graffiti »Ostertor du bist so anders, du bist so androgyn«.

Spielplatz Am Wall

Den Spielplatz Robinsönchen haben 1970 ostertorsche Eltern mit Unterstützung des SPD-Ortsvereins Altstadt angelegt. Der OVA hatte einen Arbeitskreis »Ostertorsanierung« gebildet, um sich gegen die Planer der höheren Parteiebenen zu rüsten. Das brachte letztere erwartungsgemäß in Harnisch. »Wann wird endlich das Ostertor abgerissen«, fragten Spitzenpolitiker der Hansestadt, »damit in Bremen wieder Ruhe einzieht?« Den Spielplatz bezeichneten sie als Schandfleck im »sonst geordneten Kulturbezirk Bremens«. Den Kindern hat das nichts ausgemacht.

Ostertorsteinweg 50

Das Einrichtungshaus Elfers bietet jene modernen Sitzgelegenheiten an, bei denen die Entscheidung schwerfällt, ob sie ernsthaft als solche gemeint sind. Vormals war in dem Gebäude mit dem hübschen Brünnlein davor das Hotel Deutsches Haus, wo kurze Zeit die Internationale Freundschaftsloge einige Räume belegt hatte und eine eigene Bar betrieb. Die IFLO knüpfte mit ihrem Namen bewußt an die Bremer Freundschaftsloge von 1866 an, in der sich ein Kreis homosexueller Männer zusammengeschlossen hatte, um sich gemeinsam besser gegen Diskriminierung und Verfolgung wehren zu können. Sie reagierten damit auf einige Prozesse, mit denen Mitte des 19. Jahrhunderts die Bremer Justiz die gleichgeschlechtliche Liebe aus dem Stadtleben zu verdrängen suchte. Während die IFLO in der Nachkriegszeit Homophilen eine Möglichkeit geben wollte, geschützt vor Repressalien Geselligkeit zu pflegen, trat der Weltbund für Menschenrechte politisch auf. Seinerseits die Tradition einer früheren Schwulenorganisation fortführend, des Bundes für Menschenrechte von 1928, kämpfte er um Unterstützung bei den etablierten Parteien, für eine Strafrechtsreform und die Rehabilitation der homosexuellen Opfer des Faschismus. 1952 zogen IFLO und Weltbund ins Hotel Schleifmühle, Außer der Schleifmühle 67, von wo sie ein gutes Jahrzehnt lang für die Rechte der Schwulen Bremens eintraten.

Für viele Schuster war das Leben im 19. Jahrhundert gar nicht lustig

St.Paulistraße 1 ❷

Im lustigen Schuster kehrten im 19. Jahrhundert Zigarrenmacher aus der östlichen Vorstadt ein, wenn sie vom Markt durchs Ostertor Richtung Heimat strebten. In dem schmalen Haus aus dem Jahr 1798 schenkte eine Schusterfamilie Braunbier und selbstgebrannten Schnaps aus, um sich ein Zubrot zu verdienen. Wat dem eenen sien Uhl is dem annern sien Nachtigall: Wenn der Schuster Glück hatte und der Zigarrenmacher Pech, marschierte letzterer um seine Markteinkünfte erleichtert nach Haus.

Einem Stadtteil, der so viele Kneipen hat, steht ihr Denkmal gut zu Gesicht. Ottilie Hoffmann, Pädagogin und Sozialpolitikerin, kämpfte für Frauenbildung und gegen den Alkoholismus. 1835 in

Ostertorsteinweg/Wulwesstraße ❸

der Nähe des Ostertors geboren, ging sie mit vierzehn nach England, wo trotz viktorianischer Spießigkeit Bildung für Frauen kein Fremdwort mehr war.

Nach ihrer Rückkehr gab Ottilie Hoffmann Privatunterricht und wurde Mitgründerin des Frauenerwerbs- und Ausbildungsvereins, der 1867 als Bremer Zweig des Allgemeinen Deutschen Frauenvereins seine Arbeit aufnahm. Bei einem erneuten Aufenthalt in England schloß sich die Lehrerin der dortigen Bewegung gegen den Alkoholmißbrauch an. Wieder in Bremen, widmete sie sich intensiv der weiblichen Erwachsenenbildung, vorwiegend mit Kursen für gewerblich tätige Frauen. Gegen Ende des Jahrhunderts schuf sie die ersten alkoholfreien Speisegaststätten und Kaffeestuben in Bremen. Besonders viele Arbeiterfamilien waren vom Alkoholismus betroffen, weil die Männer wegen der oft unerträglichen Arbeitsbedingungen tranken.

Ottilie Hofmann
Leider fehlt am Ottilie-Hoffmann-Denkmal am Ostertorsteinweg ein Hinweis darauf, wer da geehrt wird

1884 verlegte der Bremer Konsumverein seine Geschäftsstelle vom Wandrahm 1 zum Ostertorsteinweg 97. Die 1870 aus dem Arbeiterbildungsverein Vorwärts hervorgegangene Einrichtung hatte das Ziel, das Streben der Proletarier nach Bildung und verbesserten Lebensverhältnissen zu unterstützen. Der Konsumverein kaufte komplette Häuserreihen am Ostertorsteinweg, in der Schildstraße und der Weberstraße an. Zu Beginn der 1890er Jahre hatte er 15 Verkaufsstellen und etwa 6.500 Mitglieder in Bremen.

Die Mitgliedschaft berechtigte zum Einkauf billig angebotener Grundnahrungsmittel, Haushaltswaren und Werkzeuge. Außerdem wirkte die Existenz des Vereins preisregulierend, da sie Krämer und Kleinhändler zwang, mit ihren Preisen herunterzugehen. Ein weiterer Vorteil war die Versorgung mit einwandfreien Lebensmitteln. Die Großhändler verfälschten nämlich häufig ihre Waren, da es ein Nahrungsmittelgesetz oder gar Kontrollen nicht gab.

Um zu dem eher liberalen Konsumverein eine demokratisch-genossenschaftliche Alternative zu bieten, gründeten Gewerkschaftler 1906 die Konsumgenossenschaft »Vorwärts für Bremen und Umgegend«. In den späten zwanziger Jahren häuften sich Überfälle der Nazis auf die Geschäfts- und Verkaufsstellen. Die Konsumgenossenschaften hielten sich dennoch bis 1941; dann riß sich die Deutsche Arbeitsfront ihr Vermögen unter den Nagel.

Ostertorsteinweg 6

Mit den Rabattmarken des ersten Konsumvereins konnten die Genossen bei Krämern wie Wilhelm Holtorf einkaufen, dessen 1874 eröffnetes Lebensmittelgeschäft, selbst in der japanischen Presse schon als Deutschlands schönster Tante-Emma-Laden gefeiert, unter Denkmalschutz steht. Drinnen wird abgewogen und in Tüten gefüllt wie eh und je; die Älteren erinnern sich: Reis, Hülsenfrüchte und Zucker aus hölzernen Schubladen, und dann die bauchigen Bolschengläser!

Ostertorsteinweg 3

Ein Archiv muß nicht verstaubt sein. Es kommt drauf an, was drin gesammelt wird. Popmusik und Informationen dazu bewahrt das Archiv für populäre Musik auf, das leider nur an einem Tag in der Woche geöffnet ist. Das Archiv existiert seit 1981 und steht durch Kooperation mit der Universität jetzt sogar auf wissenschaftlichen Füßen.

Heute Neuform-Tees nach Dr. Nattermann, früher Politisieren an der Bar im Bistro. Das Bistro war ein Kind der Theorie der sozialistischen Inseln, nach 1968 in der Bremer Linken gepflegt. Hoffnungsfrohe Jungsozialisten betrieben die Speisegaststätte als Quelle wirtschaftlicher Unabhängigkeit, um nicht von Staats- oder Partei»knete« abhängig zu sein. Mit solchem Geld war Kommunalpolitik realisierbar, zum Beispiel 1970 die Fragebogenaktion, die eindeutig ergab: Die Ostertorschen waren gegen die laufenden Sanierungspläne in ihrem Viertel, gegen den Bau der Mozarttrasse und überhaupt gegen das meiste, was damals unter dem Stichwort Modernisierung in den Köpfen sozialdemokratischer Stadtplaner herumspukte.

Ostertorsteinweg 102 ❹

Verkäuferinnen in der Geschäftsstelle des Bremer Konsumvereins

Das Konzept der neuheimatlich gesonnenen Planer gipfelte in einer »bis zu 28geschossigen hochgebirgsartigen Bebauung im Ostertor«. Nebenbei sollte zudem die Sielwallfähre in der Versenkung verschwinden, denn der Bau der Mozarttrasse hätte eine Brücke hinüber zum Stadtwerder mit sich gebracht. Eine Unterschriftensammlung machte Druck für die Rettung der Fähre, die — inzwischen unter dem Namen Hal Öwer und privater Regie — den Weg zwischen Ostertor und Neustadt kürzer, gesünder und irgendwie sinnlicher als über die Erdbeer- oder die Wilhelm-Kaisen-Brücke macht.

Ostertorsteinweg 105

1972 gab es in Bremen 58 Lichtspielhäuser, 1984 waren es nur noch dreizehn. Eins davon ist das Cinema, *das* Programmkino Bremens. Es ist außerdem der Hauptspielort des Kommunalkinos. Vorausgesetzt, daß der Operateur es sieht, bieten sie gemeinsam ein Filmprogramm mit Kinder- und Jugendfilmen, Frauenfilmen, Filmen zur Lage der Ausländer und für alle, die sich und ihre Wünsche und Träume im Kino wiederfinden möchten.

Bernhardstraße 10 ❺

In den sechziger Jahren war ein Bremer Vogel in Jazzkreisen in der ganzen Bundesrepublik und darüber hinaus bekannt: einen Flügelschlag entfernt von der Sielwallkreuzung *swingte, bebopte* oder *freejazzte* die Lila Eule in der Bernhardstraße. Jazz-Begeisterte kamen

Hochburg des Jazz nannte die »Welt« 1967 die Lila Eule

von überall her angereist, um in der Mischung zwischen Kellerlokal und Studio neue Formen musikalischer Improvisation zu zelebrieren. Irene Schweizer und Peter Brötzmann spielten dort, aber auch Freunde des Micky-Maus-Dixie kamen auf ihre Kosten. Am Wochenende gab Beat den Ton an, und montags diskutierten die Jusos. 1967 sprach Rudi Dutschke; die Eule wurde eines der Zentren der 68er Bewegung in Bremen. »In der Lila Eule steht die Wiege der Bremer Tumulte«, klagte im Januar 1968 die Hannoversche Allgemeine. In jener Zeit gaben Prominente der westdeutschen Linken Gastspiele in der Bernhardstraße, Kunzelmann und Kommunarden ebenso wie Heinrich Albertz. Ab 1970 beschied sich die Eule dann mit Disco-Nachtmusik.

Beim Paulskloster
❻

Die Eule war nur ein Ausgangspunkt politischer Bewegungen, die in den siebziger Jahren die Gassen und Plätze zwischen Ostertorsteinweg, Sielwall und Osterdeich belebten. Die Gegend des Paulsklosters blickt auf eine ehrwürdige Tradition kollektiven Handelns zurück: Das Kloster selbst verschwand der Überlieferung nach in Reformationszeiten durch das spontane Eingreifen der Bremer Bürger, die, als der Rat mit der Auflösung nicht so recht zurande kam, eines Tages durchs Ostertor stürmten, die Mannen des Erzbischofs vom Klostergrund verscheuchten und alles, was nur ihren Spaten, Hacken und Hämmern nachgeben wollte, niederrissen. Den Rest besorgte die städtische Schmiedezunft; ein Jahr lang blieben die Schmiede frei von Quartiersdiensten, um nach Feierabend die Mauern abzutragen. Mit den klösterlichen Steinen war auf Bremer Straßen gut pflastern.

Köpkenstraße

Mit dem Straßenpflaster beschäftigten sich 1971 Bewohner des »Milchquartiers« in der Köpkenstraße. Staugestresste Motoristen hatten die parallel zum Ostertorsteinweg liegende Straße zu einem Schleichweg an der Sielwallkreuzung vorbei gemacht. Stadtteilaktive versetzten sie übers Wochenende in einen autofeindlichen Zustand und schufen mit unwilliger Duldung des Senats die erste basisdemokratische Fußgängerzone Bremens.

Beim Paulskloster 12

Hinter der wuchtig klingenden Abkürzung Kubo steckt der Kultur- und Bildungsverein Ostertor. Nach offizieller Lesart will er eine Begegnungsstätte für kulturelle Aktivitäten sein, die abseits des etablierten Kultur- und Bildungsangebots erblühen. Weniger hochtrabend heißt das: Musik und ab und an Theater, Treffen von Ausländergruppen, Information zu aktuellen politischen Themen, Bastel- und Malkurse, und im Sommer ein Kinderferienprogramm.

Beim Paulskloster ist auch der Sitz des sozialdemokratischen Ortsvereins Altstadt, in den frühen Siebzigern für seine Renitenz gegenüber dem Parteiestablishment bekannt. Eine überdimensionale Aufschrift kennzeichnet das Haus; von der Wand daneben blickt milde lächelnd eine Milka-Kuh und kündet von den besseren Zeiten des Milchquartiers.

St.Paulistraße 10

Demokratie und Umweltschutz gehen Hand in Hand im Zentrum der Bremer Bürgerinitiative gegen Atomanlagen. Die Geburtsstunde der BBA schlug bei Brokdorf. Ende 1976 plante die Niedersächsische Landesregierung, den Baubeginn am Kernkraftwerk Brokdorf unter Polizeischutz durchzusetzen. Die Antwort vor allem norddeutscher Atomgegner war eine erste Demonstration und Platzbesetzung in der Elbemarsch. In Bremen schlossen sich mehrere Gruppen zusammen, die in den Stadtteilen Widerstand gegen die Atomindustrie organisierten und Brokdorf Zwei auf die Beine brachten.

Aus dem Plenum der Stadtteilgruppen erwuchs ein fester Zusammenschluß. Ihren ersten Laden hatte die BBA im Fedelhören; er wurde 1980 polizeilich geräumt. Nach kurzer Besetzung eines Hauses in der Adlerstraße und einem Zwischenspiel im Ostertorsteinweg, während dessen eine weitere Brokdorfdemonstration vorzubereiten war, ließ sich die BBA in der St.Paulistraße nieder. Andere Gruppen kamen im Laufe der Zeit hinzu: Robin Wood, Bürger kontrollieren die Polizei, Friedensinitiativen.

Theodor-Körner-Straße 1
❼

Schwul, na klar — aber wie leben? Die homosexuellen Männer der IFLO und des Weltbundes hatten eine eher private Antwort darauf gefunden. Aber wenn die 68er Frauenbewegung den Anspruch erhob, im Privaten das Politische zu sehen, empfanden viele Schwule, daß der Schuh ihnen paßte. 1971 lief im Cinema Rosa von Praunheims »Nicht der Homosexuelle ist pervers, sondern die Situation, in der er lebt«. Der Film brachte Bewegung in die Szene. Die Homosexuelle Aktion Bremen konstituierte sich mit der Forderung: Mach dein Schwulsein öffentlich! Folgerichtig wurde aus »homosexuell« »schwul« und die Schwule Aktion Bremen drängte am Christopher Day 1979 zu einem Karneval auf Bremens Straßen. Seit 1982 besteht das Rat und Tat-Zentrum für Homosexuelle. Schon an seiner ersten Adresse Auf den Häfen 104 war das Zentrum mit dem Café Homolulu bald wichtigste Anlaufstelle für Schwule in Bremen. Die Arbeit schließt heute eine Selbsthilfegruppe für Transsexuelle ein.

Sielwallkreuzung
❽

»Alle zehn Jahre gibts Zoff im Ostertor«, sagt einer der Irokesen, die den Sommer über an der Sielwallkreuzung lagern, und die rosa, petrol oder grellgelb gestylten Stammesbrüder grinsen voll Vorfreude. 1968 waren es die Straßenbahnunruhen, 1979 erreichten die Hausbesetzungen ihren Höhepunkt. Das erste Bremer Haus war schon 1967 besetzt worden, in der Rutenstraße. Anfang 1970 tauften arbeitslose Jugendliche den von ihnen besetzten Leerbau im Fedelhö-

Zoff im Ostertor! Mit Hausbesetzungen fing es an

ren einfach »das Haus«. Die Aktionsgruppe Sternchen zog in ein leerstehendes Gebäude Ecke Auf den Häfen/Albrechtstraße, richtete eine Teestube und einen Kinderraum ein. Dann besetzten sie das geräumige Papierlager der bankrott gegangenen Firma Haarstick, Auf den Häfen 30—32; in dem hat jetzt die Arbeiterwohlfahrt ihr Zentrum. Sternchen verlegte 1972 seine Basis in den Wiener Hof in der Weberstraße. Der sollte von der Neuen Heimat wegsaniert werden, obwohl er der sonst eher desolaten Straße einen beinah idyllischen Akzent aufsetzt. Damals wohnten meist alte Leute dort; die N.H. wartete nur darauf, daß die Wohnungen »durch natürlichen Abgang« freiwurden. Bis 1980 hatte die Bewegung der Instandbesetzungen das ganze Viertel erfaßt. Der Wiener Hof war zu einer Festung geworden, mit Hofmusik Sanierungskarneval und Unterstützung von Friedensgruppen und der BBA. »Kein zweites Schnoor im Ostertor« — unter der Parole richteten sich Instandbesetzer am Osterdeich, in der Mozartstraße und in der Bauernstraße wohnlich ein. Osterdeichvilla und Wiener Hof sind heute als Baudenkmäler »objektsaniert«.

Weberstraße 15
❾

Weberstraße 18

Ein Resultat der Stadtteilkämpfe ist die Aucoop. In dem früher gewerblichen Betriebs- und Lagergebäude bieten im Rahmen des Ausbildungswerkes Bremen e. V. selbstverwaltete Werkstätten Ausbildungs- und Arbeitsmöglichkeiten für erwerbslose Jugendliche an. Ein Café gibt es auch.

Schildstraße 12–19

Rücken an Rücken mit der Aucoop steht in der Schildstraße das Kulturzentrum Lagerhaus. Eigentlich sind es zwei Gebäude, verbunden durch ein gläsernes Treppenhaus, aus dem eine gigantische Sonnenblume winkt.

Auch dieser Komplex war 1980 besetzt. Besetzer, die Eigentümerin Bremische Gesellschaft und der Senat einigten sich auf ein vernünftiges Sanierungskonzept und auf einen Nutzungsvertrag mit

Arbeiten, Spielen und Lernen Hand in Hand in der Freien Kinderschule

dem Trägerverein Lagerhaus. So entstand ein selbstverwaltetes Kulturzentrum mit zahlreichen Ausländergruppen, Musik-, Tanz- und Theaterprogrammen, Medienprojekten und ökologischen Initiativen. Anfänglich wurde das Kulturzentrum vom Senat finanziert, aber warum nicht mal aus einem Feigenblatt eine Sonnenblume ziehen?

Körnerwall 6

Schule, die Spaß macht: 1980 gründeten Eltern und Pädagogen die Freie Kinderschule Bremen. Sie arbeitet mit ökologischen, kulturellen und handwerklich tätigen Gruppen zusammen. Zensuren gibt's nicht, und gelernt wird in Spiel und Arbeit: z.B. Backen, Stadtteilerkundung, Schulgarten anlegen, Musikmaschine bauen, Theaterstück aufschreiben und aufführen.

Im Krummen Arm 1 ⑩

Als Frauen 1982 das gemeinsame Haus für ein Frauencafé und ein Frauenzentrum eröffneten, war ihre Absicht, der Frauenkultur einen Ort zu schaffen: In den fünf Jahren der bisherigen Arbeit hat sich das Programm mit Theater, Musik, Lesungen, Workshops, Kinderveranstaltungen, Filmen, Ausstellungen und Festen entfaltet. Der Bremer Notruf für vergewaltigte Frauen ist hier erreichbar. Zweimal im Monat treffen sich Lesben im Frauenkulturhaus zu einem öffentlichen Plenum; darüber hinaus gibt es ein Lesbentelefon.

Bremer Frauenkalender

Vor dem Steintor/ Am Dobben

Wer würde denken, daß Sielwall und Dobben einst einen Wasserlauf bildeten, durch den Weserwasser in die Gräben der Festungsanlagen fließen konnte? Nachdem die Wälle geschleift waren, hatte der Kuhgraben seine Schuldigkeit getan und wurde zugeschüttet. Im Niederdeutschen bezeichnet Dobben ein feuchtes, sumpfiges Gebiet. In den Gründerjahren wichen die hier ansässigen Kohlhöker den Villengrundstücken der Bremer Oberschicht. Das Viertel wurde zu der vornehmen Gegend, die noch in der üppigen Architektur einiger Häuser nachklingt. Das hinderte Arbeiter nicht, in diesen Straßen zu demonstrieren, so 1920, als 1.200 Menschen an einer Kundgebung zum Todestag Rosa Luxemburgs und Karl Liebknechts und gegen das verhaßte Betriebsrätegesetz teilnahmen. Bei einer zweiten verbotenen Kundgebung im Spätsommer jenes Jahres durchbrachen 800 Demonstranten vom radikalen Seemannsbund den Polizeikordon am Sielwall und stürmten — durch Arbeiter aus Hemelingen verstärkt — bis zum Polizeihaus und schließlich zum Marktplatz vor.

Vor dem Steintor 18/22

Jedes Jahr in der Messesaison strömen Bremer Hausfrauen in die ihnen heiligen Hallen der Haushaltsfachausstellung auf der Bürgerweide, um den neusten Bauknecht anzuhimmeln. Der Deutsche Hausfrauenbund kocht derweil sein Süppchen im Steintor, wo der Landesverband Bremen seinen Sitz hat.

Helenenstraße ⓫

Die Helenenstraße war eine typische Bremer Unternehmerstraße; der Bauherr hatte sie nach einer Verwandten benannt. Als der Senat auf Druck der Gesundheitspolizei 1878 etwa 50 Prostituierte in die Straße einwies, heulten Bremens biedere Bürger auf: eine Bordellstraße mitten in einem Wohngebiet! Die »Kontrollstraße« blieb aber bestehen, unter anderem weil die Prostitution nicht von »verwahrlosten« Mädchen, sondern von Herrn Jedermann aufrechterhalten wurde, der sich ihre Dienstleistung erkaufte.

In der Weimarer Zeit kritisierten Sozialisten den Widerspruch zwischen doppelbödiger Moral und der Konzessionierung der Prostitution in der Helenenstraße. Der Senat verteidigte die »Bremer System« genannte Einrichtung einer Bordellstraße als einziges Mittel, die Ausbreitung von Geschlechtskrankheiten zu verhindern. Kommunisten und Frauenverbände wiesen auf die hohen Kosten der Unterkunft für die betroffenen Frauen hin. Dadurch seien sie gezwungen, sich täglich einer großen Zahl von »Kunden« anzubieten. Auch der Zusammenhang zwischen Armut und Prostitution stand zur Debatte. Die Aufhebung der Strafbarkeit der »gewerbsmäßigen Unzucht« per Reichsgesetz 1927 entzog dem System der Kontrollstraße die Grundlage. Die Frauen blieben trotzdem.

Bei aller Ausbeutung und Erniedrigung, die der Alltag den Frauen der Helenenstraße bringt, ist das Los ihrer vogelfreien Kolleginnen, die im Umkreis der Straße anschaffen, vermutlich noch schlimmer. Daß die meist drogensüchtigen Frauen, die am Ziegenmarkt stehen, noch im Schulalter an den Strich kommen, ist keine Seltenheit. Was im Amtsdeutsch unter »Beschaffungskriminalität« eingeordnet wird, bedeutet in Wirklichkeit, daß diese Mädchen und Frauen täglich mehrere hundert Mark einnehmen müssen, um sich mit Rauschgift versorgen zu können. Oft ist ihre Dienstleistung eine doppelte: Sie lassen die Freier über sich ergehen und unterhalten zusätzlich einen »Freund«, der sie angeblich schützt.

»Ziegenmarkt« ⓬

Offenkundig steht die unregistrierte Prostitution in Verbindung mit dem Suchtproblem im Stadtteil. Die Drogenpolitik der Stadt Bremen ist unzulänglich; jedes Jahr sterben junge Menschen an der Rauschgiftsucht. Im Frühjahr 1987 wurde am Ziegenmarkt ein Grabstein einbetoniert, in den Namen Drogentoter eingemeißelt sind.

Das wilde Boutikistan

Die Georg-Büchner-Buchhandlung und -Galerie veranstaltet in ihren Räumen, Vor dem Steintor, politische und literarische Lesungen und organisiert Ausstellungen zu Bremer Themen. Der Steintor-Verlag publiziert stadtteilbezogene Broschüren.

Friesenstraße 110/124

In der Spielhalle beim Jugendfreizeitheim Friesenstraße wird nicht geflippert; dort gibt es Spielgeräte für kleine und große Kinder. Nachdem die Holzhandlung an der Friesenstraße abgebrannt war, sollte dort — so wünschten es jedenfalls die Geschäftsleute im Viertel — ein Parkhochhaus für mehr Kundschaft sorgen. Durchsetzen konnte sich jedoch eine Elterninitiative im Steintor. Sie erreichte, daß auf dem Gelände ein betreuter Spielplatz eingerichtet wurde. Das Freizeitheim selbst wird vor allem von türkischen Jugendlichen besucht; an der Außenmauer ruft ein Wandbild dazu auf, sich gegen Ausländerfeindlichkeit zu wehren. In den siebziger Jahren war das Jugendfreizeitheim Friesenstraße, immer wieder von Schließung bedroht, ein Brodelpott des Aufbegehrens der betroffenen Jugendlichen gegen die verständnislosen Stadtväter.

Das benachbarte Wohngebiet ist in den Jahren nach den Protesten gegen die Mozarttrasse ruhiger geworden. Viele Straßenzüge können gepflegte Häuserfronten vorweisen. In den Innenhöfen und vor den Haustüren breitet sich an schönen Sommernachmittagen eine Atmosphäre lebensfroher Gelassenheit aus, die alle Hektik Boutikistans vergessen macht und der Nonchalance mancher italienischer Stadtviertel nicht nachsteht.

Eines der ersten Kinos der Nachkriegszeit war die Schauburg, 1946 eröffnet. Der Niedergang des Filmtheaters ist nicht spurlos

Vor dem Steintor 114

an ihr vorübergegangen. Ihre heutigen Betreuer, Mitglieder des Kulturzentrums Schauburg e.V., haben dem Lichtspielhaus weitere Domänen gesucht. Sie betreiben es als Veranstaltungsort für Kleinkunst und Theateraufführungen freier Gruppen, für Konzerte und als Programmkino, das das Angebot des Cinema ergänzt.

Prangenstraße 21

Wie in jeder Großstadt liegt die Zahl der Fälle von Kindesmißhandlung oder Vernachlässigung hoch. Das Kinderschutzzentrum in der Prangenstraße leistet therapeutische Hilfe für Familien, die ihre Probleme durch Gewalt zu bewältigen suchen. Nur so und nicht durch Bestrafung der Eltern kann nach Meinung der Mitarbeiterinnen den Kindern geholfen werden. Über das Eltern-Streß-Telefon nach 17 Uhr und am Wochenende bietet das Zentrum lebenspraktische Unterstützung an.

Die Schauburg gab es auch schon vor dem Krieg. Ab 1929 erlebten hier die Bremer die ersten Tonfilme

Es ist, als wenn die Straße Vor dem Steintor in der Mittelmäßigkeit versickert. An ihrem Ostende stechen praktisch nur einige Kneipen hervor, eindeutig negativ. Kneipen, wie einmal jemand formulierte, in denen mehr Ganoven sitzen als in Oslebs.

In diesem Gebiet drücken sich die Zuhälter herum, die sich mit den Früchten der Seele und Körper schindenden Arbeit »ihrer« Frauen einen schönen Tag machen, und die Dealer, die die Junkies des Viertels mit Stoff beliefern und auch schon mal durch Beimischen härterer Drogen für den Nachwuchs in ihrer Klientel sorgen.

Die Humboldtstraße, obwohl für sich genommen eher unauffällig, bildet einen vornehmen Kontrast zur Straße Vor dem Steintor. Freunde schöner Architektur kommen ebenso auf ihre Kosten wie Gourmets, die in dem winzigen Mercato an der Ecke Fehrfeld eine Mortadella oder eine Flasche Vecchia Romana erstehen möchten. Kaum vorstellbar, daß in einer der Nebenstraßen mitten in der Stadt noch ein Landwirt wohnt. Heini Brinkmanns Haus in der Wernerstraße läßt die dahinter liegenden Kuh- und Pferdeställe nicht vermuten. Futter für seine Tiere holt der Bauer aus dem Bürgerpark und von bewachsenen Straßenrändern, die er zur Heuernte abmäht. Das monatlich erscheinende Bremer Blatt mit ausführlichem Veranstaltungskalender hat in der Humboldtstraße seine

Am Dobben 123

Redaktion und die Tageszeitung TAZ nicht weit von hier am Dobben in Richtung Bahnhofsvorstadt. Seit Sommer 1986 erscheint sie täglich mit einem eigenen Bremen-Teil.

Am Dobben 92 ⓭

In der Gegenrichtung, auf die Sielwallkreuzung zu, liegt das Büro der Grünen. Nicht, daß die Grünen bei Behörden radfahren, aber das ihnen benachbarte Haus teilen sich das Ortsamt Mitte/Östliche Vorstadt und der Allgemeine Deutsche Fahrrad-Club. Das pompöse Dienstgebäude wurde 1864 als Wohnhaus des Architekten und Bauunternehmers Lüder Rutenberg fertiggestellt.

Am Dobben 66

Gegenüber weist sich mit einem Schild der Türkische Volksverein aus und etwas weiter in Richtung Weser, schon fast bei der Sielwallkreuzung, krönt den Eingang eines der zahllosen Nachtcafés des Viertels der meditative Spruch »Gott gebe allen, die mich kennen, dreimal so viel wie sie mir gönnen.«

Das »Bremer Haus«

Bremen mit seinen Reihenhäusern für jedermann und jede Frau — eine egalitäre Stadt, ein frühes Eldorado für Eigenheimfreunde auch mit kleinem Portemonnaie? So könnte man meinen: Hier lebten bereits im 19. Jahrhundert Arbeiter und Handwerker nicht in Mietskasernen wie anderswo in Deutschland, sondern im selben Haustyp wie Beamte und Patrizier, und rund 40 von 100 Familien besaßen ein eigenes Haus, während es z.B. in Hannover nur 22, in Essen 10 und in Berlin gar nur 4 Prozent waren. Solche Zahlen täuschen darüber hinweg, daß es große Unterschiede hinsichtlich Größe und Ausstattung von Bremer Häusern gibt, je nachdem, ob sie in einem Arbeiter- oder einem Bürgerviertel stehen. In oft eingeschossigen Arbeiterhäusern wohnten häufig mehr Menschen als in einem Großbürgerhaus mit vier Etagen. Nach einer Erhebung des Statistischen Amtes in Bremen von 1907 stand einer Person in Arbeiterhäusern hier durchschnittlich nur 9 m² Wohnraum zur Verfügung — Kindern sogar nur die Hälfte.

Es scheint äußerst fragwürdig, Bremens Sonderrolle im deutschen Massenwohnungsbau mit einem typisch bremischen Bedürfnis nach Privatheit und Abgrenzung oder sonstwie psychologisch zu begründen. Auch eine Orientierung am englischen Reihenhaus, die oft behauptet wird, ist nicht belegbar, selbst wenn die Ähnlichkeiten unverkennbar sind. Ausschlaggebend für die Entstehung und Ausbreitung des Bremer Hauses waren vielmehr eine Reihe rechtlicher, politischer und wirtschaftlicher Bedingungen. 1841 verbot eine Bauordnung sogenannte »Gänge«, schmale Gassen mit primitiven Kleinsthäusern der Arbeiterquartiere. Alle Häuser mußten nun von einer befahrbaren Straße her erreichbar sein. Die Angliederung von Vorstädten machte neues Bauland verfügbar, die Torsperren entfielen und die Vorstadtbürger wurden den Stadtbürgern rechtlich gleichgestellt. Das beschleunigte die Besiedlung der Gebiete außerhalb der Wallanlagen.

Nach der Ablehnung eines Bauantrages des Architekten *Lüder Rutenberg,* der ein Mietshaus mit überdachten Gängen geplant hatte, begannen Bauunternehmer ab 1850 mit der massenhaften Errichtung von Reihenhäusern, die erst später als »Bremer Häuser« bezeichnet wurden. Ab 1851 durften, durch Liberalisierung der Zunftordnung, bremische, ab 1859 auch auswärtige Gesellen auf eigene Rechnung Häuser errichten. Die Straßen, wo diese Häuser standen, nannte man »Unternehmerstraßen«.

Nur die wichtigsten Straßen waren in Straßennetzplänen von 1852 und 1874 festgelegt worden. Die übrigen Straßenverläufe legten die Unternehmer nach den Bestimmungen der bremischen Bauordnungen fest, die z.B. Straßenbreite und erst wesentlich später auch die Bebauungsdichte vorschrieben. Der Straßenraum mußte an die Stadt abgetreten werden, die Anlage und Unterhalt der Straßen unternahm. Die Bauunternehmer streckten die Kosten für den Straßenbau vor und schlugen sie auf den Kaufpreis der Häuser auf. Vor allem in Arbeiterquartieren waren die Unternehmer bemüht, die Häuserfronten möglichst schmal und die Grundstücke relativ lang zu bemessen, um so den Aufwand für den Straßenbau zu reduzieren. Während Bremer Patrizierhäuser im Parkviertel oft bis zu 12 m breit sind, beträgt die Breite von Arbeiterhäusern z.B. im Bremer Westen oft nur ungefähr 4,5 m. Die Zimmer in Bremer Arbeiterhäusern wirken dadurch oft schlauchförmig.

Die sogenannte Handfeste, ein nur in Bremen üblicher Pfandbrief, dessen Ursprung bereits im Mittelalter lag, bot sehr günstige Voraussetzungen für die Finanzierung solcher Eigentumshäuser. In der Handfeste wurden der Schuldner, das belastete Haus und die Schuldsumme genannt, nicht aber der Gläubiger. So war sie, anders als andere Pfandbriefe zu jener Zeit in Deutschland, frei verkäuflich — ein relativ zinsgünstiges, flexibles Anlagemittel für die Bremer Kaufmannschaft. Die Kaufleute waren vor allem im Amerika-Handel zu Wohlstand gelangt und verfügten, nicht zuletzt aufgrund der späten Industrialisierung Bremens, kaum über Alternativen zur Anlage ihrer Gewinne. Mit Hilfe des Handfesten-Systems konnten außerdem Bauunternehmer eine Summe in beliebiger Höhe für die Finanzierung der Baukosten aufnehmen: so bauten sie ohne Eigenkapital und ohne Bauauftrag Häuser,

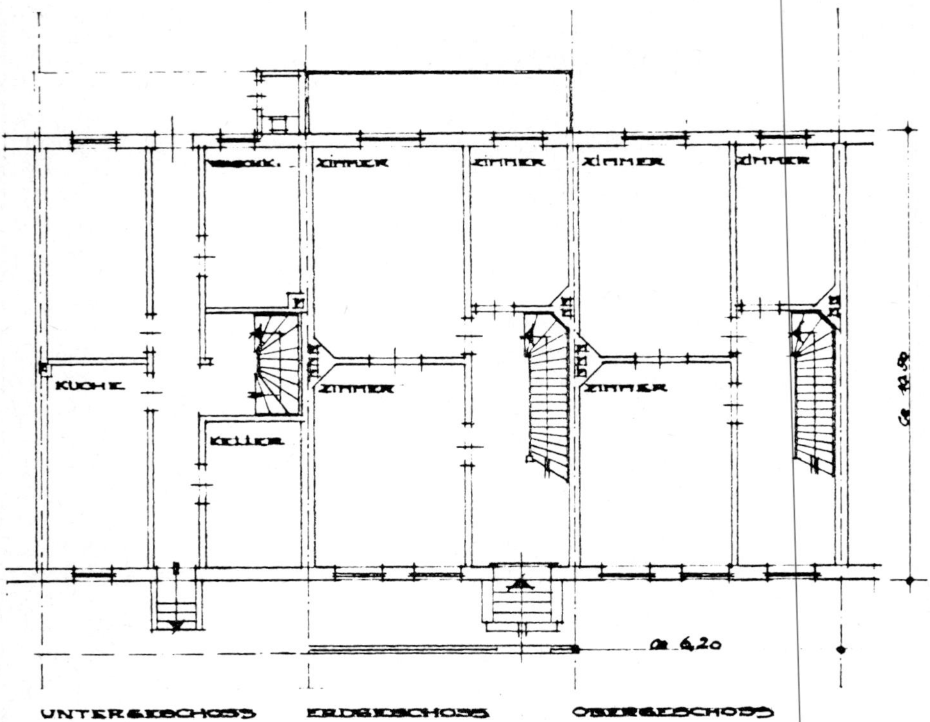

Grundriß eines Bremer Hauses

die dann verkauft oder bis zum Verkauf auch vermietet wurden. 1875, zur Zeit der Gründerkrise, waren rund 1200 Häuser unverkäuflich und wurden zwangsversteigert.

Der Käufer erwarb das Haus gegen Handfesten oft ohne eigenes Kapital. Als Eigentümer genoß er gegenüber Mietern manche Vorrechte, trug jedoch die Last der Tilgung von Schuld und Schuldzins und der Instandhaltung. Faktisch war seine Wohnsituation daher häufig kaum besser als die von Mietern: Viele Eigentümer konnten ihr Haus zeitlebens nicht abbezahlen und mußten zur Zinstilgung »Logiergäste« aufnehmen. Mit diesen auch »Schlafburschen« genannten Mietern teilten sie dann nicht selten die Kammer und manchmal sogar das Bett. Aufgrund des engen Zusammenwohnens und des ungleichen Besitz-Status der Bewohner kam es oft zu Reibereien, und Bremen wurde zum Spitzenreiter der deutschen Statistik für Hausfriedensbrüche.

Trotz der Unterschiede bezüglich Größe, Ausstattung und Belegungsdichte gleichen sich Bremer Häuser im Grundplan. So sind sie alle traufenständig, d.h., im Gegensatz zu mittelalterlichen Giebelhäusern, wie wir sie z.B. noch im Schnoor finden, stehen sie mit Dachfirst und Regentraufe parallel zur Straße. Typisch ist auch das Souterrain, ein durch eine Erdaufschüttung zur Straße hin teilweise verdecktes Sockelgeschoß. Der Bremer Baugrund ließ durch seinen hohen Grundwasserspiegel nach Baumethoden des 19. Jahrhunderts einen Kelleraushub nicht zu, weswegen nur die obere Erdschicht abgetragen und zur Straße hin aufgeschüttet wurde. Dies vereinfachte auch das Verlegen von Versorgungsleitungen und Kanalisation. Durch diese Maßnahme wirken die Häuser von vorne niedriger als von hinten; ein rückwärtiger Ausbau des Dachgeschosses trägt noch wesentlich zu diesem Unterschied bei.

Das bürgerliche Bremer Haus mit seiner durchschnittlichen Breite von 5—7 Metern ist als Einfamilienhaus oder, nach Einbau einer Trennwand im Treppenhaus, als Zweifamilienhaus geeignet. Der Grundriß ist, zumindest bei Hochparterre und Souterrain, standardisiert und ermöglicht es, aus dem langen, schmalen Baugrundstück optimalen Nutzen zu ziehen. *Anton Wagschal,* ein alter Neustädter Bürger, erinnert sich an die Raumaufteilung in seinem Elternhaus in der Rheinstraße: »Wir haben gewohnt im Parterre, da war die sogenannte ›gute Stube‹, und dann kam das Eßzimmer, und nach der Seite 'raus war'n Schlafzimmer. — Im Souterrain war das so: Der Eingang war ungefähr in der Mitte, links davon war die Küche mit Fenstern zur Straße, rechts war der Keller, wo Lebensmittel und so aufbewahrt wurden. Nach der Küche kam ein Speisezimmer, was bei uns aber als Badezimmer eingerichtet wurde. Danach kam die Waschküche. Was bemerkenswert ist: Also, nach der Waschküche war noch 'n kleiner Raum, der nannte sich ›Unter'm Schauer‹, da war die Toilette. Damals gab's nur Torfklosetts.«

Die Entsorgung dieser Klosetts wurde bis zur Anlage einer Kanalisation um die Jahrhundertwende von darauf spezialisierten Fuhrunternehmen besorgt. Geheizt wurde — meist nur in den »guten Stuben« — mit Kohleöfen, als Lichtquellen dienten bis zur Verlegung elektrischer Leitungen ab 1893 Öllampen oder Kerzen.

Der erwähnte Eingang im Souterrain ist nur ein Nebeneingang, durch den in den Häusern vieler betuchter Bremer das Dienstpersonal ein- und ausging. Der Zugang erfolgte ansonsten durch einen »Windfang« genannten kleinen Vorraum im Hochparterre. Er dient der Wärmehaltung, trägt aber auch, mit oft schön gestalteten Türen, Glasätzereien, Schmuckfliesen und anderem Zierrat, zu einer einladenden Atmosphäre beim Eintritt bei. Eine ähnliche Doppelfunktion kommt den Wintergärten zu. In dieser Ausprägung sind sie in Europa einmalig, sie schaffen damit starke städtische Identität. Außer seinem optischen Reiz für die Fassade hat ein Wintergarten den Vorteil für die Bewohner, sich auch in den oft ungemütlich kalten Übergangsjahreszeiten Frühling und Herbst in einem lichten attraktiven Raum mit Grün umgeben zu können. Nicht zuletzt aber hilft der Wintergarten — und selbst die nur zur Hälfte verglaste Veranda — beim Energiesparen: bei Sonnenlage als Sonnenkollektor, bei Schattenlage immerhin noch als Heizenergie zurückhaltender Wärmepuffer.

Ansonsten wird die Fassade des Bremer Hauses durch die drei Achsen der Fenster mit ihren T-förmigen Fensterkreuzen und nach außen hin zu öffnenden Flügeln bestimmt. Während die Rückseite schmucklos ist und lediglich von zahlreichen Vor- und Rücksprüngen durch Terrassen, Wintergärten und sonstigen Anbauten lebt, ist die »Schauseite« meist reich mit Stuck dekoriert. Der Dekorationsstil verrät die Epoche, in der das jeweilige Haus entstand. Der Historismus, der etwa bis zur Jahrhundertwende dauerte, orientierte sich zunächst an den klassischen Formen der Antike. Später, vor allem in der Gründerzeit der frühen siebziger Jahre, hielten Merkmale des überladenen Barock Einzug. In dieser Zeit waren die Häuser oft gelb oder rot verklinkert und reich mit Stuck verziert, der im Betongußverfahren hergestellt wurde. Ab 1890 kam der Jugendstil in Mode. Er wandte schlichtere Ornamentik an, häufig Naturformen und idealisierte Frauengestalten. Der Trend zur Schlichtheit des Stucks bei gleichzeitig anspruchsvoller Gestaltung des Baukörpers setzte sich im anschließenden Heimatstil fort. Dieser Stil wurde von dem 1907 in München gegründeten Werkbund gefördert. Sein Ziel war es, durch enge Verbindung von Kunst, Handwerk und Industrie die gestalterische Qualität baugewerblicher Arbeit zu heben.

Die in den knapp zehn Jahren vor dem Ersten Weltkrieg gebauten Häuser, wie in der Neustädter Isarstraße und der Hermann-Allmers-Straße in Schwachhausen, gehören zu den wohl schönsten Ausprägungen des Bremer Hauses. Sie sind häufig durch Rauh- oder Riffelputz und sparsamen Stuck-Zierrat geschmückt und bestechen vor allem durch wohlabgestimmte Vielfalt an handwerklich gefertigten Bauteilen. Wie im Historismus wurden auch in dieser Periode die Häuser oft in »Ensembles« gebaut, die spiegelsymmetrisch um eine Mittelachse angelegt waren.

Nach dem Ersten Weltkrieg wurde an der Tradition des Reihenhauses in Bremen zunächst festgehalten, bestimmte typische Merkmale wie das Souterrain oder die Finanzierung durch die Handfeste entfielen jedoch.

Carsten Meyer

Am Dobben/ Auf den Häfen
⓮

Das Veranstaltungslokal Casino, Auf den Häfen, wurde 1874 eröffnet. Politik und Feste, die gefeiert wurden, wie sie fielen, gingen bunt durcheinander: Parteikundgebungen, Gewerkschaftstreffen, Karneval. 1904 führte die Reichs-SPD im Casino ihren Parteitag durch. Clara Zetkin sprach auf der Konferenz sozialdemokratischer Frauen. Im 1. Weltkrieg war das Lokal Kulisse von Auseinandersetzungen um die Kriegskredite, während der Räterepublik traf sich die USPD hier zu Massenveranstaltungen.

SPD-Parteitag 1904 im Casino, Auf den Häfen, am Tisch August Bebel

Von immerhin 6.000 Teilnehmern sprach die Bremer Bürgerzeitung bei einer solchen Kundgebung 1918. Die Volksversammlungen der KPD in den zwanziger Jahren waren ebenso gut besucht. Auch proletarische Kulturveranstaltungen um 1930 füllten den Saal. Arbeitertheatergruppen und politische Kabaretts wie die »Nieter« und die »Kolonne Links« oder die »Blauen Blusen« erreichten mit ihren Agitprop-Aufführungen ein vielköpfiges politisch motiviertes Publikum. Noch bis in die dreißiger Jahre war das Casino Zentrum kultureller und politischer Aktivitäten Bremer Arbeiter. 1933 gedachten Kommunisten dort der Revolution von 1918/19. 1935 gab der sozialdemokratische Arbeiter-Sängerchor ein Konzert mit anschließendem Festball. Dann bemächtigten sich die Nazis des Ortes. Die nationalsozialistischen Deutschen Christen hielten ihre ersten Treffen auf den Häfen ab, und 1937 rief der braune Bürgermeister »Latten-Heini« Böhmcker die SA zu einem Standortappell ins Casino.

»Latten-Heini« Heinrich Böhmcker

Der kulturell-politische Charakter der Straße ist erhalten geblieben. Vor seinem Umzug in die Innenstadt war das Stubu ein Versammlungsort der Studenten der Bremer Universität. Ateliers zeigen avantgardistische — auch politische — Kunst. Die Arbeiterwohlfahrt im ehemaligen Papierlager der Firma Haarstick nimmt eine ganze Handvoll sozialer Aufgaben wahr; eine der wichtigsten in der Zeit wieder schwärenden Ausländerhasses ist die Betreuung ausländischer Mitmenschen.

Auf den Häfen 30—32

Der merkwürdige Straßenname Beim steinernen Kreuz ganz in der Nähe bezeichnet den Platz einer Hinrichtungsstätte, auf der 1430 der beim Volk beliebte Bürgermeister Vasmer enthauptet wurde — ihm war Hochverrat vorgeworfen worden. Die Kohlhökerstraße war seit dem 17. Jahrhundert eine Wohnstraße vorstädtischer Gemüsebauern. In der Nazizeit trafen sich hier bekennende Christen zu Gottesdiensten und Andachten.

Beim steinernen Kreuz
⑮

Die Geschäftsstelle des Bundes für Umwelt- und Naturschutz in der Kohlhökerstraße ist eine wichtige Drehscheibe der Information und Koordination von Aktivitäten mit ökologischer Zielrichtung. Der BUND wurde 1914 unter dem Namen »Gesellschaft zum Schutz der heimischen Vogelwelt« gegründet. Der Verein hat heute über 1.000 Mitglieder und veranstaltet naturkundliche Führungen und öffentliche Diskussionen. Außerdem beteiligt er sich mit anderen Umweltschutzgruppen an naturerhaltenden Projekten im Bremer Umland.

Kohlhöker Straße 21

Brav hält sich die Contrescarpe an das Zickzack des Wallgrabens, dessen Verlauf eine Reminiszenz an das Profil der mittelalterlichen Festungswerke der Stadt andeutet. Mit ihren an der wallabgewandten Straßenseite aufgereihten protzigen Villen aus dem späten Klassizismus, großzügigen Rasenflächen, dazwischen moderne Nachkriegsgebäude, bietet die Contrescarpe ein seltsames Gemisch verschiedener Baustile, wenn auch nicht ohne Reiz. Rechtsanwälte, arrivierte Künstler, Behörden, finanzstarke Investmentunternehmen und ausländische Vertretungen teilen sich den Häuserreigen, aber auch das Zimmertheater im Institut Français und der DKP-Bezirksvorstand Bremen-Nordniedersachsen sind mit von der distinguierten Partie.

Contrescarpe
⑯

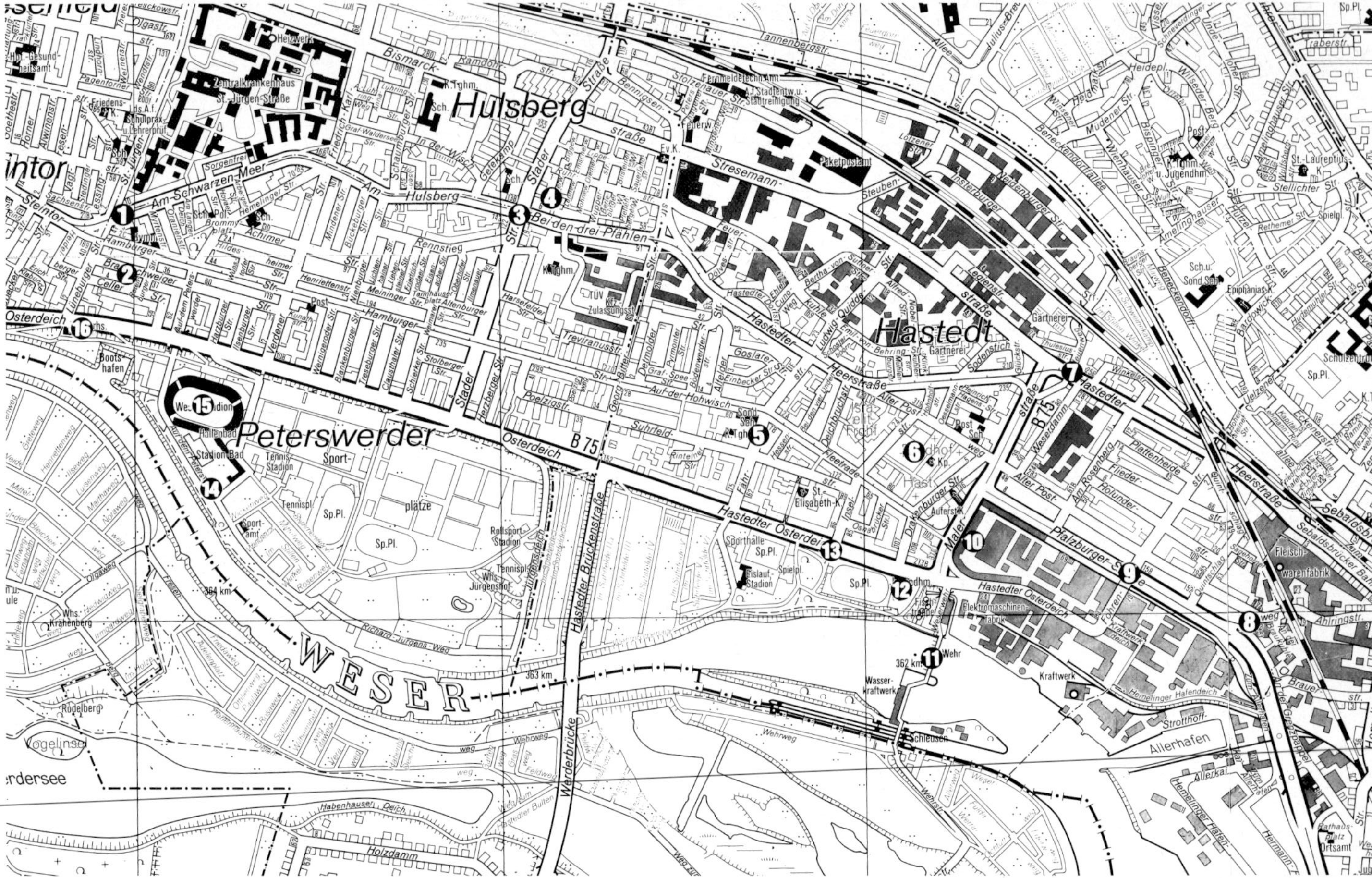

Peterswerder
Hastedt
Hulsberg
WESER
Hastedter Osterdeich
Osterdeich
Stresemann-straße
Hastedter Heerstraße
Sebaldsbrücker Heerstraße
Pfalzburger Str.
Beneckendorffallee
Hastedter Brückenstraße
Werderbrücke
Weserdamm
Bismarck-str.
Am Schwarzen Meer
Hamburger Str.
Bennigsen-straße
Stader Str.
Allerhafen
Hemelinger Hafendeich
Wasser-kraftwerk
Schleusen
Kraftwerk
Wehr
Zentralkrankenhaus St.-Jürgen-Straße
Paketpostamt
Stolzenauer Str.
Tannenbergstr.
Richard-Jürgens-Weg
Bootshafen
Stadion
Sportplätze
Vogelinsel
Holzdamm
Habenhauser Deich
Elektromaschinen-fabrik
Fleischwarenfabrik
B 75

Wettschwimmer, Schauturner und Dribbelkünstler

Peterswerder / Hastedt

von Carsten Loerke

Ausgangspunkt:	*Ecke »Am Scharzen Meer« / »St. Jürgen-Str.«, erreichbar mit Straßenbahn 2, 3, 10*
Endpunkt:	*Bürgerhaus Weserterrassen, Osterdeich*
Dauer:	*ca. 2 1/2 Stunden*

Wo heute Werders Torjäger kicken, grasten früher die Kühe des Bauern Peter — der Stadtteil *Peterswerder* hat eine lange ländliche Vergangenheit, die bis in die dreißiger Jahre reicht. Als das Gebiet »In der Wisch« 1849 in die östliche Vorstadt eingemeindet wurde, lebten hier nur Bauern und ihr Gesinde. Nach der Aufhebung der Torsperre im selben Jahr zogen viele »kleine Leute«, v. a. Zigarrenarbeiter und ihre Familien, hierher. Bis in die zwanziger Jahre entstanden ganze Straßenzüge der typischen »Bremer Häuser«. Ihre Bewohner, meist Hauseigentümer, waren als Angestellte oder Beamte in der Stadt tätig, oder sie betrieben ein kleines Handwerk im Haus. Die wenigen Arbeiter lebten als »Kostgänger«, d.h Mieter eines Schlafplatzes mit einer Mahlzeit pro Tag. Nur manche besaßen eines der winzigen Arbeiterhäuser. Sie arbeiteten in Betrieben in der Stadt und im Hafen. Nach dem Bau des Osterdeichs ließen sich dort Angehörige der Bremer Bourgeoisie nieder, die für ein Haus in der Innenstadt zu spät (zu Geld) gekommen waren. Die Zusammensetzung der Bevölkerung prägte das kulturelle und politische Leben, deutsch-nationale und bürgerlich-konservative Vereine und Parteien herrschten vor. Der Stadtteil blieb wegen der beengten Lage von Industrieansiedlungen verschont. Heute prägen neben den guterhaltenen Wohnstraßen die Sportanlagen an der Weser und das weitläufige Krankenhausgelände das Bild.

Tabakwaren von Justus Mau: Zigarren prägten das Bild von Peterswerder

Von der klaren Abgrenzung zwischen der östlichen Vorstadt und dem Dorf *Hastedt* ist nichts mehr zu sehen, die Stadtteile sind ineinandergewachsen. Die einfacheren Häuser lassen aber immer noch erkennen, daß Hastedt vor allem von Arbeitern bewohnt wurde und wird. Sie kamen mit der Industrialisierung Hemelingens ab 1855, damals war Hastedt die Bremer Landgemeinde, die die stärkste Zuwanderung von Arbeitern aufwies.

Hastedt hatte schon immer eine starke Arbeiterbewegung; 1874 konstituierte sich der 1. SPD-Ortsverein. Anders als in Peterswerder — in den zwanziger Jahren bereits eine Hochburg rechtsbürgerlicher bis faschistischer Parteien — konnten sich nationalsozialisti-

»Palast der Armen«:

Wer geht schon gern ins Krankenhaus? Wenn's anders wär, wüßten die Bremer mehr über St. Jürgen. Dabei ist es eine renommierte Klinik: Ein Drittel der Patienten kommt von auswärts, in einigen Fachabteilungen sogar die Hälfte. Jährlich werden rund 40.000 Patienten aus dem Gebiet zwischen Elbe und Ems behandelt. Seit langem ist das Institut Lehrkrankenhaus der medizinischen Fakultät Göttingen. St. Jürgen war Bremens erstes Krankenhaus »auf der grünen Wiese«. Es war Mitte des 19. Jahrhunderts unüblich, ein Haus nur für Kranke neu zu bauen. Wer Geld hatte, ließ sich zu Hause behandeln. »Palast der Armen« war dann auch schnell die konservative Kritik an diesem »allgemeinen Krankenhaus«.

1849 beauftragte der Senat Baudirektor *Alexander Schröder* und den Arzt *Daniel E. Meier*, »die vorzüglichsten Kranken- und Irrenhäuser in Deutschland und in den angrenzenden Ländern zu besichtigen und Vorschläge für den Bau einzureichen.« Die Kosten der damaligen Dienstreise sind nicht überliefert. Sicher ist aber angesichts der finanziellen Verhältnisse Bremens, daß eine solche heute nicht mehr genehmigt würde. In 27 Städten Europas schauten sich die beiden um, bevor sie die Pläne für das Bremer Krankenhaus erstellten. Schröder, der bereits den ersten Bremer Bahnhof entworfen hatte, gab dem Krankenhaus das gleiche Gesicht. Wer also sehen will, wie der Vorgänger von Bremens heutigem Hauptbahnhof aussah, der gehe nach St. Jürgen und schaue sich die alte HNO an. Dieser Bau ist der Kern der ersten Klinikanlage an der St. Jürgen-Straße. Deshalb entschied der Bremer Senat 1980, dieses Gebäude nicht abzureißen, obwohl es für den Standort der neuen Frauenklinik in die engere Wahl gezogen worden war. Daß Schröders architektonische Kunst mit der alten HNO ein Denkmal gesetzt wurde, dafür hatten sich die Anwohner und Beiräte eingesetzt. Ein neugegründeter Förderverein »Allgemeines Bremer Krankenhaus von 1851« bemüht sich um die Erhaltung der historischen Substanz. Nach zähen Verhandlungen stellte 1987 die Stiftung »Wohnliche Stadt« 100.000 DM für das Baudenkmal.

Nicht nur das Äußere des Krankenhauses war etwas besonderes, sondern auch die soziale Absicht, die ihm zugrunde lag. Die französische Revolution hatte propagiert: »Die öffentliche Wohlfahrt ist dem mittellosen Kranken gegenüber verpflichtet, schnelle, unentgeltliche, sichere und vollständige Hilfe zu leisten.« Während der französischen Besetzung 1810 bis 1813 etablierte die »Commission de Hospices« diese Idee in der Hansestadt. 1823 wurde das Armenhaus in der Großenstraße zu einem allgemeinen Krankenhaus umgebaut, Vorläufer des Krankenhauses vor den Toren der Stadt. Das Hauptgebäude hatte damals 272 Betten. Auf dem Gelände wurde 1852 als nächstes ein Irrenhaus eröffnet. Bis 1904 bestand es dort, dann zog diese medizinische Abteilung weiter hinaus nach Ellen. Ihr Gebäude an der St. Jürgen Straße beherbergte bis 1986 die Frauenklinik. Nach Kriegsende waren hier auch die Amtsräume der Gesundheitsverwaltung. Die Klinik wurde dadurch zum Amtssitz der ersten Frau in einem bremischen Senat: der Gesundheitssenatorin *Käthe Popall,* Kommunistin und Widerstandskämpferin. Heute residiert in einem Teil des Gebäudes das Bremer Institut für Präventionsforschung und Sozialmedizin.

In der neuen Frauenklinik liegen die Patientinnen durchweg in Zweibettzimmern. Besonderheiten sind eine Schwimmhalle und eine große begrünte Dachterrasse. Als die Frauenklinik gebaut wurde, rief der Senat bundesweit Künstlerinnen aller Disziplinen zu einem Wettbewerb auf. Thema: Frau, Geburt und Krankheit. Die vielbeachtete Kunstausstellung »Speculum« zeigte 1986 die Ergebnisse. Einige Beiträge wurden als »Kunst im öffentlichen Raum« für die Klinik ausgewählt.

Noch ein kleiner Seitensprung von der Medizin zur Politik: 1946, im Bremer Trümmerchaos, tagte das von den Alliierten ernannte Parlament — nach der konstituierenden Sitzung im Schwurgerichtssaal — im Hörsaal der Inneren Medizin.

Die Kinderklinik — bereits 1851 bestand eine Mini-Kinderabteilung mit Spielzimmer! — trägt heute ihren Namen nach *Prof. Hess.* Er war der erste Chefarzt; die Nazis entließen ihn 1933 wegen seiner nicht-arischen Herkunft. 1945 wurde Hess wieder als Leiter eingesetzt.

Rainer Habel

Wer den alten Bahnhof entdecken will: Die St. Jürgen-Klinik. Der gleiche Architekt, die gleiche Aufmachung

sche Ideen in Hastedt bis 1933 nicht durchsetzen. Als Standort wichtiger Rüstungsbetriebe war Hastedt im 2. Weltkrieg heftigen Bombenangriffen ausgesetzt. 80% der Gebäude wurden mehr oder weniger stark zerstört. Die stadtplanerische Gestaltungswut der Wiederaufbaujahre tat ein übriges.

Am Schwarzen Meer
❶

Der Name *»Am Schwarzen Meer«* ist keinesfalls mit dem gleichnamigen sowjetischen Gewässer zu verknüpfen, sondern erinnert an eine ehemalige Gaststätte »Schwarze Mähre«. Zahlreiche sogenannte Cigarrenfabriken, meist kleine Familienbetriebe, säumten die Straße.

Hamburger Straße 10

Am Schwarzen Meer ist ebenfalls der Haupteingang des *»Gymnasiums an der Hamburger Str.«*, das 1897 als Volksschullehrerseminar eröffnet wurde. Die 1883 gegründete »Freischule am Schwarzen Meer« wurde als Übungsschule für den Lehrernachwuchs mit dem Seminar zusammengeschlossen. Die Freischulen waren wirkliche Volksschulen, ihr Besuch war kostenlos. Im Zuge einer reichsweiten Schulreform wurde das Seminar 1922 in eine »Aufbauschule« umgewandelt: Dieser neue Schultyp ermöglichte Volksschülern den weiteren kostenlosen Schulbesuch bis zum Abitur. Jungen und Mädchen wurden gemeinsam unterrichtet, was damals überaus selten vorkam.

Braunschweiger Straße 13b
❷

Der *Gesundheitsladen* am Peterswerder wurde mit Mitteln der »Aktion Sorgenkind« zur Betreuung behinderter und verhaltensgestörter Kinder gegründet. Er ist eine Sammelstelle für Informationen über aktuelle Ernährungs- und Umweltthemen; Gesprächsgruppen finden statt, in denen Kranke mit gemeinsamem Leiden ihre Erfahrungen austauschen.

Mehr als 1.000 Wohnungen im »englischen Stil«: Arbeitersiedlung an der Henriettenstraße

Am Schwarzen Meer 161

Neben der Schule an der Hemelinger Str. steht die 1978 errichtete neue Sporthalle des SV Werder. Direkt um die Ecke, Am Schwarzen Meer 161, ist das »Projekt Vereinsgeschichte Werder Bremen« untergebracht. Es beschäftigt sich mit der Entwicklung des Vereinslebens, den Beziehungen zu anderen Sportvereinen und städtischen Institutionen.

Die einzige Arbeitersiedlung des Peterswerder wurde 1901 - 04 von einer Stiftung an der Achimer- und Henriettenstr. errichtet. Ihre Architektur erinnert an englische Wohnanlagen jener Zeit. Zwischen der Nienburger und der Stader Str. entstand von 1928 - 37 Bremens erstes nach einheitlichen Gesichtspunkten geplantes Wohnquartier mit mehr als 1000 Wohnungen.

Am Hulsberg/ Stader Straße ❸

Am Ende des Hulsberges stehen zwei alte Klinkergebäude. Die Schule an der Stader Str. diente in den zwanziger Jahren als Versuchsschule für neue pädagogische Modelle. In der ehemaligen »Hilfs«schule daneben hat jetzt der *»Bund Deutscher Pfadfinder«* seinen Sitz. Neben kultureller und politischer Kinder- und Jugendarbeit betreibt der BDP auch Ausbildung Jugendlicher: Im Haus sind eine Druckerei, Schlosserei und Tischlerei untergebracht, und mittags bietet die Küche leckere Vollwertkost.

Am Hulsberg 136

Neben dem Haus stand bis zum Krieg die alte Grenzstation. Entlang der Stader Straße verlief früher die Grenze zu Hastedt. Vor dem Ausbau zur Hauptverkehrsstraße war sie eine Allee. In den Kasernen war seit 1925 die *»Sicherheitspolizei«* (Sipo) untergebracht. An ihrer Spitze stand Oberst Caspari, berühmt-berüchtigt durch seine Teilnahme an der blutigen Niederschlagung der Bremer Räterepublik im Februar 1919. Caspari machte in der Weimarer Zeit eine steile Karriere im Polizeiapparat und spielte auch bei der

Machtübergabe an die Nazis in Bremen eine wichtige Rolle: »Wir müssen jetzt einfach der Nazi-Masse weichen, um Schlimmeres zu verhindern.« Leute wie Caspari stehen für ungebrochene reaktionäre Traditionslinien im Beamtenapparat von der Kaiserzeit bis zum Faschismus. 1935 bezogen Truppen der »Wehrmacht« die in »Adolf-Hitler-Kaserne« umbenannte Anlage. Der Hauptgebäudekomplex wurde durch Bomben zerstört.

Neben der ehemaligen Kaserne steht das frühere kirchliche St. Petri Knaben-Waisenhaus. Im Krieg diente das schloßartige Gebäude als Lazarett; heute beherbergt es neben einer Vielzahl von Firmen »*pro familia*«. Seit 1979 können sich Rat- und Hilfesuchende, mit Partner-, Ehe-, Familien- und Sexualproblemen an die Beratungsstelle wenden. Im Gegensatz zur traditionellen medizinischen Versorgung werden die Besucher des Beratungszentrums nicht als zu bevormundende Patienten, sondern als autonome Bürger/innen gesehen, denen Informationen und Beratungen für ihre Entscheidungen gegeben werden sollen.

Stader Straße 35

Die *Westfalen-Siedlung* wurde im Rahmen des staatlichen Wohnungsbaus von 1927–29 für Arbeiterfamilien erstellt. Als Hochburg sozialdemokratischer und kommunistischer Organisationen war »Klein-Mexiko«, wie das Quartier geringschätzig genannt wurde, schon vor dem Machtantritt Hitlers dem Terror der SA-Schlägertrupps und der besonderen Aufmerksamkeit der Sipo ausgesetzt. Im Februar 1933 zogen 350 SA-Männer, Lieder der »Bewegung« grölend und mit Hakenkreuzfahnen bewehrt in die Siedlung. Dort wurden sie mit der »Internationalen« empfangen und die Bewohner verwehrten ihnen den Zugang. Nach einer heftigen Straßenschlacht prügelten schließlich 200 bewaffnete Sicherheitspolizisten den Nazis die Straße frei. Dieser Vorfall rief in der Arbeiterschaft große Empörung und Vorwürfe gegen die SPD hervor, die damals noch mit im Senat saß. In den 50er Jahren wurde die vorher genossenschaftlich verwaltete Siedlung privatisiert.

Stader Straße/Bei den drei Pfählen ❹

Direkt an das Gebiet der Siedlung grenzt der in der 2. Hälfte des 18. Jahrhunderts gebaute Hof Ahlers. Das Hauptgebäude wurde im letzten Krieg zerstört und besteht heute nur noch aus dem Erdgeschoß. Hinter der Scheune, die übrigens Fenster des 1. Bremer Bahnhofs hat, werden noch Tannenbäume gezüchtet. Neben dem Hof Ahlers stand vor dem Krieg das Gebetshaus der Israelitischen Gemeinde Hastedts. In der Reichspogromnacht wurde die Einrichtung der Synagoge zerstört; das Gebäude mußte später Platz für rentablere Neubauten machen.

Fenster des 1. Bahnhofs auf dem Bauernhof

Die Arbeiterkultur der 20er Jahre prägte in Hastedt eine Vielzahl von Kneipen. Die Alte Dorfschmiede Hastedter Heerstraße 33 war das Stammlokal der Arbeiter von der Flugzeugbaufirma Focke-Wulff. *Focke-Wulff* ließ zwischen der Heerstraße und der Hohwisch (= Hohe Wiese) 1937/38 eine Werkswohnsiedlung bauen. Das Wohnrecht war direkt an den Arbeitsvertrag gebunden. Die Siedlung, die den Spitznamen »Shanghai« bekam, wurde von Zel-

Hastedter Heerstraße 33

len der NSDAP kontrolliert. Die Kinder von »Shanghai« und »Klein-Mexiko« führten regelrechte Bandenkriege.

Auf der Hohwisch/Fährstraße ❺

An der Ecke *Auf der Hohwisch* steht die 1903 eröffnete *Volksschule.* In einem Jugendstilbau werden 2 Museen eingerichtet. Neben dem »Museum zur Bremer Schulgeschichte«, das Exponate alter Lehrmittel und die Entwicklung des Bremischen Bildungswesens vorführen soll, entsteht hier das »Museum zur Hastedter Geschichte«. Die Initiative zur Gründung dieses Museums ging von *Wilhelm D. Ratjen* aus. Vor mehr als 20 Jahren begannen er und andere ›alte Hastedter‹ Fotos und andere Erinnerungsstücke aus Hastedts Vergangenheit zusammenzutragen. Durch die Unterstützung des Senats und die Finanzierung aus Drittmitteln ist die Realisierung der Museums-Idee jetzt gesichert.

Deichbruchstraße

Grabstein der Familie Grünberg auf dem jüdischen Friedhof

Die Deichbruchstraße erinnert an die große Überschwemmung von 1830, bei der weite Teile der Dorfgemeinde unter Wasser standen. Der *Friedhof der Israelitischen Gemeinde* wurde 1796 hier eingerichtet. Hastedt war eine der wenigen Gemeinden, die Juden aufnahmen; in Bremen selbst waren sie unerwünscht. Bei Hastedts Eingliederung ins Bremische Landgebiet 1803 wurde das Aufenthaltsverbot für Juden nicht auf die Landgemeinde ausgedehnt, weshalb sich hier noch viele jüdische Familien niederließen. Erst nach der Revolution von 1848 wurden den Juden in Bremen die Bürgerrechte eingeräumt. Die jüdische Gemeinde in Hastedt war die größte im Bremer Umland. Handwerker und Händler jüdischen Glaubens hatten an der Heerstraße ihre Geschäfte. In der Reichspogromnacht erschlugen die Nazis 5 jüdische Bürger; niemand wollte helfen, sie zu bestatten. Jüdische Frauen und Kinder begruben die Erschlagenen schließlich in der Nähe der Kapelle. Die Grabstellen sind heute noch erhalten. Andere Grabmale verweisen mit schlichten Inschriften auf die Deportation von Bremer Juden nach Theresienstadt. Auf dem Friedhof befindet sich das Grab von 15 russischen Kriegsgefangenen, die 1941 als Arbeitssklaven eingesetzt werden sollten. Sie waren bei ihrer Ankunft in so schlechter körperlicher Verfassung, daß sie kurz darauf starben. Bombentreffer zerstörten gegen Kriegsende den alten Teil des Friedhofs mit der Halle. Er wurde nach dem Krieg wieder instandgesetzt.

Friedhof Hastedt ❻

Alter Postweg 302

In der Schule am Alten Postweg 302 ist seit Mai '87 die »Forschungs- und Bildungsstätte zur Geschichte der Bremer Arbeiterbewegung e.V.« untergebracht. Ihr Ziel ist die Sammlung und Aufarbeitung von Zeugnissen der politischen Kultur sowie die Beschäftigung mit dem Leben der »kleinen Leute«.

Hastedter Heerstraße 217

Nach dem Verbot der Arbeiterparteien durch die Nazis 1933 traf sich die Ortsgruppe der SPD, als Gesangverein getarnt, in der Tischlerei Hastedter Heerstraße 217. Sobald die aufgestellte Wache das Rollkommando der Polizei herankommen sah, verschwanden die verräterischen Flugblätter und Zeitungen in dem hohlen Beethoven-Kopf auf dem Klavier, und der ganze Verein stimmte ein fröhliches Lied an.

Kurz vor der Malerstraße standen vor dem Krieg die Turnhallen zweier Sportvereine. Der »blaue« Hastedter Männerturnverein von 1861 (HMTV), dessen Mitglieder vor allem Handwerker und Bauern waren, saß in der Heerstr. 219; das Vereinslokal des »roten« Arbeitersportvereins »Vorwärts Hastedt« stand an der Ecke der jetzigen Stresemannstraße und wurde wegen ihres Ausbaues abgebrochen. Beide Vereine schlossen sich 1947 zum »Hastedter Turn- und Sportverein von 1861« zusammen, sie turnen heute am Osterdeich.

Hastedter Heerstraße/Neuenstraße ❼

Hastedt hatte bis in die 60er Jahre ein Kino. Die »Odeon-Lichtspiele« an der Ecke Hastedter Heer-/Neuenstraße wurden, wie so viele Kinos außerhalb der Innenstadt, vom »Puschenkino« Fernsehen verdrängt. An ihrer Stelle steht jetzt das »Katastrophenschutzzentrum« des Roten Kreuzes.

Hastedter Heerstraße/Am Rosenberg

Das Gemälde am Bunker Am Rosenberg stößt auf heftige Ablehnung der Anwohner. Das Bild setzt sich mit dem Faschismus auseinander. An der Ecke zur Heerstraße ließen sich die Arbeiter nach der Schicht »Zur ländlichen Erholung« nieder. Die Kneipe existiert noch, bloß das »ländlich« wurde aus dem Namen gestrichen. Kurz vor der Grenze zu Hemelingen am Ende des Postwegs standen zwei politisch bedeutsame Gaststätten. Das Lokal »Zur Grenzpappel« galt schon vor 1933 als Nazikneipe. Auf Betreiben des Wirts wurde hier 1943 der Arbeitersportler und Kassierer des Arbeitergesangvereins *Bernhard Rauch* von der Gestapo verhaftet, weil er ein englisches Flugblatt verlesen hatte; er wurde im Zuchthaus Brandenburg von den Nazis umgebracht. Die »Gaststätte Voß« gegenüber der »Grenzpappel« war das Verkehrslokal der KPD; dort wurde im Hinterzimmer im März 1933 die letzte illegale Jugendweihe durchgeführt.

Alter Postweg/An der Grenzpappel ❽

Föhrenstraße/Pfalzburger Straße ❾

Die Weserregulierung von 1883–95 schuf entlang der Weser eine große Freifläche. Auf Initiative des damaligen Generaldirektors des Norddeutschen Lloyd *Heinrich Wiegand* entstanden 1902 dort moderne metallverarbeitende Betriebe, die dem Bremer Handelskapital zu einem 2. Standbein verhelfen und den Bremer Export vom Umland unabhängig machen sollten. Die »Norddeutsche Waggonfabrik« baute Eisenbahnwaggons. In der Wirtschaftskrise 1929 mußte sie die Produktion einstellen. 1934 richtete die Fluzeugbaufirma Focke-Wulff hier ein Zweigwerk für Einzelteile ein. In der Hochkonjunktur der Kriegszeit hatte das Werk über 900 Beschäftigte, viele davon waren Kriegsgefangene und Zwangsarbeiter. Die Fabrikgebäude wurden im Krieg fast völlig zerstört. Übrig blieben zwei Spitzbunker an der Autobahn.

Föhrenstraße/Hastedter Osterdeich

Am Hastedter Osterdeich entwickelte sich die Automobilindustrie Bremens. Die »Norddeutsche Maschinen- und Armaturenfabrik« (die seit 1906 NAMAG = Norddeutsche Automobil- und Motoren AG hieß) baute neben elektrischen Maschinen und Gasmotoren PKWs und LKWs mit elektrischem Antrieb. 1914 schloß sie sich mit der »Vareler Automobilgesellschaft« zur »Hansa-Lloyd-Werke AG« zusammen. Im 1. Weltkrieg war Hansa-Lloyd

Kleingewerbe auf drei Rädern: Das Goliath-Dreirad auf dem Domshof in der Innenstadt

der wichtigste LKW-Lieferant des deutschen Heeres. Für die Aktionäre war der Krieg ein Bombengeschäft mit jährlich 12% Dividende. Nach dem Sturz des Kaiserreichs kämpften viele Arbeiter des Bremer Werks für die Bremer Räterepublik. Nach deren Niederschlagung streikten sie, worauf die Firmenleitung mit der vorübergehenden Schließung des Betriebes reagierte. Mit dem Ende des Krieges hatte die Firma ihren Hauptauftraggeber verloren; durch die zunehmende amerikanische Konkurrenz auf dem Markt großer PKWs verschärfte sich die Krise. 1930 fusionierte Hansa-Lloyd mit den »Goliath-Werken Borgward & Tecklenborg«. In der Nazizeit waren die Hansa-Lloyd-Werke erneut ein wichtiger Rüstungsbetrieb: Schon 1933 wurden LKWs für die »schwarze« Wiederaufrüstung geliefert, 1936 begann die Fertigung von Artilleriezugmaschinen. Ab 1939 wurden nur noch Kriegsgüter gebaut — mit Hilfe von mehr als 1.200 sowjetischen Zwangsarbeitern. Viele von ihnen kamen ums Leben, als das Hastedter Industriegebiet im September 1944 durch einen Bombenangriff fast völlig zerstört wurde.

Malerstraße ⑩

Nach der Pleite des Borgward-Konzerns wurde das Gelände von »Lloyd-Dynamo« übernommen, einer Tochterfirma der AEG.

Auf dem Gelände neben der Endstation der Straßenbahn befand sich die Großwäscherei Hayungs. Etwa 150 polnische Zwangsarbeiterinnen im Alter von 18—30 Jahren, die unter erbärmlichen Bedingungen in Baracken am Osterdeich lebten, mußten hier arbeiten. Die meisten von ihnen kamen bei der Bombardierung des Industriegebiets im Oktober 1944 in Erdbunkern ums Leben. Eine Gedenktafel erinnert an ihr Schicksal und an die heimliche Unterstützung, die sie von Hastedter Bürgern erfuhren.

Weserwehr ⑪

Das *Weserwehr* wurde 1906—10 auf Drängen Preußens gebaut. Es trennt Mittel- und Unterweser, die durch 2 Schleusen miteinander verbunden sind. Dadurch wird der Pegel der Mittelweser konstant gehalten, der nach dem Ausbau der Unterweser rapide abgesunken war. Im Turbinenhaus zwischen den Schleusen und dem Wehrkörper stehen 11 Turbinen, die durch den Abfluß von Wasser aus der gestauten Mittelweser angetrieben wurden. Ihre Leistung reichte zusammen mit der Leistung des 1909 eröffneten Dampfkraftwerks (56 MW) für die Stromversorgung ganz Bremens einschließlich Hemelingen aus. Das alte Dampfkraftwerk wurde bald durch eine stärkere Anlage ersetzt. Heute ist der Bau eines Großkraftwerks im Gespräch, das auch Fernwärme produzieren soll.

Nach der Wiederherstellung machte sich die Überalterung der Anlage durch häufige Funktionsstörungen bemerkbar. Im März 1981 kam es schließlich zur Katastrophe: Zu Beginn der Schneeschmelze ließ sich eine Stauwand nicht richtig absenken. Oberhalb des Wehres brach der Deich — die »Neue Weser« war geboren. Das Wasser spülte über 150 Kleingärten samt Häuschen durch einen 2. Deichbruch direkt vor der Erdbeerbrücke in den Fluß. Die Wehranlage soll in den nächsten Jahren durch einen Neubau 173 m flußabwärts ersetzt werden. Im Juni 1987 bildete sich die »Initiative We-

Das Weserwehr muß erhalten bleiben: mit Protest und Postkartenaktion an den Bürgermeister gegen den Abriß des Weserkraftwerkes

serkraftwerk«, die sich den Erhalt des Turbinenhauses als Industriedenkmal und Kulturzentrum zum Ziel gesetzt hat.

Hastedter Osterdeich 230
⓬

Das *Jugendfreizeitheim Wehrschloß* wurde in den 50er Jahren von Bundespräsident Heuß als Haus für alle Bürger eingeweiht. Seit einigen Jahren ist es permanent von der Schließung bedroht und wird deshalb immer wieder von Jugendlichen besetzt. Im Haus befindet sich eine Altentagesstätte der Arbeiterwohlfahrt. Die Einrichtungen des Wehrschlosses sind außer den Angeboten von kirchlicher Seite die einzigen Freizeiteinrichtungen des Stadtteils.

Seit den 20er Jahren sind die Grünanlagen an der Weser ein beliebter Treffpunkt. Vor dem Krieg gab es entlang des Hastedter Osterdeichs eine Reihe von Ausflugslokalen. Zwei der beliebtesten standen an der Ecke zur Inselstraße direkt nebeneinander. Das Café Schnaars wurde »Café Duckdi« genannt, weil der Eingang einige Stufen treppab lag. »Proleten schwofen bei Duckdi im Keller« war vor dem Krieg ein gängiger Schnack. Nach 1933 wurde hier trotz des KPD-Verbots eine Jugendweihe veranstaltet. Auch das »Café bellevue« wurde von den Hastedtern gern besucht. Nach dem Krieg wurden beide Lokale zum »Hotel Osterdeich« zusammengeschlossen. Der Hotelbetrieb dauerte jedoch nicht lang. Seit Mitte der 60er Jahre war die Gaststätte ein beliebter Treffpunkt kritischer Studenten. 1982 mußte das Gebäude einem Wohnblock weichen.

Inselstraße
⓭

Am unteren Ende der Inselstraße steht die »Inselhalle«. In dieser Gastwirtschaft konstituierte sich am 7. Mai 1945 die Hastedter Sektion der Kampfgemeinschaft gegen den Faschismus. Neben dem heutigen Eissportstadion Am Jacobsberg stand während der Kriegszeit ein Kriegsgefangenen- und Zwangsarbeiterlager. Die Gefangenen hatten sich ein Radio gebaut, mit dem sie alliierte Sender empfangen konnten. Den Jacobsberg selbst hatte eine FLAK-Batterie bezogen. Die Gefangenen mußten die sogenannten Nebelwerfer bedienen, mit denen durch ätzende Flüssigkeiten Rauchschwaden zur Tarnung der Kanonen erzeugt wurden.

In der Pauliner Marsch erstreckt sich heute die größte Sportanlage Bremens. Um die Jahrhundertwende wurden viele kleine Sportvereine gegründet, die die Weiden vor dem Deich mitbenutzten. Um ihre Anlagen unterhalten zu können, schlossen sie sich zusammen. Die Mitglieder der Vereine waren meist Angehörige des Kleinbürgertums.

Auf dem Peterswerder
⓮

Eine der beliebtesten *Flußbadeanstalten* wurde 1882 von *Hermann Wagenbrett* neben dem heutigen Stadionbad eröffnet. Der ehemalige Seemann verstand es vorzüglich, seinen Gästen ein kostenloses Spaß- und Spielbad zu bieten. Er veranstaltete volkstümliche Schwimmfeste, auf denen zu seinen Kompositionen Wettschwimmer, Schauturner und Theatergruppen ihr Können darboten. Damals war Frauen der Besuch von Badeanstalten verboten, doch Wagenbrett ließ sie frühmorgens, wenn nur die Stammgäste im Bad waren, hinein. Damals konnte mensch noch ohne Vergiftungsgefahr in der Weser baden; nur einmal, im September '26, war es wegen Typhusgefahr verboten.

In schlechter Tradition: Vereidigung von Bundeswehrrekruten im Weserstadion (von links: Koschnik, Carstens, Apel) im Mai 1980

Weserstadion
⓯

Die größte und bekannteste Sporteinrichtung Bremens ist das *Weserstadion.* 1891 errichtete der Bremer Sport Club einen Sportplatz mit hölzerner Tribüne. An seiner Stelle entstand 1925–26 im Auftrag des Allgemeinen Turn- und Sportvereins das Stadion mit dem Stadionbad. An den Bauarbeiten waren, neben den Mitgliedern des Vereins, viele Notstandsarbeiter beteiligt. Schon kurz nach der Eröffnung zeigte sich, daß der ABTS es nicht allein unterhalten konnte. Zum Bau der Anlage waren 1 1/4 Mio. RM aufgewandt worden, die größtenteils aus einer Senatsbürgschaft stammten. 1929 übernahm der »Verein Weserstadion« das Stadion und die angrenzenden Sportplätze; er war von (einfluß-)reichen Bremern gegründet worden, um die Sportplätze zu erhalten und ihre Übernahme durch das Arbeitersportkartell zu verhindern.

Bereits vor der Machtübergabe an die Nazis war das Weserstadion Schauplatz politischer Massenveranstaltungen verschiedener, auch reaktionärer Parteien; im Juli '32 hatte Hitler hier seinen 1. öffentlichen Auftritt in Bremen. Im Dezember '34 übernahmen die Nazis die Sportanlagen. Das Stadion hieß nun »Bremer Kampfbahn« und wurde überwiegend für Propagandaveranstaltungen genutzt, wozu auch öffentliche Rekrutenvereidigungen gehörten. Von '45–'47 diente das »Ike-Stadium«, wie es nach US-General Eisenhower hieß, den amerikanischen Besatzungstruppen als Sportgelände. Nach der Rückgabe an die Stadt wurde das Weserstadion, wie vor dem Krieg, an mehrere konkurrierende Sportvereine verpachtet. Der SV Werder setzte sich im Lauf der Zeit als erfolg- und einflußreichster durch und wurde zum Hauptnutzer des Stadions. Das Verhältnis der Petersweraner zum Weserstadion war von Anfang an gespalten. Schon in der Planungsphase erhoben einige Anwohner erhebliche Bedenken, sie befürchteten die Minderung ihrer Lebensqualität durch die zu erwartenden Großveranstaltungen. Erst durch die Erfolge des SVW hat sich das Stadion einen festen Platz im Alltagsleben der Bevölkerung erobert.

Radrennen im Weserstadion in den dreißiger Jahren

In die Schlagzeilen geriet das Weserstadion auch durch die Ereignisse des *6. Mai 1980.* An diesem Tag fand in Bremen eine der größten Friedensdemonstrationen nach dem 2. Weltkrieg statt.

Ausgangspunkt für die Demonstration war die öffentliche Rekrutenvereidigung im Weserstadion. Die Vereidigung war Teil einer Reihe ähnlicher Veranstaltungen, die die Bundeswehr nach dem Nato-Doppelbeschluß im Bewußtsein der Bevölkerung spektakulär aufwerten sollten. Die am Bürgerhaus Weserterrassen vorgesehene Kundgebung der Friedensmarschierer wurde durch massive Provokation seitens der Polizei verunmöglicht. Während die Polizeihubschrauber Tiefflüge über dem Bürgerhaus übten, kam es vor dem Stadion zu Auseinandersetzungen zwischen militanten Demonstranten und den Polizeikräften, die aus mehreren Bundesländern zusammengezogen waren. Am Spätnachmittag fuhr eine Kolonne von 5 Militärfahrzeugen durch die Demonstration zum Stadion. Viele Demonstranten zogen von den Weserterrassen weiter zum Stadion. Als sich die Demonstration langsam auflöste, startete die Polizei am Osterdeich einen Großangriff auf die zurückgehenden Menschen und führte Verfolgungsjagden bis zum Steintor durch. Ergebnis: viele Verletzte.

Ambiente und Cocktails anstelle von Stillstuben und alkoholfreien Getränken: Das »Ottilie-Hoffmann-Haus« heute

Am Ende des Peterswerder in Richtung Innenstadt stehen direkt am Osterdeich zwei alte Gartenlokale. Das »Kulturcafé Ambiente« entstand 1929 als Ottilie-Hoffmann-Haus. In dem alkoholfreien Lokal waren Stillstuben eingerichtet; hier konnten promenierende Mütter und Ammen, die mit ihren Kindern den Tag an der Weser verbringen wollten, ihre Säuglinge stillen und sich selbst mit Milch erfrischen. Heute wird der Rundbau als Café und Gartenlokal genutzt; hier finden Ausstellungen und Lesungen statt.

Osterdeich 69
⑯

Das *»Bürgerhaus Weserterrassen«* war nach seiner Eröffnung 1934 eine Gaststätte mit vorwiegend bürgerlichem Publikum. Nachdem der Pachtvertrag mit der Stadt 1973 ausgelaufen war, bemühten sich mehrere Interessenten um das Haus. Um dem Raummangel für soziale und kulturelle Einrichtungen in der Östlichen Vorstadt zu begegnen, wurde 1975 das »Bürgerhaus« als Haus für alle Bürger gegründet.

OSTERHOLZER FRIEDHOF BREMEN

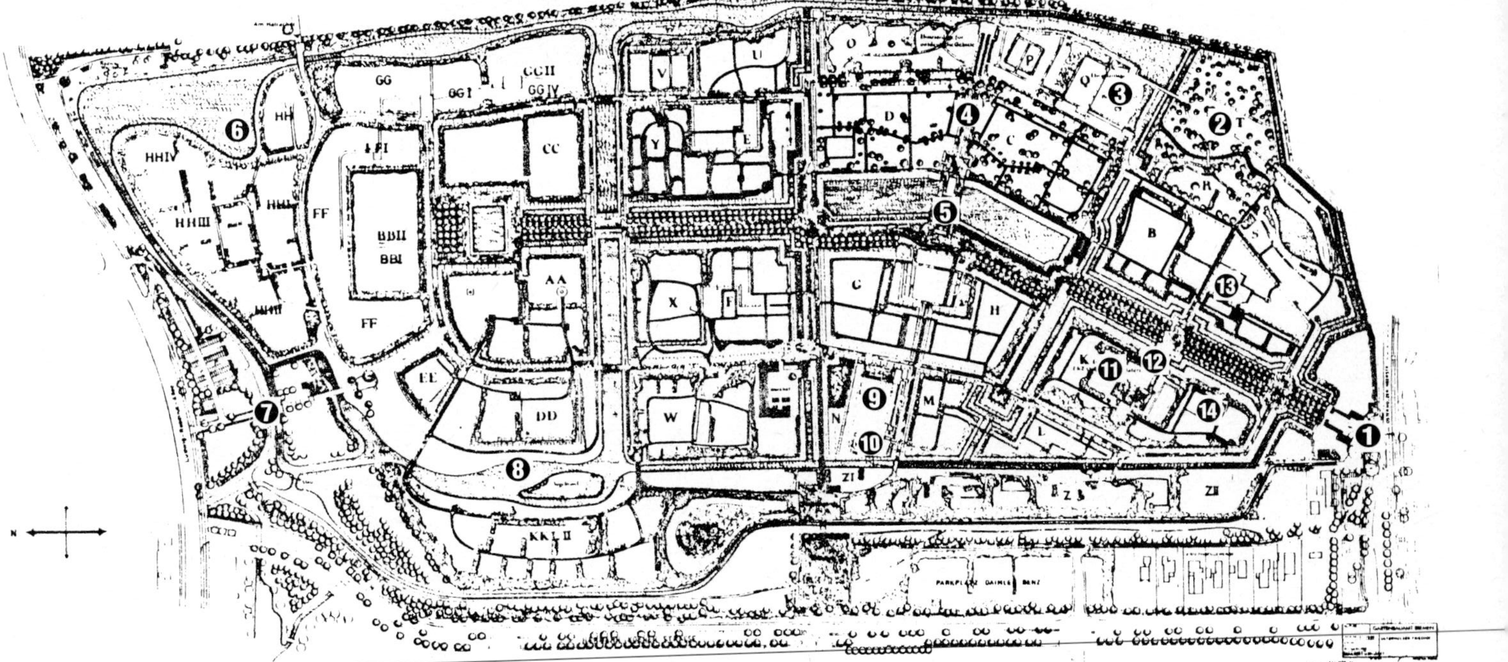

»Was irdisch an ihnen war, ist ausgelöscht ...«

Der Osterholzer Friedhof

von Volker Homburg

Ausgangs- und Endpunkt: *Osterholzer Heerstraße, erreichbar mit verschiedenen Buslinien von der Endstation der Straßenbahnlinie 2*

Dauer: *1 1/2 Stunden*

»Gemeinde, zeig deinen Friedhof, und wir wissen, wes Geistes Kind du bist. Solcher Gewissensfrage hält Bremen stand. Am besten in seinem Osterholzer Friedhof.« (Werner Lindner)

So gesehen, ist der Osterholzer Friedhof mehr als nur eine Grünanlage. Wenn dort in einem Ehrengrabmal Soldaten und Opfer der Konzentrationslager nachbarlich gebettet sind, so sagt das etwas aus über die Bremer Art der Vergangenheitsbewältigung.

Der Osterholzer Friedhof nimmt fast die Hälfte der gesamten Friedhofsfläche Bremens ein. Um 1907 kaufte die Stadtgemeinde den Bauernhof Kaemena in der Osterholzer Feldmark, den *Franz Seeck* und *Paul Freye*, ein Architekt und ein Landschaftsplaner, zum Friedhof umgestalteten. Die erste Bestattung fand im Mai 1920 statt. Ursprünglich war die Anlage klar gegliedert. Als markanteste Orientierungslinie zog sich eine breite Allee vom Haupteingang des Friedhofes bis zum Krema-Teich. Weiter ausgebaut wurde der Friedhof 1948 unter Gartenbaudirektor *Erich Ahlers*. In dieser Zeit wurde von der geometrischen Gliederung abgewichen. Ansätze einer etwas aufgelockerten Gestaltung waren bereits im ersten Entwurf enthalten gewesen. Das geht so weit, daß an manchen Stellen der Friedhof wie eine offene Landschaft wirkt. Wasserläufe durchziehen ihn von einem Ende zum anderen und verstärken den landschaftlichen Charakter.

Eine schlichte liegende Grabplatte erinnert an den Schöpfer des Friedhofs Paul Freye

Der Osterholzer Friedhof ist heute als Totengedenkstätte weit über Bremen hinaus bekannt. Er umschließt nicht nur ein Massengrab für Bombenopfer und eine Ehrenanlage für die Toten der ehemaligen ostdeutschen Gebiete, sondern auch eine Gedenkstätte für ausländische Kriegstote.

Haupttor **❶**

Zwei eingeschossige Torhäuser mit ihren zur Straßenseite vorgeblendeten Giebeln bilden den Eingang. Ihre Gestaltung fügt sich in die Bauweise der ursprünglich ländlichen Umgebung ein. Dahinter werden eine Reihe von Arkaden durch zwei Lauben abgeschlossen. Torhäuser, Arkaden und Lauben bilden so einen langgestreckten Innenhof, der in die Hauptallee zur Kapelle übergeht.

Die Kapelle inmitten von Wasser und Bäumen

Sehr alter Baumbestand prägt diesen Teil des Friedhofes. Der Weg führt vorbei an ebenen, halbhohen und hohen Gräbern. Die unterschiedlichen Höhen deuten auf verschiedene Bestattungsformen hin: Urnenbestattungen, einschichtige und zweischichtige Bestattungen. Als 1865 die Friedhöfe Riensberg und Walle angelegt wurden, hatten die Stadtväter Bremens erstmalig aus wirtschaftlichen Gründen die doppelschichtige Bestattungsart eingeführt. Garteninspektor Lehmkuhl sagte 1957 auf der Tagung der Arbeitsgemeinschaft Friedhof und Denkmal:

Hof Kaemena/ Feld T
❷

»Das übliche Reihengrab kann mit zwei Bestattungsmöglichkeiten bereits als Familiengrab betrachtet werden, in dem beide Ehegatten beigesetzt werden können.«

Obwohl der Friedhof sehr jung ist, stammen viele Grabsteine aus früheren Jahrhunderten. Das Grabfeld T wurde nach dem 2. Weltkrieg zum Sammelplatz zahlreicher alter Grabsteine, Platten und Monumente, die bei der Auflösung vor allem des Herdentor-Friedhofs aus dem Innenstadtbereich entfernt worden waren. Beispiele sind ein Pfeilermonument des Krieges 1870/71, ein sandsteinerner Säulenstumpf mit Würfel und behängter Urne gekrönt, und ein gußeiserner Brunnen mit Knabenfigur.

Ehrenanlage für Bombenopfer/ Feld Q
❸

Die Nacht vom 18. auf den 19. August 1944 hat sich für viele Bremer unauslöschlich in die Erinnerung eingebrannt. In jener Nacht fielen auf Bremen 860 Tonnen Bomben, darunter 420.000 Brandbomben. Vorher waren die Opfer der Luftangriffe noch in Einzelgräbern bestattet worden. Nach dieser Nacht war es nicht mehr möglich. 756 Bombenopfer wurden geborgen und am 27. August 1944 auf dem Osterholzer Friedhof in einem Massengrab bestattet. Der vom faschistischen Deutschland angezettelte Krieg traf nun

Der Eingang zum Friedhof

auch Bremen. Die bitteren Erfahrungen reichten nicht aus, alle davon zu überzeugen, daß der Krieg nicht mehr unterstützt werden durfte. Noch ein halbes Jahr später starben Menschen, weil den Durchhalteparolen der Nazis Folge geleistet wurde: In den Tagen unmittelbar vor der Befreiung am 27. April 1945 starben auch in Bremen Soldaten, Frauen und Kinder in einem mörderischen Krieg. Von den etwa 800 Toten der letzten Kriegstage wurde ungefähr die Hälfte auf dem Osterholzer Friedhof beerdigt.

Feld C und D
4

Die über Rampen und Treppen erschlossenen Gräberfelder waren durch halbhohe Hecken gegliedert. Nach 1948 wurden die Hekken weggelassen oder sogar teilweise wieder entfernt, denn ihre Pflege hatte sich als zu kostspielig erwiesen.

»Bremen sieht es als seine Ehrenpflicht an, diese Stätte in seine Obhut zu nehmen«, versicherte Senator Dehnkamp am 2. August 1952 anläßlich der Einweihung einer »Ehrenanlage für die Toten der ehemaligen ostdeutschen Gebiete«. Das Land Bremen kommt seit dieser Zeit für Pflege und Instandhaltung der Anlage auf. Auch den kirchlichen Segen hat die Stätte erhalten. Vertreter der katholischen und evangelischen Kirche weihten das Mahnmal zur Eröffnung. Dekan Ohrmann von der katholischen Kirche sprach dabei vom »Adel, der den Opfertod der Ostdeutschen auszeichnet.« Die Veranstaltung auf dem Osterholzer Friedhof war eingebettet in den an diesem Wochenende bundesweit abgehaltenen »Tag der Heimat«. Die verschiedenen Redner beklagten einerseits die soziale Situation der Umsiedler in der Bundesrepublik Deutschland, andererseits waren die beschwörenden »Deutschland über alles«-Rufe unüberhörbar. Im Festsaal des Alten Rathauses fand ebenfalls eine Veranstaltung statt. An ihr nahmen auch Vertreter des Senats, der

5 Bürgerschaft und des Landesjugendringes teil. Die Feierstunde wurde laut Meldungen der Tagespresse mit den drei Strophen des Deutschlandliedes beendet.

Es war sieben Jahre nach der Zerschlagung des Faschismus: die Trümmer des Krieges waren noch nicht beseitigt. Die Regierung Adenauer hatte im Mai 1952 den Deutschland-Vertrag und den Vertrag über die europäische Verteidigungsgemeinschaft unterzeichnet. Mit letzterem sollte die Wiederaufrüstung der Bundesrepublik gegen die bestehenden Vereinbarungen der Anti-Hitler-Koalition ermöglicht werden. Ziel des Deutschland-Vertrages war, »ein wiedervereinigtes Deutschland, das eine freiheitlich-demokratische Verfassung ähnlich wie die Bundesrepublik besitzt und das in die europäische Gemeinschaft integriert ist.« (Fülberth) Um diese Bestrebungen zu verhindern, hatte die UdSSR in einer Note am 10. März 1952 den USA, Großbritannien und Frankreich die Wiedervereinigung und Neutralisierung Deutschlands vorgeschlagen. Adenauer lehnte das ab, ebenso wie die »Zusammenarbeit mit dem bolschewistischen Osten«.

Nichts dazugelernt: Plakat der CDU/CSU zur Bundestagswahl 1953

Der »Tag der Heimat« und die Einweihung der »Ehrenanlage für die ostdeutschen Gebiete« — wie sie in einer Friedhofskarte aus den 50er Jahren bezeichnet wird — waren damals hochaktuell. Hatte man so wenig gelernt, wirklich zu trauern und den Krieg und die Verbrechen des Faschismus als Mahnung und Aufforderung zu verstehen? Statt dessen träumte man schon wieder großmächtige deutsche Träume, wenn auch dieses Mal an der Seite des Westens.

»Es gibt in jeder Erinnerungsarbeit zwei gegenläufige Prozesse. Von Natur aus, d.h. dank unseres mörderischen Selbstbehauptungswillens, erinnern wir uns an das Leid, das wir erfahren haben, in ganz anderer Genauigkeit als an das, was wir anderen zugefügt haben. ... Mit der Wiederaufrüstung der Bundesrepublik Deutschland gewannen die Kräfte der Verleugnung vergangener Realität und der Umwandlung von Geschichte, in der wir von Tätern zu Opfern wurden, an Lautstärke, Sprachvermögen und bewußtseinsbildendem Einfluß. Die deutschen Verbrechen z.B. werden mit dem Hinweis auf die der Tschechen, Polen und Russen ausbalanciert.« (Dorothee Sölle)

Neben Feld HH 6

An der Nordostecke des Friedhofes verbreitert sich der Graben zu einem Teich. Dort wird im Sommer geangelt. In den Wintermonaten lockt die zugefrorene Wasserfläche Jung und Alt zum Schlittschuhlaufen. Die Friedhofsverwaltung steht dem Wunsch nach Freizeit und Erholungsmöglichkeit einerseits verständnisvoll gegenüber. Andererseits schädigen die Schlittschuhläufer die Uferböschungen und nützen inzwischen immer häufiger die zugefrorenen Wassergräben zu ihrem Vergnügen. Trauernde beklagen sich manchmal über die fehlende Ruhe.

Nordeingang Ludwig-Roselius-Allee 7

Der Friedhof wurde zuletzt 1974 erweitert und hat seitdem auch an der Nordseite einen Eingang. Er ist schlicht gestaltet. 1977 stellte der Künstler *Siegfried Neuenhaus* vier einander zugeordnete Skulpturengruppen vor dem Tor auf. Neuenhaus hat die Probleme Tod, Solidarität mit den Trauernden und Überwindung der Trauer in Bronzefiguren beziehungsreich gestaltet. Nach Gestus, Ausdruck, Kleidung und Form sind die dargestellten Personen arme Menschen, Menschen aus Arbeiterfamilien. Eine Figur stellt offensichtlich ein schwangeres Mädchen dar. Kurz bevor Neuenhaus die Plastik gestaltete, hatte das Bundesverfassungsgericht die ohnehin unzureichende Reform des § 218 als grundgesetzwidrig erklärt. Daraufhin übergaben IG Metall-Mitglieder der Bundesregierung 115.000 Unterschriften für die Fristenregelung. In der Plastik wird ein Teil dieser Debatte verarbeitet. In einer weiteren Skulptur wird das »Erwachen zum solidarischen Verhalten« (Wolfgang Grape) eingefangen. 1975 hatte sich die Arbeitslosigkeit im Vergleich zum Vorjahr verdoppelt. Die Jugendarbeitslosigkeit hatte sich seit September 1974 um 76% erhöht. Die Selbstmordrate der Heranwachsenden stieg, sie war bei Mädchen achtmal höher als bei Jungen. 1975 hatten bei dezentralen Aktionen der DGB-Jugend und anderer Jugendorganisationen insgesamt hunderttausend Jugendliche und bei einer zentralen Demonstration in Dortmund 70.000 junge Menschen teilgenommen.

Die Skulpturengruppe von Siegfried Neuenhaus

Zwischen Feld DD und KK

8

Der Osterholzer Friedhof ist mit seinen umfangreichen Pflanzungen, Wasser- und Wiesenflächen Lebensraum für vielerlei Tier- und Pflanzenarten. Im Nordwesten erweitert sich der Wassergraben zu einem See, in dessen Mitte eine Insel liegt. Diese Insel bietet Rückzugsmöglichkeiten für verschiedene Vogelarten.

» Wer den Osterholzer Friedhof besonders in den frühen Morgenstunden betritt, kann auf dem großen Areal zahlreiche selten gewordene Vogelarten als Brutvögel antreffen: z.B. Sperber, Turmfalke, Waldohreule, Waldkauz und zahlreiche Kleinvögel. Andere Arten sind vorübergehend anzutreffen oder geben sich als Umherzieher ein Stelldichein: Habicht, Bussard, Graureiher, Waldschnepfe, Austernfischer, Kiebitz, Flußseeschwalbe, Strandläufer und andere. « (Gartenbauingenieur Gerlitz)

Daß sich auf der Insel so viele Tiere zu Hause fühlen, liegt daran, daß die Friedhofsverwaltung — mit neuem ökologischen Verständnis — so manche Rasen- oder Böschungsfläche ungemäht läßt, Ufer an Wasserläufen neu begrünt und gar Röhricht anpflanzt.

»Trauernde Frauen«

Ehrenmal für ausländische Kriegstote/Feld NN
9

Am 5.11.1966 wurde auf dem 4.000 qm großen Gräberfeld ein Mahnmal eingeweiht. Die Bronzeskulptur »Trauernde Frauen« des Bildhauers *Gerhard Schreiter* zeigt zwei voneinander abgewandte, trauernde Frauen. In dem Gräberfeld ruhen 2.136 Angehörige vieler Nationen, darunter viele junge Menschen. Sie wurden von anderen Friedhöfen in Bremen und Umgebung hierher überführt. Ihre letzte Ruhestätte fanden hier auch Opfer des KZ-Außenlagers Farge. Der Text einer Erinnerungstafel erklärt sie zu Kriegstoten. Im Eingang zum Gräberfeld befindet sich, erhöht, eine Grabplatte mit der Inschrift:

»Gräberstätte für 780 unbekannte
Männer und Frauen

Keiner weiß um dieser Toten Heimat,
Herkunft und Schicksal
Opfer der Kriegswirren 1939–1945.

Im Raum von Bremen
starben sie
in schreckensreicher Zeit.
Ihr Tod mehrt die Anklage wider die Kriege
der Menschen.«

Der Text stimmt nicht. Es handelt sich vorwiegend um Menschen aus osteuropäischen Ländern — Polen, Ukrainer, Russen und viele andere mehr. Kein Wort darüber, wie sie zu uns gekommen sind — unfreiwillig, deportiert, unter falschem Vorwand angelockt. Kein Wort über die Umstände ihres Todes — verhungert, geschunden, ermordet. Die Auseinandersetzung mit den Verbrechen der Vergangenheit findet nicht statt. Sie wird verschleiert durch die Darstellung individuell erlittener Trauer. Daß hier überhaupt 20 Jahre nach der Befreiung von Faschismus und Krieg ein Mahnmal aufgestellt worden ist, könnte zur Annahme führen, eine grundlegende historische Veränderung habe stattgefunden. In den 50er Jahren, in der Folge des Kalten Krieges und der Remilitarisierung, war das Thema Faschismus verdrängt und tabuisiert. Mit dem gewachsenen Friedensengagement und der Bewegung »Kampf dem Atomtod« interessierten sich Menschen wieder neu für die Geschichte. Der Faschismus und die in seinem Namen begangenen Verbrechen gewannen mit dem Eichmann-Prozeß und dem Auschwitz-Prozeß 1963—1965 breite öffentliche Aufmerksamkeit. Obwohl das Thema nun nicht mehr tabu war, fehlen bisher Anzeichen einer wirklichen Verarbeitung. Schon in der Zeit der Prozesse wurde die NPD gegründet. In den darauf folgenden Jahren zog sie in sieben Landtage ein. In Bremen erreichte sie 1967 mit fast 9 Prozent der Stimmen das zweithöchste Stimmergebnis im Bundesgebiet.

Fehlende Auseinandersetzung mit der Vergangenheit reicht in die Gegenwart: NPD-Plakat gegen die Ratifizierung der Ostverträge

Ehrenanlage für holländische Kriegstote
⑩

Schon 1953 wurde der Ehrenfriedhof für die im 2. Weltkrieg in Bremen und Umgebung ums Leben gekommenen Holländer fertiggestellt. Senator Dehnkamp übergab die Anlage an den Verband der niederländischen Kriegsgräberfürsorge, der die Grabsteine geliefert hatte und die Gräber weiterhin bepflanzt. Das Ehrenfeld umfaßt 167 Einzelgräber. Jeder Stein trägt das niederländische Wappen und einen Namen. Auf einem größeren Stein in der Mitte der Anlage sind die Namen weiterer Holländer verzeichnet, die zwar in Bremen gestorben, aber deren Grabstätten nicht bekannt sind. Einige von ihnen liegen auch in Massengräbern.

Die Kapelle stellt eine Variation des Pantheon-Motivs dar. Nach Westen bildet sie eine Vorhalle mit vier ionischen Säulen aus, die in einen zweigeschossigen Vorraum führt. Das Untergeschoß dient als Versammlungsraum, das Obergeschoß als Musikempore. Der anschließende Rundsaal ist von einer hohen Eisenbetonkuppel überwölbt. Der Innenraum wird von zwölf dorischen Säulen getragen. Die Glasfenster sind von dem Bremer Maler *Georg Rohde* gestaltet, der Fußboden ausgelegt mit Terrazzo. Ursprünglich waren die Wände apfelgrün getönt, die Architekturteile bräunlich-gelb und die Kuppel schwarz mit vergoldeten Sternen ausgemalt. Von dieser Bemalung ist heute nichts mehr zu sehen. Die Kapelle ist nach hinten geöffnet. Es schließt sich ein Gebäudeteil mit einem langgestreckten Innenhof an, in dem sich die Trauerzüge formieren. Seitenhallen flankieren den Hof, in nördlicher und in südwestlicher Richtung geht er in Wandelgänge über. Sie waren ursprünglich als offene Pergolen geplant; sie erhielten dann aber Wände mit Einlässen für Urnenbestattungen.

Grab Käthe Popall

Im Urnengang weist eine kleine Gedenktafel auf *Käthe Popall* hin, eine aufrechte, ungebrochene Antifaschistin, die vielen jungen Menschen als Vorbild gilt. Käthe Popall wuchs in Walle auf und engagierte sich dort in der kommunistischen Parteiarbeit. Im Dritten Reich saß sie wegen Untergrundtätigkeit zehn Jahre lang hinter Zuchthausmauern. 1945 kehrte Käthe Popall nach Bremen zurück und übernahm als erste Frau im Bremer Senat zunächst das Gesundheits-, dann das Wohlfahrtsressort. Mit der KPD-Fraktion mußte sie 1948 die Bürgerschaft verlassen. Nach einem Parteiausschlußverfahren gegen ihren Mann ging sie aus der Hansestadt fort. Erst kurz vor ihrem Tod kehrte sie nach Bremen zurück.

Grab Carl F.W. Borgward

Der schlichte, aber unübersehbare Grabstein *Carl F. W. Borgwards* befindet sich unter einer Gruppe größerer gediegener Gräber. Der Mann, der einmal an der Spitze des viertgrößten deutschen Autokonzerns stand, starb 1963. Borgward gilt als genialer Tüftler, der den Machenschaften der Automobilkonzerne allerdings nicht gewachsen war. Noch während des 1. Weltkrieges arbeitete er bei der Firma Carl Franke als Ingenieur und lernte die kriegsbedingten Neuentwicklungen in verschiedenen Produktionsstätten kennen. 1919 kaufte er sich als Teilhaber in der Bremer Reifenindustrie GmbH ein. Deren kleine Werkstatt stellte er auf die Herstellung von Autoteilen um und machte sie zum Hauptlieferanten der Hansa-Lloyd-Werke. In den zwanziger Jahren kaufte er sich mit einem neuen Teilhaber in verschiedene Autofirmen ein, bis er 1938 in Sebaldsbrück das Borgward-Werk eröffnete. Bei seiner Belegschaft galt Borgward als väterlicher Chef. Schon 1933 hatte Borgward erste Rüstungsaufträge übernommen. Mit Errichtung des Sebaldsbrücker Werkes trat er in die NSDAP ein und wurde Wehrwirtschaftsführer. Nach dem Krieg war er in Süddeutschland interniert. Ab 1948 saß er wieder im Sattel; bereits wenige Jahre später bot er der Bundeswehr einen Geländewagen an. 1961 kam die Pleite.

Ehrenanlage für KZ-Opfer und Soldaten/ Feld K ⑪

Vom 8.–14. September 1947 wurde auch in Bremen der Toten des Naziregimes gedacht. Die Vereinigung der Verfolgten des Naziregimes (VVN) versammelte sich am 12. September in der Großen Rathaushalle. Zwei Tage später legte Bürgermeister Wilhelm Kaisen den Grundstein für die Ehrenanlage für KZ-Opfer und Soldaten. Die Bürgerschaft rief zur Beteiligung auf: »Diese beiden Veranstaltungen werden für Bremen eines der Zeugnisse ablegen, in welcher die Gesinnung und die Auffassung der Lebenden für die Toten dokumentiert wird.« In der Grabstätte wurden 577 Personen in Urnen beigesetzt. Im Grundstein des Ehrenmals wurde eine Urkunde eingemauert, in der es heißt:

»Der Tod vereint brüderlich Franzosen und Deutsche, Italiener und Russen, Balten und Polen, Jugoslawen und Norweger, Dänen und Holländer, Angehörige fast aller europäischen Völker. Was irdisch an ihnen war, ist ausgelöscht, was blieb, ist das Gedenken und die Mahnung, sich stets bewußt zu

sein, daß über aller Menschlichkeit edles Menschentum steht. Im Tode sind alle Menschen Brüder. Mögen sie lernen, es auch im Leben zu sein!«

Zu der in den folgenden Jahren gestalteten Anlage gehört auf der einen Seite des Platzes ein Grabhügel, in den Platten mit Namen von Toten eingelassen sind. In mehreren Sprachen erinnert die Inschrift einer Platte daran, daß die hier liegenden Menschen in Konzentrations- und Arbeitslagern in Bremen und Umgebung umgekommen sind. Auf der anderen Seite des Platzes wurden 653 deutsche Soldaten in Einzel- und Massengräbern beigesetzt. Im »Weser-Kurier« vom 9. Sept. 1947 schrieb der kommunistische Redakteur *Eberhard Peters*, damals Gesellschafter der Zeitung, anläßlich der internationalen Gedenkwoche: »Der deutsche Staat ist ein Scherbenhaufen geworden, und auf dem gigantischen politischen Friedhof, den er hinterlassen hat, sollte auf jedem Gedenkstein für seine toten politischen Häftlinge und Soldaten stehen: ›Für gewisse Konzerninteressen geopfert‹. Das wäre die nackte Wahrheit ... Die Toten mahnen — damit nicht unsere Kinder demselben Moloch geopfert werden.«

An der Stirnseite des Platzes, etwas zurückgesetzt, steht seit 1951 ein weiteres Ehrenmal, das sechs in lange Gewänder gehüllte Figuren darstellt. Sie verkörpern das Thema »Brüderlichkeit im Tod«.

Gedenkveranstaltung des VVN-Bund der Antifaschisten

Feld K ⑫

Die Anlage wurde 1957 durch eine weitere Gedenkplatte ergänzt: »Kriege mahnen, aller Toten zu gedenken, deren Grabstätten in fernen Ländern und Meeren der große Krieg verschlang oder der pflegenden Hand entzog.«

Mahnen Kriege? Trauern wir angesichts des Leids der Toten und noch Sterbenden oder angesichts verschlungener Grabstätten? Ist »der große Krieg« ein anonymes, alles verschlingendes Wesen, verantwortlich für das Erlittene? In den vergangenen Jahrzehnten trafen sich hier Friedensfreunde, Delegationen des Senats und internationale Gäste unserer Stadt. Am 2. Sonntag im September führt die VVN/Bund der Antifaschisten jedes Jahr Gedenkveranstaltungen durch.

»Es geht nicht darum, Vergangenheit zu bewältigen. Das kann man gar nicht. Sie läßt sich ja nicht nachträglich ändern oder ungeschehen machen. Wer aber vor der Vergangenheit die Augen verschließt, wird blind für die Gegenwart. Wer sich der Unmenschlichkeit nicht erinnern will, der wird wieder anfällig für neue Ansteckungsgefahren.« (Richard von Weizsäcker)

Das Grab von Karl Metz

Im selben Gräberfeld wurden 1969 noch 21 Kriegstote aus dem 1. Weltkrieg bestattet. Die Besatzung eines U-Bootes, das 1916 in der Nordsee gesunken war, konnte erst vierundvierzig Jahre später geborgen werden. Auf ihrem Gemeinschaftsgrab wurden alle Namen der Besatzungsmitglieder verzeichnet. Im 1. Weltkrieg sollte mit der U-Boot-Waffe die Kriegsentscheidung erzwungen werden. Handelsschiffe, Schiffe neutraler Länder und sogar Passagierschiffe wurden abgeschossen. Und heute? Vor dem Schiffahrtsmuseum in Bremerhaven liegt ein U-Boot als Touristenattraktion. Die Waffentechnik erweist sich als Besuchermagnet. 1985 nahm sogar der U-Boot-Verein an dem Sommer-Aktionsprogramm der Bremerhavener Museen teil: »Viel Vergnügen im Museum!«

Grabstellen M. Tandecki und K. Metz/Feld K

Fast versteckt liegen neben Buschwerk zwei kleine Gräber. Das eine ist das von *Martin Tandecki*, der 1944 als 23jähriger starb. Die andere Grabstelle gehört *Karl Metz*, der 1943 am 22. Oktober vom Volksgerichtshof zum Tode verurteilt wurde. Der Volksgerichtshof war 1934 von den faschistischen Machthabern zur Aburteilung von »Hochverrats- und Landesverratssachen« eingerichtet worden. Karl Metz war wegen »Wehrkraftzersetzung und Feindbegünstigung« angeklagt worden. Ihm wurde zur Last gelegt, vor bessarabien-deutschen Rückwanderern kommunistische Propaganda betrieben zu haben und dadurch die Politik des totalen Krieges angegriffen zu haben. Zwei Bauern hatten Metz denunziert. Ihrer Aussage nach hatten sie Metz mit »Heil Hitler« gegrüßt. Er habe darauf geantwortet: »Bei uns in Bremen gibt es kein ›Heil Hitler‹.« Die Gegenfrage: »Na, was denn sonst, Roosevelt oder Stalin?« Die Antwort lautete: »Vorläufig noch nicht. Aber wir wollen doch hoffen.«

⑬ Grab Hermann Böse/Feld A

Hermann Böse wurde 1870 in Hemelingen geboren. Seine Ausbildung absolvierte er am Lehrerseminar in Bederkesa. Von 1890 bis 1897 war er Taubstummenlehrer in Stade, Osnabrück und Hildesheim. In dieser Zeit trat er in die SPD ein. Ab 1897 unterrichtete er Gehörlose in Bremen, wo er außerdem am Lehrerinnenseminar von A.M. Janson Religion gab und sich theoretisch und praktisch im Musikfach ausbildete. 1904 wurde Hermann Böse Leiter und Dirigent des neu gegründeten Arbeitergesangsvereins Bremen. 1907 berief ihn die Schulbehörde ans Realgymnasium. Hermann Böse war kein bequemer Lehrer. 1910 gehörte er zu den Unterzeichnern des Geburtstagstelegramms an August Bebel anläßlich dessen 70. Geburtstages. Das Telegramm, dessen Text Wilhelm Pieck entworfen hatte, war als Solidaritätsakt für einen aus politischen Gründen entlassenen Bremer Lehrer gedacht. Eine heftige Pressekampagne und persönliche Beschimpfungen gegen die Betreiber war die Folge. 1919 schloß sich Hermann Böse der KPD an. In der Räterepublik war er Kommissar für Schul- und Bildungsfragen im Rat der Volksbeauftragten. Schwer herzkrank wurde er im April 1933 aus dem Schuldienst entlassen und gab danach private Musikstunden. Im Krieg hatte Hermann Böse Kontakt zur Widerstandsgruppe Bästlein-Jacob-Abshagen. Im November 1942 verhaftete ihn die Gestapo. Zwei Tage vor seinem Tode wurde er 1943 aus dem KZ Hamburg-Fuhlsbüttel entlassen. Hermann Böse war in der Arbeiterbewegung schon zu Lebzeiten zur Legende geworden. Seine Musik hat vielen geholfen, die schwere Zeit der Verfolgung besser durchzustehen. Im KZ Mißler Inhaftierte erinnern sich heute noch, daß sie Lieder von Hermann Böse sangen, um sich gegenseitig Mut zu machen. 1945 nannte sich der Arbeiter-Gesangsverein in »Hermann-Böse-Chor« um. 1947 wurde auf Antrag der kommunistischen Bürgerschaftsfraktion die Kaiser-Friedrich-Straße nach Hermann Böse benannt. Sein Grab ist unauffällig, wird kaum bemerkt. Sein Leben aber ist unauslöschlicher Teil der Traditionen der Bremer Arbeiterbewegung.

Hermann Böse: Gründer des Arbeitergesangvereines auf einer Mitgliedsmarke im Jubiläumsjahr 1964

Grab Paul Freye/ Feld J
⑭

Paul Freye liegt auf dem Friedhof begraben, den er selber entworfen hat. Sein Grab ziert eine schlichte liegende Platte. Paul Freye wurde 1916 — nach der Fertigstellung des ersten Teils des Osterholzer Friedhofs — in den Bremer Staatsdienst übernommen. Er war ab 1921 als Gartenbaudirektor tätig.

Der Osterholzer Friedhof ist ein Spiegel der jüngeren Vergangenheit, einer Vergangenheit, an die erinnert werden muß. Denn geschieht das nicht, wird es viel schwerer sein, etwas Neues zu leben:

»Mit dem Verlust der Erinnerung von Gefühlen geht auch der Verlust des inneren Gedächtnisses einher. Mit ihm verliert ein Mensch oder auch ein Volk den Zugang zum eigenen Innenleben, seine Selbstwahrnehmung ist getrübt, auch wenn die äußeren Ereignisse erinnert werden. Gerade mit der Verdrängung von Gefühlen werden Menschen unfähig, sich von ihnen zu lösen. Denkhemmungen, die sich auch auf andere Bereiche ausdehnen, sind die Folge. Die Krux dabei ist, daß Ideale, Bindungen, Verhaltensweisen, die längst nicht mehr aktuell sind, untergründig bestehen bleiben können. Eine Auseinandersetzung mit ihnen findet nicht statt, das Tor zur Gegenwart bleibt verschlossen, die Offenheit für neue Erfahrungen ist eingeschränkt.« (Margarete Mitscherlich)

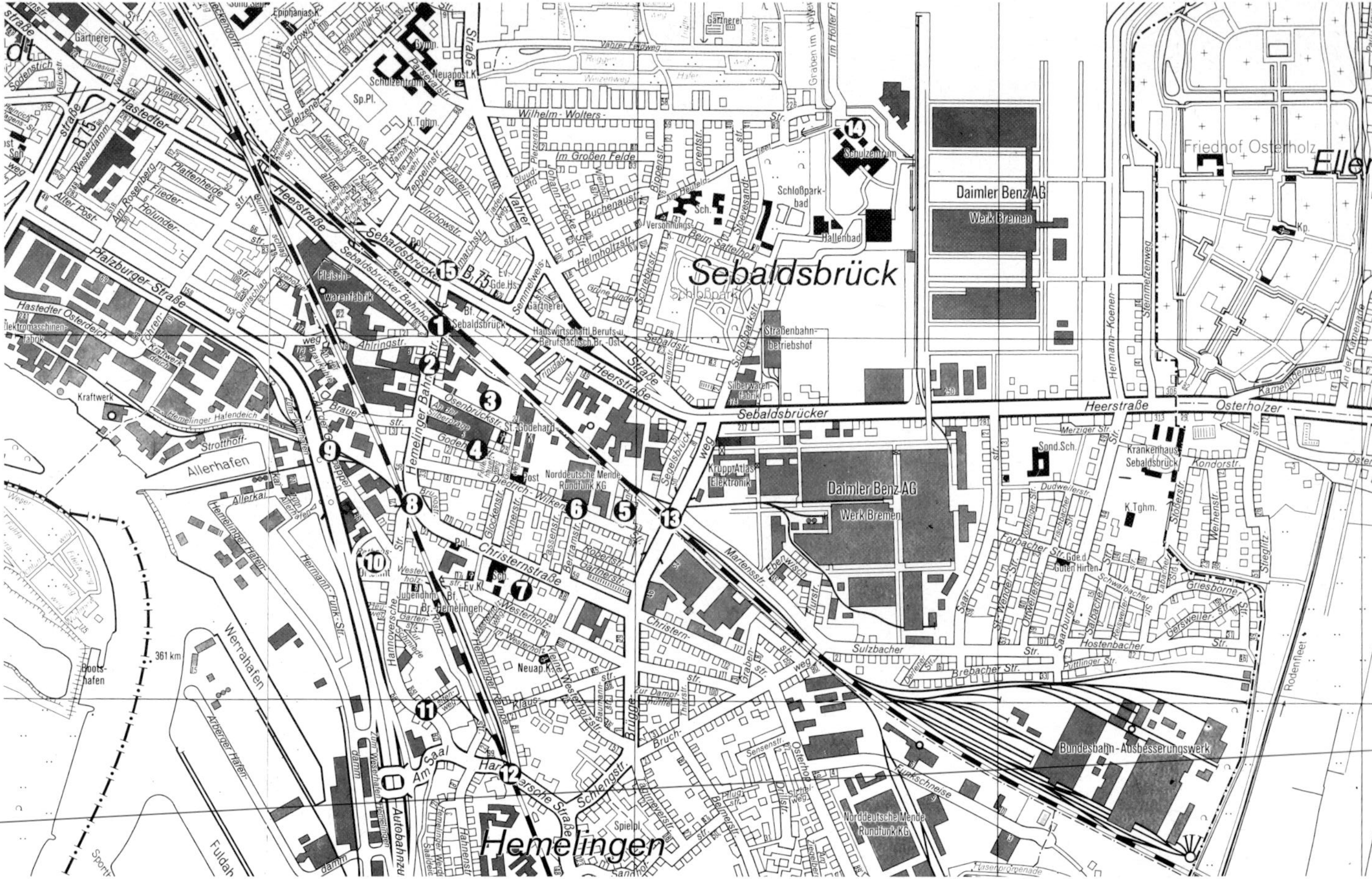
Sebaldsbrück
Hemelingen
Daimler Benz AG
Werk Bremen
Friedhof Osterholz
Schloßpark
Schloßparkbad
Schulzentrum
Hallenbad
Straßenbahn-betriebshof
Sebaldsbrücker Heerstraße
Osterholzer Heerstraße
Heerstraße
Hastedter Heerstraße
Pfalzburger Straße
Vahrer Straße
Christernstraße
Hemelinger Bahnhofstr.
Osenbrückstr.
Diedrich-Wilkens-Str.
Martensstr.
Sulzbacher Str.
Brebacher Str.
Hermann-Koenen-Weg
Steinmetzenweg
Hermann-Funk-Str.
Hemelinger Rampe
Hannoversche Str.
Krankenhaus Sebaldsbrück
Krupp Atlas Elektronik
Norddeutsche Mende Rundfunk KG
Bundesbahn-Ausbesserungswerk
Fleischwarenfabrik
Silberwarenfabrik
Allerhafen
Werrahafen
Hemelinger Hafen
Arberger Hafen
Kraftwerk
Bootshafen
361 km
Autobahnzubringer
Rodenfleet
Funkschneise
B 75
1
2
3
4
5
6
7
8
9
10
11
12
13
14
15

Der gute Stern am Abrißbagger

Hemelingen / Sebaldsbrück

vom Arbeitskreis Geschichte der Kultur- und Freizeit-Arbeitsgemeinschaft Hemelingen e. V.
(zusammengestellt von Margot Müller)

Ausgangspunkt:	*Bahnhof Sebaldsbrück (Straßenbahn Linie 2 und 10, Buslinien 40, 41, 21 und Bundesbahn)*
Endpunkt:	*Bahnhof Sebaldsbrück*
Dauer:	*2 1/2 Stunden*

Sie trugen einen Dolch im Gewande und wollten den Bremer Senat stürzen: die Verschwörer des »Todtenbunds«, zu dem 1852 auch Hemelinger Zigarrenmacher gehörten. Die Verschwörung wurde aufgedeckt, ihre Anführer kamen ins Zuchthaus. Etwas von dieser Radikalität hat sich bis ins 20. Jahrhundert erhalten. Sie richtete sich dann allerdings gegen einen weitaus mächtigeren Gegner: 1933 waren Hemelinger Arbeiter unterwegs, um nachts Zettel mit antifaschistischen Parolen an die Wände zu kleben. Die SA entdeckte bei Razzien Waffen und kommunistische Flugblätter.

Als 1845 mit dem Bau der Eisenbahnstrecke Bremen-Hannover begonnen wurde, war Hemelingen noch ein reines Bauerndorf. Der Bahnhof Sebaldsbrück lag damals an der Grenze zwischen der preußischen Landgemeinde und der Freien Hansestadt Bremen. Erst 1939 wurde Hemelingen zusammen mit Arbergen und Mahndorf nach Bremen eingemeindet.

Als Vorboten der Industrialisierung siedelten sich in Hemelingen Zigarrenfabriken an, die aus Bremen hierher umzogen. Kistenfabriken, Gießereien und metallverarbeitende Betriebe, eine Ziegelei, die Jutespinnerei und andere Textilbetriebe, mehrere Möbelfabriken, chemische Fabriken, kleine Werften, Baustoffwerke, eine Brauerei und die Silberwaren-Fabrik kamen hinzu. Mit der Industrialisierung wurde auch die Arbeiterbewegung stärker. 1878 wurde der erste Sozialdemokrat in den Gemeindeausschuß gewählt, dreizehn Jahre später der SPD-Ortsverein Hemelingen gegründet. Zuerst gehörten ihm hauptsächlich Handwerker an, später bildeten die Arbeiter der Eisenbahnwerkstätten das Rückgrat der Hemelinger SPD.

Bahnhof Sebaldsbrück ❶

Der Bahnhof Sebaldsbrück, etwa 1 km nördlich des ehemaligen Dorfes Hemelingen, gewann schnell wirtschaftliche Bedeutung; sowohl im Fern- als auch im Nahverkehr: Die Arbeiter fuhren aus den umliegenden Dörfern zu ihrem Arbeitsplatz. Aus dem damals noch ländlichen Ort gingen auch Viehtransporte via Bahn bis ins Ruhrgebiet. In Arbeiterhaushalten ergänzte die private Schweinemast die Lebensmittelversorgung.

Hemelinger Bahnhofstraße ❷

Einst war die Bahnhofstraße *die* Geschäftsstraße in Hemelingen, mit zahlreichen Läden, Gaststätten, Arztpraxen und Handwerksbetrieben. Zu den alteingesessenen Geschäften gehörte auch die jüdische Firma M.S. Mendelsohn. 1938 vertrieben Nazis die Mendelsohns aus ihrem Geschäft.

In den Arbeitskämpfen 1974 diente das »Bahnhofshotel« auf der rechten Seite den streikenden Arbeitern der Firmen Cordes & Sluiter, Bohm & Kruse und der Eisengießerei Klencke als Streiklokal. Auf der anderen Seite liegt die »Alte Apotheke« in einem gut erhaltenen Haus aus der Gründerzeit; Haus und Inneneinrichtung stehen unter Denkmalschutz. Hinter der Apotheke stellt eine kleine pharmazeutische Fabrik essigsaure Tonerde her. Der deutliche Essiggeruch stammt also von daher. Die anderen Gerüche, die durch ganz Hemelingen ziehen und sich in der zentral gelegenen Bahnhofstraße mit den Autoabgasen mischen, sind schon schwieriger zu identifizieren. Der übelkeitserregende Geruch nach »Katzenscheiße« stammt von der Coffein-Compagnie an der Sebaldsbrücker Heerstraße, und ungefähr einmal im Jahr beschäftigen sich der Beirat und das Gewerbeaufsichtsamt mit diesem anrüchigen Problem — geändert hat sich bis jetzt noch nichts! Früher, als die Brauerei noch in Betrieb war, roch es auch nach den in offenen Wagen abgefahrenen Hopfen- und Malzrückständen, und wenn die Eisengießerei Klencke einen Abstich machte, zogen die blauen Schwaden durch den ganzen Ort.

Ahlringstraße 2–4

Vor dem 1. Weltkrieg lud in Nr. 2—4 der »Kronprinz«, das vornehmste Haus am Platze, zum Verweilen ein. Hier trafen sich regelmäßig die Honoratioren zu ihrem Stammtisch, den sie die »Abendschule« nannten. Zu ihnen gehörte *Paul Meißner*, der als Druckereibesitzer und Verleger im Jahre 1900 die erste Zeitung im Ort, den »Hemelinger Boten«, herausgab. Am Stammtisch holte er sich den lokalen Stoff für sein Blatt. Bis vor wenigen Jahren bot in dem Gebäude ein »Ottilie-Hoffmann-Haus« einen alkoholfreien Mittagstisch an.

Hemelinger Bote.
Allgemeiner Anzeiger für Hemelingen und Umgegend.

Der Hemelinger Bote, die erste Zeitung im Ort

In dem Betrieb von Panhorst, dessen Turm deutlich von weitem zu sehen ist, werden seit 1914 Möbel hergestellt. 1936 meldete der Hemelinger Anzeiger:

»Das Nürnberger Hotel ›Deutsches Haus‹, in dem der Führer und die Reichsminister zu wohnen pflegen, ist zum Parteitag 1936 völlig neu ausgestattet worden. Ein Großteil der Polstermöbel, auch für das Zimmer des Führer, wurde von der Möbelfirma Panhorst geliefert.«

Aber die Arbeiter von Panhorst bauten nicht nur Möbel für Hitler. Unter ihnen war der Maler *Hans Meier* aus Hastedt, der 1935 zusammen mit seiner Frau und anderen Widerstandskämpfern im Tunnel Ahlringstraße meterhoch die Parole an die Wand schrieb: »Nieder mit den Kriegshetzern«. Das brachte ihn für Jahre ins Gefängnis.

Das Gelände der ehemaligen »Hemelinger-Aktien-Brauerei« schließt sich an. Der Name steht nur noch für die Erinnerung an mehr als 100jährige Betriebsgeschichte. Anfang der 20er Jahre wurde die Hemelinger Brauerei von dem damals fusionierenden Bremer Konzern Haake-Beck aufgekauft. Seit einiger Zeit wird hier kein Bier mehr gebraut, sondern — in Lizenz — Coca-Cola abgefüllt.

Auf dem Weg zur Besetzung: der Kulturumzug Hemelinger Initiativen im Mai 1981

Wo links auf dem neuen »Hemelinger Marktplatz« zweimal wöchentlich einige Marktstände ihre Waren anbieten, produzierte bis Mitte 1978 die Firma Cordes & Sluiter. Seit dem 1. Weltkrieg stellte sie Elektrowerkzeuge, später Tisch- und Säulenbohrmaschinen her. Nach der Stillegung standen die Gebäude einige Jahre leer. Hemelinger Bürgerinitiativen entwickelten zur Rettung der Fabrikräume ein Nutzungskonzept — »Kultur in alten Gebäuden« — als selbstverwaltetes Gemeinschaftszentrum; mit Ateliers und Werkstätten, Museum, Café und Kino, Gruppenräumen und viel Platz für Kinder. Aber der Abrißbagger rückte immer näher. Die Hallen der ebenfalls stillgelegten Eisengießerei Klencke auf dem gleichen Areal wurden im Oktober 1980 abgeräumt. Zwei gut erhaltene Wohnhäuser in der Osenbrückstraße 13 und 21 wurden ebenfalls plattgemacht. In dieser Situation besetzten nach einem bunten, lebendigen Kulturumzug durch den Stadtteil im Mai 1981 verschiedene Initiativen das leerstehende Cordes & Sluiter-Gebäude. Stän-

Osenbrückstraße 13 und 21 ❸

dig von Räumung bedroht, und trotz erheblicher Spannungen unter den Besetzergruppen wurde fast pausenlos gestrichen, ausgebessert, renoviert und umgeräumt; es wurden verschiedene Werkstätten, ein Stadtteilcafé, Kindergruppenräume, Anfänge eines Museums, der Treffpunkt einer Schwulengruppe und noch vieles mehr eingerichtet. Nur ein kleiner Teil der Hemelinger Bevölkerung unterstützte die Kulturfabrik aktiv, so daß der nötige politische Druck fehlte. Eines Nachts im September 1981 brannte die Fabrik durch Brandstiftung ab. Die Ruine wurde noch am gleichen Morgen wegen »Einsturzgefahr« abgeräumt. Mitglieder der Kulturgruppen hatten Anzeige erstattet; die Staatsanwaltschaft stellte die Ermittlungen ein, ohne Zeugen zu hören.

Osenbrückstraße 23/25

Im Haus der ehemaligen Tabakfabrik E. F. Schellhass & Söhne, Nr. 23/25 — es lag hinter der Straßenfront zurück — residierte die NS-Organisation »Kraft durch Freude«. Bis zu einem schweren Bombenangriff Anfang 1941 stand auf dem Gelände des jetzigen Bunkers die Villa des Brauereidirektors. Hemelingen war als Zentrum der Rüstungsindustrie schweren Bombenangriffen ausgesetzt. In den 70er Jahren war in dem Bunker die Sammlung für ein künftiges Handwerks- und Industriemuseum von *Alfred Taake* untergebracht. Der Bunker wurde in den letzten Jahren wieder kriegsgemäß hergerichtet, angeblich atomsicher für 10 Stunden! Zur Beruhigung soll wohl das bunte, harmonische Wandbild dienen.

Arbeiten für ein Museum des Alltags: durch Brandstiftung wieder zunichte gemacht

Als die Firma M. H. Wilkens & Söhne 1859 ihre Besteckabteilung nach Hemelingen verlegte, hatte sie in Bremen schon eine lange Tradition und war als Verwalterin der Bremischen Münzanstalt tätig gewesen. 1869 siedelten die Firma und ihre Besitzer ganz nach Hemelingen über. Das Werk ist ein interessantes Beispiel der Fabrikarchitektur der Gründerzeit. Durch die im Verhältnis hohen Löhne, ihre relativ sichere Anstellung, die Sozialleistungen wie eine Witwen- und Waisenkasse und die bereits 1885 gegründete Betriebskrankenkasse standen sich die Wilkens-Arbeiter wohl am besten von allen Hemelinger Fabrikarbeitern.

Seit der Niederlassung von Fabriken siedelten sich in Hemelingen Katholiken an. Ihre geistliche Betreuung übernahm 1863 ein Missionar, der auch die Kinder unterrichtete. Der zweite Missionar, *Karl Otto*, gründete gemeinsam mit seinem Bruder Franz 1874 die Glockengießerei Gebr. Otto und blieb bis zu seinem Lebensende ihr technischer Leiter.

Godehardstraße
❹

Die Diözese kaufte das Grundstück einer abgebrannten Kistenfabrik an der heutigen Godehardstraße. Mit finanzieller Hilfe des Bonifatiusvereins, der Glockengießerei Otto, des Brauereidirektors Bremme und vieler kleiner Spender entstanden in den Jahren 1898 bis 1907 die Kirche, das Schulgebäude und das Pfarrhaus.

Vor einigen Jahren hat sich in der inzwischen geschlossenen Schule eine Wohn- und Arbeitsgemeinschaft von Künstlern und Kunsthandwerkern Ateliers und offene Werkstätten eingerichtet. Ein Teil des Hauses wird von dem türkisch-deutschen Verein »Ein Haus für unsere Freundschaft e.V.« genutzt.

Diedrich-Wilkens-Straße 26

In der Diedrich-Wilkens-Straße Nr. 26 betreibt die Firma W. V. Pille eine Buchdruckerei. Pille hatte die Druckerei mit dem »Hemelinger Boten« 1924 von Paul Meißner ersteigert. Die Zeitung wurde in »Hemelinger Anzeiger« umbenannt und erschien unter wechselnden Namen bis 1940. Nach eigenen Worten war der Anzeiger

Frauenarbeit bei Wilkens & Söhne

schon 1931/32 ein »Kampfblatt der nationalsozialistischen Bewegung«. Deswegen wurde er von *Alfred Faust* in der »Bremer-Bürger-Zeitung« auch »die bittere Pille« genannt.

Auf dem Fabrikgelände links produzierte von 1873 an über ein halbes Jahrhundert lang die größte Fabrik in Hemelingen Garne und Stoffe. Sie hieß wie ihr Waller Gegenstück *»Bremer Jute-Spinnerei und Weberei«*, weil sie mit Bremer Kapital gegründet worden war. Auch sie wurde kurz die »Jute« genannt.

1883 war die Zahl der Webstühle auf 1.574 und die der Spindeln auf 4.282 angewachsen; die Jute beschäftigte über 1.000 Personen und zahlte 5% normale Dividende und 20% Superdividende. Da die Jute bei 12stündigem Arbeitstag miserable Arbeitsbedingungen und Löhne bot, war die Fluktuation hoch und der Arbeitskräftebedarf konnte bald nicht mehr aus der Region gedeckt werden. 60 bis 70% der Beschäftigten waren Frauen; sie verdienten durchschnittlich 2/3 der Männerlöhne. Irgendwelcher Beschönigungen bedurfte diese Tatsache um 1900 noch nicht.

Agenten warben Arbeitskräfte aus Böhmen, Mähren und Galizien an, nach 1908 auch in großem Umfang aus der polnischen Ukraine. Zerlumpt und elend kamen sie in Sammeltransporten in Hemelingen an. Viele Kinder waren dabei, die auch in der Jute arbeiten mußten. Die Menschen sprachen oft kein Wort deutsch, und es schlugen ihnen ähnliche Vorurteile entgegen wie den Ausländern heute. »Wir waren immer und überall die Pollacken. Ja, damals wurden wir öffentlich beschimpft. Da nahm sich niemand ein Blatt vor den Mund. Im Gegenteil, zu oft in ungerechtfertigter Weise wurden wir abgelehnt, ja abgestoßen«, erzählte eine Jute-Arbeiterin.

Die Jute baute für die Angeworbenen Quartiere. Ein Gebäude, bezeichnenderweise »Kaserne« genannt, enthielt 66 Wohnungen mit einem oder zwei Zimmern. Hier wurden die Familien zusammengepfercht. Die Unverheirateten mußten sich mit Massenschlafsälen begnügen. In der Girardonistraße, benannt nach einem Direktor der Jute, stehen noch kleine Einfamilienhäuser, die für Meister und Vorarbeiter erbaut wurden. Auch auf der rechten Straßenseite sind einige »bessere« Wohnhäuser der Jute entstanden. In Nr. 14 wohnte der besonders verhaßte Webermeister *Friedrich Wailke.* Bei einem Streik forderten Arbeiterinnen erfolglos seine Entlassung.

Girardonistraße
❺

Erste gewerkschaftliche Organisationen sind ab 1887 bekannt. Schon vor 1900 rief die Gewerkschaft der Textilarbeiter zu Massenveranstaltungen auf, bei denen der spätere Reichspräsident *Friedrich Ebert* sprach. Ebert arbeitete zu der Zeit noch als SPD- und Gewerkschaftsfunktionär in Bremen. Um 1910 waren rund 50% der Beschäftigten der Jute organisiert. 1899 und 1911 kam es zu lang andauernden Streiks; 1911 wurde der Betrieb deswegen vorübergehend ganz geschlossen. Nach zwei Großbränden wurde die Produktion der Jute 1932 endgültig eingestellt.

Diedrich-Wilkens-Straße
❻

Von den Produktionsanlagen ist nichts mehr zu sehen, denn 1936/37 bauten die *Focke-Wulf-Flugzeugwerke* auf diesem Gelände ihr neues Werk mit einer Lehrwerkstatt. Focke-Wulf arbeitete seit 1933 fast ausschließlich für die Aufrüstung. Aus dem FW 200 »Condor«, einem Langstreckenflieger für die Lufthansa, dessen Ohnehaltflug über den Atlantik die Zeitungen bejubelten, wurde mit geringen Änderungen ein Fernkampfbomber. Er wurde wie anderes neu entwickeltes Kriegsgerät im spanischen Bürgerkrieg erprobt. Die Luftfahrtindustrie bestach ihre Belegschaft mit modernen Wasch-, Umkleide- und Baderäumen sowie gut ausgestatteten Kantinen:

»Ich habe Flugzeugbauer gelernt. Wir Lehrlinge waren schwer beeindruckt von der Kantine: Weiße Tischdecken, Blumen auf den Tischen und es

Fernkampfbomber FW 200 C »Condor«, hergestellt bei der Focke-Wulf-Flugzeugbau GmbH Bremen

wurde auf- und abgedeckt, keine Selbstbedienung. Eigentlich kann man sagen, daß ich da mit Messer und Gabel essen gelernt habe.« Gerade Rüstungsbetriebe waren häufig NS-Musterbetriebe. Im Flugzeugbau konnte die ideologische Beeinflussung stärker greifen als in den anderen Metallbetrieben, weil die Mehrzahl der Beschäftigten erst nach 1935 eingestellt wurde und die gemeinsamen gewerkschaftlichen Erfahrungen der Belegschaften von vor 1933 fehlten. Schon die Lehrlinge wurden zu Höchstleistungen angetrieben. Jeden Monat fanden betriebsinterne Berufswettkämpfe mit der öffentlichen Zurschaustellung der individuellen Ergebnisse statt. Die Hälfte der Lehrlinge stammte aus dem ganzen Reichsgebiet und wohnte internatsmäßig in der »Fliegertechnischen Vorschule«, Sebaldsbrücker Heerstraße/ Ecke Saarburger Straße.

Am 24. April 1945 rückten englische Truppen über Mahndorf und Arbergen nach Hemelingen vor. Ausgerüstet mit Handfeuerwaffen und Panzerfäusten, wurden die Jungen der Fliegertechnischen Vorschule ihnen entgegengestellt. Fünf Lehrlinge starben.

Die größeren Hemelinger Betriebe, allen voran die Rüstungsunternehmen, beschäftigten während des Krieges ausländische Zwangsarbeiter:

Aus einem Bericht einer Hemelingerin, die 1945 sieben Jahre alt war: »Wenn die Kolonne der Arbeiter, die bei Focke-Wulf arbeiten mußten, morgens und abends durch die Straßen getrieben wurde, durfte ich nicht am Fenster stehen und zugucken, auch die Nachbarn zogen ihr Rollo runter.« Viele Betriebe forderten die Gestapo geradezu auf, noch brutaler gegen die Zwangsarbeiter, aber auch gegen aufbegehrende deutsche Arbeiter, vorzugehen. Dabei tat sich der Betriebsarzt von Focke-Wulf, Dr. Warning, besonders hervor. Von ihm ist auch bekannt, daß er eigenhändig Zwangsarbeiter liquidiert hat.

Nach dem Krieg baute die Rundfunkfirma *Nordmende* aus den Trümmern von Focke-Wulf ein neues Werk auf. Seit 1978 der französische Multi Thomson-Brandt die Firma mit 2.800 Beschäftigten, mehrheitlich Frauen, übernahm, steht das Werk nur noch mit Massenentlassungen in der Zeitung. Um die völlige Stillegung zu vermeiden, wurde 1987 unter Beteiligung der Stadt Bremen eine Auffanggesellschaft gegründet. Das rettete vorerst 510 Arbeitsplätze, 275 Arbeiterinnen und Arbeiter mußten gehen.

Das Ende der Diedrich-Wilkens-Straße vor der Kanalisation

Diedrich-Wilkens-Straße 10

Am Ende der Diedrich-Wilkens-Straße ist die Welt nicht mit Brettern, sondern mit einer Hochstraße verbaut. Das Hotel Korte hatte früher einen Anbau, in dem vor 1933 die Arbeiterbibliothek Hemelingen mit ca. 1.500 Bänden untergebracht war. Sie wurde von den Nazis beschlagnahmt und die Bücher vernichtet. Nach dem Krieg wurde bereits im August 1945 als eine der ersten Volksbüchereien die Nebenstelle in der Sebaldsbrücker Heerstr. 200 wieder eröffnet. Es wird erzählt, daß ein kleiner Teil der Bücher aus der Arbeiterbibliothek den Krieg in der zweiten Reihe eines privaten Bücherschranks überdauerte. Nach 1945 konnten diese Bücher in der Volksbücherei wieder entliehen werden.

Robertstraße

Die Robertstraße hieß nach 1945 Thälmannstraße. 1951, im Kalten Krieg, beschloß der Senat auf Antrag des Beirats Hemelingen, ihr den unverfänglichen Namen Robertstraße zu geben — wahrscheinlich nach dem Lustspiel »Robert und Bertram«, das vor dem Krieg mehrfach in Hemelingen aufgeführt wurde.

Christernstraße
❼

Zwischen Christernstraße und Westerholzstraße erstreckt sich ein mehrstöckiger Gebäudekomplex mit großem Innenhof, 1883 von der chemischen Fabrik Grevenberg erbaut. Nachfolger in dem Gebäude waren die Torfitwerke G. A. Haseke und Co., Toschi genannt. Der Schwerpunkt der Produktion lag bei Baustoffen.

»Bis ungefähr 1935 hat mein Vater bei Torfit gearbeitet. Wir haben das ja damals gar nicht gewußt, wie gefährlich Asbest ist. Meine Mutter hat seine Arbeitskleidung immer extra gewaschen, der Arbeitsanzug war richtig steif vor Staub, da kam die dicke graue Brühe raus. Wenn die Platten gesägt wurden, standen die Leute voll im Asbest-Staub. Ich bin überzeugt, daß er daran auch gestorben ist, er hatte Herzasthma und seine Bronchien waren kaputt.«

Haseke und die gesamte Betriebsleitung waren NS-Parteimitglieder. 1939 überreichte Hitler Haseke in Berlin die »Goldene Fahne« für NS-Musterbetriebe. Auch nach dem Krieg konnte mancher SS-Mann, der wegen der Entnazifizierung vorübergehende Schwierigkeiten bei der Arbeitsplatzsuche hatte, bei Toschi freundliche Aufnahme finden. Toschi hat inzwischen die Produktion aus Bremen weg verlegt.

Gegen 1875 empfanden es viele Neuhemelinger als unbefriedigend, daß sie keine eigene Kirche hatten, sondern wie im Mittelalter zum evangelisch-lutherischen Kirchspiel Arbergen gehörten. Die Arberger Kirche galt den Neuhemelingern als Gotteshaus der Bauern, die dort ihre angestammten festen Plätze hatten und mit Pferd und Wagen zum Gottesdienst fuhren. Ein Kirchenverein betrieb den Bau einer eigenen Kirche und die Ablösung von der Gemeinde Arbergen. *F. W. Wilkens* nahm als Vorsitzender den Bau tat- und finanzkräftig in seine Hände. Während der Bauzeit der Kirche wurde in unmittelbarer Nähe, in der Glockengießerei Otto, die Glocke gegossen, die den Festakt der Einweihung an Trinitatis 1890 feierlich einläutete. Die Kirche erhielt später noch mehrere Glocken, die als Kanonenmetall in den Weltkriegen endeten. Die drei Glocken, die heute läuten, stammen aus dem Jahre 1954. Die Glockengießerei Gebr. Otto — wo heute der große Spielplatz liegt — hatte sich nach ihrer Gründung 1874 in kurzer Zeit zu einem buchstäblich weltbekannten Unternehmen entwickelt: in allen fünf Erdteilen läuteten Kirchenglocken aus Hemelingen. 1974 stellte die Glockengießerei den Betrieb ein, nur noch der Straßenname erinnert an sie.

Glockenstraße

Einer der Seelsorger der Gemeinde, *Pastor Röbbelen*, hatte bei der »Wahl« 1936 einen Zusatz auf den Stimmzettel geschrieben, in dem er seiner Kritik an Reichsjugendführer Baldur von Schirach Ausdruck gab. Die NSDAP inszenierte einen Tumult vor seinem Haus, und er wurde von Hemelingen wegversetzt.

Christernstraße

Auf dem freien Platz vor der Polizeiwache standen bis 1969 das »Alte Pflegehaus« und das Krankenhaus. Diese Häuser hatte *Minna Wilkens* der Gemeinde Hemelingen unter der Bedingung geschenkt, daß nur evangelisches Personal eingestellt werden dürfte und immer eine christliche Hausordnung erlassen würde.

Hemelinger Bahnhofstraße
❽

Wenn man an der Eisenbahnüberführung angelangt ist, kann man die Bahnhofstraße hinunterblicken. Das echte Signal und das Gemälde an einer Hauswand zeigen an, daß dort mit Modelleisenbahnen gehandelt wird. In diesem Haus betrieben gegen Ende des letzten Jahrhunderts *Betty* und *August Trampf* einen Laden. Ihre vielfältigen Dienste boten sie in dem von Trampf selbst verlegten Adreßbuch an.

Die Eisenbahnüberführung markiert den höchsten Punkt Hemelingens, im Volksmund immer noch Mühlenberg genannt. Er ist der letzte Rest der Dünenkette entlang der Weser.

Die Windmühle, die rechts hinter der Brücke ihre Segel drehte, wurde 1706 das erste Mal urkundlich erwähnt. Sie galt über 250

Mühlenberg

Jahre als das Wahrzeichen Hemelingens. Um 1750 verlief an der Mühle die Grenze zwischen Bremen und dem Kurfürstentum Hannover; der Müller erhob auch das Wegegeld am Schlagbaum. Die Straße An der Grenzpappel, damals nur ein Sandweg, war eine der ersten Verbindungen zwischen Hemelingen und Hastedt. Die berühmte Grenzpappel, nach der die Straße benannt wurde, ist schon vor über 75 Jahren gefällt worden.

Noch bis 1960 wurde in der Mühle, von der Familie *Brüne Ehlers*, denen die Mühle schon in der 4. Generation gehörte, Getreide gemahlen. Die Mühle verfiel durch Witterungseinflüsse immer mehr. Es wären nur rund 15.000 DM notwendig gewesen, um sie zu sanieren. Alle Bemühungen, die Summe über den städtischen Haushalt oder über private Spenden aufzubringen, scheiterten. Ersatzweise — weil das nichts kostete — wurde die Mühle vorübergehend bis 1958 unter Denkmalschutz gestellt. Drei Jahre später war das Denkmal nichts mehr wert: sie wurde gesprengt.

Ein Boom der Binnenschiffahrt fand nicht statt: der Hemelinger Hafen träumt vor sich hin

An der Grenzkoppel
❾

Weiter An der Grenzkoppel entlang liegen die Hemelinger Häfen. Der heutige Allerhafen stammt aus dem Jahre 1903. Der Schiffsverkehr nahm nie das erwartete Ausmaß an, weil für die Hemelinger Industrie die schnellere Eisenbahn wichtiger war. Es wurden hauptsächlich Holz, Kohle, Kies, Ziegel- und Pflastersteine und Bier umgeschlagen. Im 2. Weltkrieg griffen alliierte Flieger häufig den Hafen und die anliegenden Industriebetriebe an.

Aus der Tatsache, daß der alte Hafen eigentlich nie voll ausgelastet war, wurde nun leider nicht der Schluß gezogen, daß Hemelingen keine weiteren Großprojekte dieser Art benötige. Im Gegenteil: In den 50er und 60er Jahren, als die Politiker und auch viele Bürgerinnen und Bürger noch glaubten, die wirtschaftlichen Bäume würden in den Himmel wachsen, wurden Pläne für zwei neue größere Hafenbecken entworfen. Mit der Fertigstellung der Mittelweserkanalisierung sagte man der Binnenschiffahrt einen Boom voraus. Wie bei den meisten Großprojekten, wo viel Geld privat verdient und öffentlich gezahlt wird, wurden auch hier alle vernünftigen Einwände niedergebügelt.

Nachdem die Hemelinger Marsch durch den Autobahnbau schon völlig verändert war, wurde zwischen 1968 und 1972 nochmal gebaggert und gerammt, Spundwände geschlagen, Gelände aufgefüllt und die Marsch um und um gewühlt. Am Ende konnten dann der Werra- und der Fuldahafen feierlich dem Schiffsverkehr übergeben werden. Dieser Schiffsverkehr hat sich allerdings bis heute nicht eingestellt.

Am Rathausplatz 1
⑩

1902 wurde der Bau des Hemelinger Rathauses beschlossen, nachdem bis dahin die Amtsgeschäfte in der Privatwohnung des Gemeindevorstehers geführt wurden und der Gemeindeausschuß reihum in den verschiedenen Gaststätten getagt hatte.

Während der Revolution und Bremer Räterepublik war der Hemelinger *Adam Frasunkiewicz* — vorher Mitglied im Hemelinger Gemeindeausschuß — als Volksbeauftragter und Bezirkssekretär der USPD einer der führenden Männer. 1918 konstituierte sich auch in Hemelingen ein Aktionsausschuß des Arbeiter- und Soldatenrates, der versuchte, die Verwaltung der Gemeinde zu übernehmen. Über Arbergen, Sebaldsbrück und Hemelingen rückten dann im Februar 1919 Truppen der Division Gerstenberg mit Artillerie zur Niederschlagung der Räterepublik nach Bremen ein. Bewaffnete Arbeiter, wahrscheinlich von den Hansa-Lloyd-Werken, stellten sich ihnen am Bahnhof Sebaldsbrück entgegen. Artillerietreffer schlugen in die Schule Glockenstraße ein. Die Soldaten der Division wurden in der Schule einquartiert und durchsuchten in den folgenden Tagen die Häuser nach Spartakisten.

Während der Weimarer Republik hatten die Arbeiterparteien im Gemeinderat immer eine solide Mehrheit. Die Hungerjahre des 1. Weltkriegs mit den unzureichenden Lebensmittelzuteilungen setzten sich fort. 1920 war die Lage in Hemelingen so schlimm, daß verzweifelte Menschen Lebensmittelgeschäfte in der Bahnhofstraße plünderten.

Reichstagswahl vom 5. März 1933

Gemeinde bezw. Stimmbezirk	1 Nationalsozialistische Deutsche Arbeiterpartei	2 Sozialdemokr. Partei Deutschlands	3 Kommunistische Partei Deutschlands	4 Deutsche Zentrumspartei	5 Kampffront Schwarz-weiß-rot	7 Deutsche Volkspartei	8 Deutsche Staatspartei	10 Deutsche Bauernpartei	12 Deutsch-hannoversche Partei	Ungültig
Hemelingen	2543	3047	1056	298	491	119	93	—	43	—

Bei den Reichstagswahlen von 1933 errang die SPD trotz des zunehmenden Terrors der Nazis mehr Stimmen als die NSDAP; SPD und KPD konnten sogar zusammen die absolute Mehrheit der Stimmen auf sich vereinigen. Bei der Gemeinderatswahl wenige Tage darauf nahmen die Stimmen der Arbeiterparteien schon deutlich ab. *Heinrich Mindermann* und *Karl Mollen*, Reichstags- bzw. Landtagskandidaten der KPD aus Hemelingen, wurden, wie alle KPD-Abgeordneten in Preußen, verhaftet. Bürgermeister *Heinrich Ellmers* schickten die Nazis in den Ruhestand; *Hermann Passe*, NSDAP, übernahm das Amt kommissarisch. Der Beigeordnete *Carl Moses*, SPD, gleichzeitig Vorsitzender der Arbeiterwohlfahrt, wurde verhaftet. Der in den Gemeinderat gewählte kommunistische Abgeordnete durfte sein Mandat nicht ausüben. Die SPD stimmte der Gültigkeit des Wahlergebnisses und damit indirekt dem Ausschluß der KPD zu.

Die neuen Ratsmitglieder gaben dem Rathausplatz einen neuen Namen: Adolf-Hitler-Platz. Die SPD enthielt sich der Stimme.

Nachdem die SPD verboten war, traten die bürgerlichen Ratsmitglieder, unter ihnen der *Pastor Müller* von der katholischen Kirche, als Hospitanten der NSDAP-Fraktion bei.

Am Rathausplatz 1a

Hinter dem Rathaus, unter Bäumen versteckt, liegt die *»Kulturbaracke«*; das Gebäude wurde der Kultur- und Freizeit-Arbeitsgemeinschaft e.V. (KuFAG) von den Behörden für ihre Arbeit zur Verfügung gestellt. Die KuFAG ist aus mehreren Stadtteilinitiativen und Einzelpersonen entstanden, die gegen die Zerstörung ihres Stadtteils und für mehr Lebensqualität kämpften. Diese Gruppen schlossen sich auf dem Stadtteilfest 1980 zusammen. Im weiteren Kampf für ein Kulturzentrum beteiligte sich die KuFAG an der Besetzung von Cordes & Sluiter und versuchte nach dem »heißen Abriß« ein neues Konzept für den »Kulturhof« durchzusetzen.

Lebensqualität im Alltag: im Café der Kulturfabrik KuFAG

Linkerhand am Rathaus vorbei, wo ein kleiner Kinderspielplatz liegt, ist der Ort der »Ehrenstätte für gefallene Helden«, 1937 vom »Nationalsozialistischen Kriegsopferverband« geweiht. Mit den »gefallenen Helden« waren natürlich nur die deutschen Toten des 1. Weltkrieges gemeint. Das Denkmal bestand aus einem unbehauenen Findling, in den die Jahreszahlen des Krieges gemeißelt waren. Die Turnvereinigung Hemelingen von 1862 beging ihr neunzigjähriges Jubiläum mit einer Fahnenwache am Denkmal. Inzwischen hatte Europa einen zweiten Weltkrieg hinter sich, und in Hemelingen wurden schon wieder »gefallene Helden« geehrt! Der Stein wurde beim Bau des Autobahnzubringers entfernt und, ergänzt um die Inschrift »1939–1945«, auf dem Hemelinger Friedhof aufgestellt.

Hannoversche Straße 11

Gegenüber vom Rathaus ist die Discothek *»Aladin«*, wegen der lauten Musik in der Scene auch »Dröhn« genannt. Sie ist knall-lila angestrichen und ein echter Bürgerschreck. Der alte Name »Lüers Tivoli« ist als Schriftzug über dem Eingang noch deutlich zu lesen. Lüers Tivoli war eine Institution in Hemelingen. 1891 eröffnete die Gaststätte mit Saal und Kegelbahn. Sie war das erste und lange Zeit auch das einzige Filmtheater. Die großen Feste wurden in Lüers Tivoli gefeiert. Umzüge endeten hier, die Vereine nutzten den Saal als Turnhalle oder Übungsraum für Chor und Orchester. Die Sparkasse hatte hier einen Kassenraum, kurzfristig waren Teile der Gemeindeverwaltung und zeitweilig sogar das Standesamt in den Räumen der Gaststätte untergebracht. Auch die SPD und die Arbeitersportler kamen im Saal von Lüers Tivoli zusammen. Zwei Tage vor der Mobilmachung 1914 fand im Saal des Tivoli eine große Versammlung von Arbeiterinnen und Arbeitern statt, die gegen den drohenden Krieg protestierten. Dennoch wurden rund 1.100 Hemelinger als Soldaten eingezogen, 398 fielen.

Hannoversche Straße

In die Hannoversche Straße mündete einst der Heuweg ein. Er führte zur Jahn-Turnhalle und weiter zum Deich, zur Marsch und zur Weser mit den Badeanstalten. Die Turnhalle war 1914 vom »Männer-Turnverein Jahn zu Hemelingen e.V.« mit Spenden aus der Bevölkerung errichtet worden. Auch die Schulkinder turnten

Badeanstalt an der Weser: Flaschenbier im Sonntagsstaat in der Getränkebude »Onkel Toms Hütte«

dort. 1944 beschädigten Brandbomben die Halle schwer. Nach dem Krieg wieder hergestellt, mußte sie 1967 dem Autobahnzubringer weichen. Hemelingen brachte auch eine Fußballgröße hervor: *Max Lorenz* wurde 1965 mit Werder Bremen Deutscher Fußballmeister.

Ohne in Nostalgie zu verfallen, muß man feststellen: Mit dem Bau der Autobahn, des Zubringers und der neuen Häfen wurde die Hemelinger Marsch-Landschaft völlig zerstört. Ein Stück Natur, in dem sich Generationen von Menschen direkt vor ihrer Haustür erholen konnten, ist verschwunden.

Hannoversche Straße 70/72

⓫

Rechts das China-Restaurant Han Lin. Es ersetzt das »Gasthaus zum Alten Krug«, das 1945 durch eine Luftmine zerstört wurde. Der »Alte Krug« war das Stammlokal der Nationalsozialisten. Ihre erste Versammlung 1931 im roten Hemelingen endete nach ihren eigenen Worten mit einer »soliden Saalschlacht«. Tatsache ist wohl, daß sie Prügel bezogen. Im März 1933 sahen die Auseinandersetzungen schon ganz anders aus. Da waren SS, SA und Stahlhelm in Preußen zur Hilfspolizei ernannt worden. Diese Polizei hatte offenbar den Mitgliedern der KPD und des kommunistischen Jugendverbandes eine Falle gestellt und 22 von ihnen in einer Nacht verhaftet. Die Roten mußten wegen Landfriedensbruchs bis zu 2 1/2 Jahren sitzen.

Eisenbahnunterführung
⑫

Links herum geht es durch die neue, 1987 fertiggestellte Eisenbahnunterführung. Jetzt sind die Autoschlangen in der Hannoverschen Straße verschwunden — aber schöner ist Hemelingen durch diesen Tunnel nicht geworden. Am Dreieck Hannoversche Straße/Schlengstraße lag einmal das Zentrum des alten Bauerndorfes. Heute bestehen in Hemelingen noch 6 Bauernhöfe.

Hochstraße/Brüggeweg
⑬

Von der Hochstraße/Brüggeweg aus fällt der Blick auf die Produktionsstätten von *Krupp Atlas Elektronik* (KAE). Ihre Erfahrungen im Rüstungsgeschäft reichen bis 1906 zurück. Im 2. Weltkrieg waren die Atlas-Werke führend auf dem Gebiet der Ortungstechnik — die Werbung ist heute noch stolz darauf. Seit 1962 produziert KAE in Sebaldsbrück. Seither stieg die Beschäftigtenzahl auf über 3.000 heute an. Alle Sonaranlagen der in der Bundesrepublik hergestellten U-Boote kommen von KAE. Außerdem baut das Werk für die Bundeswehr Navigationsgeräte, Simulations- und Trainingsanlagen, rechnergesteuerte Prüfsysteme und — als Generalunternehmer — die Feuerleitanlage des Panzers Leopard II. Die Firma wird in der nächsten Zeit expandieren.

»Zu gut für diese Welt?«

»Borgward hat das Kriegsverdienstkreuz erhalten, weil er so gut am Krieg verdient hat, und er hat das Bundesverdienstkreuz erhalten, weil er auch in der Bundesrepublik wieder gut verdient hat.« (Willi Elmers)

Das erste Auto in Hemelingen fuhr natürlich der Kommerzienrat *Wilkens.* Die Automobilindustrie hat im Bremer Osten eine lange Tradition. Sie verbindet sich vor allem mit dem Namen *Carl Friedrich Wilhelm Borgward.* Bereits in den zwanziger Jahren hatte Borgward einige ältere Bremer Autofirmen aufgekauft. Sie waren die Grundlage für den Aufschwung, den die Firma ab 1933 erlebte. Die Borgward-Produktion war wichtiger Bestandteil der Motorisierungskampagnen der NSDAP. Hitler hatte die »Volksmotorisierung« proklamiert, und der Bau der Reichsautobahnen lief an. Das kam Borgward gerade recht: mit dem Aufbau einer Automobilbranche, die potentielle Rüstungsindustrie war, ließ sich gut verdienen. Die Eröffnung des neuen Borgward-Werkes Sebaldsbrück, Auf dem Bruch, wurde 1938 als »wehrwirtschaftlich bedeutsames Ereignis« gefeiert. Die Fabrik war damals das modernste Automobilwerk Europas. Die alte Produktionsstätte in Hastedt lief trotzdem weiter: sie stand voll für den Bau von Kettenfahrzeugen, LKWs, Zugmaschinen und ab 1940 Torpedos zur Verfügung. Im neuen Sebaldsbrücker Werk liefen bis 1939 hauptsächlich PKWs vom Band. Das Standardisierungsprogramm war allerdings längst auf »wehrwirtschaftliche und wehrtechnische Belange«, so Borgward selbst, ausgerichtet. Während des Krieges versorgte Borgward die Wehrmacht außer mit Transportfahrzeugen mit Bombenabwurfeinrichtungen, ferngelenkten Panzerzerstörern, Schützenpanzern und Zubehör für Munition und Bomben. Bei Kriegsbeginn arbeiteten bei Borgward rund 8.000 Menschen; 1942 waren ein Drittel der Beschäftigten ausländische Zwangsarbeiter, zwei Jahre später mehr als die Hälfte. Etwa 2.000 von ihnen kamen aus dem KZ Neuengamme und wurden im Außenlager Sebaldsbrück in der Nähe des Osterholzer Friedhofs gefangen gehalten.

Die Rüstungsproduktion hatte den zivilen Fahrzeugbau verdrängt. Die Nazis dankten Borgward sein Engagement; 1944 verliehen sie ihm das Verdienstkreuz 1. Klasse. Am Ende des Krieges lagen die Borgward-Werke in Trümmern.

Borgward wurde bis zum Juli 1948 von den Amerikanern interniert. In der Zwischenzeit bauten Arbeiter die zerstörten Produktionsanlagen neu auf. Als Borgward zurückkehrte, war

Heute ein Kult-Auto: Borgward Isabella (Hansa 1500), Modell 1954

er wieder der Chef. Enteignung von Unternehmern, die am Krieg verdient hatten, Entnazifizierung, Wiedergutmachung an den Zwangsarbeitern, keine Rede mehr davon! 1951 erhielt Borgward die neu geschaffene Senatsmedaille für besondere Verdienste um den wirtschaftlichen Wiederaufbau Bremens. 1960 wurde er mit dem großen Verdienstkreuz mit Stern der Bundesrepublik Deutschland geehrt.

Über die Borgward-Pleite ein Jahr später ist schon viel geredet und geschrieben worden. Der Staat Bremen jedenfalls zahlte rund 100 Millionen. Der Sanierer *Dr. Semler* erhielt dafür, daß er geholfen hatte, die Borgward-Werke zu Tode zu kurieren, 450.000 Mark plus Spesen. Die über 20.000 Beschäftigten standen ab Juli 1961 auf der Straße. Die meisten von ihnen fanden zwar wieder Arbeit, mußten aber Lohneinbußen hinnehmen.

Inzwischen sind über 25 Jahre vergangen, und Borgward und seine »Isabella«, von der gesagt wurde, sie sei »zu gut für diese Welt«, sind längst zu einem Automobil-Mythos geworden. Dagegen müssen die Aktivitäten und Aktionen der Borgward-Arbeiter immer wieder neu in Erinnerung gerufen werden: So berichtet *Willi Elmers,* der seit 1951 bei Borgward gearbeitet hatte, von großen Metallarbeiterstreiks in den 50er Jahren, wo die gut organisierte Borgward-Belegschaft bei Nordmende mit Streikposten aushelfen mußte; von der erfolgreichen Zusammenarbeit von KPD und SPD bis zu den Betriebsratswahlen 1955; und er erzählt von dem eingeschleusten Privatdetektiv, der versuchte, ein Spitzelsystem aufzubauen — er wurde im wahrsten Sinne des Wortes aus dem Werk geworfen.

Der größte Teil der Produktionsanlagen ging über Rheinstahl-Hanomag 1969 an den Daimler-Benz Konzern, der hier Transporter herstellte. Um den »kleinen Mercedes« in Bremen zu produzieren, benötigte Daimler rund 700.000 qm Erweiterungsfläche im Holter Feld, dem letzten großen Naherholungsgebiet für Hemelingen/Sebaldsbrück. Als solches war das Holter Feld im Flächennutzungsplan ausgewiesen. Aber wenn die Industrie ruft ...

Der Senat informierte die Bevölkerung nur scheibchenweise über die Auswirkungen. Insgesamt 410 Kleingärtner mußten ihre Parzellen räumen: Der Generalpachtvertrag für das Parzellengelände war durch den Landesvorsitzenden Dreyer bereits 1977 mündlich gekündigt worden, ohne daß die Kleingärtner es wußten. Daimler erhielt das Gebiet voll erschlossen und mit Sand aufgespült zu einem lächerlichen Preis. Neben dem Osterholzer Friedhof wurde eine neue Verbindungsstraße gebaut, die Hermann-Koenen-Straße. Sie wurde nach dem inzwischen verstorbenen Betriebsratsvorsitzenden von Daimler-Benz benannt.

Hermann Koenen war Bürgerschaftsabgeordneter der SPD und einer der ganz wenigen Borgward-Betriebsräte, die Daimler übernahm. Er dankte es der Betriebsleitung durch besonders kooperative Amtsführung; so stimmte 1973 der Betriebsrat unter seinem Vorsitz der fristlosen Entlassung des Betriebsratsmitglieds *Günter Griese* zu. Griese hatte an die streikenden Kollegen der Firma Rheinstahl ein Solidaritätstelegramm geschickt.

Mehrere Bürgerinitiativen konnten die Daimler-Benz Ansiedlung mitten in den Wohngebieten nicht verhindern. 1.200 Einsprüche gegen den neuen Bebauungsplan nutzten genau so wenig wie eine Klage vor dem Verwaltungsgericht. Am Ende bescheinigte das Gericht der Bürgerinitiative, daß der Bebauungsplan rechtswidrig, d.h. nichtig sei — die Kläger seien trotzdem nicht in ihren Rechten verletzt worden, weil in ihr Eigentum »nicht schwer und unerträglich eingegriffen« worden sei. Die versprochenen Arbeitsplätze lassen auf sich warten.

Margot Müller

Schloßparkstraße

Der Schloßpark reichte um die Jahrhundertwende bis zum Heufeldfleet. Zu dem weitläufigen Gelände gehörte ein großer Obstgarten, ein Ententeich und das Hofmeierhaus mit Stallungen. Eine 200 m lange Hainbuchenlaube war die Hauptattraktion des Parks.

Im Holter Feld
⓮

Die Schule im Holter Feld war Mitte der 70er Jahre als integriertes Sekundarstufen-II-Zentrum gebaut worden. Anfänglich vom Grün eines Naherholungsgebietes umgeben, ist sie jetzt von der Daimler-Werkserweiterung regelrecht eingemauert. 1980 thematisierte ein Wandbild in der Pausenhalle diesen Zustand: Es zeigt eine Landschaftszerstörung durch einen riesigen Bagger. Ein Stern in der Baggerschaufel deutet diskret an, wer der Verursacher dieser Zerstörung ist. Der Schulleiter bestimmte: Der Stern muß weg. Lehrer, Schüler und Öffentlichkeit wehrten sich, der Schulleiter nahm die Dienstanweisung zurück. Das Wandbild ziert noch heute die Pausenhalle — mit Stern!

Abrißbagger für den »guten Stern auf allen Straßen«: das Holter Feld wurde für die Daimler-Werkserweiterung abgeräumt

Sebaldsbrücker Heerstraße 181

Das Fachwerkhaus Nr. 181, ganz geduckt zwischen den Fabriken, beherbergte früher eine Gastwirtschaft. »Der alte Dorfkrug« geht bis auf das Jahr 1840 zurück.

1919 wurde die Wirtin des Dorfkrugs, *Betty Franke*, unter nie geklärten Umständen beim Einmarsch der Division Gerstenberg, angeblich durch einen Querschläger, erschossen. Sie liegt auf dem Friedhof Sebaldsbrück begraben.

In den siebziger Jahren traf sich im Dorfkrug die »Bürgerinitiative Umweltschutz Hemelingen/Sebaldsbrück« in Sichtweite von der Kunststoffabrik Molan-Werk, mit der sie sich schwerpunktmäßig beschäftigte. Molan hatte länger als ein Jahr eine Anlage zur Herstellung von Hartschaum ohne Genehmigung in Betrieb. Bei dem Verfahren werden gesundheitsschädliche Gase frei. Nicht das Gewerbeaufsichtsamt, sondern öffentlicher Druck bewirkte die vorübergehende Stillegung der Produktionsstätte. Der Geschäftsführer *E. Dittrich* wurde später zu 2.000 Mark Geldstrafe verurteilt. Im Juli 1984 brannte es bei Molan; eine türkische Arbeiterin verbrannte in dem illegal gebauten Gebäude, weil es keinen Notausgang gab. Der Prozeß gegen Dittrich wurde gegen ein Bußgeld von 70.000 DM eingestellt, weil an einer Strafverfolgung angeblich kein öffentliches Interesse bestünde!

Am ehemaligen Luftschutzbunker vor dem Sebaldsbrücker Bahnhof zeigt ein Bild die Umgebung wie sie ungefähr 1978 aussah.

In dem Bunker betrieb die Schlachterei Vollmert vor der Währungsreform eine Großküche und bot dort zwar einfache, aber lebensmittelmarkenfreie Kost an. Am Montag gab es regelmäßig Milchsuppe, und die Leute kamen sogar aus Vegesack, um hier zu essen und für ihre Familie etwas im Eimer mitzunehmen. Auch die Schulspeisung wurde hier ausgeteilt.

Sebaldsbrücker Heerstraße 29
⑮

Zwei kleine Zimmer im Haus der jüdischen Familien *Lipschütz, Londner, Wiesner* und *Sina* dienten als Gebetsräume für die jüdischen Bewohner der Umgebung. Alle jüdischen Familien der Gegend stammten aus Polen. Sie waren meist schon vor der Jahrhundertwende nach Bremen gekommen. Am 27. Oktober 1938 wurde eine Polizeiverfügung ins Haus gebracht, daß Juden polnischer Staatsangehörigkeit das Deutsche Reich innerhalb eines Tages verlassen mußten.

Das Haus Nr. 29 wurde in der Reichspogromnacht zerstört. Der »Hemelinger Anzeiger« schrieb dazu am 11.11.1938 tiefbefriedigt:

»Dem Juden Alexander in der Hastedter Heerstraße sind ebenfalls seine Fenster gebührend behandelt worden. Die dreckige Juden-Synagoge in Sebaldsbrück war sehr schnell das Zentrum der Bevölkerung. Der Stall wurde erstmal ausgemistet, und die Betstühle auf den richtigen Platz, nämlich den Scheiterhaufen, verwiesen...«

Hemelinger Bahnhofstraße 16

In der Hemelinger Bahnhofstraße 16 wohnten *Betty* und *Rika Fränkel* und *Heinz, Walter* und *Rosa Menkel.* Sie wurden im November 1941 mit anderen Juden aus Bremen und dem Regierungsbezirk Stade nach Minsk deportiert und dort ermordet.

Zum Weiterlesen

Allgemeine Bremer Literatur

Arbeitsgemeinschaft Abrüstung der Uni Bremen (Hg.), Der Kaiser ging, der Führer ging — die Waffenschmieden blieben; Rüstungsproduktion in Bremen vom Kaiserreich bis heute, Bremen 1984.

Karl Baedeker, Bremen/Bremerhaven, Freiburg 1973.

Siegfried Fleichner, Werner Kloos, Bremer Kirchen, Bremen o.J.

Friedrich Gläbe, Bremen einst und jetzt — eine Chronik, Bremen 1958.

Claus Heitmann, Von Abraham bis Zion. Die Ortsgemeinden der Bremer Evangelischen Kirchengemeinden, Bremen 1985.

Hans Christoph Hoffmann, Bremen, Bremerhaven und das nördliche Niedersachsen, Bremen 1986.

Werner Kloos, »Das alte Bremen«, Bremen 1978.

Werner Kloos, Bremer Lexikon, Bremen 1977.

Werner Kloos, Gut Bremisch Essen und Trinken. Ein Almanach von ..., Bremen o.J.

»Mach dir ein paar schöne Stunden«, Kino in Bremen. Ausstellungskatalog, Bremen 1984.

Gaby Mayr, Günter Beyer, Radtouren rund um Bremen, Bremen 1985.

Neuester Wegweiser durch Bremen und seine Umgebungen, Bremen 1848 (Faksimile 1974).

Dieter Pfliegensdörfer, Vom Handelszentrum zur Rüstungsschmiede. Wirtschaft, Staat und Arbeiterklasse in Bremen 1929-1945. Forschungsreihe des Forschungsschwerpunktes »Arbeit und Bildung«, Bd. 5, Bremen 1986.

Scheller's Führer durch Bremen, Bremen 1915.

Herbert Schwarzwälder, Bremen im Wandel der Zeiten, Bremen 1970.

Herbert Schwarzwälder, Geschichte der Freien Hansestadt Bremen, 4 Bde., Hamburg 1983-1985.

Herbert Schwarzwälder, Gruß aus Bremen, Ansichtskarten um die Jahrhundertwende, Bremen 1975.

Adam Storck, Ansichten der Freien Hansestadt Bremen und ihrer Umgebungen. Frankfurt 1822, (Faksimile, Bremen 1977).

C. Wefing, Bremische Heimatkunde, Band 1, Bremen 1903.

Arbeiterbewegung

Peter Brandt, Antifaschismus und Arbeiterbewegung in Bremen 1945/46, Hamburg 1976.

Bremer Woll-Kämmerei-AG, Bremen (Hg.), Ein Jahrhundert BWK, 1883-1983, Bremen 1983.

Hans-Georg Conert, Reformismus und Radikalismus in der bremischen Sozialdemokratie. Die Herausbildung der »Bremer Linken« zwischen 1904 und 1914, Bremen 1985.

Willy Dehnkamp, Von unten auf. Die sozialistische Arbeiterbewegung in Blumenthal-Vegesack (Bremen-Nord), Bonn 1986.

Helmut Gätsch, Die Freien Gewerkschaften in Bremen 1919-1933, Bremen 1969.

Heiner Heseler, Hans Jürgen Kröger (Hg.), »Stell Dir vor, die Werften gehören uns...«, Hamburg 1983.

Friedrich Jerchow, Zerrbild und Wirklichkeit des Arbeitslebens auf der Bremer Woll-Kämmerei

Friedrich Jerchow, 1883-1983, Die Geschichte der Bremer Wollkämmerei zu Blumenthal, Bremen 1983.

Jens Jost-Krüger, Klaus Dyck, Die Arbeitermaifeiern in Bremen von 1890 bis 1914, Diplomarbeit 1985.

Peter Kuckuck, Bremen in der Deutschen Revolution 1918-1919 — Revolution, Räterepublik, Restauration, Bremen 1986.

Volkmar Leohold, Die Kämmeristen, Hamburg 1986.

Renate Meyer-Braun, Die Bremer SPD 1949-1959, Eine lokal- und parteigeschichtliche Studie, Frankfurt/M. 1982.

Hartmut Müller (Hg.), Bremer Arbeiterbewegung 1918-1945, Trotz alledem, Berlin 1983.

Uwe Parpart (Hg.), Anders leben — Anders arbeiten. Genossenschaftliche Selbsthilfe als politische Kultur — Teil Bremen, Bremen 1985.

C. Paulmann, Die Sozialdemokratie in Bremen 1864-1964, Bremen 1964.

Der Streik der Metallarbeiter, Bremen, März 74. Analyse und Dokumentation, Heidelberg 1974.

Jörg Wollenberg u.a., Von der Krise zum Faschismus, Bremer Arbeiterbewegung 1929-33, Frankfurt/M. 1983.

H. Ziegenfuß, H. Heseler, H.J. Kröger (Hg.), »Wer kämpft, kann verlieren! Wer nicht kämpft, hat schon verloren!«, Tagebuch einer Betriebsbesetzung, Hamburg 1984.

Nationalsozialismus und Krieg

Peter Altmann u.a., Der deutsche antifaschistische Widerstand 1933-1945, In Bildern und Dokumenten, Frankfurt/M. 1975.

Heiko Asseln, Willy Hundertmark, Alternative Stadtrundfahrt. Stätten der demokratischen Bewegung und der Arbeiterbewegung, Bremen 1982.

Bundeszentrale für politische Bildung (Hg.), Gedenkstätten für die Opfer des Nationalsozialismus, Eine Dokumentation, Band 245, Bonn 1987.

Regina Bruss, Die Bremer Juden unter dem Nationalsozialismus, Bremen 1983.

Magdalene Groot-Stoevesandt, »Wüstenwanderung« — Der Weg einer illegalen Bremer Kirchengemeinde unter dem Nationalsozialismus 1933-1945, Bremen o.J.

Rainer Habel, Erinnerungen am Mahnmal »U-Boot-Bunker Valentin«, in: Demokratische Gemeinde 12/1983.

U. Herbert, Fremdarbeiter, Bonn 1985.

Kulturzentrum Schlachthof (Hg.), Bremen 1933-1945. Vom Handelszentrum zur Rüstungsschmiede, Bremen 1983.

Landesverband der VVN/Bund der Antifaschisten Bre-

men e. V., Der Bremer Antifaschist, Hektographierte Materialien, o.J.
Inge Marßolek, René Ott, Bremen im 3. Reich, Anpassung — Widerstand — Verfolgung, Bremen 1986.
Almuth Meyer-Zollitsch, Nationalsozialismus und Evangelische Kirche in Bremen, Bremen 1985.
C.U. Schminck-Gustavus (Hg.), Bremen kaputt, Bremen 1983.
C.U. Schminck-Gustavus, Hungern für Hitler, Reinbek 1984.
Der Senator für Bildung, Wissenschaft und Kunst (Hg.), Kunst gegen Krieg und Faschismus in Bremen, Bremen 1986.
Der Senator für Bildung, Wissenschaft und Kunst (Hg.), Kunst gegen Krieg und Faschismus in Bremen und Bremerhaven, Bremen 1987.
VVN/Bund der Antifaschisten, Antifaschistischer Widerstand 1933-1945 in Bremen, Katalog zur Ausstellung, Bremen o.J.

Kriegsende und Nachkriegszeit

Horst Adamietz, Das erste Kapitel, Bremer Parlamentarier 1945-1950, Bremen 1975.
Horst Adamietz, Die 50er Jahre, Bremer Parlamentarier 1951-1959, Bremen 1978.
Anna Dünnebier, Gert von Paczensky: »Aktuelles Bremen ABC«
Jörg Friedrich, Die kalte Amnestie. NS-Täter in der Bundesrepublik, Frankfurt/M. 1985.
Reinhard Patemann, Bremische Chronik 1957-1970, Veröffentlichungen aus dem Staatsarchiv der Freien Hansestadt Bremen, Band 41, Bremen 1973.
Fritz Peters, Zwölf Jahre Bremen 1945-1956. Eine Chronik, Bremen 1976.
Röderberg-Reprint, Gemeinsam begann es 1946. »Der Aufbau« schrieb das erste Kapitel. Frankfurt/M. 1978.
Herbert Schwarzwälder, Bremen und Nordwestdeutschland am Kriegsende 1945. Teil 1: Die Vorbereitung auf den »Endkampf«, Bremen 1972. Teil 2: Der britische Vorstoß an die Weser, Bremen 1973. Teil 3: Vom »Kampf um Bremen« bis zur Kapitulation, Bremen 1974.
Walter H. Seiter, Alphonse Kahn, Hitlers Blutjustiz — ein noch zu bewältigendes Kapitel deutscher Vergangenheit, Frankfurt/M. 1981.
Senator für Bildung, Wissenschaft und Kunst (Hg.), Zeit ohne Verhältnis, Kunst in Bremen nach 1945, Katalog zur gleichnamigen Ausstellung, Bremen 1985.

Architektur/Kunst im öffentlichen Raum/Stadtplanung

Architektengemeinschaft Moschel und Partner (Hg.), Planen, Bauen, Verwalten, 25 Jahre Bremer Bauunion, 1940-1980, Bremen o.J.
Johannes Cramer, Niels Gutschow, Wilfried Turk, Karl-Jürgen Krause, Das Bremer Haus — Geschichte, Programm, Wettbewerb, Bremen 1982.
Goethe-Institut München, Kunst im öffentlichen Raum (Ausstellung). Ein Kunstprogramm der Freien Hansestadt Bremen, München 1984.
(Hansestadt Bremen) 5 x über die Weser. Straßenbrükken in Bremen, Bremen 1982.
Christoph Hoffmann, Das Bremer Haus, Bremen 1974.
Helga Hoffmann, Renate Schramel, Bremer Bürgerhäuser — Entstehungsbedingungen und Praxis, Bremen 1986.
Klaus Hübotter, Du baust wie du bist, Bremen o.J.
Landesamt für Denkmalpflege der Freien Hansestadt Bremen, Baudenkmale in der Freien Hansestadt Bremen, Fischerhude 1982.
Hans-Joachim Manske, Bremer Wände, Köln 1986.
Beate Mielsch, Denkmäler Freiplastiken, Brunnen in Bremen 1800-1945, Bremen 1980.
Beate Mielsch, Kunst im Bremer Stadtbild, Bremen 1984.
Rudolf Schuster, Die Entwicklung der Bremischen Vorstädte im 3. Viertel des 19. Jahrhunderts, Bremen 1949.
Herbert Schwarzwälder, Bremen und seine Brücken, Bremen.
Senator für das Bauwesen (Hg.), Die Neugestaltung Bremens, Heft 7, Bremen 1959.
Senator für das Bauwesen (Hg.), Die Neugestaltung Bremens, Heft 9, Bremen 1963.
Senator für Wissenschaft und Kunst (Hg.), Kunst im öffentlichen Raum, Bremen 1980.
Senator für Wissenschaft und Kunst (Hg.), Wohnsiedlungen in Bremen 1900-1945, Materialsammlung, Bremen 1984.
Statistisches Amt Bremen (Hg.), »Untersuchung der Wohnungen der minderbemittelten Klassen in Bremen«, Bremen 1905.
Carl Thalenhorst (Hg.), Bremen und seine Bauten 1900-1951, Bremen o.J.
Verkehrsverein Bremen (Hg.), »Bremen baut — Gestalt, Gliederung und bemerkenswerte Bauten der Stadt«, Bremen 1963.
Klaus Warwas, Wird Bremen immer häßlicher?, Bremen 1977.

Frauengeschichte

Marga Berck, Sommer in Lesmona, Hamburg 1951
Hannelore Cyrus, Von gelehrigen und gelehrten Frauenzimmern. Mädchenbildung und -ausbildung in Bremen im 19. Jahrhundert, in: diskurs. Bremer Beiträge zu Wissenschaft und Gesellschaft
Marlene Ellerkamp und Brigitte Jungmann, Frauen in der »Jute«, in: Beiträge zur Sozialgeschichte Bremens, Heft 6, Bremen 1983.
Marlene Ellerkamp und Brigitte Jungmann, Unendliche Arbeit in der »Jutespinnerei und -weberei Bremen« 1888-1914, in: Frauen suchen ihre Geschichte, hrsg. von Karin Hausen, München 1983.
Renate Feyl, Der lautlose Aufbruch. Frauen in der Wissenschaft, Berlin 1981
Helga Grubitzsch u. a., Grenzgängerinnen., Düsseldorf 1985
Doris Kachulle (Hrsg.), Die Pöhlands im Krieg. Briefe einer Arbeiterfamilie aus dem 1. Weltkrieg, Köln 1982
Kloos, Die Bremerin. Ein Almanach, Bremen 1965
Johann-Günther König, Die streitbaren Bremerin-

nen, Bremen 1981
Elisabeth Meyer-Renschhausen, Einiges aus der Geschichte der Frauen Bremens — eine frauenbewegte Stadtrundfahrt, in: Dokumente der 1. Bremer Frauenwoche, Bremen 1983
Dorothea Schmidt, Keine schützende Hand. Die Bedeutung staatlicher Regelungen für die Frauenarbeit in Bremen in der Zeit des Kaiserreichs, in: Beiträge zur Sozialgeschichte Bremens Heft 8, Berlin 1985
Voget, F.L., Lebensgeschichte der Giftmischerin Gesche Gottfried (1831), Bremen 1976

Romane, Erzählungen

Carl Dantz, Peter Stoll — ein Kinderleben. Von ihm selbst erzählt, 1925, neu herausgegeben von Johannes Merkel und Dieter Richter.
Hanna Johansen, Die Analphabetin, München, Wien 1982.
Tami Oelfken, Maddo Clüver, Wedel 1947.

Biographien

Bremische Biographie des neunzehnten Jahrhunderts, hrsg. von der Historischen Gesellschaft des Künstlervereins, Bremen 1912.
Bremische Biographie 1912-1962, hrsg. von der Gesellschaft zu Bremen und dem Staatsarchiv Bremen, Bremen 1969.
Johannes Feest u.a., Emil Sonnemann 1869-1950. Eine Chronik, Bremen 1985.
Herbert Fittschen, Hermann Frese, Jan Reiners, Fischerhude 1985.
Hans Koschnik, Zuversicht und Beständigkeit. Wilhelm Kaisen. Bremen 1977.
Karla Müller-Tupath, Reichsführers gehorsamster Becher — Eine deutsche Karriere, Hamburg 1982.
Käthe Popall, Ein schwieriges politisches Leben, Erzählte Geschichte bearbeitet von Peter Alheit und Jörg Wollenberg, Fischerhude 1985.
Herbert Schwarzwälder, Berühmte Bremer, München 1972.

Stadtteilbezogene Literatur

Stadtmitte, Ostertor, Findorff und Schwachhausen

E. Bachmann, Kleine Geschichte von Schwachhausen, Bremen 1967.
Bremer Landesmuseum für Kunst- und Kulturgeschichte (Focke Museum). Westermann 1982.
Bürgerparkverein (Hg.), Hundert Jahre Bremer Bürgerpark 1866-1966, Bremen o.J.
Bürgerverein Findorff (Hg.), 1902-1980 — 80 Jahre Bürgerverein Findorff e.V., Bremen 1982.
Karl Dillschneider, Schnoor — Neues Leben in Bremens ältestem Stadtteil, Bremen 1972.
Olaf Diné, 15 Jahre SPD in Bremen, dann Grün, Bremen 1979.
Rudolf Eggelmann, Moorkanäle und Torfschiffahrt in den nordbremischen Mooren im 18. bis 20. Jahrhundert — Bremens Brenntorfverbrauch prägt Teufelsmoor-Landschaft, Bremen 1980.
Eckhard Gerull, Hans-C. Hoffmann, Unser Bürgerpark, Grasberg 1986.
Rainer Habel, 95 Jahre Hauptbahnhof oder »So kam Bremen zum Zuge«, in: »Haltestelle«, Bremen 1985.
Johann-Günther König, »Bis es Bomben hagelte...« Erinnerungen an die Steffensstadt, Hörfunk Radio Bremen 22.12.84.
Wilhelm Lührs, Der Domshof — Geschichte eines bremischen Platzes, Bremen 1979.
Rolf Martens, 125 Jahre Eisenbahn in Bremen — Jubiläumsschrift zum 12. Dezember 1972, Bremen 1972.
Horst Musolff, Das Bundesbahnausbesserungswerk Bremen, Freiburg 1984.
Friedrich Prüser, Achthundert Jahre St. Stephanikirche, Bremen 1940.
Friedrich Prüser, Hinter der Mauer. Die Bremer Steffensstadt im Spiegel ihrer alten Straßennamen, Bremen 1960.
Herbert Schwarzwälder, Postkartenalbum Oberneuland, Horn, Schwachhausen, Parkviertel, Bürgerpark, Bremen 1981.
Senator für Bauwesen (Hg.), Ostertor — Streifzüge nach der Sanierung, Bremen o.J.
Ulli Steinbacher, »Schwule Spuren« in: Bremer Blatt, April 1984.
Universität Bremen, Zehn Jahre Universität Bremen. Kleine Festschrift, Juni 1982.

Bremer Osten, Hastedt, Hemelingen

Auf ein Wörtchen, Schülerzeitung des Gymnasiums an der Hamburger Straße und des Holter Felds, 2-4/77.
Auferstehungsgemeinde Hastedt, A.G. Aktuell 4/87.
H.G. Brill, Ich gehe nach Hemelingen, Bremen, 1985.
Wiltraut Drechsel, Heide Gerstenberger, Christian Marzahn (Hg.), Beiträge zur Sozialgeschichte Bremens Heft 9: Östliche Vorstadt, Bremen 1985.
Klaus Düwel, Die industrielle und kommunale Entwicklung des Fabrikortes Hemelingen, Diss. Göttingen 1985.
Gerlitz, Der Osterholzer Friedhof, Ms. o.J.
W. Heuß, Hemelingen damals und heute, Bremen 1983.
Ulrich Kukisch/Volker Janssen, Borgward: ein Blick zurück, Berlin 1985.
Geschichtsgruppe der KuFAG, Auch Hemelingen hatte einen Adolf-Hitler-Platz, hrsg. Kultur- und Freizeit-Arbeitsgemeinschaft Hemelingen e.V., Bremen 1986.
dies., Historischer Rundgang durch Hemelingen und ein Stück Sebaldsbrück, Lloyd-Leute und Leukoplast-Bomber, Bremer 1987
Margarete Mitscherlich, Erinnerungsarbeit, Frankurt/M. 1987.
Frank Novak, Werkwohnungsbau in Bremen, das Beispiel Hemelinger Unternehmen, Examensarbeit 1987.
Wilhelm D. Ratjen, Hastedt wie es früher einmal war, Bd. 1-3, Bremen 1985/86.
Friedrich Rauer, Hemelingen, Notizen zur Vergangenheit, Bremen 1987.
Philip Rudolf, Walter Teich, Gymnasium a. d. Hamburger Str. 1922-77, Bremen 1986.
Dorothee Sölle, Ein Volk ohne Vision geht zugrunde,

Anmerkungen zur deutschen Gegenwart und zur nationalen Identität, Wuppertal 1986.
Stadtteilgeschichtsgruppe Weserterrassen, Zwischen Weserwehr und Weserstadion, Bremen 1986.
D. Wolters, Hemelingen, Vom Bauernhof zur Industriegemeinde, Bremen 1974.

Links der Weser
Kulturladen Pusdorf (Hg.), Pusdorfer Erinnerungen, Bremen 1986
dies., Sommertage, die es nicht mehr gibt, Das Woltmershauser Weserufer, Bremen 1986
ÖTV-Geschichtsgruppe (Hg.), Arbeit im Gaswerk, Zwischen Ofenhaus und Gasometer, Bremen 1986
Herbert Schwarzwälder, Bremen im Wandel der Zeiten — Die Neustadt, Bremen 1973

Bremer Norden, Häfen
Arbeitskreis Stadtteilgeschichte in Bremen-Nord, Arbeit war nie alles ..., Vegesack 1983.
Rolf Engelsing, Bremen als Auswanderhafen, Bremen 1961.
Ev. Kirche Grohn, 75 Jahre St. Michael Bremen-Grohn. Bremen 1983.
Ulf Fiedler, Bremen-Nord. Portrait einer Stadtlandschaft, Bremen 1977.
Lüder Halenbeck, Zur Geschichte der Stadt Vegesack, Blumenthal und Schönebeck, 1874, Vegesack 1874, Faks.-Ausgabe Bremen 1976.
Manfred Haneberg, »Manches wird im Dunkeln bleiben«, Manuskript im Staatsarchiv Bremen. o.J.
Sophie Hollanders, Vegesack. Alte Bilder einer Hafenstadt, Bremen 1984.
Interview mit P.Z. (Walle), Stadtteilgeschichtsarchiv, Kulturladen Brodelpott e.V., Elisabethstraße 134, Bremen.
Uwe Kiupel, »Selbsttötungen auf bremischen Dampfschiffen«, in: Beiträge zur Sozialgeschichte Bremens, Bremen 1983.
Dritte-Welt-Haus Bremen und BIZ (Hg.), Bremen — Schlüssel zur Dritten Welt, Bremen 1984.
Fritz Müller, Johann von Harten, Grohn in Vergangenheit und Gegenwart, Vegesack 1926.
Niedersächsisches Staatsarchiv Stade, div. Akten.
Ökologiestation Bremen, Der Naturpfad, Worpswede 1983.
Fritz Th. Overbeck, Vegesack du schönes Städtchen, Hamburg 1979.
Agnes Schneider, Grohn damals und heute, Bremen o.J.
Sportverein Grohn, 75 Jahre SV Grohn, o.J.
Robin Wood, Weserabflußfibel, Bremen 1983.

Fotohinweis

Die Fotos in diesem Buch sind von den Autorinnen und Autoren, der Arbeiterfotografie Bremen, Susanne Frerichs, Peter Meyer, Uwe Schaffrath, Gerd Siebecke, Weber und Adebar, Landesbildstelle Bremen, Staatsarchiv Bremen, Kunsthalle Bremen, Bremer Blatt, Weser-Kurier sowie aus folgenden Büchern: Trotz alledem — Bremer Arbeiterbewegung 1918—1945, Von der Krise zum Faschismus — Bremer Arbeiterbewegung 1929—1933, Bremen im Wandel der Zeiten, Hungern für Hitler, Die streitbaren Bremerinnen, Die Bremerin, Bremens Wände, Bremen kaputt, Bremen und seine Bauten, Bremen im 3. Reich, Unser Bürgerpark, Berühmte Bremer, Geschichte der Freien Hansestadt Bremen, Antifaschistischer Widerstand 1933—1945 in Bremen, Die Neugestaltung Bremens, Zur Geschichte des städtischen Museums, Zwischen Weserwehr und Weserstadion, Kunst gegen Krieg und Faschismus, Genossenschaftliche Selbsthilfe als politische Kultur, Kunst im öffentlichen Raum

Praktische Tips

Wir beschränken uns hier auf wenige zentrale Angaben. Wer detailliertere Informationen benötigt, sollte zum *BREMER BLATT* und zum *KursBuch*, den Bremer Stadtzeitungen, greifen. In diesen gibt es neben weiteren Adressen monatlich aktuelle Veranstaltungshinweise.

Verkehrsmittel

Hauptverkehrsmittel in Bremen sind die Straßenbahn und die Autobusse, beide unterhalten von der Bremer Straßenbahn AG (siehe auch den Netzplan in der hinteren Umschlagklappe dieses Buches). Einzelfahrscheine können im Bus oder in der Straßenbahn beim Fahrer gelöst werden, billiger sind indes Zehnerkarten. Noch günstiger sind bei längerem Aufenthalt Zwei-Tages-Karten (»Bremer Kärtchen«). Genaue Auskünfte erteilt die Bremer Straßenbahn AG unter 5 59 61.

Touristen-Information

Touristen-Informationen erteilt der Verkehrsverein am Hauptbahnhof (Tel. 36 36-1), Mo-Do 8-20 Uhr, Fr 8-22 Uhr, Sa 8-18 Uhr, So 9.30-15.30 Uhr. Weitere Informationen zur Stadttouristik beim Verkehrsverein Bremen (Büro für Stadttouristik), Postfach 10 07 47, Bahnhofsplatz 29, Tivoli-Hochhaus.

Mitfahrerzentralen

Frauen-Mitfahrzentrale im Frauenbuchladen, Friesenstr. 12. Tel. 74 033, Mo-Fr 12-18, Sa 10-12 Uhr
Mitfahrzentrale Weserstrand, Westerdeich 100, Mo-Sa ab 20 Uhr, So ab 10 Uhr. Tel. 54 22 50
Mitfahrzentrale In- und Ausland, Humboldtstr. 6, Tel. 72 011, Mo-Fr 10-18 Uhr, Sa 10-13 Uhr
Mitfahr- u. Reiseladen, Weberstr. 44, Tel. 72 167 + 72 022, Mo-Fr 10-18, Sa 10-14, So 10-14 Uhr
Mitfahr- und Reiseladen, Pappelstr. 30, Tel. 50 02 03, Mo-Fr 10-18 Uhr
UNISONO, Wohn- und Mitfahrzentrale, Tel. 49 86 298/99, Mo-Fr 8-13 u. 17-20 Uhr.

Post

Postamt 5, Bahnhofsplatz, ist durchgehend geöffnet.

Fahrradverleih

Am besten und ausführlichsten informiert der Allgemeine Deutsche Fahrradclub e.V., Am Dobben 91, Tel. 70 11 79 oder direkt in der *Fahrradstation* am Bahnhofsplatz, Tel. 30 21 14.

Stadtrundfahrten

Informationen über normale Stadtrundfahrten gibt es beim Verkehrsverein am Hauptbahnhof. Über die Dinge, auf die es uns besonders ankommt, informieren alternative Stadtrundfahrten und -rundgänge. Sie werden u.a. veranstaltet von *Robin Wood*, St. Pauli-Str. 10, Tel. 7 86 80, *VVN-Bund der Antifaschisten*, Bürgermeister-Deichmann-Str. 26, Tel. 38 29 14 und verschiedenen *Bremer Geschichtsgruppen und -initiativen* (siehe Adressen unter »Geschichtsgruppen«); dort können jeweils auch die Termine erfragt werden.

Museen und Sammlungen

Überseemuseum, Am Bahnhofsplatz, Tel. 361-64 46 (Di-So 10-18 Uhr)
Bremer Landesmuseum für Kunst- und Kulturgeschichte (Focke-Museum), Schwachhauser Heerstr. 240, Tel. 496-1 (Di-So 10-18 Uhr)
Mühle Oberneuland, Mühlenweg 34, Tel. 25 92 14 (Di-Fr 9-12 Uhr, So 10-13 Uhr)
Kunsthalle, Am Wall 207, Tel. 32 47 85 (Di-So 10-16 Uhr, Di u. Fr auch abends 19-21 Uhr)
Gerhard Marcks-Haus, Am Wall 208, Tel. 32 72 00 (Di-So 10-18 Uhr)
Roselius-Haus, Böttcherstr. 6, Tel. 32 19 11 (Mo-Do 10-16 Uhr, So 11-16 Uhr)
Paula-Becker-Modersohn-Haus, Böttcherstr. 6, Tel. 32 19 11 (Mo-Do 10-16 Uhr, So 11-16 Uhr)
Bremer Rundfunkmuseum, Findorffstr. 85, Tel. 35 37 97 (Sa u. So 10-12.30 Uhr oder nach tel. Vereinbarung)
Heimatmuseum Schloß Schönebeck, Im Dorfe 5, Tel. 66 34 32 (Di, Mi u. Sa 15-17, So 10-12.30 Uhr)

Bürgerhäuser

Bürgerhaus Bürgerzentrum, Neue Vahr, Berliner Freiheit 10, Tel. 4 67 35 88
Bürgerhaus Gemeinschaftszentrum, Obervieland, Alfred-Faust-Str. 4, Tel. 8 27 30
Bügerhaus Gustav Heinemann, Vegesack, Kirchheide 49, Tel. 65 08 05
Bürgerhaus Hemelingen, Godehardstr. 4, Tel. 45 61 98
Bürgerhaus Mahndorf, Mahndorfer Bahnhof 10, Tel. 48 33 00
Bürgerhaus Oslebshausen, Am Nonnenberg 40, Tel. 64 51 22
Bürgerhaus Weserterrassen, Osterdeich 70B, Tel. 44 72 38

Frauen/Männer

Arbeiter-Wohlfahrt-Frauenhaus, Tel. 23 96 11, Aufnahme rund um die Uhr
Beratungsladen Bremer Frauenhaus, Schildstr. 27, Tel. 72 929, Mo 9-13, Di 10-13/15-18, Mi 9-13, Do 9-13/15-18, Fr 9-13 Uhr
Bremer Frauenarchiv und Dokumentationszentrum Uni Bremen — Asta Etage, Bibliothekstr., Tel. 21 82 023, Öffnungszeit im Semester Mi 10-13 Uhr
Bremer Frauenwoche, c/o Universität Bremen, FB 11, Postfach, 2800 Bremen 33, Tel. 218 2101, Öffnungszeiten Büro (B 3910, GW 11), Mo-Fr 9-15 Uhr
Come-Out, Schwulen und Lesben Jugendgruppe, jeden

Sa ab 17 Uhr im Rat + Rat Zentrum, Theodor-Körner-Str. 1, Kontakt Tel. 37 14 30 (Detlef) u. 12 683 (Uwe)
Demokratische Fraueninitiative Bremen, Sabine Schobel, Lahnstedter Str. 143, Tel. 53 13 62
Feministisches Frauenreferat, Uni Bremen — Asta Etage, Bibliothekstr., Tel. 21 82 515, Öffnungszeiten im Semester Mo-Do 12-14 Uhr.
Frauentherapiezentrum Bremen, Humboldtstr. 88, Tel. 76 405, Mo-Fr 10-12 + Mo 16-19 Uhr. Offene Beratung und Information jeden Mo 16-19 Uhr
Frauengesundheitszentrum Bremen, Graf-Waldersee-Str. 40, Tel. 44 35 40
Frauenkulturhaus Bremen, Im Krummen Arm 1 (Nähe Sielwall), Tel. 70 16 32, tgl. 15-24 Uhr, außer Mo u. Sa, 1.u.3. Mo 19.30 Uhr AA Frauenmeeting — Kontakt: Gudrun, Tel. 32 38 85; 1.u.3. Di 20 Uhr, § 218 Gruppe — Kontakt D. Koch, Tel. 32 50 28; jd. 2. Di im Monat: 20 Uhr Frauenprojektplenum; 1.u.3. Do 20 Uhr Öffentliches Lesbenplenum; jd. Do 20 Uhr, Selbsthilfegruppe für in Scheidung lebende und geschiedene Frauen. Kontakt: Eva Artmann, Tel. 46 23 85; letzter Sa 12-18 Uhr, Selbsthilfegruppe »Rabenmutter II«. Nach Tel. Anm. u. Vorgespräch Mo u. Di Ilse-Marie, Tel. 53 841, 9-11 Uhr und n. tel. Vereinbarung. Soziale Beratung für Frauen und Mädchen, Tel. 74 164, Mo-Fr 11-13, Di 20-22 Uhr u. n. tel. Vereinbarung
Gruppe ausländischer und deutscher Frauen, 2 mal im Monat samstags 15 Uhr, 3.Welt-Haus, Buchtstr. 14/15, Irene Loffler, Tel. 23 32 57
Lesbentelefon, Sorgen, Fragen, Informationen, Tel. 76 244, Fr 20-22 Uhr
Männerbüro, Do 18-20 Uhr, Tel. 49 88 634, c/o Gesundheitsladen, Braunschweiger Str. 53b
Notruf u. Beratung für vergewaltigte Frauen und Mädchen e. V., Tel. 70 17 17, Mo-Fr 8-10, Di 20-22 Uhr, Beratung nach tel. Absprache
Rat und Tat Zentrum für Homosexuelle, Theodor-Körner-Str. 1, Tel. 70 41 70. Beratung über Probleme mit dem Schwulsein: Di u. Fr 20-22 Uhr (telefonisch u. persönlich); Beratung über Aids Do 18-22 Uhr (telefonisch und persönlich); Mo 20 Uhr »Schwul, na klar — aber wie leben?« (offene Gesprächsgruppe); So 20 Uhr Transsexuellen-Selbsthilfegruppe; Di, Mi, Fr + Sa ab 20 Uhr + So ab 16 Uhr Cafe Homolulu (offener Kommunikationsbereich)
Zeichen und Spuren, Frauenliteraturverlag, Villa Ichon, Goetheplatz 4, Tel. 32 79 48

Geschichtsgruppen

ÖTV-Geschichtsgruppe der Stadtwerke AG, c/o Kulturladen Pusdorf, Huchtinger Str. 55, Tel. 54 46 06
Volldampf — Arbeitskreis zur Geschichte des Bundesbahn-Ausbesserungswerks Sebaldsbrück, Werner Busch, Mozartstr. 6, Tel. 32 64 84
Kollegengruppe der Klöckner Werke AG, Robert Milbradt/Eike Hemmer, Auf den Delben 35, Tel. 648 25 67
IG Metall Kollegengruppe bei MBB-Bremen, Manfred Fittkau, Dangaster Str. 1, Tel. 54 11 22, Dieter Pfliegensdörfer, Oderstr. 21, Tel. 59 30 43
Kollegengruppe bei GESTRA, Kirsten Tillmann, Nordenhamer Str. 30, Tel. 61 59 27
Geschichtsgruppe bei den Tageszeitungen, Kurt Müller, c/o Betriebsrat Bremer Tageszeitungen AG, Martinistr. 43, Tel. 367 12 21
Stadtteilgeschichtsgruppe Pusdorf im Kulturladen Pusdorf, c/o Kulturladen Pusdorf, Huchtinger Str. 55, Tel. 54 46 06
Arbeits- und Gesprächskreis Stadtteilgeschichte Walle im Kulturladen Brodelpott, Treffpunkt: alle 14 Tage montags ab 18.00 Uhr im Brodelpott, c/o Kulturinitiative Brodelpott, Elisabethstr. 134, Tel. 3 96 21 01*Arbeitskreis Geschichte der Kultur- und Freizeitarbeitsgemeinschaft Hemelingen.* Treffpunkt: jeden Di 19.30 Uhr, Kulturbaracke; c/o KuFAG Hemelingen, Kulturbaracke, Am Rathausplatz 1a, Tel. 496 33 02
Arbeitskreis Stadtteilgeschichte Bremen-Nord
Arbeitskreis »Unsere Geschichte — Unsere Lieder«
Antifaschistischer Arbeitskreis
Arbeitskreis Arbeitersportbewegung in Bremen Nord
Treffpunkte: Antifaschistischer Arbeitskreis: jeden 4. Mi im Monat um 20.00 Uhr im Bürgerhaus
Stadtteilgeschichtsgruppe Bremen-Nord: Do, 14tägig um 18.30 Uhr im Bürgerhaus
c/o Gustav-Heinemann-Bürgerhaus, Bremen-Vegesack, Kirchheide 49, Tel. 65 08 70
Stadtteilgeschichtsgruppe im Bürgerhaus Weserterrassen, Treffpunkt: jeden Mi um 20.00 Uhr im Bürgerhaus, c/o Bürgerhaus Weserterrassen, Osterdeich 70b, Tel. 44 72 38
Arbeitskreis Stadtteilgeschichte Mahndorf, Treffpunkt: 14tägig, Fr, 20.00 Uhr im Bürgerhaus, c/o Bürgerhaus Mahndorf, Mahndorfer Bahnhof 10, Tel. 48 33 00
Dokumentationszentrum Blumenthal (im Aufbau), Bärbel Meyer, Bachstr. 113, Tel. 50 11 59
Geschichtsgruppe »Alt-Oslebs« d. Bürgerhauses Oslebshausen, c/o Bürgerhaus Oslebshausen, Oslebshauser Heerstr. 30, Tel. 39 39 03
Geschichtsgruppe im Kulturzentrum Schlachthof, c/o Kulturzentrum Schlachthof, Findorffstr. 51, Tel. 35 30 75
Geschichtskreis Bremer Sportverein BSV, Treffpunkt: jeweils Di, alle 14 Tage um 19.30 Uhr, c/o Vereinsheim BSV, Vegesacker Str. 84 b, Tel. 39 39 03
Projekt Geschichte der Bremer Jugendbewegung, c/o Landesjugendring Bremen, Teerhof 21, Tel. 50 42 01
Verein für Sozialgeschichte und Biographieforschung e. V., Prof. Peter Alheit, Ostertorsteinweg 72
Arbeitskreis Bremer Arbeiterveteranen, Heinz Gerd Hofschen, H.-H. Meier-Allee 7
VVN — Bund der Antifaschisten Bremen e. V., Treffpunkte: Gruppe West: jeden 3. Mo 20.00 Uhr, Bgm.-Deichmann-Str., Gruppe Ost: jeden 4 Mi, 19.30 Uhr, Bürgerhaus Weserterrassen,
Volker Homburg, c/o VVN — BdA, Bürgerm.-Deichmann-Str. 26, Tel. 38 29 14

Namenregister

Verzeichnis der Straßen und Objekte

Land & Leute

Jeder Band ca. 300 Seiten;
DM 26,80

mit vielen Fotos, Karten
und praktischen Reisetips

China
ca. 400 Seiten;
DM 34,80

Sowjetunion
Dänemark
Irland
Portugal
Frankreich
Spanien
Mexiko
Cuba
Venedig
Italien
Griechenland

Frankfurt
Bremen
Hamburg
Berlin

Städte zu Fuß

Rundgänge und Streifzüge
durch Geschichte und
Gegenwart

Jeder Band ca. 300 Seiten;
DM 24,80

Prospekt anfordern!

VSA

VSA-Verlag
Stresemannstr. 384a
2000 Hamburg 50
Tel. 040/89 40 69